中国近代史论

杜耀云　著

Zhong Guo Jin Dai Shi Lun

齊魯書社

谨以此书

献给山东省文史研究馆建馆50周年

目　录

近代中国社会的演变

上篇：经济基础的演变

论文集刊

前　言

中国经过若干万年的原始社会，从奴隶社会进入封建社会后，又经过长期的发展，到了明清时代已进入封建社会末期。明清时期，随着商品经济的发展，出现了资本主义萌芽，由此，中国社会向着资本主义社会缓慢地发展。1840年鸦片战争以后，由于外国资本主义入侵，中国逐步沦为半殖民地半封建社会。要探究中国近代社会的这种演变，应对中国传统封建社会有所了解。

一、中国传统封建社会经济结构

在封建社会，土地是基本生产资料。封建土地所有制是封建生产关系的基础。鸦片战争前清王朝土地占有形式有三种，即清王朝土地、地主土地和自耕农所有并存，其中地主土地所有制形式占绝对支配地位。

在封建社会，收取地租是地主剥削农民的主要手段。封建地租有三种形式，即劳役地租、实物地租和货币地租。在清王朝时期，实物地租是封建剥削的主要形式，货币地租虽已出现，但并不多见，劳役地租主要存在于边远地区的少数民族中。

自然经济占统治地位，是封建社会的普遍现象。所谓自然经济，就是自给自足的经济，生产的目的是为了直接满足生产者的需要，而不是为了交换。中国封建社会自然经济有两个显著特点：一家一户一个生产单位；小农业与家庭手工业相结合。中国自然经济的上述两个特点是由封建土地所有制和残酷的封建剥削造成的。自然经济是封建统治者赖以维护封建统治和封建剥削的社会基础。因此，封建专制主义政府一贯推行“重农轻商”、“强本抑末”的传统政策。

自然经济在中国封建社会前期，对经济发展起了进步作用，当封建社会进入末期，商品经济已有发展，资本主义萌芽已经产生，自然经济结构便日益成为一种落后、保守的经济形式，阻碍了中国社会生产力的发展。

商品经济是直接以交换为目的的经济形式，包括商品生产和商品流通两个方面。封建社会的商品生产是小商品生产或称简单商品生产，就是以生产资料个体私有制和个人劳动为基础的商品生产。鸦片战争前，中国商品经济的发展主要表现在手工业商品生产的发展、农产品的商品化、商品市场的扩大和金融信贷机构的出现。

资本主义萌芽是封建社会内部资本主义生产关系的最初形态。中国最初的资本主义萌芽是通过两个途径出现的：一是小商品生产者分化产生了资本主义作坊主；二是商人直接支配生产，产生了包买主。中国资本主义萌芽产生于明朝中叶，到鸦片战争前夕有了一定程度的发展，但发展水平是很低的。

二、中国的封建君主专制制度

在封建经济及其自然经济结构占统治地位的国家，政治上必然产生封建君主专制制度。中国两千多年的封建社会，君主专制衣钵相传，皇帝就是国家的代称，皇帝的话就是“金科玉律”，言出法立，皇帝握有最高立法权。皇帝发布的“敕”、“诏”、“谕”具有法律效力。皇帝也握有最高司法权，是全国最高的审判官，所谓“庭审”、“上请”，就是听由皇帝最后裁决。司法与行政不分，中央司法机关听命于专制王权；地方不设专门司法机关，由地方官兼理司法，并要对皇帝负责。因此，在中国封建社会的发展过程中，不同的“主政”人的政治品格，常可在相同的文化环境与相同的社会背景之下，对社会发展起着截然不同的作用。

中国的封建中央集权制与君主专制同时产生。其要求是一切制度必须统一，一切权力必须集中。这种封建中央集权制，以农业与家庭手工业相结合的自然经济为基础，推行重农抑商政策，扼制了资本主义萌芽的发展。

明末清初，农民起义烽火四起，社会动荡犹如“天崩地裂”。商品经济的发展，市民阶级的出现，君主专制的各种弊端充分暴露。思想界以黄宗羲、顾炎武、王夫之为代表兴起了对君主专制的批判，其中孕育了民主主义的萌芽。由于当时批判者们背着沉重的思想包袱，因而在思考内容和方法上难以创立新的思维模式。

三、以儒家学说为核心的传统文化

以儒学为主体，包括多方面复合因素的传统文化，从汉武帝罢黜百家、独尊儒术之后，历两千余年，作为历代所尊的“儒学”，实际上并无任何改变。传统的儒家思想具有明显的重道德、轻物质的思想倾向。它重视直觉的人生,而忽视工商技术,重思考而不重视体力劳动;重家族而缺乏近代式的国家意识,复古思想非常明显,其理想的典型,常在远古的过去。

中国的传统文化,是以孔孟之道、纲常名教为核心的维护封建君主专制的观念形态,是自我封闭、自我陶醉的文化自大主义,阻碍了中国近代社会变革的前进步伐。但另一方面,传统文化中的“变易”思想和“经世致用”等观念,又不断推动晚清士大夫去思考。经世致用派在嘉、道年间出现,从学术上看是对乾隆考据学派的批判;从政治上看则是为救时弊而提出改革,要求读书作文章和救世联系起来。鸦片战争前,经世派的改革要求只停留在改革吏治弊政以及腐败的社会风气上;鸦片战争后注入了新的内容,看到了外国资本主义有可“师效”的一面,并把“师效”看成是自强的有效手段。

在传统文化的变迁中,先进的异质文化的介入,既为传统文化的变革带来广阔的选择余地,也存在着如何正确对待传统文化的问题。

四、中国的传统家族制度

中国的传统家族制度,使人们极为重视家族成员的扩大和延续。以多子为福,把子孙的繁衍作为重要的价值目标。因此,对一个人来说,“福莫大于昌炽,祸莫大于无嗣”。在传统家庭中,子孙再多,家长也要竭力抚养。于是“今人有五子不为多,子又有五子,大父未死而有二十五孙”,致使我国人口繁衍迅速,长期居世界首位。

父权家长制的传统家庭模式,一方面使家族成员的个人丧失了独立性，表现为每个家族成员必须无条件地恪守以儒家伦理为中心的祖传的家规、家法，另一方面又使个人养成了依赖性。

传统的家族制度使家族成员在祖先的经验和训示中变得固步自封，阻碍了商品经济和生产技术的发展，对维护自然经济起了一定的作用。

总之，中国传统的封建社会结构是由自然经济、君主专制、儒学文化、家族制度四个方面所构成的，其中封建经济结构——自然经济是基础结构。中国封建社会一切特质，就是来自上述社会结构。

1840 年鸦片战争以后，中国一步一步地变成了一个半殖民地半封建的社会，这是因为“帝国主义列强侵略中国，在一方面促使中国封建社会解体，促使了中国发生了资本主义因素，把一个封建社会变成了一个半封建社会；但是在另一方面，它们又残酷地统治了中国，把一个独立的中国变成了一个半殖民地和殖民地的中国”①。探讨近代中国社会的演变史，就是着重从经济基础和上层建筑两个方面，探究其发展演变的历史。

---

① 《毛泽东选集》，人民出版社 1990 年版，第 593 页。

辛亥革命在山东

本专题考察了辛亥革命在山东的酝酿、兴起、发展、止步的历史过程，对以下几个方面作了重点阐述：

1.辛亥革命是奠基于民族资本主义经济基础之上，反映民族资产阶级政治、经济要求的民族民主革命运动。

2.近代山东政治、经济发展的不平衡，决定了辛亥革命在山东的独特历史风貌。

3.辛亥革命在山东的兴起和发展是推倒中国几千年来的封建君主专制、创立民主共和的重要力量。

4.辛亥革命在山东的止步，同帝国主义列强操纵的南北议和密切相关。而对当时孙中山缘何把临时大总统让位于袁世凯的探究，验证了西方民主政治制度在半殖民地半封建的近代中国行不通。

5.辛亥革命百年的历史证明，由这场革命所开启的民主共和，是不可抗拒的时代潮流。由此，一切“复辟”、“独裁”、“专制”势力，只是同近代中国社会格格不入的“残余之物”。中国社会的发展进步正是由此开始的，山东则是这方面的重要标本。

第一章　辛亥革命在山东的酝酿

辛亥革命是一次伟大的民族民主革命。辛亥革命期间山东同盟会党人的斗争,是辛亥革命的重要组成部分,为中华民族的振兴和发展做出了不朽的贡献,为后人留下了宝贵的历史遗产。

一、民族资本主义经济的初步发展

辛亥革命是反映民族资产阶级政治、经济要求的革命,不同地区民族资本主义发展的状况,决定着这次革命在不同地区的历史风貌。

近代中国从1840年鸦片战争以来,由于帝国主义的侵略,一方面使独立的中国向着半殖民地和殖民地演变,日益激化着中华民族与帝国主义的矛盾和人民大众与封建主义的矛盾,另一方面又使封建的中国向着半封建社会演变,因而从19世纪70年代起首先在江南的沿海、沿江及其附近地区产生了民族资本主义经济。与这种经济相呼应的是要求发展近代工业,以挽回利权为内容的早期维新思想。有些人呼吁中国应速办近代工业,“凡中国所需于外国者,即可自行制造,外国所需于中国者,并可自行贩运,收回利权,扩我远图”;他们提出不仅要用机器生产价廉物美的商品进行抵制,还必须发展近代航运业进行抵制的主张。早期维新思想家,就属于主张“变法御侮”的思想派别。

第二次鸦片战争,使得清朝统治集团内部分裂为洋务派和顽固派两个主要政治派别。洋务派从西方列强的坚船利炮中,认识到了中国正面临着几千年来的“大变局”,深感“中国之宜谋自强,至今日而已亟矣”,为此,开展了自19世纪60年代开始的以“自强”为中心创办军工企业,到70年代以“求富”为中心兴办官督商办企业的洋务新政,在建立近代军队、近代工业、近代学校方面有开创之功。

山东的近代军工企业,是同洋务新政同步的。1874年,山东巡抚丁宝桢奏准在济南泺口创设山东机器局,计划制造枪炮和弹药,以图将来不再购自外洋。

从19世纪70年代开始创办民用企业。1880年,李鸿章在天津设立电报总局,在山东的济宁设立电报分局,其资金初由军需开支,后招集商股。

1887年山东巡抚张曜奏准开采淄川铅矿,因铅质不佳,继而又开采淄川煤矿。

从19世纪70年代起,山东的一部分官僚、地主、商人也开始创办新式企业。

1878年曾做过东明知县的米协麟和候补知县戴华藻,招集股银二万两,在峄县创办了“中兴矿局”,开采枣庄煤矿。开始时煤矿规模较小,1880年后增招新股、添购机器、扩大规模,经营稍渐发达。

1883年,曾任济东泰武临道道员的李宗岱陆续招集商股80万元,先后开采或勘探栖霞、招远、宁海(今牟平)等处金矿,均以亏累失败告终。

1890年华侨张振勋专集华商资本100万元，在烟台创办了张裕酿酒公司，成绩颇佳。

总之，中日甲午战争前，山东地区的民族资本企业虽已出现，但总体效益甚微。

1894年爆发的甲午中日战争和由此签订的《马关条约》，标志着世界列强对中国的侵略带有明显的时代特征。如同维新志士梁启超所说："列国所以亡中国者，全属新法，一曰租借地方也；二曰某地不让于他国也；三曰代造铁路也。"①从此，列强在中国掀起了强租海港和划分势力范围、带有明显领土占有特性的瓜分狂潮，竞相向中国输出资本。

且"自马关立约后，各国洋商均可制造土货，为历来条约所不载"②，致使清朝统治集团中的"荩臣之士，益慨然于强弱利钝之故，欲尽取欧洲之新法，变易华夏之旧习"③。为此，光绪帝颁布了"蠲除积习，力行实政"，"以筹饷练兵为急务，以恤商惠工为本原"的谕令，并由总理衙门奏准于1898年颁布了《振兴工艺给奖章程》，承认民族工业的合法地位。自此，山东商民一方面"知外人得来内地设厂造货，莫不感慨奋发"，主张"实业救国"，要求自办铁路、开采矿山，另一方面又"深悉朝廷恤商轻税之章"，设立工厂，"以抵制洋商洋厂"，"其意集股图先者颇不乏人"，④因之山东自1903～1908年济南、烟台、潍县、泰安、济宁等地的近代工业有了较显著的发展。在这方面《东方

---

① 《饮冰室合集·文集之四》，中华书局1936年版，第46页。

② 《光绪朝东华录》(四)，中华书局1958年版，总第3850页。

③ 同上，总第4051页。

④ 同上，总第3949页。

杂志》有诸多记载，诸如：

济南唐世鸿集资二万，设立中安烟草有限公司；周庆冕等集资创设机器公司，制造各种机器及一切钢铁等货。

泰安商人招集公股，自设绒毛公司，仿效西法制造各式毡、斗篷、衣包、暖帽、毛袜等件。

济宁吕庆圻集资购机，榨制豆油，并购制造机械之机，仿造各种轻小机械，名曰裕华实业公司。

潍县士绅集资设立保群制造厂，兴办各项实业。

与此同时，随着胶济铁路的通车，济南、潍县、周村自开商埠，有些县市的商业日趋繁荣，成了“商贾荟萃之地”。尤其胶澳烟台，“轮船火车往来如织”。由此各地商会相继出现，“联络感情，启导商智，保护商业”。

上述山东近代工商业比较显著的发展特点：一是以“挽利权”、“塞漏卮”为号召；二是由以往的官绅倡导，转为职商独立办厂；三是以仿行西法、抵制洋货为目的。这标志着山东传统的小农社会向近代工商社会转型迹象的真正出现。

山东民族资本主义经济初步发展的状况，据有关资料统计，从 1903 ~ 1910 年共有 66 家，其中资本一万元以上的共有 17 家，分布情况列表如下：

府区	成立年代	名称	所在地	资本额（元）	经营性质	创办人
东三府	1905	烟台电灯公司	烟台	210000	商办	孙克选
	1905	北洋烟草厂分厂	烟台	20000	官商合办	
	1905	仁增盛烟草厂	烟台	55944	商办	孟昭颜
	1905	隆盛烟草厂	烟台	13986	商办	王廷彬

（续表）

府区	成立年代	名称	所在地	资本额（元）	经营性质	创办人
东三府	1905	恒利纸烟公司	烟台	69930	商办	易怀远
	1905	中安烟草公司	烟台	27972	商办	唐世鸿
	1895	张裕酿酒公司	烟台	2000000	商办	张弼士
	1905	博山玻璃厂	博山	209790	官商合办	顾思远 胡廷干
	1907	保群社会制造厂	潍县	30000	商办	士绅集资
	1906	济和烟草厂	潍县	30000	商办	邱天锦
西七府	1905	济南华商电灯公司	济南	279720	商办	刘恩驻
	1905	志城砖瓦公司	济南	42000	商办	徐锵鸣
	1905	泺源造纸厂	济南	363000	官商合办	
	1908	中兴煤矿公司	峄县	1119000	商办	张连芬
	1903	琴记雪茄烟厂	兖州	14000	商办	赵仰献
	1909	华丰煤矿	宁阳	42000	商办	米汝厚 李幼恒
济宁	1907	裕华实业公司（榨油厂、火柴厂）	济宁	699000	商办	吕庆圻 吕庆瑝

（注：根据汪敬虞《中国近代工业史资料》第一、二辑编制）

以上说明山东的近代民族工业多数集中在东三府地区，其中烟台就有7家之多，这些新兴的民族工商业，同当时帝国主义经济与封建经济相比，虽然是极其微弱的，它却成了辛亥革命在山东兴起的经济基础。

二、新政治派别的出现

政治、经济发展的不平衡，是近代山东社会的重要特征，全省十府二州风气殊异。因“登、莱、青三府三面滨海，交通便利，近来屡受外界潮流之刺激，故民智开通”，而“济、东、泰、武、曹、兖、沂七府僻处内地，交通不便，故民智闭塞”。①

政治发展的不平衡根源于经济发展的不平衡。西七府地区社会经济结构的突出特点是小农业与家庭手工业牢固结合的封建自然经济，人“专务耕织，不争商贾”，因之“民情悍塞”，“人多愚直”，“以善导之固易于兴起，以邪诱之亦易于鼓簧”。

而登、莱、青三府地处沿海，“男通渔盐之利，女有纺织之业”，“本业不足，治末有余”。加之烟台开埠以来，受外界潮流之刺激，故自然经济结构解体较早，商品经济日趋活跃，使得人们的心态开放，民智渐开，易于接受新的事物。

上述特点使得中日甲午战争后在中国半殖民地社会特征日渐加深的社会处境中，山东人民的反帝反封建的斗争带有明显的地域特征。

甲午战争使中日两国的强弱对比得到了充分的显露，因此，随着中国被瓜分危机的加深和民族资本主义经济的初步发展，就使得这次战争对中国人民发生的警醒作用，不同于以往反抗外来侵略的战争。人们认为，“自负天朝上国，地大十倍之中国，不能敌蕞尔之日本”，究其所以，就是“拘守祖宗一统之法不知其变”，而“日本一小岛国，能变旧法，乃敢灭我琉球，侵我大国”。“自中东战后，忧时之士，知外祸之频仍，由于内治

① 《山东军兴纪略》。

之不整，于是政治改革之思想，流行于内外”①，由此以康、梁为代表的维新派，把早期资产阶级维新思想发展成为变法维新的政治运动；以孙中山为代表的革命民主派则开始了革命反清的活动。

中国比较完整的民主主义革命是从孙中山开始的。在甲午战争中国失败后，孙中山“感于瓜分惨祸，迫于眉睫”，“觉救国之策，舍革命之途径，再无他法”，于1894年在檀香山成立兴中会，提出了“振兴中华”的任务，开始了“驱除鞑虏，恢复中华，创立合众政府”的活动，于1895年10月，在广州组织了武装推翻清政府的首次起义。孙中山既是中国民主革命的首倡者，又是兴中会的组织者和首次武装起义的发动者，开创了一代之革命风气。

就当时说，不论是“维新”派还是“革命”派，查其重要成员的出身，绝大多数都生长在被迫开放较早、经济相对发达的东南沿海地区。他们在西学东渐中较早接受了西方社会的政治学说和近代科学知识，具有近代意识，反映着中国社会内部新兴经济因素的要求。

然而，在甲午战后山东兴起的以“扶清灭洋”为旗帜的义和团反帝斗争，不是山东新兴经济的反映，而是倡始于鲁西地区同封建自然经济有着密切联系的旧式农民对半殖民地处境的自发反抗。“扶清灭洋”没有给人们指出振兴中华的正确道路。因为旧式农民不是先进生产力的代表，其本身不可能是社会改革的体现者。

然而，义和团反帝斗争因起落于“维新”与“革命”之间，这

① 《中国新报》1907年第8期。

就为中国革命民主派的形成和发展创造了必要的社会条件。因为“自庚子义和团起义，人民对于满清咸抱绝望；即康梁领导之维新派亦舍其缓和之改良主张，而欲以武力从事勤王”①，因此，义和团运动成了唤起“中国民气”的号角。对此，孙中山在回忆1895年广州起义失败后的状况时说：“举国舆论莫不目予辈为乱臣贼子、大逆不道，咒诅谩骂之声，不绝于耳。吾人足迹所到，凡认识者，几视为毒蛇猛兽，而莫敢与吾人交游也。”但自庚子惠州起义失败之后，“则鲜闻一般人之恶声相加，而有识之士，且多为吾人扼腕叹惜，恨其事之不成矣，前后相较，差若天渊”。②

庚子以来，中国民主革命成为社会思潮的主流，是同多数人“感于庚子义和团、自立军起事，知非革命不足以救国”③相关的。章太炎在《驳康有为论革命书》这篇名著里，就直接引述义和团“扶清灭洋”到景廷宾“扫清灭洋”的事实，认为义和团运动是通过革命方式，启迪民智的第一个阶段，从此“清廷之威信已扫地无余”，“有志之士，多起救亡之思，而革命风潮自此萌芽矣”④，如时人所描绘的那样：“庚子以还，形形色色奔凑咸来，外而东西留学生，内而军学两界，其倾向革命之热情，如雨后春笋，暴发于满山之间。”⑤

20世纪初，随着倾向革命的留学生和国内革命知识分子

① 《中国近代史资料丛刊·辛亥革命(一)》，上海人民出版社1957年版，第367页。

② 《孙中山选集》，人民出版社1956年版，第174页。

③ 张难先：《湖北革命知之录》，商务印书馆1945年版，第232页。

④ 《孙中山选集》，人民出版社1956年版，第174～175页。

⑤ 张难先：《湖北革命知之录》，商务印书馆1945年版，第18页。

人数的增多、革命团体的先后成立，革命书刊杂志在上海和日本东京等地纷纷出版，自此民主革命的思想迅速传播开来。如时人所指出："夫自甲午之创，庚子之变，大江以南六七行省之士，翘然于旧政治、旧学术、旧思想之非，迄今而自由民权之理飘沸宇内，莫能禁遏，故不得谓智育无进步矣。"①

在江北的山东，也有人自"甲午战争后便倡论共和政体，民国主义，惜风气所关，难得如愿"，到了庚子之变，更感"我国大有一败而终不可恢复之势"，认为不得共和民国之成立，难使列强之改观"。② 类似这样的思想演变，虽还仅属个别现象，却反映了社会潮流的趋向。

山东革命民主派的形成，同全国的一样，是与新型知识分子群体的出现密切相关的。

随着清末废科举、兴学堂、派游学新政的实施，到 1906 年，山东创建新式学堂已蔚然成风，先后兴办了山东高等学堂、山东法政学堂、山东高等农业学堂、山东优级师范等数所高等学堂。此外，至 1907 年已办中学堂 19 所，小学堂3424所，师范学堂 23 所，各种专业和实业学堂 14 所，并且出现了一批新式女学堂，这种现象是可喜的。据 1904 ~ 1908 年《东方杂志》"各省教育汇志"统计，其中表彰山东兴办中小学堂的事迹，就涉及 25 个县市，可见山东在兴学方面取得的成效是比较明显的。之所以如此，原因主要有两个方面：一是甲午战后，山东沦为德国的势力范围，面对"瓜分之祸，悬于目睫，家乡故土，已属他人"的严峻形势，山东人民积极追求变革求生之路；再是义和团

① 《新世纪报》1903 年 3 月 15 日。

② 《山东省志资料》1963 年第 1 期，第 58 页。

反帝斗争的惨遭镇压，人们意识到由原始本能的反抗鼓动起来的民气不能救中国于危亡，倍感启迪民智、开通风气的重要与迫切。如同史料所记载的那样："自义和团动乱以来，包括政府官员、知识界、绅士以及商人阶级在内的人士，几乎普遍地确认，向西方学习是十分必要的。"①

上述学堂，虽然在教学内容上仅具有近代教育的形式，一般仍有浓厚的封建色彩，要求学生首先学习"四书五经"，明了纲常大义，但是它毕竟有了新的东西。在课程内容方面，增加了中外历史、地理、格致（物理）、算术、外国语等学科。特别是有些留学生回国后到这些学堂任教，宣传西方资产阶级的政治学说和文化思想。正是因"清季废科举、建学校"，有的得以"涉猎王阳明遗书，卢梭《民约论》及饮冰室诸书，慨然以革命自负"②；有的"及读东西历史，又以华盛顿，西乡隆盛自负"③；还有的"凡欧美新书，无不窥其奥妙，关于世界革命之大势，潮流所趋，皆能言之凿凿"④。如同当年张之洞所奏："近数年来各省学堂建设日多，风气嚣张日甚，大率以不守圣经礼法为通才，以不尊朝廷制度为志士。"⑤

山东在兴学堂的同时，也主动选派学生出外留学。据《东方杂志》记载，1904 年鲁省留日学生 40 人。此后年多一年，到 1908 年就出现了"联翩东渡"的热潮。在官派留学生方面，如

① 《上海近代社会经济发展概况（1882 ~ 1931）》，上海社会科学院出版社 1985 年版，第 164 页。

② 《山东近代史资料》（第二分册），山东人民出版社 1958 年版，第 160 页。

③ 同上，第 153 ~ 154 页。

④ 同上，第 193 页。

⑤ 《光绪朝东华录》（四），中华书局 1958 年版，总第5676页。

鲁省农工商局,“派学监领学生二十四人赴日本留学,分门学习,计学工者九,学商者五,学农者十,以一年毕业,复回鲁省,分充农工商教习”①。鲁抚杨莲帅以“本省风气,尚未甚见开通,重大要政需才孔亟。近日官费私费之赴东洋者,虽已不少,实不敷用,特拟再派官绅各二十人,学生四十人,前往日本留学”②。私费留学方面,如鲁省“王志勋,自留学日本回省后,招集同志二十余人,偕行东渡,计济南五人,曹州六人,东昌七人,莱州二人,青州五人”③。文登“丛涟珠由日本留学回国,竭力劝人出洋留学,闻风愿往者,计登州一府已有八九十人,且有马女士秋仪,暨幼童二人,均联翩东渡”④。

山东的留日学生,出国时正值甲午战后,“清廷内政紊乱,外交日迫”,乃至日本“目击三岛,刑政修明,益满滋焦灼”⑤。因此,多数学生在急于探求振兴中华的道路上,迅速接受了资产阶级的政治学说,如同清廷所惊叹的那样,他们“惑自由之邪说,张民约之谬论,聚党结会,妄议国事,其为后患,何可胜言”⑥。

中国进入了20世纪初,正如中国民主革命的先行者孙中山所说:“留学生提倡于先,内地学生附和于后,各省风潮,从此渐作。”⑦而当时的上海和东京是新型知识分子群体最集中的

---

① 《东方杂志》1904年第10期。

② 《东方杂志》1905年第8期。

③ 《东方杂志》1905年第6期。

④ 《东方杂志》1906年第3期。

⑤ 《山东近代史资料》(第二分册),山东人民出版社1958年版,第190页。

⑥ 转引自章开沅、林增平主编:《辛亥革命史》,人民出版社1980年版,第379页。

⑦ 《孙中山全集》第6卷,中华书局1985年版,第236页。

地区。因登、莱、青三府三面滨海,而烟台又是北洋的枢纽、留日学生的通衢,最易接受外界潮流的刺激,使得这一地区的爱国青年最早“得悉种族政治革命之学说”。

山东同全国一样,多数新型知识分子都受过封建传统教育,但因影响程度的不同,社会地位的差异,所选择的派别亦不同。像当时东渡留学的丁世峄、王志勋、周树标、曲卓新等人,出身“望族”,又具“科名”,政治上主张立宪,排斥革命;而同时留学日本的徐镜心、丁惟汾、陈干、谢鸿焘等人,虽家世业儒,但其本人主要是接受了新学,又无“科名”,成了“缘潮流所趋,非共和无以救国”的革命民主派。而上述政治派别又带有明显的地域色彩。同西七府相比,东三府是新兴政治力量明显集中的地区,山东新兴政治力量的地域特点,无疑会影响和制约着辛亥革命在山东的历史风貌。

三、痛外侮纷乘,恨清廷专制

甲午战后,世界资本主义列强对中国的侵略,是以瓜分领土、划分势力范围和日益增多的资本输出为特征的,而山东成了瓜分侵略的首要目标。

先是中日威海之战,造成威海军港的丧失和北洋海军的覆灭,山东人民首感丧师辱国之痛、洋枪洋炮之害。

继之,1897 年 11 月,德国以“巨野教案”为借口,出兵强占胶州湾。第二年又迫使清政府签订了《中德胶澳租界条约》,规定德国租借胶州湾 99 年,允许德国在山东境内修筑胶济、胶沂两条铁路和在沿线 30 里内开矿的权利。由此各国列强竞相在中国强租海港和划分势力范围,掀起了瓜分中国的狂潮恶浪。

再是1898年，英国迫使清政府签订了《威海卫租借专条》，强租了威海卫。

从此，山东的两个重要港口，先后沦于德英两国的控制之下。

另外，1904年在中国东北发生的日俄战争，不仅使得山东人民受到了极大的刺激，而且由于日本侵夺了满洲利权，强租了旅顺、大连，日本的势力也由此深入到了山东地区。

随着外侮而来的是民族灾难的日益加深。山东不仅成了德、英两国的重点投资场所，洋货也潮水般地涌进山东地区。德国取得胶济、胶沂两条铁路沿线的开矿权，并于1899年春设立山东采矿贸易公司，攫取了山东境内沂州、沂水、诸城、潍县、烟台等五处矿产开采权。为保证矿业的高额垄断利润，德人恃强禁止华商使用机器生产，致使山东不少华人矿业相继停闭。

与此同时，德国在青岛修建了船坞和一、二、三、四号码头，并不遗余力地开办工厂，从1903～1907年，先后开设了青岛电灯厂、自来水工厂、面粉厂、精盐制造厂、捷远洋行、啤酒酿造公司、沧口绢丝纺织公司等8个工厂。其他列强也竞相在山东投资设厂。

外国列强向山东输入资本和倾销商品，不仅严重阻碍了山东民族资本主义经济的发展，也迫使广大农民和手工业者被卷入资本主义市场遭受压榨。据统计，1900年输入青岛的商品总值为16万两，到1910年增至1200万两，在十年间猛增了74倍，而出口货总值由3万两增至8万两，骤增了近2倍；进口货的大部分是棉布、棉纱等生活日用品，而出口品则是外国列强所需要的工业原料。因之,人们大声疾呼:“嗟我山东,民何恃而不穷,财何恃而不尽哉。”①

山东人民不仅痛外侮之纷乘,更恨清廷的专制。这是因为清王朝经过八国联军的沉重打击,“实与亡国无异”。面对国势衰败如此和民主革命日趋高涨的严峻形势,作为独揽朝政的慈禧太后,为挽救其濒临危崖的统治,甘心“量中华之物力,结与国之欢心”,批准《辛丑条约》“议和大纲”,由此清政府成了“洋人的朝廷”。同时,清廷又认识到“国势至此,断非苟且补苴所能挽回厄运,惟有变法自强”。为此,慈禧于1901年1月以皇帝的名义颁布“整顿中法以行西法”的新政谕令。这样对外表示“敝国现议行新政,正期图报各大国之惠于后日”,对内可使“天下士民知朝廷有改弦更张之心,则顽固者以化其谬,望治者效其忠,而犯上作乱之邪说可以不作”。②

清王朝为求得外国列强的“保全”,就必然把推行新政与履行《辛丑条约》的条款结合在一起。按条约规定,除赔银9.8亿两(本息)外,允许列强在华北沿海战略要地驻军,永远禁止中国人民成立反帝组织。根据条款修订的中美、中日、中法等通商条约,扩大了列强在华通商、航运的权利,导致中国路矿权利的大量丧失。这些就是1903~1905年拒俄运动、收回利权运动、抵制外货运动兴起的社会原因。

而以《辛丑条约》为背景、以苛取民财为手段、以新号召维护旧统治的清末新政,在推行中,则是“经事者借端浮收,而事多无实,害且滋深”③。这是因为新政之兴,短自经费。本来,

① 《山东省志资料》1962年第3期,第81~82页。

② 《光绪朝东华录》(四),中华书局1958年版,总第4616、4769页。

③ 《山东近代史资料》(第二分册),山东人民出版社1958年版,第36页。

在19世纪中期,清政府的财政就因历年军费激增而已“罗掘俱穷”。而又经历甲午之战、庚子之役,“偿款数巨期迫,财力竭于外输”。仅就山东而言,1901年后,新增赔偿教堂、教民“损失”80万两,每年负担庚子赔款90万两。山东历任巡抚及各级地方官府又以筹办“新政”为名自行增加捐税,诸如:农出斗粟有捐,女成尺布有捐,家蓄一鸡一犬、市屠一猪一羊有捐,他如背肩挑瓜果、蔬菜、鱼虾之类莫不有捐。不思负担如何,唯恐搜括不尽。“凡农力所不能给者,则一切劫于商以足之,于是昔之单税今则复之,今之复税后又倍之。”①

光绪三十年(1904),清廷谕旨承认“近年以来,民力已极凋敝,加以各省摊派赔款,益复不支,剜肉补疮,生计日蹙……各省督抚因举办地方要政,又复多方筹款,几同竭泽而渔。其中官吏之抑勒,差役之骚扰,劣绅讼棍之播弄,皆在所不免”②。

正因各级官吏征敛无度,山东同全国一样陷入了农工终岁勤劳,难得一饱,商贾资本缺乏,倒闭相望,城市村落十室九空,无业流民居其大半的悲惨境地,由此社会矛盾迅速激化。于是以“扫清灭洋”为号召,以“抗洋捐”、“反贪官”、“抢米谷”为内容的民变迭起,遍及各地。

在山东因即墨县官府征收新税,激起民变,1901年,万余农民围城两昼夜,迫使官方答应“减免”。同年,潍县商民抗议“添设厘捐”。

1902年,长山县周村镇爆发了抗议官府摊派税捐的骚动

① 《清末筹备立宪档案史料》上册,中华书局1979年版,第229页。

② 《光绪朝东华录》(五),中华书局1958年版,总第5251页。

事件。

1904 年,济宁、嘉祥、巨野、郓城等地的农民群起抗议卫地变价,郓城屯民任清合率领屯民两千余人,持械包围县城,迫使当地官府终未达到加粮的目的。

1905 年,潍县爆发了商民因反抗烟草加捐,数千人捣毁税局的事件。

此后,各地抗捐抗税斗争的风潮接连不断,到 1910 年,终于爆发了曲诗文领导的震惊全国、对山东政局发生重大影响的莱阳抗捐案,并波及海阳,参加的农民达五六万人,时间长达三个月之久。

曲诗文,山东莱阳县旌旗乡柏林庄人,家境贫苦,饱受官绅压迫,虽不识字,但阅历较深,又因刚直不阿,好打不平,深得群众拥护,人称“曲老爷”。义和团反帝斗争失败后,清朝举办“新政”,地方贪官劣绅借此增加捐税。莱阳县城八社农民组织联庄会进行抵制,他被推为总指挥。1910 年(宣统二年)5 月,曲诗文带领群众千余人赴县署,要知县朱槐之答应将官绅侵吞的积谷抵充捐税。不久,官府却下令拘捕了请愿的群众。为此,曲诗文率联庄会众进行武装反抗,发动乡民三四万人围攻莱阳县城,被清军击败。次年秋,他又联合招远郭福年,谋再次攻打莱阳县城不果。1914 年 9 月,曲诗文被莱阳县令周大封逮捕,解往烟台惨遭杀害,时年 65 岁。

总之,清末十年间,山东的各种矛盾同全国的一样,集中表现为人民群众与对外卖国、对内专制的清政府之间的矛盾。山东有志之士皆认为“清政不纲,列强环伺,岌岌可危”,积极探求振兴中华之路。

四、“鼓吹党义”，“扩大党势”

中国进入20世纪以来，民主革命思想广泛传播，国内革命形势迅速发展，孙中山受到了鼓舞，积极支持海外华侨和广大知识分子的革命活动，同他们建立了密切联系，从而在他们中间享有崇高的威望。1904年，孙中山发表了《中国问题的真解决》一文，满怀信心地指出清朝统治“正迅速的走向死亡”，“中国现今正处在一次伟大的民族运动的前夕，只要星星之火就能在政治上造成燎原之势”。

1905年夏，孙中山从欧洲到达日本，受到中国留日学生和各革命团体的热烈欢迎。鉴于国内革命形势的发展，孙中山感到各革命团体分头活动，已经不能适应革命形势的需要，倡议联合兴中会、华兴会、光复会以及其他革命团体，成立一个全国规模的统一的革命组织，取名“中国同盟会”。此倡议得到了黄兴、宋教仁等各革命团体负责人的一致同意。8月20日，中国同盟会在日本东京正式举行成立大会，并通过了孙中山提出的“驱除鞑虏，恢复中华，创立民国，平均地权”的政治纲领。

据史书记载，从1905～1907年，山东留日学生加入同盟会的共53人，现将他们各自的姓名及其所属地区列表如下：

1905～1907年山东同盟会会员表

东三府							
姓名	籍贯	姓名	籍贯	姓名	籍贯	姓名	籍贯
吴怀文	潍县	齐树棠	潍县	王善谟	潍县	酆文翰	潍县
任效文	潍县	李廷玠	潍县	郭玉基	益都	舒元馨	福山
左汝霖	莱阳	傅元昌	寿光	冷国贞	招远	陈保三	临淄

（续表）

东三府							
姓名	**籍贯**	**姓名**	**籍贯**	**姓名**	**籍贯**	**姓名**	**籍贯**
冷永贞	招远	于敦复	文登	丁惟汾	日照	姜执中	蓬莱
徐镜古	黄县	陈命官	蓬莱	戚守章	文登	苗祖蔚	黄县
徐镜心	黄县	许衍灼	日照	徐文炳	黄县	孙学悟	文登
周召南	黄县	孙家驹	平度	吴鸿襄	平度	赵踵先	黄县
梁钟尧	栖霞	戚云龙	文登	王金寿	黄县	周廷弼	寿光
于鸿仪	莱阳	徐鸿林	平度	谢鸿焘	栖霞	于声翰	莱阳
李廷璧	高密						
西七府							
姓名	**籍贯**	**姓名**	**籍贯**	**姓名**	**籍贯**	**姓名**	**籍贯**
胡祥林	陵县	刘扆文	曹县	邱肄三	潍县	杨佩文	临淄
袁溥	曹县	李善	峄县	刘星楠	清平	吕秀文	濮州
韩德凝	濮州	宋绍唐	菏泽	彭占元	濮州	张映竹	菏泽
崔文桐	临淄	赵国璧	泰安	孔繁蔚	滕县	张履廷	潍县

（注：根据冯自由著《中华民国开国前革命史》续编第十二章编制）

表中所列同盟会会员共53人，其中属东三府的会员就有37人，占会员总数的75%，其中潍县有6人，黄县有7人。

中国同盟会是中国第一个全国性的革命政党。根据通过的《中国同盟会总章》，确定同盟会总部设在东京，选举孙中山为总理，在国内外其他地方设南、北、中、西、东五个支部。其中的北方支部设于山东的烟台，下辖山东、山西、蒙古、直隶、黑龙江、吉林、辽宁各地分会组织。各省接受党员入会者曰主盟人。徐镜心被孙中山委以山东主盟人，丁惟汾等人助之。

徐镜心（1873～1914），又名文衡，字子鉴，山东黄县黄山馆徐家村人，自幼聪颖好学，尤酷爱宋明陆王之学，20岁为县廪生。清末废科举，兴学堂，先后就读于烟台毓才学堂，1902年转入济南高等学堂。1903年留学日本，入早稻田法政大学。1905年7月间，正值孙中山、黄兴等人在日本东京筹建同盟会之际，经张继介绍加入同盟会，后得孙中山接见，并委以重任。

丁惟汾，字鼎丞，亦作鼎臣，山东日照县涛雒镇官庄人。青年时代参加科举考试，成廪生。1904年（光绪三十年）留学日本，入明治大学，专修法律。次年加入同盟会。是山东最早的同盟会会员之一。1906年与山东籍的蒋衍升等人在日本创办《晨钟》周刊，进行反清革命宣传。1907年回国任山东法政学堂监督，积极宣传反清革命，发展革命组织。

中国同盟会的成立及其政治纲领的提出，使全国的革命运动有了统一的领导核心和明确的奋斗目标，有力地推动了民族民主革命运动高潮的到来。由此，山东籍的同盟会会员陆续回省，即以“扩充会员，倡导革命为己任”，并认定“培植革命人才，须先由学校入手”。他们乘清末废科举、兴学堂之机，纷纷集资，设立公学（私学），这些公学的办学目的十分明确，就是“鼓吹党义，扩大党势”，通过公学宣传同盟会的纲领，把青年培养成革命运动的先驱。据统计，山东先后办公学20余处。学校名称、成立时间、地点、主要主持人列表如下：

学校名称	成立时间	地点	主要主持人
育英学堂	1906	烟台	王学锦、徐文炳
明新学堂	1906	黄县	徐镜心、徐镜古
坤元女子学堂	1906	黄县	徐镜心、徐镜古
育英学堂	1906	黄县	赵踵先
西关公益小学		黄县	李召南
东川小学		黄县	李瀛海
山左公学	1906	济南	刘冠三
东牟公学	1906	烟台	谢鸿焘、徐镜心
端本女学	1906	烟台	马秋仪
农林小学	1906	诸城	臧伯勋、张庚文
东关小学	1906	潍县	杜佑宸、于瀛
自新学堂		曹州	王朝俊
柳疃小学堂		潍县	高彭年
庞家小学堂		潍县	于联英
寒亭小学堂		潍县	张洛书
胶莱公学	1907	即墨	鄞文翰、魏显庭
坤明女子学校	1907	潍县	刘树声、李咸升
震旦公学	1908	青岛	陈干、刘冠三
东关公学	1908	潍县	李次元
英林公学		高密	王麟阁、唐寿先
南华公学		曹州	王朝俊、彭占元
普通中学	1906	曹州	王朝俊、彭占元

（续表）

学校名称	成立时间	地点	主要主持人
棣州公学		惠民	王谢陈、阎绶青
东武公学		诸城	臧少梅
青州中学		益都	
沂州公学		沂州	李小岩
莱州中学		莱州	赵金漳
师范传习所		文登	于春暄
城内高等小学	1911	德州	朱星垣
滨州牡丹台小学		滨州	郑幼庭
东良庄初小		泰安	张殿忠
洪智寺高小		威海	于春暄

其中影响最大的是东牟公学、山左公学、震旦公学，以这三处公学为基地，在山东形成了烟台、济南、青岛三个革命中心。

烟台东牟公学，1907 年由栖霞县的谢鸿焘、黄县的徐镜心、牟平的邹秉绶创办。学校创办初期，大家正因经费一筹莫展而苦恼时，谢鸿焘的妻子马秋仪慨然曰："汉族沉沦，何以家为。我父母早逝，可变卖嫁奁金饰，以应急需可也。"①东牟公学遂得成立。学校教师初有高密的李省斋（廷璧）、丘特亭（瀚璋），继而河北的张继、湖北的胡瑛也由日本来到该校担任教习。学校开附设警察科，徐镜心任监学职务，"招生百余人，多四方优秀分子，鲁东各县革命思潮风涌，实基于斯"②。

① 《山东文献》（台北版）第 1 卷第 2 期，第 88 页。

② 《山东近代史资料选集》，山东人民出版社 1959 年版，第 182 页。

济南山左公学，1906 年由高密县的刘冠三、潍县刘光第等人创办于省城北的杨家庄。安邱县的刘子丰捐银一千两作为创办经费。刘冠三任监督。

刘冠三，名恩锡，高密县西乡康家庄人，生于 1872 年，1903 年（光绪二十九年）考入济南师范学堂，是该校最早的同盟会会员。山左公学创办时，徐镜心、齐芾南、左雨农、鄄文翰由日本回国，冠三“均延入任教授”，“学生大半入同盟会”。①

据该校丙班学生武景民回忆说：“刚进这个学校就感觉与众不同，封建的师生关系被打破了，夜间校长室里都挤满了学生，随便谈论，连由日本回国的留学生徐镜心、齐芾南等也参加了这个场所，与学生一起谈论清朝的腐败和恢复中华的大计”，“省方革命之胚胎自此始”。②

青岛震旦公学，1908 年（光绪三十四年）济南山左公学被统治当局查封后，由陈干与刘冠三等人赴青岛创办。

陈干（1887 ~ 1927），字明侯，山东昌邑白塔村人，幼年聪颖，家本贫寒，勤奋好学，为当时昌邑县令胡铁霜所赞赏，被推荐入昌邑书院读书。1896 年陈干失学随乡亲赴东北谋生。日俄战后国是日非，遂于 1905 年东渡日本，经丁惟汾介绍加入中国同盟会，拜见了孙中山，结识了章太炎、黄兴、宋教仁等上层革命党人，不久受孙中山派遣回国，任辽阳“八旗学堂”校长，在此结识了革命党人商震和蒋慕谭，三人被时人称誉为“关东三杰”。

八旗学堂以兴学救国为宗旨，以尚武爱国激励学子。学生

① 《山东近代史资料》（第二分册），山东人民出版社 1958 年版，第 80 页。

② 同上，第 126 页。

均着黄布体操衣，穿戎装，佩短剑，作从军状。学生操练时高唱陈干自编的歌曲。歌词为："轩辕黄帝，开辟我中华，历朝沿革，举世我一家。历代相传，开国皆尚武，承平日久，风气渐相差。文字敝病，积弱至此极，环球列国，都来伸爪牙。英夺香港，法占安南，德据胶州，日俄占大连。求和日本，赔款割台湾。甲辰日俄占满洲，杀我同胞视之如马牛。我为中国一份英雄子，岂敢自馁甘为淆脂油。磨剑枕戈存心杀敌国，卧薪尝胆胸怀祖宗仇。"这首操练歌响彻校园内外，革命豪情遍布辽阳城。

1907 年秋，陈干来到青岛，以八旗学堂尚武爱国的教育宗旨创办震旦公学，得到党人的护拥。陈干任校长，章太炎从日本来信，"知青岛有可为，善极"，表示支持。

当时的青岛属德国租借地，办学立案要经德国殖民当局批准，德人恐怕革命党人危及其在青岛租借地的统治，因而拒绝之。对此陈干义正词严地质问道："对妓院你们可以立案批准，建学校却不行，难道你们德意志是器重妓院而轻视学校吗？"这一问使德国官员无话以对，只得批准。

光绪三十四年(1908)，震旦公学召开成立大会，议决陈干负责聘任教员，临时经费由吕子人掌握。

吕子人居住青岛，精计算，曾治办西人建筑工程，交纳多豪士。学校成立后，挂出了"震旦公学"校牌。"震旦"在佛教经典中是对中国的称呼，革命党人取为校名，即寓振兴中华之意。

震旦公学聘任的教员，有浙江省陶焕卿(成章)，湖南省的陈汉元(家鼎)、张继，山西省的景梅久(定成)，保定的商警予(震)，曹州的吕润斋(秀文)、王鸣双等。学校常年经费由刘冠三负责四处募捐，甚至智取清廷官款、不法赃款、盐商侵蚀款及奸民贩运毒物款，凡不义之财，必思劫而输入公学。

学校一切皆以同盟会的革命主义为宗旨，教程首当军事学，经常向学生灌输“驱除鞑虏，恢复中华”的思想，组织学生游行示威，抗议清政府割地赔款，出卖矿权、路权的卖国行径，革命思想普及于一般青年，影响扩大到整个胶东半岛，各方青年“蜂起加盟，争会震旦。震旦以革命导之，其势力日厚”，“以后即墨、高密、青州、诸城等县的独立及徐州北伐军三十九旅的建立，均以震旦公学为出发点”。①

山东同盟会党人除设立公学进行宣传和发展组织外，还在官立学校进行革命活动。青州、曹州两处中学，就有不少青年参加了同盟会。济南的法政、农林、师范、高等学堂也成了同盟会党人活动的场所。

为了广泛宣传同盟会的纲领，山东同盟会党人遵照孙中山“使人效死革命，必赖于主义之传播”的教导，积极创办报刊，在日本东京最早由丁惟汾等人创办了《晨钟》周刊，刊行20余期。所论甚广，“要之以革命为主，尤恫斥有清一代吏治”，时密传之，“国中学者购致如获异宝，转相传示，鲁东西各校少年因之入党者日众”。② 随之，济南的《山东白话报》、烟台的《渤海日报》也相继创办。

《山东白话报》，由刘冠三于光绪三十二年(1906)春创始于趵突泉之白雪楼，由本省同盟会党人李子元、张树德和江苏省的徐粹庵先后任编辑。旬日一刊，“论政首斥贪污，论学首崇新知，引而归之革命”③。因言论激切，第二年夏被迫辍刊。

---

① 《山东近代史资料选集》，山东人民出版社1959年版，第156页。

②③ 《山东文献》(台北版)第1卷第3期，第16页。

《渤海日报》,创始于光绪三十二年(1906),由山东同盟会党人陈命官任社长,齐树棠、丁训初、李瑞芝任编辑,至民国兴未曾中辍,时人评论该报说:"革新之风气日张,党人之居留无难,《渤海日报》不无功焉。"①

另有同盟会党人栾志杰,搜求名籍,于青岛设局刊印,对历代皇帝无不嘲骂,演为鼓词,词浅旨深,语谐意愤。此书刊布,四方争来购取,以为"睥睨万古,仇毁帝制,二百年前有此宏识,真所谓豪杰之士矣",因之传诵无数。栾志杰"刊印佚籍,传播主义之功,此其最著者云"。②

山东同盟会党人主要是通过公学、报刊公开向人们宣传同盟会的革命纲领,努力唤起人们的觉醒,从而扩大了革命力量,为辛亥革命在山东的兴起奠定了思想和组织基础。如同时人指出的"莘莘学子,得烟台东牟公学,济南山左公学,青岛震旦公学等学府,鼓吹推倒清朝、建立民国,重振华夏光荣历史,已到不可压抑的程度,一有机会,即时爆发"③。

坚持通过兴办教育培植革命人才,既是辛亥革命在山东的特点,又是它的优点。这与所谓的"教育救国"截然不同,因为这不是以教育代替革命,而是以教育为革命服务。

1905 年同盟会成立后,以孙中山为首的革命民主派立即朝气蓬勃地投入战斗。在派人回国发展壮大革命力量、组织发动武装起义的同时,还通过《民报》及其他革命报刊,同以康有为、梁启超为代表的改良派,在要不要以暴力推翻清王朝、要不要建立民主共和国、要不要改变封建土地制度等问题上展开了

①② 《山东文献》(台北版)第 1 卷第 3 期,第 16 页。

③ 《山东文献》(台北版)第 1 卷第 2 期,第 94 页。

激烈的论战。通过论战,促进了反清武装斗争的开展。从1906年至1911年4月,革命党人发动的武装起义比较著名的就有十余起,其中在孙中山领导下,有饶平黄冈、惠州七女湖、防城、镇南关、钦州马笃山、云南河口六次武装起义。特别是1911年4月同盟会发动的“黄花岗起义”,烈士们英勇战斗、视死如归的精神,更加振奋了全国人民的斗志。孙中山后来总结这次起义说:“是役也,集各省革命党之精英,与彼虏为最后一搏,事虽不成,而黄花岗七十二烈士轰轰烈烈之慨已震动全球,而国内革命之时势实已造成矣。”①

清王朝从1901年起推行的“新政”并未给清朝统治带来暂时的稳定。日俄战后,反映民族资产阶级要求的政治代表,以立宪的日本战胜专制的俄国为由,呼吁朝廷立宪的呼声也高涨起来。在革命和立宪两大潮流的冲击下,清王朝中的一些显赫人物纷纷奏请“变更政体,实行立宪”,主张“宜俯从多数希望立宪之人心”。②

此时,清廷遂派以载泽为首的五大权贵大臣分赴东西洋各国“考查一切政治,以期择善而从”。五大臣回国后,清廷具体分析了各类主要宪政国家权力中心,认为日本虽万机取决于公论,而大权则出于君裁,“以立宪之精神,实行其中央集权主义,其政治尤与我接近”③。继而驻日使臣杨枢奏请,效法日本“先定立宪之国”,因“日本所变者治法而非常经,与圣训相符合”④,由此,清政府于1906年9月1日颁布了“大权统于朝廷,

①② 《孙中山选集》,人民出版社1956年版,第207页。

③ 《光绪朝东华录》(五),中华书局1958年版,总第5287页。

④ 《申报》1906年12月1日。

庶政公诸舆论”的预备立宪宗旨。

五、清末预备立宪与山东立宪潮流的兴起

在清朝中央筹设资政院及各省成立咨议局是清末预备立宪的重要内容。清政府于1908年7月颁布的《咨议局章程》和《议员选举章程》规定“咨议局为各省采取舆论之地,以指陈通省利弊,筹计地方治安为宗旨”;“各省督抚有监督咨议局选举及会议之权”,“咨议局议事有逾越权限,不受督抚劝告者,督抚得令其停会”等等。至于各省议员定额,“参照各省进取学额及漕粮之数”,议员的选举“于财产限制之外,另设资望学识等格,以与财产并重”。

清政府的上述规定,既表示向立宪派开放,又竭力使旧的势力进入咨议局并把咨议局置于督抚监督之下。由此成立的山东咨议局,具有明显的地域特色。

山东咨议局于光绪三十四年(1908)十月十九日设立筹备处,参加的人员都是当时官吏和在乡的士绅。各州、府、县设立选举调查事务所,负责调查选民的初选复选事宜。

按清廷关于各省议员名额的相关规定,山东共选出议员103人。议员的籍属地区、姓名,列表如下:

山东咨议局议员表

东三府							
姓名	籍贯	姓名	籍贯	姓名	籍贯	姓名	籍贯
曲卓新	宁海州	王治芗	黄县	温式曾	招远	尚鹏展	高密
姜宗汉	福山	盖有均	莱阳	陈命官	蓬莱	赵贵三	胶州
王学锦	黄县	孙孟起	莱阳	孙丕承	招远	邱桂乔	胶州

（续表）

东三府							
姓名	籍贯	姓名	籍贯	姓名	籍贯	姓名	籍贯
丁世峄	黄县	于镛	文登	王毓琨	高密	崔亦文	寿光
王志勋	寿光	王永贞	乐安	刘儒珍	益都	刘汉东	昌乐
王炜辰	诸城	张介礼	安邱	周树标	安邱	张其伟	安邱
王钟芳	掖县	杜荣桢	掖县	尚庆翰	平度	于普源	潍县
西七府							
姓名	籍贯	姓名	籍贯	姓名	籍贯	姓名	籍贯
汪懋琨	历城	仇纯吉	长山	杨秀岭	平原	刘鹏龄	邹平
李广居	长清	高鸿文	新城	张殿卿	长山	王昱祥	长山
张良弼	淄川	霍省三	禹城	魏寿彤	德州	张灿之	齐河
艾於勋	济阳	窦培增	陵县	张清廉	平原	金毓珍	清平
张连汇	莘县	王赓飏	莘县	周祖澜	聊城	吕上智	博平
赵阳山	冠县	刘清范	高唐	金玉相	高唐	张壬弼	莱芜
俄方楷	东阿	张允符	东阿	尹序诰	平阴	朱承恩	泰安
亓宗海	莱芜	李传煦	肥城	尹祚章	肥城	汪岱霖	泰安
巩象临	东平	范德如	东平	毕松龄	莱芜	郭连科	商河
董廷棨	惠民	姚际元	阳信	张树庭	海丰	李钖恩	滨州
李访贤	利津	赵光勋	利津	王九州	武城	冯绍京	夏津
李荫棠	临清	孔昭苯	阳谷	李瞻泰	阳谷	蒋鸿斌	滕县
梁协中	汶上	徐书年	邹县	庄余珍	莒州	于树封	莒州
徐慎宣	郯城	鞠芙	沂水	刘诚淦	沂水	顾石涛	沂水

（续表）

西七府							
姓名	籍贯	姓名	籍贯	姓名	籍贯	姓名	籍贯
张志渊	郯城	郑熙嘏	日照	王东玕	蒙阴	王景禧	费县
陈毓海	费县	王峻范	兰山	张光第	菏泽	孔广洪	定陶
彭占元	濮州	张咸之	曹县	安作宾	曹县	于广庆	巨野
杨振清	范县	杨毓泗	济宁	杜朝宾	嘉祥	王玉年	鱼台

（注：根据《东方杂志》1909 年第 10 期《附录 · 各省咨议局议员姓名录》编制）

山东咨议局于 1909 年正式成立，议员 103 人，上表显示，籍贯属东三府的 28 人，占 27%；属西七府的 72 人，占 69%；另外有青州驻防 2 人，德州驻防 1 人，其他不详。

就议员的政治素质考查，东三府的议员虽多是举贡生员以上出身者，但这些人已在不同程度上接受了西方的政治学说。其中有些人不仅是清末废科举办新学中卓有成绩者，并且是要求改良政治、挽回利权的直接参与者。像黄县选出的王治芗和王学锦两名议员，前者是清廪生，首创学务，发起教育会，“已酉，当选为山东咨议局议员，值保矿会起，奔走上海、青岛、烟台等处，号招数月”①；后者，甲辰留学日本，归国后在本村创办育英学校，被选为咨议局议员，“敷陈兴革，悉中利弊”②。再是安邱的张公制（介礼），“那时在本县充劝学所总董，年少激进，因抽庙产，打神像，被僧道所控告”③。至如丁世峄、王志勋、周树标、曲卓新等人，其中的周、曲分别为举人、进士，但此四人都

① 《山东近代史资料》（第二分册），山东人民出版社 1958 年版，第 156 页。
② 同上，第 160 ~ 161 页。
③ 《山东省志资料》1916 年第 1 期，第 2 页。

是留日学生，前三人充任省法政专科学校教员，曲卓新充任省自治研究所所长。这些人同封建势力既有较密切的联系，又存有深刻的矛盾。可见东三府选出的议员，多是与资本主义经济相联系，“具有新知识尚居多数”，政治上主张改革的立宪派。

然而，在交通不便、风气闭塞、封建自然经济占统治地位的西七府地区，选出的议员不仅绝大多数是举贡生员以上出身者，而且有些人还是清朝官吏。像济宁的杨毓泗、费县的王景禧，两人既是翰林，又是道员，思想上守旧怕变，政治上阿附官绅。总体来看，西七府的议员多是与封建经济相联系，“尚有不知咨议局为何物”的封建保守派。①

山东咨议局第一届大会于宣统元年（1909）九月一日开幕，酝酿选举正、副议长三人，常驻议员二十人，由此发生了激烈的“东西府之争”，西府议员通过多方奔走结合，为争取多数，先主张出任资政院的十名议员都由咨议局的议员充任，进而分头相约，以平均权利的办法，在西七府的六十二名议员中，举一正议长，一副议长，其余六十人分三期各举为常驻议员，各有权利可享。最终选出的正议长是杨毓泗，第一副议长为于普源，第二副议长是王景禧。因这三人都是清朝翰林，当时的《国文日报》主笔陈命官为此作了“科举有灵，三翰林当选”的讥评。这样，除出任资政院的十名议员外，在实有的九十三名议员中经常保持了六十二人的多数，外界称之“六二党”。

议员提案是咨议局议案的中心，所提议案，“东三府多主张

---

① 《近代史资料》1957 年第 4 期，第 13 页。

激进，西七府多主张保守，由是相激相荡，意见日深”①。终因1910年的莱阳抗捐案，东三府的议员据实认为“官逼民反，罪在官绅”，屡屡提议“为民申冤”。然而西七府的“六二党”颠倒事实，说曲诗文是“聚众抗捐，志在谋叛”，并提出主张惩办官绅就是“曲党”。为此以丁世峄为首的东三府五位议员“愤不能平，遂一体辞职”②。

丁世峄，字佛言，号迈钝，山东黄县城北宋家疃人，出身“望族”，幼年就塾，恶制艺，专心经史。戊戌、庚子变后，恨国家不振，外夷凌辱，认定“非维新无以救亡”。自此，无意仕进，遂东渡日本入东京法政大学，后结识了著名立宪党人杨度，从此坚定了推动中国实行立宪的政治主张。当学习卒业，闻清廷预备立宪，诏各省设立咨议局，他喜出望外，迅即回国执教于山东法政学堂。1909年十月被选为省咨议局议员。为提高人民参政议政的水平和能力，发起成立山东人民建议会。当预备立宪九年的谕旨下达，他与山东的赵正印、宋尧臣、韩石沄、方慰农、周树标、王墨仙等人赴京，参加了立宪派发动的全国规模缩短立宪年限的请愿运动，以迫使清廷加速立宪，早日实现民主政治。

因为清末预备立宪是在民主革命潮流高涨形势下出现的一场旨在拉拢立宪派以缓和国内革命浪潮的政治骗局，因而在实行中就成了“立宪其名，专制其实，商路则收为国有，外债则任意大借，代表则递解回籍，内阁则专任亲贵，凡可以离民之心，解民之体者，行之唯恐不力”③。

---

① 《近代史资料》1957年第4期，第13页。

② 《山东省志资料》1961年第1期，第5~6页。

③ 《革命战事记》，《东方杂志》1911年第8卷第9号。

丁世峄等五议员的辞职,不仅表示了与封建保守势力的公开决裂,重要的是戳穿了清廷预备立宪是一场政治大骗局。这成了山东立宪潮流与革命潮流交汇的政治动因。丁世峄由此赢得了人心,成了山东政界名噪一时的人物。

故史书记载,山东咨议局存在新旧势力的尖锐斗争,局内"议员历两竞:一曰六二党;一曰清流党。世峄领导的清流党,为士绅所依附,力量最厚"①。因之,革命潮流与立宪潮流的交汇激荡,成了清末山东政治格局的显著特色。

六、清末山东巡抚孙宝琦的统治方针

山东地处近畿,甲午战后成了德国的势力范围,清朝政府面对着国内民主革命日益高涨的严峻形势,为稳定对山东的统治,于光绪三十四年(1908)元月派孙宝琦接替升任两广总督的袁树勋膺山东巡抚。

孙宝琦,字慕韩,浙江钱塘人。其父孙诒经,官至光绪朝户部左侍郎。所以孙宝琦常以"世受国恩"自诩,矢忠于清王朝。孙宝琦接任山东巡抚,在其出京陛辞时,摄政王谕其莅任后须注意者四事:一、继续前任袁抚所办预备立宪之一切新政;二、保持德国之利益;三、设法镇制秘密党匪;四、清理财政。②

孙宝琦"非特长于外交,并且长于内交"③。他多次出任法、意、葡、德等国使节,对外善于柔媚帝国主义;对内善于巴结朝廷权贵,与奕䜣、袁世凯都是"儿女姻亲"。山东又是袁世凯

① 《山东文献》(台北版)第2卷第2期,第61页。

② 《民呼、民吁、民立报选辑》(一),河南人民出版社1982年版,第183页。

③ 《近代史资料》1957年第4期,第11页。

的旧治之地，驻山东的陆军第五镇就是由袁世凯的武卫右军先锋队扩建而成，始终在袁世凯的控制之下。孙宝琦一切唯袁的马首是瞻。

孙宝琦对山东的统治方针，就是他自己宣称的“和洽邦交，内修政治”。所谓“和洽邦交”，就是保持德国在山东的利益。清廷要孙宝琦到山东任职的重要原因，就是他谙通洋务，又曾出任驻德国公使。所谓“内修政治”，就是接办前巡抚未竟的各项“新政”。诸如督办举行咨议局的选举，设立自治研究所，筹办城镇乡地方自治，举办省城商埠等处各级审判厅，设立高等巡警学堂和地方巡警机构，设立高等工业学堂，派学生出国学习工业技术，调查全省人口、户籍总数及岁出入总数等。

孙宝琦就是通过督办上述新政，多方联络各派政治势力为其所用。他不仅重视笼络立宪派的著名代表人物丁世峄、周树标、王志勋为法政专门学校的教员，曲卓新充任省自治研究所所长，更重视罗致一些山东籍的翰林、进士，并把山东咨议局变成他推行“和洽邦交，内修政治”的专用工具。

清末山东咨议局不仅自始至终为“六二党”封建保守势力所控制，而且是在孙宝琦的直接操纵下进行活动的。

在不危及清朝统治的前提下，孙宝琦为拉拢立宪派，缓和人民反帝反封建的革命浪潮，在其操纵下的咨议局除了在常年会上议决讨论了某些兴利除弊、振兴实业、兴办教育和维护国家主权的议案外，还对清末山东兴起的收回利权运动一度表现出同情之态度。

当山东人民开展收回茅山等五处矿权的斗争趋向高涨时，不仅立宪派和革命派中的某些人出面成立组织，散发传单，聚众演说,“昼则奔走,夜则筹计”,山东的旅京政、商、学界同乡频频集会,极力抵制孙宝琦以巨款买回废矿的卑劣行径,咨议局也复电表示“极表同情,共负责任”。但当孙宝琦屈服于德国的压力,柔媚帝国主义的决心下定之后,就极力施展其操纵咨议局的伎俩。在批答咨议局长杨毓泗等人的公呈中,先“力陈赎回金矿之利益”以资引诱,再以“此事彼之公使领事均声称于政府之命”进行威胁,最后要诸绅“明于世界大势,幸再就事情上切实体察,勿徒以学说理论相责难”,并声称:“本署院久历外交,实不敢谓经验最富,然平日总以和洽邦交,修明内政,不尚意气为主旨。”①从而实现其操纵“六二党”,以“局章决事,以多数取决”,致使山东人民在收回矿山的斗争中成效甚微。

在收回矿山斗争的同时,烟台绅商学界发起了颇具声势的商办烟潍铁路的斗争。这是因为烟台绅商目睹青岛、大连设关以来,德、日两国以全力经营,“若不将该路亟求敷设”,诚恐“登莱之商务全衰”,况“烟台为北洋之枢纽,外人注意已非旦夕,延而日久,更恐借口运输不便,起而揽我路权”,明确提出:“修筑该路,非惟关系登莱之商务,抑且关系本省主权之运输。”②为此,他们成立招商公司,拟定了筑路办法。当这一斗争趋向高潮时,不仅在咨议局第一届常会上通过了“议决烟潍铁路办法案”,就是巡抚孙宝琦也一度札饬烟台道及商会要“赶紧修办,以杜觊觎”③。但当遭到德督“一味要挟”、“极力

---

① 《东方杂志》1906 年第 12 期。
② 《东方杂志》1909 年第 10 期。
③ 《东方杂志》1909 年第 13 期。

反对”时,孙宝琦便操纵咨议局的“六二党”,对修筑该路“特拟定办法七条”,并由他亲自饬烟潍路线招股总理,略谓“咨议局拟办铁路,应请烟台各界协助办理云云”,各界认股者闻此消息,“皆纷纷向公司撤回股份”①。于是商办烟潍铁路的斗争,因之夭折。

清末发生的山东莱阳在曲诗文领导下的抗捐抗税斗争,深刻危及了清朝的统治。对此,孙宝琦先是诬为“聚众叛乱”,当即派兵镇压,并发生了奸淫抢掠的罪行。当上述行为激起山东旅京同乡的公愤遭到参奏时,孙宝琦又示意咨议局对莱阳抗捐案展开讨论。东三府的丁世峄、王志勋、周树标、张介礼(公制)、尚庆翰五议员对西七府的“六二党”凡事“阿附官绅,颠倒舆论”,“愤不能平,遂一体辞职”,而“六二党”人对此群起附和,未经表决即予通过。为此,孙宝琦摇身一变,对“六二党”的做法予以驳斥,大意谓“会议讨论争辩乃事理之常,即提出辞职,亦一时愤激所致,遽准其辞职,殊属非是,呈请撤销其议员资格,等于褫革,这与定章不合云”。可是当“六二党”议员起立通过,坚持前议时,孙宝琦对此亦“遂含糊了事”。②

孙宝琦正是通过政治上的两面手法笼络了当时山东的各派政治势力,而他自己又是清末“首以变更政体为请”的人物,因此,有些人视他为各省督抚中“比较开明的人物”。孙宝琦的政治品格,使他在辛亥革命时期在山东扮演了一个重要角色,起到了独特的作用。

---

① 《东方杂志》1910 年第 1 期。

② 《山东省志资料》1961 年第 1 期,第 5 ~ 7 页。

第二章　辛亥革命在山东的兴起

一、武昌起义与孙宝琦的应变计议

1911 年 10 月 10 日，武昌起义的胜利和湖北军政府的成立，激起了全国各省连锁般的响应。从武昌起义到 11 月 9 日，短短一个月内，全国已有湖北、湖南、陕西、江西、云南、浙江、江苏、贵州、安徽、广西、福建、广东等十几个省和最大城市上海及其他许多州县宣布独立，清朝的一部分海军也投降到革命方面来。甚至在清王朝的统治中心地区直隶，革命党人也策动驻滦州的新军第二十镇和驻保定的新军举事。

与此同时，有些地区的农民群众在农村中也掀起了反封建斗争的风暴。各省纷纷响应和席卷全国的群众自发斗争，汇合成中国民主革命的巨大洪流，清王朝的统治处在土崩瓦解之中。

武昌起义出人意料的胜利，使清朝统治者恐慌万状。先是 10 月 12 日命陆军大臣荫昌督率两个镇的陆军“赴鄂剿办”，又令海军提督萨镇冰加派战舰，“督率前进，程允和带领长江水师，即日赴鄂”，目的是迅速扑灭武昌燃起的革命烈火。继而于 10 月 13 日在下达的谕旨中强调指出，“长江一带最关紧要，现在人心浮动,伏莽甚多,又值连年荐饥,灾民遍野,殊为可虑”,饬长江流域各省督抚“亟宜严防勾结响应”;至于内地省区,同样要各省督抚认识到“海外各党密布内地,到处煽惑,潜谋不轨”,对革命党人的活动必须“随时严密侦防,免生事端,以顾大局而防隐患”。①

武昌起义震动了全国,而山东的形势尤关革命大局,为此,武昌军政府迅即檄告山东革命党人,“趁此速举义旗,右我鄂军,西发临清,扼南北之咽喉,北出渤海,攻塘沽之险隘,水陆并进,直捣巢穴,复汉官之威仪,建共和之民国”②。

时任山东巡抚的孙宝琦,既要防山东革命党人的乘机起义,又面临着各地民变蜂起的严峻形势。这时,海州的民变波及鲁南,徐州王金妮领导的群众武装也越境到了鲁西,而莒州又有煤窑工人起义。在风起云涌的革命风暴面前,孙宝琦在八月二十三日(10 月 14 日)发“内阁电”称:“去年淮豫盗贼越境窜扰,各处惊惧……而兖沂曹素为盗贼出没之区,又值邻省荐饥,登、莱、青环海,曲诗文未获,胡匪劫掠频闻,在在均属可虑。”③孙宝琦为此作了一系列应变部署。

第一,免裁绿营兵。因当时清朝驻鲁各部军队正忙于镇压各地民变,致使各部“零星分扎,已有顾此失彼之虑”,孙宝琦奏请清廷批准,免予原定裁减的驻山东各部绿营兵,以备“展转抽调,暂救一时之急”④。

---

① 《山东省志资料》1961 年第 1 期,第 21 页。

② 《中国近代史资料丛刊·辛亥革命(七)》,上海人民出版社 1957 年版,第 337 页。

③ 《山东省志资料》1961 年第 1 期,第 22 页。

④ 《山东官报》1911 年 9 月 15 日。

第二，整顿巡防营。当时五路巡防营分扎各地，指挥调动不便，孙宝琦将各地巡防营“悉数调回”济南，以备不测，并暂添巡防马队一营、步队三营①。

第三，控制新建陆军第五镇。孙宝琦鉴于南方各省起事大多发难于新军，因而对驻济南的北洋陆军第五镇极不放心，三番五次电请内阁，要求将第五镇“暂归宝琦节制，随时听调，以备不虞，而免贻误”②。

第四，筹办巡警。此事原已列在孙宝琦所推行的“新政”之内，此时，他立即筹款招募巡警、筹办乡警，加强省城济南的治安。

第五，在开展上述军事部署的同时，孙宝琦还请德国的占领军予以协同，“从严防范”。他在给青岛税务司的电文中提出：“海外革党密布内地，到处煽惑……务希贵税务司于进口船只货物随时一体密查，以防隐患，并请知照德署何大臣密饬警兵查缉。”③

孙宝琦是一个颇有统治经验的清朝官吏，他把安内与防外、军事镇压和政治应变紧密结合起来，在布置军事镇压的同时，又密切注视全国形势的发展，及时提出应变的措施。

当清廷赴鄂大军失利，长沙、宜昌、九江、黄州相继失守时，孙宝琦即与江苏巡抚程德全等联名上奏：“目下革党正盛，人心思乱，到处响应，大局立见瓦解，专主用兵断难济急。”建议清廷解散现有皇族内阁，实行宪政；又因各省连年水灾，饥民遍野，建议清廷发内朝库贮金纸赈济灾黎，以收“未散之人心”。④

清廷为摆脱危机，于10月30日（九月初九日）以6岁小皇

①②③④ 《山东省志资料》1961年第1期，第22～27页。

帝的名义发出了一道罪己诏，表示“誓与我国军民，维新更始，实行宪政”①；又根据资政院“速开党禁”的请求，宣布“所有戊戌以来，因政变获咎，与先后因犯政治革命构疑惧罪逃匿，以及此次乱事被胁自拔来归者，悉皆赦其既往”②。清廷于11月1日(九月十一日)宣布以庆亲王为首的内阁解散，授命袁世凯为内阁总理大臣，要袁世凯“即行来京，组织完全内阁，迅即筹画改良政治一切事宜”③。但袁世凯对总理大臣的任命表示“谦辞”，没有按清廷的要求立即回京，而是在10月31日从彰德到信阳督师，然后又回到了汉口。在孙宝琦看来，清廷实行立宪的“初九明诏”，自然会使“天下感泣”，“必可收已失散之人心，杜革党的煽惑”，认定袁世凯的“旌旆莅汉”，也必使“军心一振，武汉指日光复”。④

然而，清廷“欲济时艰而平国乱”宣布的立宪，当然不足以消弭民主共和的革命洪流；而袁世凯“旌旆莅汉”也抵挡不住武昌起义而激起的连锁般的各省响应。面对各省相继独立、清廷危在旦夕的形势，这时的孙宝琦把最后的一线希望寄托在袁世凯身上。他一面向袁世凯发电献计曰“公宜速入都定大计，再迟将瓦解”⑤，一面电内阁，主张马上举行南北和谈，明确提出“就天下大局而论，武汉即使收复，而蔓延日广，实有不可收拾之忧”，要清廷“特降谕旨，饬令汉口各军先行

① 《中国近代史资料丛刊·辛亥革命(八)》，上海人民出版社1957年版，第336页。

② 同上，第338页。

③ 同上，第339页。

④ 《山东省志资料》1961年第1期，第23页。

⑤ 同上，第24页。

停战,擢黎元洪为第八镇统制,责令约束士卒,安心归伍,依然可作干城”,并要黎元洪代表革党,凡有关“政治改革之意见,准其代陈,以备采择;其革党之才俊,准其保荐,量予录用,盖以普圣德于天之量,消草野不平之气”;至于“失守各省,已叛各将,均应一体宽其既往,许以自新,令各带兵如故,以安反侧”①。

正当孙宝琦为清廷献策瓦解革命党人的阴谋出笼之际,在全国革命浪潮的激荡下,山东人民的独立斗争勃然兴起。自此,孙宝琦的应变计议由防外转向了安内。

二、烟台首举义旗

烟台地处山东半岛中枢,且为天津门户、京都屏藩,是北方的重港。自 1861 年开埠后,烟台既是山东民族资本主义经济集中的地区,又是同盟会北方支部所在地。就山东省来说,同盟会在这里活动最早、成效最大。

武昌起义爆发后,聚集在烟台的同盟会党人密谋响应之策。当时的烟台驻有清警卫队二营、海军练营、海防军一营,而海防军最称劲旅。

烟台同盟会党人认定:“欲策万全,念非先下防营不足以劫制全局。”②于是由同盟会会员王耀东、栾星壑等计议约海防营作为内应。先是争取了前东牟公学学生、海防营书记官宫树藻,又通过他争取了其父亲、伯父(均在海防营)。他们又以亲戚关系,使海防营管带董保泰转变了立场,终使烟台驻军除警

① 《近代史资料》1956 年第 1 期,第 123 页。

② 《山东近代史资料选集》,山东人民出版社 1959 年版,第 178 页。

卫队统带郑汝成仍坚持顽固立场外，“警卫队及海军练勇将校，亦多许党人为助”①。

烟台的同盟会党人除谋约驻烟台的清军“俾为内应”外，还在海军学校的学生和水兵中散发革命宣传品，并在城内各显著地方的墙壁上写了“告我同胞，速举义旗”②的告示，对人民群众起了有力的宣传鼓动作用。

此时的登莱青兵备道兼东海关监督徐世光，“患防营不我附”，惊慌不安，自料难以防范，于是先把家眷送走，又慌忙从登州调来清兵五百名以防不测，并通知海军“舞凤号”军舰开往烟台海面，作逃跑的准备。

革命党人鉴于武昌起义后全国革命形势的迅猛发展，驻烟台的清军异常恐慌，“当道者无守志”，认为起义的时机已经成熟，便群聚渤海报馆，由王耀东、栾星壑、李凤梧、宫仁山、宫锡恩、宫锡德、杨新亭、丁训初、李士元、李旭堂、萧什生、王锡之、孙嘏臣、张雨臣、田芝贵、曹维新、刘德亭、倪显廷等十八人（号称十八豪杰），共同议决于11月12日晚10时起义。

杨德盛、栾钟尧分任起义的正副指挥。起义战斗打响后，他们先割断警察厅同外界联络的电话线，持武器由西马路进入市区，直扑海防营。革命党人举火为号，海防营官兵见信号便作反应，300多人投入反清斗争。起义队伍首先攻入审判厅，推海防营管带董保泰为司令，宫树藻的父亲宫锡恩为参谋长，指挥众人分兵五路攻打官方的要害机关——道署与海关监督署、警察厅、电报局、邮政局、大清银行。

---

① 《山东文献》（台北版）第2卷第2期，第25页。

② 《山东省志资料》1984年第1辑，第71页。

海防营士兵加入起义的反戈一击，使得清军难以招架，警察厅等处只能稍作抵御便很快被攻占，其他几处目标也都极少交兵便易手于革命党人。警卫队和海军练勇也相继投诚。革命党人仅靠三个小时的战斗便占领道台衙门和东炮台，登莱青道徐世光逃出衙署，登上中国龙裕号轮船驶往青岛。至黎明时分，烟台各商号同时易帜，福山知县也被迫高悬白旗，投降了民军。

烟台光复的当天，同盟会党人便在道署召开了市民代表大会，指出："发难昨夕，收攻一夜，不伤一人，不惊寝梦，使全市底定，汉族重光，此父老之幸。"①听众欢腾，掌声激奋。最后以十八人的名义致电上海都督陈英士，报告了烟台独立经过，并照会各国驻烟台领事。

烟台光复的第二天，革命党人为推进革命的发展，倡议成立军政分府。当革命党人和起义人士公举董保泰为军政分府司令时，他一再谦逊不就。此时，清海军"舞凤"炮舰舰长王传炯来降，并称赞革命，又自陈"誓与党人协力"。王传炯，安徽人，曾赴英国留学，在皇家海军受训五年，是个见多识广、能言善辩的人物。他本奉清政府命戒备这一带海域而率舰抵烟台。独立成既成事实后，他机智善辩，在公众场合大谈推翻君主专制、实现共和的意义。因他"辞锋甚利"，"颇合当时潮流"，时商会董事以烟台为水陆商埠，而王长炮舰，请即举王传炯充当司令，以靖人心；而同盟会党人以"未谙军事者居多"，遂徇民意，举王传炯为司令，栾星壑、李瑞芝为参谋。是日中午，防营警卫军先后来到会场，遂派原警卫队管带虞克昌主行阅兵典

① 《山东文献》(台北版)第2卷第2期，第27页。

礼，巡市一周，各户皆悬白旗，烟台于是略定。

烟台虽然获得了独立，但革命党人缺乏应有的武装力量，他们不是依靠和发动广大人民群众来巩固和发展革命的局面，而是依靠随风转舵的商会协力维持。

王传炯本是应徐世光之召，率“舞凤”炮舰来烟台“备难作而逃”的。[①] 既至，见徐世光已逃，“屈意归降，谩词愚众”，表面上附和同盟会党人，暗地里则“任用私属，疏斥党人”。在组建的机构中，发动独立的十八名豪杰王传炯除任用通英文懂外交的孙暇臣为外交署署长外，其余十七人概不录用。王传炯致电山东巡抚孙宝琦，表明他附和革命的意图，即“以镇压地面，保护中外人民，严防匪徒等等为宗旨，烟台之独立与不独立，实际上本绝无丝毫差别”[②]。

这时，同盟会党人见烟台情势益趋险恶，遂公推栾星壑、王耀东等赴沪请兵，而星壑等未行，烟台“捕党人之难作焉”。

三、济南和平独立

武昌起义后，正当各省独立浪潮滚滚向前之际，盛传清廷以山东土地作抵押，向德国举借外债三千万两，充作镇压南方革命军的费用。这就进一步激发了山东人民反清的怒潮。

山东同盟会党人认为机不可失，遂有徐镜心、丁惟汾等到济南，促谋山东独立。因“素慕世峄德高望重，因厚结之”，而“世峄大恶清廷以立宪欺世……遂与其谋”[③]。这表明山东革

---

① 《山东文献》（台北版）第2卷第2期，第25页。

② 《山东近代史资料》（第二分册），山东人民出版社1958年版，第271页。

③ 《山东文献》（台北版）第2卷第2期，第12页。

命潮流和立宪潮流交汇激荡的开始。

先是于11月5日在咨议局召开各界人士会议，“聚至千余人，因借债而议及目前战事”。同盟会党人主张即日宣告独立，由徐镜心、王厚庵等人提出《山东独立大纲》七则：山东省自今以后与清政府永远断绝关系；联合全国父老兄弟，组织民族大帝国，清廷所订之各种专制伪法，概不承认；山东之土地财产，山东人民自有主持，清廷无论抵押给何国、何借款，本省人民概不承认；凡本省已成军队、警察及将来招募新团，均由本会调遣执行，不受清廷指挥，违者与清廷一体仇视之；凡本省之公款、公产及军火制造，一切公共营业均由本会接收承管，其清朝课税一律停止缴纳；现行自治制度，概由各省自行酌定，一俟新政府成立后，再重行修改；凡我同胞对于清朝均有复仇之义务，而对于外国之旅游绅商，均负保护之义务，不得有野蛮之举动，致惹起国际交涉。①

尽管《山东独立大纲》七则还具有时代的局限性，但反映了反清、仇清的决心，特别是在政治上否定了清王朝政权的合法存在，因而遭到顽固派反对是必然的，但也不为立宪派所接受，致使“听众窃窃私议，会场秩序颇为紊乱”。当此情势，丁世峄挺身而出，分析局势，剖析利害，“会场立即肃静无哗，掌声雷动，新旧两派莫不赞佩”。同盟会党人“因势和之”②。遂议定《劝告政府八条》：政府不得借外债充军饷，以杀戮我同胞；政府须即速宣布罢战书，无论南军要求何条件，不得不允许；现驻山东境内新军，不得调遣出境；现在山东应解协款及节省项

① 《民立报》1911年11月18日。

② 《山东文献》(台北版)第2卷第2期，第12页。

下暂停协解，概留为本省练兵赈济之用；宪法注明中国为联邦国体；外官制、地方税皆由本省自定，政府不得干涉；咨议局章程应即修订，修订后即为本省宪法，得自由改定之；本省有练兵保卫地方之自由。

大会公举由夏继泉、丁世峄向山东巡抚孙宝琦提交《劝告政府八条》，并且声明“本八条清廷三日内不答复”，山东即宣告独立。

夏继泉，字溥斋，山东郓城人，出身官僚家庭，其父夏辛酉曾任云南提督，甲午战争期间曾在山东登州督师抗日。继泉幼年随父，读的是经史辞章，由附贡考取鸿胪寺班一品荫生。青年时代对梁启超所办的《时务报》、《新民丛报》“颇喜阅览”，思想上倾向革新。①

正当山东独立斗争在济南兴起之际，上海和苏杭相继独立，因之，济南的同盟会党人和军学两界要求独立的呼声愈加高涨。在势如燎原的革命浪潮的冲击下，就是颇有统治经验的孙宝琦也深感“大势所趋，不可遏抑”。至于内心久已不满于“六二党”的立宪党人，更加感到清王朝的统治已土崩瓦解，须要急谋应变之策。

因而，在11月6日，各界共举孙宝琦为山东独立交涉长。对此，孙宝琦断然拒绝，声称：“我系清国官吏，政府一日不倒，我即为尽一日之责任。”②依此观之，大家认识到争取山东独立颇为不易。为了进一步发动各界群众，11月7日，咨议局召开了各界联合会，会上群情激昂，发言热烈，认为“现在的咨议局，

① 《山东省志资料》1961年第4期，第33页。

② 《山东近代史资料》（第二分册），山东人民出版社1958年版，第205页。

非但不能与地方有益，而且勾结官府”，“遂宣布该局的种种腐败恶劣罪状”，群众齐声高呼“非根本推翻不可”，①结果是立宪派与革命派联合推翻了被“六二党”把持的咨议局，决定另组山东全省各界联合会来领导山东的独立斗争，并当场推夏继泉为会长，于普源、范之杰为副会长，丁世峄为秘书长。

山东全省各界联合会是革命高涨时期的产物，其性质不同于咨议局。该会主要领导权虽被立宪派和开明官绅所掌握，但吸收了许多同盟会党人参加该会的领导组织。正因为它有较强的革命性，所以成了争取山东独立的核心。

这时的孙宝琦愈加感到形势的严峻，认为原来对各界“予为笼络，多方解喻”的手段已无济于事，便采用以万变应不变的计谋，于11月8日致电内阁说：“近日东省绅、商、学界，盛倡独立之说，集众会议，汹汹不可遏抑……若不稍示变更，深恐激成暴动，扰及全境，牵连外交，一溃不可收拾。宝琦负保守疆土之责，万不得已，拟即组织临时政府，凡用人行政调兵理财暂由本省自行主决，不复拘守部章……一俟大局定后，中央政府完全无缺，即行撤消。仰恳天恩俯念事出非常，准其便宜行事，不为所致，俾免另生变端。”②

很显然，上述孙宝琦致内阁电的意图在于向清廷表明，万不得已时不妨搞一个假独立的骗局，以期稳住济南，保全山东，守住京畿南大门，一旦革命派失败，立即易帜复辟；倘清廷瓦解，也不失宣布独立之功。

11月9日，清廷答复山东的八项要求，语言含糊敷衍。当

① 《山东省志资料》1961年第1期，第37页。
② 同上，第27页。

晚第五镇参谋黄治坤、教练张弼臣、十九标第三营营长上官建勋等五人闯入联合会，力主山东独立。夏继泉、丁世峄将他们应付走后，又去孙宝琦处言及此事。孙宝琦听完后即说：“我孙宝琦在山东有守土之责，土既不能守，惟有以身相殉！纵令不死，也不能领着大家宣告独立。”①

上述表明，如没有广大群众的积极推动，孙宝琦是不肯轻易宣布山东独立的。于是，在革命派的策动下，决定召开全省各界联合大会，讨论山东的独立问题。

11 月 13 日（九月二十二日），山东各界召开大会，特邀孙宝琦到会。军人、士绅、学生到会者极多。大会自上午八点开始，持续到晚九点。发言最踊跃的是同盟会会员、留学生及教育界的人士，占绝大多数，所说不外乎“世界潮流及全国当前的种种需要，非彻底革命不可，以山东所处的环境而论，正在危急存亡、一发千钧之际，非即时宣布独立，决不能挽救当前的局势”。同盟会党人把会场控制起来，造成了“杀气腾腾，如临大敌”的斗争场面。

这时的孙宝琦，不仅仍坚持不宣布独立，反而对主持会议的夏继泉说：“此次请你们出来，原是为共同应付对方发生的问题，没想到今天出了这样的事。”遂有第五镇参谋黄治坤向夏继泉声明：“今天如果孙巡抚不答应山东独立的话，恐怕这会要永远开下去。我告诉你，我们在会场里有二百只手枪，你要坚持不答应的话，说不定马上就会闹出什么事来，也会立即出人命。”他话音刚落，立即掏出手枪，大声叫喊，会场高声附和。见此情景，夏继泉出面斡旋，随即向到会人士宣布：“孙抚台已经

---

① 《山东省志资料》1961 年第 4 期，第 46 页。

承认全省宣布独立。”丁世峄立即张贴了预先写好的“独立宣言”。这时全场高呼“独立万岁”。①

然后大会又推孙宝琦为山东临时政府都督，第五镇协统贾宾卿为副都督。但孙宝琦提出三项条件：

第一，所有政权、军权、财权由我一人主持，他人不得过问。

第二，东省司道各员，兄弟无一当意者，向日特迫于专制之朝命，不便更换，兄弟拟一一改用得力人员，大家不得掣肘。

第三，财政支出，须到会诸君担任筹款。②

结果会议当场宣布通过这些条件，并当即认款二十万两。然后，山东官绅军民宣告独立誓书：

第一条，自黄帝纪元四千六百零九年九月二十三日，山东全省人民与清政府实行断绝关系。

第二条，自黄帝纪元四千六百零九年九月二十三日，山东全省人民加入中华民国军政府。

第三条，关于本省内部组织，分为议决、行政、军事三部，各部和衷共济，俟北京底定，共和政体成立，实行变更。③

四、两起各具特色的独立斗争

武昌起义后，辛亥革命在山东出现了武装起义与和平独立并举的局面。烟台起事先于济南一天，却都是同天宣告独立的，而两者的独立各具特色，明显反映着各自的地区政治、经济特点。

---

① 《山东省志资料》1961 年第 4 期，第 47 ~ 48 页。

② 《山东省志资料》1985 年第 2 期，第 93 页。

③ 《山东近代史资料》（第二分册），山东人民出版社 1958 年版，第 91 页。

烟台地处山东沿海，是山东民族资本主义经济集中的地区，又是北方同盟会支部所在地。山东境内的同盟会党人以在这里活动为最早、成效最大，对于“本地海陆军早有运动”。正是“山东未经独立之先，烟台首举义旗，其中大有人在也”①。

省城济南，是清王朝在山东的统治中心，是封建保守派和资产阶级立宪派活动的重要基地，因此，同盟会党人在此地的斗争较之烟台要复杂得多。

显然，烟台首义是同盟会党人独自领导的武装起义，而省城独立是以和平请愿为特征的。对此，孙宝琦在11月13日致清廷内阁电中说得十分明白：“闻咨议局集会时，激烈党已形暴动，倡然即日宣布独立，经和平派劝解，改为劝告政府，以冀转圜。”②在这方面，山东立宪派的首要代表人物——丁世峄在事后召开的独立大会上也表白得十分确切，他说：“武昌起义后，兄弟所主张就是疏通的主义……现在的目的已经达到。”③如同时人指出的：“请愿立宪的潮流和济南各学堂的一部分革命运动，汇而为昙花一现的辛亥山东独立。”无论是烟台首义，还是济南的和平独立，两者都未取得政权，但其原因并不一样。在烟台是因同盟党人在政治上的幼稚，“以同盟会党人未谙军事者居多”，遂举清海军管带王传炯为民军司令；在省城济南是因同盟会党人未能形成独立的政治力量，受立宪派的制约，入会代表一律承认孙宝琦提出的“以统一事权、更易司道、会绅筹

① 《山东近代史资料》（第二分册），山东人民出版社1958年版，第12项。

② 《近代史资料》1956年第1期，第125～126页。

③ 《山东文献》（台北版）第2卷第2期，第12页。

饷为要约”①方案，推举孙宝琦担任都督之任。

其实，无论是“请愿”，还是“疏通”，都不足以迫使孙宝琦宣布山东独立；而山东和平独立的出现，是武昌起义后全国革命形势不断高涨的产物。山东和平独立实现的过程，正是在革命洪流的冲击下立宪派由坚持君主立宪转变为同意民主共和的过程。

本来，武昌起义前，山东巡抚孙宝琦主要是通过山东咨议局中的“六二党”制约立宪派的活动，致使立宪派和封建保守派存有深刻的矛盾，终因莱阳抗捐案走向了公开的分裂。因而武昌起义后，在立宪派力量较强省分的咨议局，大多表示拥护民主共和，并倡导了和平独立。山东立宪派在武昌起义的革命形势推动下，与革命民主派联合推翻了山东独立的“最大障碍”——咨议局，成立了山东各界联合会，来谋求山东的和平独立。就是在这样的情景下，在由联合会主导的独立大会上，孙宝琦对立宪派的独立要求仍然加以拒绝。最后只是革命民主派的武力逼迫，才使得孙宝琦有条件地承认了山东的独立。对山东和平独立的实现，有人评论说：“（丁）世峄以议坛清望响应革命，群相依附，如水就下，使山东易帜，乃得事半功倍焉。”②这恰切地表明了以丁世峄为首的山东立宪派，因“久恶清廷以立宪欺世”，由坚持君主立宪而同意民主共和的过程。

可见，武昌起义后，在山东烟台和省城济南兴起的独立斗争，主要是由于各自地区政治、经济的差异，表现为斗争的形势

① 《中国近代史资料丛刊·辛亥革命（七）》，上海人民出版社 1957 年版，第 326 页。

② 《山东文献》（台北版）第 2 卷第 2 期，第 12 页。

和革命的程度是不一样的，但其意义和作用并非一般。

首先，山东独立的宣布，极大地激发了山东人民的政治热情。当时济南各学堂的学生整队游行庆贺，“欢声若雷，震动闾里”。各界人士莫不为此“白章缠臂，额手庆贺，奔走相告”。有的革命志士返回青岛演说，以至“皮唇焦枯”，而“绅商奉迎，称为善策”。①

与此同时，全省各界代表联合会一方面通电各省宣告独立，当时的滇军都督府、黔省军政府、沪军都督陈其美、湖北都督焦达峰等纷纷来电为之祝贺，另一方面又通告各府、州、县维持秩序，防止谣言，严防奸宄，并正告德州机器局实行慎重保管、以防破坏等措施。

特别是出现了山东人民上下一心、共克时艰的可喜景象，各方来访问接洽者日多，建议条陈不计其数。其中有请分定联合会与临时政府权限的，有请暂定临时约法的，有请创办山东国民公报的，有请办民团及扩充警队的，有请筹办储蓄银行及监督地方财政的，有请设法安定军心的，还有建议临时政府政策的，实在是“五光十色，美不胜收”②。上举一日达数百起的来访，不计其数的条陈建议，集中反映了山东独立后一度出现的民主潮流的高涨。

因济南地处南北要冲，靠近北京，烟台又为天津门户，京师屏藩，所以山东局势关系革命全局。在武昌起义革命浪潮中，山东烟台与济南独立斗争的兴起，同盟党人虽未掌握政权，但在当时对清廷宣布独立，这就加深了清王朝政治统治的全面危

① 《山东省志资料》1963年第2期，第73页。

② 《山东省志资料》1961年第4期，第48～50页。

机。同时,山东的独立斗争与当时北京东部的滦州起义和北京西部山西起义相互配合,对清廷的京都形成了后顾之忧,有力地支援了南方革命形势的迅猛发展。

五、孙宝琦的"权宜之计"与山东独立的取消

孙宝琦是在革命洪流不可遏抑的处境下,"权宜承认山东独立"的。在他宣布独立的当天,就致电清廷内阁,一再表白他这样做是"恐别滋事端,权宜俯允,冀保一时治安",甚至说"世受国恩,形同叛逆,万死奚辞",表示对清廷的忠贞不贰。①

可见,孙宝琦在宣布山东独立期间,并未割断与清廷的联系。对此,清廷也直言不讳:"孙宝琦虽则宣告独立,却有藕断丝连的意思。此计行之北方甚好,如果东三省等处依样仿行,则北方可保无患矣。"②这表明,孙宝琦的"宣告独立"是在武昌起义革命形势急剧发展、清廷不能照旧统治下去的情况下采取的一种应变措施。因之,孙宝琦被推为都督之后,立即集全省政权、财权、军权于一身,开始了有计划有步骤地破坏山东独立的活动。

第一,通饬所属,对山东原来的政治、经济措施要维持原状,不作任何实质上的改变。在其《发黄县刘令》电中说:"省城倡议独立,大势所趋,不得不暂时照准,以保目前治安,所有行政官以及自治一切照旧办事,赋税词讼均照常,希各遵照办,毋得惊扰。"③在致青岛税务司阿里文电中说:"时势所迫,不得

① 《近代史资料》1956 年第 1 期,第 128 页。

② 《山东近代史资料》(第二分册),山东人民出版社 1958 年版,第 112 页。

③ 《山东省志资料》1961 年第 1 期,第 32 页。

不权宜从事，俯顺舆情，免生变乱，日来省垣照常安靖，可无意外之事，一切赋税词讼均照常办理，毫不更张，譬之开店换一招牌而已。”

第二，派人离间新军，使上下互生意见。更托言无款，各处请饷者概不支发。尤有甚者，“凡省城内外，有报土匪扰乱，乘机抢掠者，悉置不问。并暗令其卫队在外抢劫，以灭商民独立之热心”①。

第三，逐步将司道镇协各级官吏有倾向革命党人的，借故他调，改派心腹。把倡言独立的第五镇黄治坤等调离山东，“将五镇之新兵最激烈的两营诱往北京，其余则均受孙之蛊惑，不复援助民党”②。

在孙宝琦的蛊惑之下，“六二党”失势时的主干人物和第五镇的军队内部迅速出现了一股酝酿取消山东独立的暗流。

孙宝琦由破坏山东独立走上正式取消山东独立，又是同袁世凯的出山密切联系在一起的。

袁世凯，字慰亭，号容庵，河南项城人，早年投靠淮军将领吴长庆，后任驻朝鲜通商大臣，光绪二十一年(1895)在天津小站训练新军。戊戌变法期间，伪装同意变法，取得光绪帝信任，后又出卖维新派，得宠于慈禧太后。光绪二十五年(1899)署理山东巡抚，血腥镇压义和团的反帝爱国运动。八国联军侵犯北京，袁世凯参加刘坤一、张之洞策划的“东南互保”。光绪二十七年(1901)署理直隶总督兼北洋大臣。光绪三十一年北洋军练成。袁的权势日增，引起满族亲贵的猜忌，之后借口袁有“足

①② 《山东近代史资料》(第二分册)，山东人民出版社1958年版，第252～253页。

疾”,将其赶回河南老家。武昌起义后,凭借北洋军阀和帝国主义的支持,袁世凯再次出山任清廷内阁总理大臣。

本来在山东独立前夕,时任山东巡抚的孙宝琦就与袁世凯函电频频,恳请袁世凯“宜速入京维系人心,以免近畿各镇生变”。而山东和平独立与烟台光复之日,正是袁世凯入京就任内阁总理之时。这时的袁世凯面对席卷全国的革命浪潮,他默察人心向背,分析力量的对比,明显地认识到单靠武力显然是扑灭不了已势成燎原的革命烈火的。

尤其在袁世凯看来,山东逼近京畿,南连江淮,北拱京师,烟台又为天津门户,京师屏篱,若为革命势力所控制,对南北局势将会产生巨大影响,而稳住山东的统治,是实现其政治权术的首要一着。由此,袁世凯派出亲信张广建、吴炳湘到济南,在军界“颇有布置”。

山东是袁世凯的旧治之地,第五镇的亲袁官兵,“迄闻宫太保,军心回向”,张、吴两人勾结巡防营统领聂宪藩暗中策应,利用第五镇的内部矛盾,煽动军官哗变。再是袁世凯抓紧了对孙宝琦的控制,政治上动以利害,说“共和成立,吾辈皆无噍类,望弟熟思”;经济上加以引诱,答应山东“若取消独立,财政虽窘,亦当如数解运”。① 这样,孙宝琦便亦步亦趋地按照袁的步调行动。

在袁世凯策动下,11 月 23 日,以第五镇代理统制吴鼎元为首的军官首先发难,要求立即取消山东独立,并将第五镇大炮架起来示威,明确提出“谁要不赞成,就以军法从事”②。11 月

① 《民生报》1911 年 11 月 26 日。

② 《山东省志资料》1961 年第 4 期,第 55 页。

24日，孙宝琦会同第五镇军官、原咨议局“六二党”的一批政客和济南的上层士绅集会，宣布取消山东独立。为时十天的山东独立由此取消。对此，孙宝琦分别向清廷内阁和省联合会申明取消独立的缘由：

第一，发内阁电说：“东省联合会于上月二十三日宣告独立……宝琦初以为军队起意，诚恐另生变端，是以权宜承认。不数日，即据五镇标统吴鼎元、张树元，管带官方玉普、刘景沾、张培荣、郑士琦、张怀斌、王学彦，教练官孙家林等联名具禀，诘问独立之由，请即取销；并函诘联合会，往返辩论。现在省城官绅均悟五镇军官并未赞成独立之事，前次自系误会；联合会亦渐行解散；理合据实奏明，自应即将独立取销。”①

第二，致山东省联合会书称：“伊时，联合会以五镇为护符，鄙人亦疑五镇全军果有变志，倘祸生肘腋，必至涂炭生灵，是以从权承认。不意五镇仅三五人主持，事后竟全军反对。”“然当时之委曲顺从，实迫于诸君之要求……鄙人之权宜承认独立，原为保全一时和平，早知必不能持久……今独立虽无效，而不见干戈之扰，居民依然安堵，已属万幸”②。

上述言论表明，从现象看，孙宝琦权宜承认山东独立，不久又取消独立，都是以第五镇官兵在不同形势下出现的不同变化为转移的，实质上是由于袁世凯的出山引起的反革命势力的复起。因为这时的袁世凯成了国内外一切反动势力的总代表，他的起和伏成了一切反动势力进还是退的策略依据。

---

① 《山东近代史资料》（第二分册），山东人民出版社1958年版，第75～76页。

② 同上，第78页。

取消山东独立，固然与孙宝琦的谋划有关，但他毕竟负宣布独立之名，首鼠两端，处境尴尬，故他自哀自叹曰："君亲两负，不可为人！"他接连三次奏请罢黜领罪。11月29日，清廷电旨："该抚……徒事张皇，办理殊属非是，本应加以严遣，惟念该抚世受国恩，不应荒谬至此，自系被人迫胁，并非出自本心……该抚尚知愧悔，仍著留任效力"①。

自此，省中"一切政事，均由藩司张广建、首道聂宪藩、警道吴炳湘协议而行"，孙宝琦"不能过问"②，只好躲到外国医院看病去了。

袁世凯破坏山东独立后，任命胡建枢署理山东巡抚，不久又"以署巡抚胡建枢年老力衰不胜繁剧为词"，在任命张广建为山东巡抚的同时，又在帝国主义支持下，对南方革命势力玩弄南北停战议和的阴谋。从此，"革命军经营之北方势力为之一挫，而清军遂得无可顾虑，致其兵力于晋豫之间"③。对此，山东同盟会党人深有感慨地说："自武汉革军起义，二十镇应于滦州、山西兵起于太原，各省宣告独立者，接踵而起，不兼旬而响应几遍天下……乃未几而武昌停战矣、张统制辞职矣、山西军不能前进矣、项城入都矣，旬日之间大局一变。"④

六、联合会的分裂与"商埠案"

孙宝琦"顺项城意志取消山东独立"后，主张激烈的同盟

① 《山东省志资料》1961年第1期，第34页。

② 《中国近代史资料丛刊·辛亥革命（七）》，上海人民出版社1957年版，第328页。

③ 《革命成功记》，《东方杂志》1911年第8卷第10号。

④ 《山东省志资料》1961年第2期，第58页。

会党人固然“陷入危险之地”，就是主张和平的立宪党人也“栗栗危惧”，致使原主张山东独立的联合会由此分为两派，革命民主派推举谢鸿焘、雷光宇为代表，坚持赴南方参加南方军政府，继续谋求山东独立的斗争。立宪派推举夏继泉、丁世峄为代表，主张赴北“设法向北方当道疏解”，就是“谒袁总理陈说此等危机，并要求改定方针，不用压力，以维持大局”，并以联合会的名义致总理电，申述山东联合会的成立“实以人民久压专制，复受南军影响，暴乱将兴，危险万状，绅商学界为维持秩序，起而组织”①。

然而，正当联合会派出代表为山东“请命”时，袁世凯的心腹、时任巡警道的吴炳湘加紧调集反动武装，不仅围困了学堂，并闯进咨议局，“取出联合会的名簿，将在会各员分别首要列举”，声称有“兴大狱”之说。在敌人武力镇压面前，联合会内部成员人心激愤，主张不一：有主张结连兖曹“匪徒”起事者；有主张借德人军队以抵制第五镇者；又有持极端主义，拟掀毁铁路，仇杀外人，惹起交涉，倡言“山东土地，如其断送于酷吏暴君之手，不如我东人自送之”。② 上述表明，由立宪派掌权的山东省各界联合会，面对敌人的反扑，提不出解救危局、继续前进的正确方向。

济南“商埠案”，正是山东独立取消后，由刘溥霖、蓝毓昌等同盟会党人以武力谋取山东独立而发生的重大案例。

刘溥霖，字季瞻，山东沂水县人，出身望族，年 17 中秀才，

---

① 《山东近代史资料》(第二分册)，山东人民出版社 1958 年版，第 101 ~ 102 页。

② 《山东省志资料》1961 年第 4 期，第 60 页。

见国是日非,慨然以救国为己任。19岁入济南山左公学,经监学刘冠三介绍入同盟会。武昌起义前,溥霖入济南农业专科学堂,与萧兰池(香坡)、蓝毓昌、臧庚文、蔡自声(允元)、孙绍周(仲濂)等革命志士皆主张革命"必苦行厉进"。为共谋反清起义,溥霖利用其兄湛霖在济南城中设立的以修理钟表为业的宜春轩表店为掩护,随着武装起义时机的日趋成熟,遂将宜春轩门面扩大,移至商埠五里沟。

武昌起义后,各省群起响应,山东巡抚孙宝琦为缓冲革命冲击,权宜承认山东独立。对此,刘溥霖等同盟会党人认为"党人不得军政权,联合会其人多杂,无实力以持其后,其后必败","皆忧独立不足恃,乃图为惊人之举,以救其后"。①

未几,山东独立取消,刘溥霖等人大愤,闻"清将张勋自南京败逃北上,袁世凯欲运军械给其军,且议使勋镇鲁"②。刘溥霖等人"乃谋劫军械,毙张勋"。因当时黄河铁桥未修成,津浦路南来火车至河以船渡,众议:"伏河津,候械车,俟其半渡,突出袭击,必可取也,即不能得,亦必炸毁之。"事泄,敌人于夏历十月二十日包围了刘溥霖等人的住所,并到宜春轩捕捉革命党人。蓝毓昌当场遇难,刘溥霖受伤被捕,萧兰池、孙仲濂、赵光、臧庚文、刘湛霖时在宜春轩也同时被捕,凡十五人,悉解防营。

当敌人法庭对被捕革命志士进行审讯时,孙仲濂、刘溥霖二人"慷慨陈革命大义,立书万言;其余亦无一屈服者",旁听者数千人无不为之感动。③

蓝毓昌,即墨人,青岛礼贤书院卒业,前系津浦路德文

①② 《山东文献》(台北版)第2卷第1期,第30页。

③ 《山东近代史资料选集》,山东人民出版社1959年版,第218页。

翻译。

孙仲濂，字绍周，登州栖霞县人，年16入登州中学，得阅同盟会书报，始倾心革命，在其供词中，痛斥官府之昏暴；阐述了外患纷乘、危亡日迫的严峻形势，指出此次举动，虽未发而败，然纵观大势，“水师全归，南军陆军又泰半反正，汉族光复，为期不远。似余微眇一躯，智能寡浅，即便他日见诸实行，亦不过多一走卒而已，今虽败，固无伤矣”①。

萧兰池，字香坡，昌邑县人，高等农林学堂蚕科卒业，返乡被推为劝学员，来省入教育研究所，武汉事起，日图效忠革命。在其供词中指出此举不幸为奸人所泄，遂至如此，“何以对蓝君？何以对同志？何以对山东父老？愧甚！愧甚”②。

敌人法庭依据所捕15人的供词，认为刘溥霖、孙仲濂、萧兰池三人自称革命党，判决暂行拘留，余犯无证据，悉令取保候审。不久南北停战，刘溥霖等经刘冠三营救出狱，投陈干率令的徐州北伐军，继续为山东的独立英勇战斗。

“商埠案”后，济南袁党对人民群众的镇压更加残酷。留省剪发的学生往往遇害。《齐鲁公报》也因持论严正而遭禁闭。遂有徐炳炎、邵沧澜、姜华亭、李慕文、韩俊卿、王毓芬等革命志士在杆石桥投弹刺杀吴炳湘事件，虽然未能命中，却表现了他们为革命献身的一片诚心。

---

① 《山东文献》(台北版)第2卷第1期，第32页。

② 同上，第33页。

第三章　辛亥革命在山东的发展

一、山东同盟会党人新斗争方略的确定

本来，山东独立取消之前，孙宝琦就派人监视同盟会山东主盟人徐镜心等人的活动。山东独立取消后，徐镜心一日“借游湖消遣，同张彦臣、于春暄、丛夔臣及文登各县同志十余人，在古历亭密议，豫定同人均由本县起义，事成再图济南；子鉴去上海，谋取烟台”①。

由徐镜心召集举行的古历亭秘密会议，是关系辛亥革命在山东继续发展的一次重要会议，自此，黄县的张彦臣、文登的于春暄、丛夔臣及滨海诸县的革命志士十余人，各自由济南纷纷返回原籍，按照既定方针发动起义。而徐镜心绕道上海，与陈其美、胡瑛商定了“先据烟台，再取登州，以图济南，且约期会为实力援助”②的斗争方略。

青州府十一县以寿光革命阵营最盛，因该县有大儒任象益先生平日提倡维新，讲述明末先贤气节，以灌输民族思想。1905 年中国同盟会成立后，该县创办了县立、乡立高、初两级

---

① 《山东近代史资料》（第二分册），山东人民出版社 1958 年版，第 128 页。

② 《山东近代史资料选集》，山东人民出版社 1959 年版，第 186 页。

学堂以及师范学堂、巡警学堂，象益对青年学子时时讲述同盟会宗旨并阐述教育革命精神，革命思潮渐次高涨。

当山东独立取消后，寿光同盟会会员先后回县，在吴家庙、冉家庄两校开会研究进行之策。“各县重要党人，闻风踵至，遂以寿光为鲁东革命中心”，继而设立同盟会本部，内分宣传、交际、军事、劝募四股。议定由青岛总机关出发，直攻青州敌营。① 适革命党人刘冠三“谒总理于沪上，被委以山东重任”②，回省以青岛震旦公学为据点密谋起义，众议共举刘冠三为临时都督，大家以“诸城多山近海，可战可守”③，以此为根据地谋光复胶济铁路沿线重要城市的斗争。

武昌起义发生后，立宪党人丁世峄在咨议局召集同盟会党人策动山东巡抚搞和平独立，陈干“识破其计”，提出“与丁抗辩”，因当时党人多为学生，思想幼稚，“附和者寡”，陈干则“拂袖而去”，并高呼“此种革命，并不彻底，欲从吾游者，只有南下耳”④。由此，陈干毅然决然，由青岛率震旦公学骨干分子南下实行“沿津浦路北伐，攻克济南，影响全省”的战略。

上述斗争方略的确定，表明山东独立取消后，山东同盟会党人已摆脱了立宪党人的制约，转入了独立领导武装斗争的新阶段。在斗争策略上，由徐镜心、刘冠三、陈干为代表的三股力量同时并举，对山东统治势力实行南北夹击，共同实现“攻克济南，影响全省”的战斗方略。上述斗争策略的转变和力量的组合，成了辛亥革命在山东继续发展和走向高潮的重要保证。

---

① 《山东近代史资料》（第二分册），山东人民出版社 1958 年版，第 388 页。
② 同上，第 383 页。
③ 《山东近代史资料选集》，山东人民出版社 1959 年版，第 214 页。
④ 陈隽、佟立荣：《陈干集》，香港天马图书有限公司 2001 年版，第 471 页。

二、胶东滨海城市的独立斗争

（一）先据烟台受挫

1911年12月6日，徐镜心率十余名革命志士由上海返抵烟台。鉴于已窃取了烟台军权的清廷舞凤舰管带王传炯态度骑墙，暗通清廷，“见起义军打了败仗，有时挂出龙旗，及闻一省宣布独立，则赶换白旗”①，镜心深感“党人必得军权，乃能再起”。为了广泛地团结同志，实现“先据烟台，再取登州，以图济南”斗争的胜利，便同丘丕振、李廷璧等人在烟台组织共和急进会。

丘丕振，山东掖县珍珠村人，原名天作，丕振是字。家富有，兄弟10人，行七。性沉毅慷慨，有大节。年17入济南武备学堂肄业，成绩颇优。会送日本留学，在振武学校学习数年回籍。适逢辛亥革命事起，丕振为国毁家，购办军械，招集义勇，起义响应。②

共和急进会推举徐镜心为临时会长，以商业学堂为共和急进会事务所，并派孙尹平和曲世勤分赴登州、黄县组织共和急进会分会。这时的王传炯对徐镜心等革命党人的到烟，表面上表示接待，并加入了急进会，但对革命党人举兵西进的主张，却“支托兵力单弱，不肯举兵西进”③。因之，急进会决定组织自己的武装，认为待革命党人的武装壮大起来，不怕王传炯不“俯

① 《山东近代史资料》（第二分册），山东人民出版社1958年版，第165分。

② 同上，第394页。

③ 同上，第165页。

首听命”。正在筹组中，急进会又突然改变了原定计划，拟乘急进会开会时把王传炯扣留，“明举他为都督，另举一司令夺其兵权”，认为这样做，“事简而效大”①。但在执行中，仅扣留王传炯一人，而对其主要军官董保泰等人却轻易地放走，致使董等势力率兵当夜包围了急进会址毓才学堂，要求立即把王传炯交出。其实，当时被围的急进会员不满百人，敌方只是乱喊，“不敢进逼猛攻”，经彻夜战斗，仅伤四人。翌晨，由扶桑日报社日人桑贞治郎出面调解，条件是：放回王传炯；王传炯保证急进会的人员安全撤出烟台。最后，急进会员同意上述条件，遂转乘日轮撤往大连。然王传炯最后食言，把一时未退出的急进会员逮捕入狱。

上述表明，以徐镜心为首的同盟会党人在烟台同王传炯的斗争集中表现为争夺军队领导权的斗争。他们以新组的共和急进会为阵地，原拟壮大革命党人独自领导的武装力量，迫使王传炯俯首听命，但由于“会内急躁分子嫌方法缓慢”，因之变为计诱其权柄未遂，又因“会内一些同志却作得太不彻底”②，导致这次斗争的失败。

徐镜心等同盟会党人虽然“先据烟台”受挫，但当时的全国形势正向着对山东革命斗争有利的方向发展。

1912 年 1 月，以孙中山为首的南京临时政府成立，推动了全国革命形势的发展。为了尽快结束清王朝的统治，孙中山提出了北伐用兵方略，他说：“现在用兵方略，当以鄂、湘为第一军，由汉京铁道前进，宁、皖为第二军，向河南前进，与第一军会

① 《辛亥革命五十周年纪念文集》，山东人民出版社 1962 年版，第 95 页。

② 《山东近代史资料》（第二分册），山东人民出版社 1958 年版，第 165 页。

合于开封郑州之间；淮、扬为第三军，烟台为第四军，向山东前进，会于济南、秦皇岛；合关外之军为第五军，山、陕第六军，向北京前进。一、二、三、四军既达第一之目的，复与第五、六军会合，共破虏巢。”①孙中山认为“山东地势举足轻重，关系革命大局”②，指示山东革命党人积极进取。

孙中山提出的北伐方略和对山东同盟会党人的指示精神，使山东革命党人受到了极大的鼓舞。于是徐镜心设共和急进会总部于大连，积极响应北伐的武装斗争计划，继续谋取山东独立的斗争。

然而，对于先取何地为基地的问题，急进会内部发生了激烈的论争。丘丕振力主先取莱州，认为莱州是鲁东重镇、清军主力所在，莱州拿下，山东半岛全部传檄可定；并且莱州半岛富饶，壮大实力最易，可以迅速收复山东全省。相反，有些同志则主张先取文登、荣成，认为文、荣僻在海隅，为敌所不重视，易取而易守，徐图前进为宜，若第一步冒险直袭莱州，效果固大，万一不胜，将有覆灭之虑。对此，双方争论不休，“几乎破裂”。幸经张彦臣出面调停，提出了折中方案，遂决定先取登州。

其实，徐镜心初到烟台，就如何进取的问题，就同有关同志展开了激烈论争。当时有些同志主张先取文登、荣成，独徐镜心认定“先得登、黄进取较易，登、黄已下，西可直捣济南，文、荣可传檄而定”③。此次大连共和急进会内部为此展开的激烈争论，实际上是前次论争的继续。而最后先取登州的决定，既克

① 《孙中山年谱长编》，中华书局 1981 年版，第 632 ~ 633 页。

② 《近代史资料》1957 年第 4 期，第 16 页。

③ 《山东近代史资料选集》，山东人民出版社 1959 年版，第 206 页。

服了不顾敌我的强弱先取莱州军事冒险的错误，也防止了先取文登、荣成缺乏主动进取的保守思想。因为“登州为渤海门户，义旗一举，辽东健儿号召尤易，革命军如得此地为根据，则山东全局不难平定”①。

（二）智取登州胜利

登州府辖胶东大部地区，治于蓬莱，与辽东成犄角之势，扼渤海湾海口。清政府深知此地地势的重要，武昌起义前即派得力官员叶长盛为登莱州镇守使，派新军协统张树元以一旅驻莱州，警戒登州。对海上安全，清政府也十分重视，海军“舞凤”等舰只时常游巡于渤海湾。

武昌起义爆发，这里已是风声鹤唳，草木皆兵。登州知府光裕乘晋省述职之机携眷潜遁。孙宝琦又派安徽籍人孙熙泽前来代理。

徐镜心等人原在由烟台赴大连之际，就接到同盟会党人来自大连的报告，说大连地方有自安东逃来的数百名败兵，既至大连，方知逃兵与连承基有关系。连承基，祖籍营口，为清廷吉林警察局长。当年徐镜心任吉林东局子（地名）木税局长，密谋起义事泄，赖连承基之力得以脱险。“至是相遇，遂谋合作。”②

大连急进会先取登州之谋既定，便分头准备，丘丕振负责筹款，连承基负责购置军械和对外交涉，徐镜心负责全盘指挥，并负责登州、黄县两地的联络策应工作。

---

① 《近代史资料》1957年第4期，第15～16页。

② 《山东近代史资料选集》，山东人民出版社1959年版，第186页。

徐镜心由大连到了登州,先与当地的同盟会会员孙丹林取得联系,在北城涵碧楼共商起义计划,既谈了先取登州的战略意义,又认为登州知府孙熙泽是袁世凯的亲信,必先驱除此人方可行事。同时,徐镜心获悉登州城内有一人,名柳仲乘,为清朝秀才,好议新政,有革命思想,为官方所忌,便主动与此人结交,介绍其加入了同盟会,由此,仲乘在城内西街开设的华提士药房成了策划登州起义的根据地。

由于孙、柳的协助,徐镜心在登州的策应工作颇为顺利。1912 年 1 月 5 日,徐镜心返回大连后,"曾以函告知府孙熙泽,并劝告其加入同盟会,孙熙泽惊惧不安于位,乃赴济南一去不返"。乘此,孙丹林、柳仲乘力谋发展,参加革命者益多,除冬防队长陈渤侠外,前防营教练官陈其标,学生陈命简、孙尹平、姜伯铭、刘国璋,电报生高子宾,商人辛甄甫、刘雁宾、宫立轩,皆先后加入同盟会,并常在华提士药房"聚众谋举事"①。

徐镜心返回大连不及旬日,起义队伍发展到六七百人。特别是其中由刘艺舟联络和率领的一批艺人,因"平日受官吏压制,颇有反抗精神,倾向革命,不计名利",成了起义的重要力量。

刘艺舟(1875～1936),原名必成,字艺舟,湖北武昌人。甲午中日战后,上书张之洞言变法,曾被传见,后被派往日本,入早稻田大学习理化,期间结识黄兴、宋教仁,加入同盟会。回国后联络绿林志士,组织剧团,通过戏剧演出从事反清革命活动。

与大连急进会革命力量迅速发展的同时,关于攻取登州的饷械筹备也已落实。由丘丕振帮助筹款,通过日本友人仓谷桑

① 《近代史资料》1957 年第 4 期,第 15～16 页。

铭从旅顺购来快枪七百余支。[1] 徐镜心认为起义的时机已经成熟,即电登州孙丹林急赴大连,对策应工作做了具体部署,决定分批伪装进袭登州。

1912年1月14日晚,孙丹林、丘丕振、宫立轩、刘雁宾、陶子方五人搭乘"龙平丸"先行;徐镜心集合急进会革命党人二百余名密携武器,推姜炳炎为临时司令,乘坐大连至日本的定期邮船"永田丸"启程,托言到上海,中途从行李中取出武器,威逼船长调转舵头驶向登州。

登州方面,革命党人当日午间已得"明晨货到"(暗示革命军明晨到登州)的密电,柳仲乘即召集志士加紧准备策应工作。15日黎明,"永田丸"泊靠登州码头,由孙家窝铺兄弟三人接应,分两批登陆。守敌未曾防范,刘艺舟率领的剧团人员持有二十多支枪一起向天开火,无枪的团员也持演戏用的假枪和一些旗帜以壮声势。清守兵不知虚实,荒乱中逃的逃,降的降,岗哨被革命党人顺利拿下。继而几十名革命党人驰赴水师营,群枪齐发,夺门而入。清军统领王步青不敢抵抗,急令投降。老柏山炮台也被顺利攻下。斯时,柳仲乘等革命党人已内应起事,北门城楼挂起了白旗。上午九时许,清蓬莱知县王荩臣和其他文武官吏纷纷投降。府县衙门、电报局为革命军接收。街衢遍贴起义布告,人民群众"见义军旗帜,鼓掌欢迎"。这天是大集,照常买卖东西,一如平日,秩序井然。

登州的光复是在共和急进会直接组织下,依靠独自掌握的武装力量,通过精心策划,取得的一次武装斗争的胜利。革命党人由此异常振奋。因刘艺舟等艺人唱过梆子《打登州》,而

---

① 《近代史资料》1957年第4期,第17页。

这次真正演出了一场武装打登州的活剧，遂被梨园当作趣话而为后人所传扬。

革命的首要问题就是推翻旧政权，建立新政权，以便更好把握革命的前途。登州光复的当天，急进会即在府衙开会，议定军政府的组织问题。对军政府是否要选都督，原在大连时急进会内部就发生过争论。当时丘丕振力主根本取消都督名称，他说："华南先独立的省分，好些是为争都督而起内讧，是革命斗争中的极大耻辱，我们应坚决取消这一不祥物，用司令的名义，一样可以戡定山东全局。这样去做，也是对这些勇于争权夺利的一个变相教育。山东同志不妨高明一点，无须谨步他们的后尘。"因"这时大家正依赖丕振财力办事，不能不有所迁就"，最后虽同意了不举都督的提议，但"这不是大多数真正意思"①。而最后议定的登州军政府组织人员机构如下：

军政府都督连承基，临时总司令姜炳炎。
军政府总务部长徐镜心。
财政部长宋赓延（宋庆之孙，登州首富）。
财政部副部长刘雨屏（登州义和钱庄东家）。
民政部长王荩臣（原蓬莱知县）。
总秘书长兼军事参谋孙丹林。

上述表明，登州军政府的组织，并未照以前的决议行事，而是照样选出一个都督来。这时丘丕振喊出口号"要来革命，不要来做官"，拒绝接受任何名衔，并在"让他们做官吧，我们来

① 《山东近代史资料》（第二分册），山东人民出版社 1958 年版，第 167 页。

搞实际的革命工作”的标榜下，另外组织了鲁军北伐队，设司令部，不设司令，发布文告只加盖司令部印而不具名。[①]

本来，“都督首席，众颇属望于子鉴（徐镜心）”，而徐镜心也标榜“单做革命工作，不论职位高低”。[②]在政权建设问题上，上述情况的产生，就丘丕振来说，是主动接受了有关省区争夺都督而起内讧的教训；至于徐镜心，如他自己所说：“吾在大连开会时，刘艺舟有领袖欲，与我意见相左，吾恐妨害革命大局，以都督一职推让连承基，吾任总务部长，刘任外交部长，此不得已之苦衷。”[③]丘、徐二人在政权建设中喊出的口号和做法，虽说居心光明，但表现出政治上的幼稚性，致使在他们的影响下，军政府的领导权“不是操在会里真正中坚分子手里，而是榜落到次一等军人身上”[④]。尽管如此，由于丘、徐二人在革命阵营中的影响颇大，而新的登州军政府仍不失为革命的政府。当晚开会，决定先决问题：

第一，由财政部负责筹饷。主要来源由宋庆家及被俘之王步青负责。

第二，后防事宜，由刘艺舟、丘丕振等留守。

第三，第二日（1 月 16 日）黎明，连承基、徐镜心率民军开赴黄县前线北陌与清军作战。

上述决定对扩大和巩固革命斗争的胜利有着重要意义。

（三）黄县光复

黄县是胶东富庶开化的大县，在徐镜心等人的带动下，黄

---

①② 《山东近代史资料》（第二分册），山东人民出版社 1958 年版，第 168 页。

③ 《近代史资料》1957 年第 4 期，第 18 页。

④ 《山东近代史资料》（第二分册），山东人民出版社 1958 年版，第 168 页。

县青年学生外出留学之多,为胶东诸县之最。因之,该县成了同盟会党人活动较早的地区。

早在1906年春,继烟台东牟公学之后,同盟会会员徐云卿、王厚庵就在本县马亭村育英学校设立师范班,招生60余人,推行革命教育,发展革命组织。因所招学生散处各地,革命影响日益扩大。同年秋,又有赵竹容、李茂堂、赵梦园在城关公益学校等设师范班,由此引起了官方的注意。此后,同盟会党人的活动采取了“数年之间,只期巩固革命基础,不求急进”的斗争方针①,为黄县的独立奠定了良好基础。

当孙宝琦宣布取消山东独立,在济南的张彦臣遵照明湖会议的决定,回到黄县策划起义,与邹耀廷等先在新学界中发展同盟会会员40余人。继有曲世勤受徐镜心派遣由烟台来到黄县,会同地方同志组织共和急进会分会,依照甲午中日战争期间建立地方团练的先例,利用旧团练总局的枪械,编练农民80余人,成立冬防队,作为起义的武装力量。

与此同时,张彦臣、王治芗、邹耀廷、徐云卿等同盟会党人也在积极运动清朝黄县知县刘式镛反正,并草拟了有关起义的各项章程,为迎接黄县的独立而昼夜不懈。

登州独立后,徐镜心等革命党人决定乘机扩大革命成果,抓紧发动黄县起义,于1月15日派丘典五、丘子厚、丁纪常三人去黄县,联系当地革命党人。黄县的革命党人闻风而动,“徐云卿乘机招集同盟会干部分子十数人,在教育会举行紧急会议,决定了16日晨发动起义的有关事项”②。

---

① 《山东近代史资料选集》,山东人民出版社1959年版,第183页。

② 同上,第188页。

1912年1月16日晨，由张彦臣、李寅卿二人假名冬防队演操，率领山海滨等13人闯进清军防营，防营“士兵惊惶，呆立若木鸡，莫知所为”，20余人缴械求降，起义初战告捷。

当晚，张彦臣在县议会召开了包括同盟会、教育会、农会、商会、参事员各方代表60余人的欢迎民军筹备会。

这时，姜炳炎由登州统率民军300人向黄县挺进，因张彦臣等已将独立大旨公布于县城各机关，连县令刘式镛见势也表示赞同，与黄县各方代表列队城外迎接民军，“欢迎员执旗引导，灯光四射”，“街市空明如白昼，骑兵步械，历历可观”，全城商号“悬灯结彩”热烈庆贺。

1月17日，县署举行欢庆独立大会。这天全城商店国旗招展，军旗飘扬，数百商民参加，旁观者不计其数。大会宣布县署为民政署，刘式镛为民政长，王治芗为副民政长。由张彦臣任司令，负责全城治安。张彦臣主持民政署外交，他在演说中指出，山东独立不久即告取消，“现在张广建正盘踞省垣恢复清朝势力，我登、黄一带若不联络进取用革命力量而光复之，民国终无统一之日。今日光复黄县，须知关系全局甚大”①。

附录

一、光复黄县人员姓名②

徐镜心（子鉴）、王治芗（叔鹤）、邹耀廷、张彦臣、王曼生、赵应奏、张东琛、赵竹容、赵镒斋、韩春斗、王芷青、李梦庚、张静斋、袁旨言、陈云栋、李兆璜、李佐臣、王冕臣、仲子东、王璞山、

① 《山东近代史资料选集》，山东人民出版社1959年版，第190～191页。

② 同上，第191页。

刘永卿、赵六吉、王次宾、孙步青、李尔梅、张春芳、曲弼臣、徐松坡、朱君璞、王兼三、林子刚、邹抚基、王墨云、庄梦占、王竹坪、徐镜海。

二、布告一纸①

为布告事:照得专制政府余毒,害民愚民,普天同恨,人心思汉,势不可遏。武昌起义而后,各处闻风响应,未及数月,光复者已十余省。山东自伪独立取销,张广建窃位擅权,苟延残喘,我革命军若不大张挞伐,势恐死灰复燃。本军奉连督命令,光复登州之翌日,即整队来黄,未折一兵,光复故物;幸赖诸同人齐心努力,共和国旗得以实现。本司令智能孱薄,尤愿父老兄弟共保治安。尔商民勿以城小兵单,过滋疑虑,我革命军锐气方新,所到之处,无不以寡敌众。尔等其各自安分,勿惊勿扰,切切! 此布。

黄帝纪元四千六百零九年十二月二十九日

黄县地域较广,其西部滨海北马、龙口、黄山馆三镇是县城前沿军事重地,以北马位置最为重要,均在清军掌握之中。为了巩固和发展黄县的革命形势,1 月 19 日,黄县民政署派安静山率敢死队 120 人进发北马;又派徐镜古、王日吉率 20 人袭取龙口。因敌兵先退,遂取两镇。民军在龙口招集商民,成立了民政公署,徐镜古被推为署长,收回了龙口海关行政权。

徐镜古,字月汀,为徐镜心从弟,早年随镜心留学日本,入东京早稻田大学师范科,系早期同盟会会员之一。会日本取缔中国留学生,徐镜古回国后与兄乐三创办明新、坤元男女两校

① 《山东近代史资料选集》,山东人民出版社 1959 年版,第 191 ~ 192 页。

及务实小学，实行革命教育。复与徐云卿、王厚庵秘设同盟会机关于教育会，充任教育会评议员、农会调查员，无日不以宣传革命为务，力倡民治主义。辛亥秋，山东独立，被推为黄县代表。①

黄县光复的历史，表明该县的革命基础较好。因黄县革命党人张彦臣、徐云卿、邹耀廷等在独立之前就分别成了县劝学所、教育会、农会的负责人，他们在斗争中很快形成了以同盟会会员为骨干分子的领导核心。诸如武装起义、政权组织、欢迎民军、庆祝光复等重大决策都是由同盟会干部分子秘密决定。在议举民政的问题上，否定了“宜摈式镛”的意见，肯定了“欲靖人心，刘不可废，且刘既附义以为长，宜更举一人为之副，刘亦不得自专”②的主张。最后，举起义县令刘式镛为民政长，举王治芗为副民政长。

王治芗，字柜生，号叔鹤，黄县菜园泊村人。清光绪丁亥以廪贡肄业太学，祭酒王懿荣器之，遂知名京师。甲午之役，在本县整理乡团，颇有成效。科举废，首创学务，先后成立第一开成、第二开成小学、凰山师范公学，并发起教育会。己酉，当选为山东咨议局议员。值保矿起，奔走上海、青岛、烟台等处，号召数月。咨议局开会，提议疏浚小清河、设立储蓄银行、挽回利权，因集资未就而罢。武昌起义，山东独立，成立各界联合会，建议“宜合防营与陆军为一体，急取德州兵工厂，接收财政、交通机关，迟恐有变”。孙宝琦取消山东独立后，王治芗经徐镜心

① 《山东近代史资料》（第二分册），山东人民出版社1958年版，第159～160页。

② 《山东文献》（台北版）第2卷第3期，第53页。

介绍加入同盟会,由济返回黄县密谋起事。①

就黄县民政署组成人员的政治情况看,绝大多数是同盟会的骨干分子,联系黄县独立后斗争的实际,不难看出民政署的实权实际是操纵在以副民政长王治芗为首的同盟会的干部分子手里的。

(四)革命者内讧与黄县失守

山东同盟会党人不及旬日攻取了登州,继而光复了黄县,由此声威大振。使得窃取了烟台军政大权的王传炯异常惊慌。他暗通清廷,密电莱州总兵叶长盛,称黄县“民军孤弱,其实易取”,请求派兵围剿。而他自己深感烟台并非久待之地,仓皇逃亡北京。

清军获悉黄县情况,派标统、日本士官学校毕业生王振率兵一部,配以大炮、机关枪直扑黄县。1912 年 1 月 20 日,革命军与由新城、磁口开来的防营 600 余人交战于北马、黄山馆。革命军初战失利,回城防御。傍晚,连承基、徐镜心率 200 多人自登州前来增援。

次日拂晓,敌人以大炮攻城,形势严峻。徐镜心力陈屯兵城内“弊多利少”的道理,提出应速将队伍调往城西,分屯各村市,成掎角之势,采取“暗袭明攻”、“避实就虚”②的战术原则。因之,黄县得以暂时解困。革命派乘机健全黄县军政府,由连承基任都督,部署战守。令姜炳炎传饬各营,分兵两路西进,攻

---

① 《山东近代史资料》(第二分册),山东人民出版社 1958 年版,第 155 ~ 156 页。

② 《山东文献》(台北版)第 2 卷第 3 期,第 54 页。

取北马。但在执行中，民军战士因不用命，造成战斗的两次失利。经徐镜心密察，始知“前日之战，未给赏恤”，镜心深感“威信不孚，难以制胜”，乃调姜炳炎回登州，以安静山为司令，同时查明有劳绩者分别奖恤。① 安静山率军于九里店同敌军接仗数次，但因兵械短绌，每夜只得退守城垣。因进攻不利，城内人心极形惶恐。

在当时南北双方进入和谈的形势下，黄县之役成为引人瞩目的焦点，孙中山允山东同盟会党人之请，命沪军都督陈其美派沪军三千以刘基炎为司令赴鲁增援，并任命胡瑛为山东都督。因当时胡瑛为南京议和代表，暂由杜潜代行其职。

胡瑛，字经武，号宗琬，湖南桃源人，16 岁肄业于长沙正经学堂。1904 年 6 月，发起成立科学补习所，从事反清活动。1905 年入日本东京士官学校，当年加入中国同盟会，并任评议员。1906 年回国后，在山东烟台东牟公学任教习，提倡革命教育。次年因谋响应萍浏醴起义被捕。1911 年武昌起义后出狱，被推为武昌军政府外交部长、南北议和特派代表。

姜炳炎由黄县被调回登州，自觉无颜，请了病假，司令职位由刘艺舟代理。刘艺舟则想以扩大敢死队的名义任用亲信，独揽大权，其阴谋未能得逞，遂去烟台联合杜潜，带着两营由广东新开到的学生军，随同刘基炎率千余人于 1 月 25 日抵登州，企图改组登州军政府，夺军政大权。由于遭到丘丕振的激烈反对，加之沪、粤客军也表示反对，说：“打敌人怎样都可以，你们起内讧决不参加。”杜、刘合并登州军政府的阴谋未得逞，便又返回了烟台。

---

① 《山东近代史资料选集》，山东人民出版社 1959 年版，第 195 页。

针对上述事件的发生，急进会及时对登州军政府进行整顿。丘丕振被举为司令，张彦臣、丘子厚被举为正、副财政部长。除洗涮了少数附刘（艺舟）分子外，仍维持连承基为都督职位。

值得指出的是，丘丕振终于在实际斗争中感到了名实不可分离的关系，由原来拒绝任何名衔，此时接受了司令的职衔，提出第一要务是“扩编部队，充实力量，乘敌新挫，积极西进，以定鲁局”①。为此他先是促财政部长张彦臣携政府现款12万元，速赴大连，定购武器；继而许以关外都督蓝天蔚3万元劳军，派由他率领停泊在芝罘岛的北伐海军舰队抵龙口准备支援。这些都为支援黄县的革命斗争，创造了极为有利的条件。

1月27日，刘基炎率沪军千余人和鲁东敢死队共同进攻敌人盘踞的北马镇。革命军攻势凌厉，经肉搏战，敌人不支而退，革命军占据北马。28日，革命军继续西进，次日清早与敌援军在柳行西交战，敌军由西、南、北三面围攻，革命军退守张家庄。增援部队抵达后，革命军进行反击。战斗中革命军以200余人战胜清军七八百人，歼敌数十人，足以证明“民军之无敌矣”。

正拟乘胜西攻莱州时，革命军中发生了严重的内讧。起因是沪军抵黄县，“承基自以众仅二百余人，而沪军盛，亦极交欢基炎，且示将以都督让焉。后竟不让，基炎由是不悦”②。据此，基炎竟下令班师，沪军统领唐某“力谏以为不可，退则前功尽弃，基炎不纳”③。

---

① 《山东近代史资料》（第二分册），山东人民出版社1958年版，第170页。

② 《山东文献》（台北版）第2卷第3期，第55页。

③ 同上，第56页。

刘基炎下令班师的举动，使全城父老陡起惊慌。为挽救危局，张彦臣、王治芗、徐镜心代表全城父老先后亲往告以“父老推戴之诚，全城倚重之意”，虽经“反复开导，苦陈利害，语意挚切，几欲泪下，基炎不为动”。最后召会军民合词留基炎“护一城十万庇生灵财产”。基炎终不为动，“借口敢死团不用命，不可复留”①，并把退兵烟台的消息电告清莱州总兵叶长盛。长盛得电，“益知黄县易取矣”。

黄县之役，不仅关系到当时山东政局的发展，对正在紧张进行的南北议和也有重要影响。袁世凯以夺得这一军事要地为筹码，“以便议和时讨价，避免南方民党要价太苛”②，便密电清军不遗余力加紧进攻革命军。

2 月 7 日，清兵由西、南、北三面猛攻黄县城。革命军在徐镜心的指挥下，一面分电南京、上海、烟台、登州告急求援，一面令黄县民军沉着抵抗，死守待援，同时接受日本朋友仓谷、栗田、石井、乔四等人的策划，提出白天让兵士下城，饱餐熟睡；夜间以兵士 400 人全部登城防守，然连承基拒不接受，造成军心扰乱，无所适从。终因兵士太少，天气严寒，饮食运送不济，革命军相持数日，力竭不支。而请兵之专使、求救之急电，一日数发而无一兵戾止；外出购械之专使至今匝月，枪不至而人亦杳然；蓝天蔚也因劳军款项未付，把数艘军舰从龙口开走不予援助。这一切，如同王治芗在求援电文中所说的：“所号召天下者，莫不曰为主义牺牲，其表现事实者，无非利欲之冲动，宁非同盟之耻乎？”

---

① 《山东文献》（台北版）第 2 卷第 3 期，第 56 页。

② 《山东文史资料选辑》第 12 辑，第 14 页。

2月10日清晨,清军由城西北登城,突破防线后,大批闯入城内。据守三月不见援兵的黄县终于陷落。连承基、徐镜心等率军政官员奋力突围,撤至烟台。王治芗以守土有责、坚不退避而被俘。他面对清标统李森,抗辩不屈,声色俱厉。临刑时,慷慨激昂,演说革命大义,高呼"我为革命而死,虽死犹生"①,"当时见者无不感叹"。同时遇害的尚有五人:

张海,字东琛,蓬莱人,读书村塾中,闻说革命事,遂辍学游济南,交游渐广。而与军人尤极力联络,得交于第五镇统制贾宾卿、参谋黄治坤等。武昌起义后,山东独立,约同黄治坤为民党与军界奔走联络甚力。黄县光复,筹备军需,运送饷械,不惮劳瘁。敌兵围攻黄县,与王治芗矢志共守,城陷被害,年30岁。

赵应秦,字梦园,黄县人,1905年游学日本,加入同盟会。遇日本取缔留学生归里。与赵竹容、李召南创办公益学堂,倡谈革命理论。黄县光复,任民政署秘书。清兵入城,与蓬莱张海同时被俘,在北门外遇害,年29岁。

庄梦占,字镇三,黄县萧家洼村人。肄业于登州中学。1906年留学日本东京,入宏文学院师范科,兼习于实科学校及音乐传习所。黄县光复后,任军政署军需员。清兵来攻,奋臂扛送饷械,并手制炸弹,资助守御兵士。城破,被害于东沙河岸,年34岁。

王守曾,字竹坪,黄县人,清末任农会庶务员,勇于任事,出言尤无忌惮。黄县光复,任军政署军需员,接济军用品,不辞劳瘁。城陷遇害,年55岁。

徐上田,字子瞍,黄县海云寺徐家村人。读书十余年,厌视

---

① 《山东近代史资料选集》,山东人民出版社1959年版,第202页。

科举业，就商于营口。余闲，涉猎新书及各处新闻。归里，考入育英学校创设的师范班，并加入同盟会。1909 年复往营口，热心提倡革命，介绍商界人士为同盟会员者数十人。黄县光复，任军政府谍报员，赴前线侦察敌情。与敌猝遇被害，年 36 岁。

清兵入城后，燃放火鞭，狂吹鼓角，示威震慑。又纵火延烧军政署房舍，焚毁殆尽，署廨积年档案文卷全付一炬。清军在城中大肆抢掠，数日方休，凡尽力于革命之家，无不被抢劫一空，死伤人数多达 600 余人。

（五）山东军政府的成立与黄县的再次光复

杜潜奉命代理山东都督镇守烟台，因严禁鸦片，激起奸商的怨恨。商会董事用巨金贿清廷降将虞克昌“兵犯都署”，自称都督，因当时清兵正围攻黄县，刘基炎率沪军西援，虞克昌乘机迫使杜潜避位下野，由此杜与丁惟汾等避于登州，请胡瑛来山东戡乱。

1912 年 2 月，孙中山派胡瑛率民军3000人，载以商船 6 艘，并以军舰护送到了烟台，先“囚虞夺其军”，然后设官分职，成立了以胡瑛为都督的山东军政府。

山东军政府的人员组成，据史料记载，胡瑛莅任，即延用镜心等辅佐，湖南张学济为参谋长，徐镜心、谢鸿焘为参谋，蒋衍升为秘书长，湖北黄佐平为军务司长，栾星壑为执法司长，李廷璧、王瑞芝为财政正副司长，王丕煦、万坤山为民政正副司长，杜佐宸为巡警道，左汝霖为烟台镇守使，连承基为鲁军总司令，刘基炎为登州镇守使兼前敌总指挥。①

① 《山东文献》(台北版)第 2 卷第 2 期，第 28 页。

可以说,山东军政府的组织机构健全,职责明确,人员皆为同盟会党人。属山东籍的13名人员中,除徐镜心、谢鸿焘,有生平记载的尚有二人:

蒋衍升,字锡藩,又字洗凡,博山人,年十余岁补博士弟子员。科举废,肄业于本省师范学堂。1906年秋被选送日本留学,入弘文学院,后入法政大学法政专科。时列强瓜分中国之说甚嚣尘上,衍升闻之悲戚,刺指血书曰“不清中原,有如此血”,咏诗有“义气塞两间,肝胆照千古”。不久即成为山东早期同盟会会员之一。创《晨钟》周刊,宣传革命,“辛亥武汉光复,济南相继独立,山东同盟会支部推衍升代表诣沪,与沪督陈其美计划军事,约为应援”。胡瑛督山东,“任秘书长,军事、民政多与筹商,条理秩然,市肆无惊”。①

李廷璧,字省斋,又字惺哉,高密县人。经刘冠三介绍入同盟会。偕邹秉绶到烟台助谢鸿焘创办东牟公学,多所成就。又赴吉林与徐镜心办建筑公所及蜂蜜山招垦公司,冀以团结群众,厚集资力,卒以力绌而罢。迨武昌事起,同连承基联结同志,谋吉林独立,因敌方军警林立,监视綦严,未得逞;改赴长春,与姜文卿、孙雨行谋占长春,又未成;只身赴奉天,与商震合谋,又未成;知辽东事不可为,遂由大连赴烟台,与徐镜心组急进会。未几,登州光复,继占黄县。山东军政府成立,被推为财政司长。②

山东军政府的成立,表明山东两个政权对立局面的形成。

---

① 《山东近代史资料》(第二分册),山东人民出版社1958年版,第385~386页。

② 同上,第384页。

就当时来说，山东军政府成立后，如何处理好与登州军政府的关系，是山东革命形势发展的关键。

本来，以徐镜心为首的共和急进会成员由烟台进入大连时，就盛传“有黄克强在中央提出以胡瑛督鲁”的信息。为此有些同志高喊“山东不是他们的征服地，何以不征求山东同志的同意，随便硬派一个都督来”，主张立即推举一个都督相对抗；有的甚至提出“如南京这样的蛮干，我们应以武力为之周旋”。但多数同志反对在此问题上动用武力。革命志士崔士杰说得好：“为革命流血我干，为争都督流血我不干。”①

登州原来光复后，急进会在烟台设机关部，由丘特亭任部长，办理后方事宜。

刘艺舟在登州争权败露后，到了烟台便联合丘特亭等组成反丘丕振的政治派别，除把登州军政府由大连购来的大批武器全部扣留，还将派出的经办人张彦臣、丘典五、丘子厚软禁起来。待胡瑛到烟台督鲁，刘艺舟等人则说丘丕振是“反对胡瑛督鲁最力的人物”，便与胡瑛“沆瀣一起，并力对付登州”。丘丕振因之来电严词质问，胡瑛答称：一、软禁的原因是有人控告；二、要求立即承认烟台成立的山东军政府，登州改为军政分府；三、要登州军政府送好枪500支给烟台。丘丕振对烟台方的无理行动反复电驳，终未解决。②

但在当时，团结革命毕竟是革命阵营的主流。又因黄县失守，各方群起责难，胡瑛顾虑舆论，加之蓝天蔚等人的从中调停，双方矛盾得以和平解决，条件是：一、登州方面改为军政分

---

① 《山东近代史资料》(第二分册)，山东人民出版社1958年版，第166页。

② 同上，第171页。

府，丘丕振任司令；二、烟台方面放弃索枪的要求；三、所捕登州方面的人员，一概释放，分任山东军政府各项职务（实是作质）。这时烟台方面的民军扩编到近万人，新添的武器大部分是往日登州军政府由大连购来的。

当登、烟两方的矛盾得到和平解决后，革命志士哭求都督出师，胡瑛也奉南京电令，派刘基炎率军西上。2月13日，沪军再抵黄县，与清军大小数十战，皆奋勇直前，呼声震天地，莫不以一当百，再次光复黄县。清兵逃前，凶残地将所囚禁的革命党人28名在西圩外吊桥下全部杀害。①

沪军阵亡将士35名，葬于九里店村西原，皆为之立碑碣镌姓名，以表义烈，俾垂不朽。

黄县由失守到再次光复，不仅取决于山东军政府的成立，表明以孙中山为首的南京临时政府的正确决定，而且同山东革命军内部克服权力之争，由分裂走上团结对敌密切相关。

（六）文登光复惨史

山东独立被取消后，在济的文登同盟会会员丛琯珠、丛禾生决定回籍以图举义，便由济南撤到烟台，同山东军政府就文登起事进行了认真的讨论，决定丛琯珠等先回文登，做发动群众准备起义的工作。于春喧、左汝霖往来烟台、文登间进行联络。

丛琯珠，字燮臣，文登人，生而豪爽，留心经世致用之学。1902年秋考入师范馆，翌春选送赴日留学。时值中日战后，清朝政治腐败，外患日迫。琯珠到日本“目击区区三岛，刑政修

① 《山东近代史资料》（第二分册），山东人民出版社1958年版，第146页。

明，益滋焦灼”①。琯珠留学二年由同文书院递升早稻田大学，精研政治、经济两科，并为振兴中华积极联络海外志士。适孙中山在日本组织同盟会，遂被介绍入会。迨毕业回国，正值武昌起义，琯珠急奔济南，与同志蒋洗凡、谢鸿焘、徐镜心等谋济南独立。

从琯珠回籍后，首先联络了新学界中富有革命思想的人，与林基逵、李文澜、毕仲海等组织了领导核心。

1912 年 1 月 19 日，革命派乘夜进攻文登县署，县吏岳宝树本欲携款潜逃，但谎称自己对独立“早有此志”，乘革命党人不注意，借机逃走。县城光复后，革命党人联络各界人士组织了民政署，由同盟会会员从琯珠任民政长，进步人士林基逵任审判厅长。

林基逵，字仲宾，文登县东关人，家贫，少孤，以诗书起家。光绪丁酉科，以三魁登乡榜；甲辰恩科成进士。后任浙省宣平、归安县长。无不以上报国家、下爱黎庶为先务。时值清末，朝政不纲，林基逵语言激进，被谗去职。后环游南方各省，密受孙中山使命，由南旋里，联络邑中豪杰百数十人光复邑城，被推为审判厅长。“莅时甫半月，民无冤狱，宗无留牍”②。

民政署吸收各界进步人士参加，坚持民主行政。在清理积案、提倡工商、赈济饥民等方面，半月后均见头绪；对军备尤惨淡经营，不遗余力，由从环珠、宋子端组织了百余人的学生军。

从琦珠，字赞臣，从琯珠仲弟，弱冠，由县选送烟台毓才中学，不久又转入登州中学。次年，适胞兄琯珠由日本来函，劝说

① 《山东近代史资料》（第二分册），山东人民出版社 1958 年版，第 190 页。
② 同上，第 191 页。

赴日留学，遂偕弟环珠东渡，入早稻田师范部讲求理科。著有动植物学教本。迨毕业回国，任县立高等小学校长，"时以种族关系、祖国倾危，谆谆为诸生诰；并发起全县教育会，作精神上之团结，为将来之联合"。如此二年，文登学界故有"一呼立应"之举。①

宋子端，文登后于家夼村人，17岁入私塾，20岁就学于荣成庠生梁宗翰。因梁好讲新学，而不失大义，子端由此得悉"种族、政治、革命之说"。文登光复，身任学生军指挥，因军饷缺乏，卖其家中上田7亩，价洋250元，并向好义之士募集洋千余元，以充军饷。②

文登光复瞬间获胜，该是急整兵备，先固根本，"不意诸事尚未就绪，而乡愚爆发，环攻邑城"。城内只有十余支枪的革命党人，先是认为"乡愚无识，不忍加兵"，派林仲实等人前往说服解散，不仅没准备劝说无效而派兵镇压，反而派学生军300余人开赴烟台听候北伐之遣，这就分散了革命力量。更严重的是，学生军行至城西二十里堡和佃里村遭到敌军千余人的阻击，终因寡不敌众，宋子端、丛琯珠惨遭杀害，而派去城外交涉的人员也被捕杀。2月7日，暴乱武装兵临城下，围攻三昼夜。城内革命党人只有突围而别无生路，趁夜冒火由东门冲杀而出，绝大多数惨遭杀害，后人将之通称为59烈士。

2月9日晨，敌人火烧东门，蜂拥而入，文登城陷落，"凡剪

① 《山东近代史资料》(第二分册)，山东人民出版社1958年版，第197～198页。

② 同上，第119页。

发者，无一漏网，甚且燃起一堆烈火，驱迫起义者自投火中，变成灰烬”①。其中丛琯珠及其次弟琦珠、三弟环珠，林仲宾及其胞侄哲民、新民全遭杀害，这就是时人惨称的“一门三烈士”。

值得深思的是，旧势力对新力量的反扑来得如此迅速，不几日就啸聚万人，“非顽民之自发”，而在于：

其一，文登“僻处海隅，风气闭塞”，当地民风素称“愚悍”。该县西傍姑余山，“袤延绵亘，斗绝南北海”，是文登的天然屏障。清同治初年，捻军进入文登县境，葛吕集等地倡办乡团，“斩木揭竿，倚山固守”，特设总局于葛吕，致使文登得免于难。自此“葛吕总局”四字深入妇孺脑海。此次顽固派即采取同治初年举办团练、防御“捻匪”的成例，设立葛吕总局，广发传单，把深仇大恨集结在平日为“俗子忌恨”的“剪发之徒”身上，从而在组织、发动“愚民”方面，收到了“既速”“且快”的效应。

其二，“邑绅造种种谣言”，这是暴动迅速兴起的又一重要原因。先是曾为京官不甚得志、倦归故里的吕盐梅办团练，散发传单，叫嚣“济南独立已被镇压”，“清兵大举东进，已抵莱州”，又耸人听闻道：“若不除此辈（革命党人），必有附逆连坐、洗县之祸。”②而“乡愚无识”，在文登四乡丛殿甲、王嘉禾、王廷相、张培馨的驱使下，“揭竿斩木，环起攻城”。

其三，“文邑乡愚无识，多年受清廷牢笼，毒入脑海”③，这是乡民被骗、一呼而应的根本动因。因农民是以乡为单位编制在耆老、缙绅统治之下，深受封建伦理道德的教化，“忠君”思

① 《山东近代史资料》（第二分册），山东人民出版社 1958 年版，第 216 页。
② 《文登文史资料》1985 年第 1 期，第 12 页。
③ 《山东近代史资料》（第二分册），山东人民出版社 1958 年版，第 207 页。

想牢固，政治上反贪官，不反皇上，“目革命为大逆”，这是乡民易受“奸人煽惑，暗地结合”、“斩木揭竿”的思想动因。

文登辛亥革命惨史使得数十革命志士，“斩指断舌，粉身碎骨，皆作玉破，而无一瓦全”①。其中有的“尸骨粉碎，并燃以煤油，毛发无存”；有的“乱刀齐下，身无完肤”；有的“衣履全炬，目裂腹溃”；有的死后“并以乱刀乱棒，故体碎如粉”。这种惨无人道的罪行，表现出复辟守旧派对革命民主派的刻骨仇恨。

文登辛亥革命惨史也记述了59烈士面对复辟派惨绝人寰的野蛮暴行，其舍生取义的浩然之气，足以壮山河而光日月。在临行前，有的慷慨而言：“为国为民，牺牲身家俱无遗憾，独恨不见共和之成立耳。”有的环顾同志曰：“为国家死，夫复何憾，所恨者不死于强将劲敌之手，而死于匪徒也。”有的振臂高呼：“人皆有死，能死其志，虽死犹生。”事后人们评论曰：“今烈士之死，不死于病，而死于种族革命，死于政治革命，可谓千秋不朽矣。”待暴乱平息后，邑中先达或传其事，或著以文，或痛苦以吟诗，或慷慨而题词。为烈士召开追悼大会时，祭悼、挽联琳琅满目，其中梁宗翰先生挽学生宋景恭之联是这样写的：

打破生死关头，乃为英杰；叹先烈，击平等鼓，撞自由钟，鲜血淋漓，购得亚东新世界。

割断权利思想，便是男儿；愿同胞，拜共和神，驱专制鬼，雄心磊落，爱此民国好河山。

这幅短短的挽联，道出了烈士们在中国推翻封建帝制、建

① 《山东近代史资料》（第二分册），山东人民出版社1958年版，第213页。

立民主共和的理想追求。后人评论烈士们的牺牲，对民主共和来说，“虽事业未竟，而规模粗具，已开自治之先声；建设未周，而福利攸关，已立共和之基础”①。

（七）荣成、牟平光复

荣成光复之功，首推同盟会党人刘鉴清。

刘鉴清，荣成县马山寨人，“潜心经史，雅嗜理学，最后心折阳明，一意推崇之。”甲午战后，海内志士痛心国是日非，起而提倡维新，刘鉴清也是“以昔日钻研旧学之精神，致力于维新”。庚子以后，清廷废科举、兴学堂，刘鉴清不辞烦劳，力劝邑人出而就学，并与本县青山兴办新学，继又创办劝学所，被选为劝学总督。但因地方风气未开，又艰于筹款，劝学所终归解散。时山东省新设优级师范专科，刘鉴清应试报考入学，并积极参与山东省学界组织保矿会，发起“国民捐”的爱国活动。后被举为登州中学监督。②

山东军政府成立后，为了发展革命斗争，派刘鉴清、丛禾生前往荣成、牟平开展独立斗争，并任命此二人为东路领导人。

1912 年 1 月，刘鉴清率 20 余人由烟台步行 240 余里，到了荣成城南的马山寨村，利用他在乡村的声望，征收到毛瑟枪 10 余支；又与西乡在曲伟岺领导下的曲心斋、梁延年、姚筱珊等盟友联系，约集乡众五六十人，队伍已有相当实力。

与此同时，荣成县内的革命党人也在积极准备约为内应，联系一些学校进步师生，举行过若干次秘密会议。

---

① 《山东近代史资料》（第二分册），山东人民出版社 1958 年版，第 188 页。

② 《山东省志资料》1958 年创刊号，第 31～32 页。

夏历十一月十一夜，东路队伍逼近县城，鸣枪数声，遂齐声高呼："开城不杀！""同胞们，开城啊！"相持约一小时，由潜伏在城内的革命党人鞠思敏派人砸开城门，民军挥刀举枪直扑县署，清知县已闻风逃窜，班房吏役也多逃匿，荣成宣告光复。刘鉴清任民政长，鞠思敏等被吸收参议县政，一批革命的知识分子担任了军政府的工作人员。

荣成军政府成立后，在县城文庙召开群众大会，宣布革命党人以"惩罚贪官污吏，消灭勾结官府的劣绅恶霸"为宗旨①，勒罚恶吏姚氏，斥责劣绅周玉春、张殿甲、袁子经，并把他们列为"消灭的对象"。

军政府在豁免苛捐杂税、革除陋规旧弊等方面，无不积极办理，半月之内，安排大体就绪。革命党人对于建设方面，"计划不遗余力"，而面对防务方面，"计划殊欠周密"②。政权的唾手可得，使革命党人沉浸在盲目乐观之中，认为不致再有任何意外，因而对自身势力的薄弱未加估计，对土豪劣绅的阴谋反抗未能及时识破，对留用的旧职人员未加防范，对宣传工作更未特加重视。

当1912年1月30日前往荣成的左汝霖率东路部队返回烟台后，荣成留守者多是书生，武器也没多少。于是被推翻的清朝官吏乘机同"不甘落魄失势，阴谋反抗"的劣绅周玉春、袁子经等勾结起来，县中"不出数日，人心大为骚动"③，致使一千多名不明真相的群众被裹胁以"复清"为名，狂喊"捉秃子"，向县城围攻而来。

---

①③ 《山东省志资料》1958年创刊号，第27页。

② 《山东文史资料选辑》第12辑，第85~86页。

2月9日，清军、土豪劣绅蒙骗大批群众攻城，敌众我寡，形势已十分严峻。而此刻军政府内部意见不一，有人主张弃城撤往烟台；有人力主坚守等候援兵，刘鉴清表示："即使牺牲生命，也不能抛弃革命。"最后，县军政府召开紧急会议，议决一面派人去石岛请援兵，一面派员分赴各处调人坚守县城。

2月10日晚，敌千余人攻打县城南门，军政府留用的旧官吏与城外的敌人暗通声气，偷开城门，放进敌兵。仅有十八支枪的革命党人无力抵抗，城池很快陷入敌手。17名革命党人被捕，敌人惨无人道地将他们的双手用铁丝穿住囚禁，次日押往西门外枪杀。刑前，烈士高呼"建立民国，革命万岁"。

当敌人围攻荣成时，热心赞助革命的李云宁从乡间赶到城内，奉刘鉴清令迅速赶往烟台，谒见胡瑛都督，陈述荣成的危险局势。胡瑛即派左汝霖率兵一排前去增援，但抵荣成时县城已陷敌手，刘鉴清等革命志士也已壮烈牺牲。左汝霖部暂驻扎于马山寺，警戒着反动势力。随之，烟台方面任命杜紫庭为荣成县民政长，率一营兵力于3月14日再度攻取荣成。

杜紫庭，山东潍县人，清秀才，山左公学学生，经办过潍县东关公学，曾被清潍县知县逮捕入狱。到荣成任职后，除暴安良，雷厉风行，镇压了叛乱头目号称"周二朝廷"的周玉春、袁子经等人，安定了全县的局势。同时，兴学校，办新政，提倡剪发放足，取缔私塾，为民众所称道。

牟平旧称宁海州，是同盟会党人活动较早的地区。

1906年，同盟会会员徐镜心、谢鸿焘与宁海州的邹印臣在烟台创办东牟公学时，宁海学界就有9人加入了同盟会。他们概以"设学集会为初步之工作"。先是将牟平书院改为官立小学，复经曲荔斋、于琴泉、邹印臣、李丙轩等革命志士的倡导，又成立了劝学所和教育会作为革命活动的基地，推广城乡小学达数十处，先后发展同盟会会员达30人。①

武昌起义后，宁海州的革命党人急欲蜂起响应，但因当时清朝知州刘印昌拥有相当规模的武备，革命党人未能轻易发动起义。

未几，烟台独立，宁海州同盟会党人向烟台军政府请命，“冀得援助”。然而这时的民军司令王传炯与鲁抚孙宝琦暗通声气，按兵不动，致使赴烟台请援的革命党人“大失所望，嗒然而返”。②

待蓬、黄、文、荣相继独立，宁海州的同盟会党人认为“宁海介乎其中，何能久待”。适有文登革命志士于春暄由烟台来到宁海城，与当地革命党人集会于劝学所“商定方略”；同时又接革命志士杨次鼎来自烟台的报告称：“急进会与有成约，定期到宁。”此时宁海的革命党人认为起义的时机已经成熟，便积极行动起来。先是“要约警察，不为反对，如必要时，或予以相当之助力”；继则通知附近临时加入同盟会的士绅约有百人，散处城内以为响应之预备。

1912年1月23日，急进会成员左雨农由烟台率民军乘舰艇抵边墙口，深夜临城，拟攻击北门。同志密约左军驻扎东关少待。及天将破晓，城内革命党人发动民众出门高呼欢迎民军，革命军乘此出示安民，在官学堂召集民众大会，宣布宁海独立。

①② 《山东近代史资料》（第二分册），山东人民出版社1958年版，第400～402页。

宁海独立,当即没收清朝宁海知州刘印昌所征各税三千元,推王瑞菖为民政长,设民事、司法、财政、教育四科。进而废绿营,逐都司,教练民团,整顿警察。

待政局略定,左雨农的民军东去平定文登、荣成发生的叛乱。清军统领叶长盛乘机派马队 70 名,由莱阳进至境内距城 50 里的千金店子,清军正准备晚餐,忽闻四周村庄鸣锣,杂有枪声,清军料定宁海有准备,未及晚餐,仓皇逃窜。

2 月,文登发生叛乱,敌军势力一度侵入宁海境内龙泉汤一带。后因革命党人连绍先率南北联军予以痛击,敌军势力遂被击退,而宁海之光复始告完成。

三、胶济铁路沿线的独立斗争

(一)青州独立斗争

青州地处山东腹地,胶济铁路由此经过,西连济南,东接胶东,是新旧势力的必争之地。同盟会在此处组织了一支较为可靠的革命力量;而青州也是清王朝重点统治之区,东接巡防营,兵力至厚。因此革命党人在是否先取青州问题上,发生了激烈的争论。

赵魏认为:“青州为本省心膂,下青州,西可直捣济南,东可控引胶沂,一举而全鲁俱震。”对此,当场有的同志据实指出,青州敌兵众多,“攻之未易下,下亦未易守,危道也”,赵魏由此愤曰:“腐儒虑危难,岂能成大事乎!”①众推赵魏为光复青州司令,王永福为副司令。

---

① 《山东文献》(台北版)第 2 卷第 4 期,第 18 页。

赵魏，字象阙，寿光县斟灌村人，在青州中学求学时，便追求革命，参加了同盟会，因“日谈革命”被校长开除，后进入同盟会所办的震旦公学。后来赴东北宣传反清革命，因身份暴露，返回山东入济南存古学堂学习，从事革命活动。武昌起义爆发，他欣喜地认为“此大丈夫立志之秋”①。

王永福，字长庆，寿光县斟灌村人，出身农家，有胆略，经人介绍，入同盟会，密谋革命。每遇事，勇敢耐劳，不辞艰险。武昌起义后，谋山东独立事败，与同志同赴青岛，潜谋起义。②

先取青州之役既定，革命党人便分头行动：先是劫夺清政府设于沿海地区盐务税所的税款；再由丁学舜等人加紧研制炸弹，半月间便制炸弹数百颗；然后决定选精壮 60 人为兵，约寿光、昌乐各县民军数百人同时出发接应。进略：先由王永福、周锦于 1912 年 1 月 16 日率所选精壮通换便衣，不带军械，由青岛“众分三日行，日分两番出，至则潜伏城内外”，约定待赵魏到青州，突袭南城敌军，南城下，急攻北城敌营。至于军械，已与青州基督教神道学堂尹学聪取得联系，由邓天乙等数人将土制炸弹、步枪 1 支、子弹 50 发运入神道学堂内。因武昌起义后神道学堂也受到影响，校内的师生如孙鹏翔、宋传典、尹学聪利用清兵不敢进入教会学堂的有利条件，秘密集会，联络各地革命志士准备武装起义。

然而，军情却不幸被泄露，青州敌营都统延年加强了防备，成立了以瑞增为首的十人暗杀团，四出侦察。两天后，赵魏抵达青州，只身提皮包行至夏庄庙东时，遭子弹狙击，不幸身亡。

---

① 《山东近代史资料》(第二分册)，山东人民出版社 1958 年版，第 390 页。
② 同上，第 392 页。

事件发生后，清军更加警觉，南北营派千余兵力出动，四下捕人，全城戒严，延年于夜间亲自带人马巡查客店。

潜伏于城内接应的革命志士，得悉赵魏遭暗杀，心中无不激起复仇怒火，急欲进攻敌营，而此时赵魏的父亲赵化溥赶到劝阻说：“君毋尔，愤师必败，纵不自惜，独不为国家惜乎？”①革命党人听后，认为敌人戒备严密，而己方手无寸铁，遂克服了冒险复仇的错误情绪，谋退师再举，趁清军疏忽之机，安全转入诸城。

凶手瑞增因暗杀赵魏“有功”，后被提升到周自齐的都督府任职。为给赵魏报仇，寿光同盟会党人赵文庆、刘梅五会议，屈意交欢瑞增，一日约瑞增游千佛山，登绝顶而杀之，大笑曰：“吾得以报魏矣。”②

谋取青州独立的斗争，是同盟会青岛机关部的首义之举，也是寿光、青州两县同盟会会员的久定之策。这次斗争虽经精心策划，但行动不够谨慎，特别是对敌我力量考虑得过于简单。武器虽筹备得不少，但枪身与枪栓置于两处保管，当保管枪栓的赵魏出事，枪身便成为废物一堆。革命党人在本身并无多少兵力的情况下，想在很短时间内宣布独立是不可能实现的。

青州独立的斗争虽遭到了失败，但显示了革命党人为谋取山东独立勇于献身的革命精神，并为以后诸城的光复提供了借鉴、准备了力量。

（二）即墨独立

自1897年德国迫使清政府签订《胶澳租借条约》，即墨便

---

①② 《山东文献》（台北版）第2卷第4期，第19页。

成了胶澳租借地的一部分。当地民众“处德帝国主义恶势力压迫之下,民族革命意识特强”,争取民主和独立的心情十分迫切。1907 年秋,革命党人鄄文翰、魏殿光等创立的胶莱公学成了即墨县反清革命的策源地。

胶莱公学设在蓝村的一座古庙中,学校距胶济铁路蓝村车站不远,交通比较方便。青岛革命党人选定这里作为储藏枪械弹药的秘密据点。青岛震旦公学被解散后,刘冠三、王麟阁等同盟会党人也多次到即墨协助开展工作,扩大革命影响。经过几年的工作,即墨县的革命势力得到了发展。周敦恂、隋子孚、宋兆麟、陈献堂等数十人加入了同盟会,通过他们又联系了一批向往革命的进步青年,由宋兆麟、姜炎午组织他们学习军事技术。独立前夕,即墨革命党人已有了自己的武装力量。

武昌起义后,即墨的革命党人便谋响应,众推魏殿光、周敦恂任总指挥,宋兆麟、姜炎午任军事指导,生夷卿、生子久造炸弹,江星五、魏雯光、宋书斋、张韵九负责筹饷,李肇籍为秘书。同时高密的班启瑞奉刘冠三之命也由青岛赶来“与众协谋,相机而发”。

12 月间,即墨同盟会党人,以保卫地方的安全为由,成立了保安会,暗中进行起义的准备活动。他们先许以万两白银贿结胶济铁路自城阳至青州站段的所在路警,约期策应;又利用刘懋德任清丈岭驻军哨官之便,做驻军的策应工作。

刘懋德,字勉斋,山东即墨人,曾就学于保定陆军学校,毕业后任排长。辛亥十月在青州发动兵变不成,调驻莱州,继移驻丈岭。队官刘洪钧是懋德的同学良友,懋德与洪钧相约,决定“光复登、莱、青三郡与烟台、登州民军合”。

1912年1月15日至16日，登州、黄县先后光复。山东的清军大为震惊，为尽快镇压这两起独立斗争，急解子弹三万发向莱州运送。经丈岭军站时，刘懋德当机立断，除将子弹扣留，又派专人向即墨的革命党人报告，说清兵“第五师已下令发攻蓬、黄，宜急攻即墨据之，与烟台、蓬、黄各地民军呼应，以挠其谋。东路清兵惧烟台民军袭其后，必不敢攻即墨。清兵西来则吾邀之丈岭，偕护路队袭击之，必可取也”①。

据上，革命党人认为，即墨武装起义的时机已经成熟，决定立即采取行动，打击敌人，以配合胶东地区的反清起义。

1912年1月27日夜，由班启瑞、宋兆麟、葛腾九、魏雯光各率一队，分兵四路进攻县署、警察局、西关警察分局、电报局。午夜后，警察局、电报局即被占据，县署卫队只做了一番抵抗，也敌不住各革命军的合力进攻。知县张同皋束手就擒。革命党人奋战一夜，独立初告成功。

次日，即墨城各处争悬白旗表示拥护独立。革命党人广贴布告安定民心，又于县署召开庆祝大会，组成临时民政署。刚由海外返故里的新派人士孙毓坦被推为民政长。同盟会会员周敦恂任财政长。宋兆麟任司令。此时，知县张同皋也表示同情革命，被吸收参加了民政署。即墨独立的消息电告南京临时政府后，受到嘉奖。

即墨宣告独立，青岛德国总督声称“万难坐视”而要“派兵前往”②。2月1日午后，德督派骑兵130名气势汹汹地开到即

---

① 《山东文献》（台北版）第2卷第4期，第19页。

② 《张广建电稿》，《近代史资料》1956年第1期。

墨,借口胶澳条约规定胶澳周围百里内不能驻兵,横加干预,与此同时,又密告山东巡抚迅速派兵夺回失地。

山东巡抚张广建获悉情报后,即派参议张树元率清兵500多名由丈岭昼夜驰往即墨。

面对敌人的侵犯,民军认为即墨县西有护路队和丈岭驻军为援,便于2月2日派葛腾九率民军一支进驻县东北要镇金家口作防备。

然而,不久民军探知"懋德已于前日遇害,清军由张树元率之东来,已抵城阳车站。护路队以大军猝至,惧未敢发"①。而张树元率领的清军在"德人随队"协助下,纠众攻城。

在炮火掩护下,清军依仗枪械精良、兵员众多,由城西南破口入城。此时城内革命军已无多少兵力,虽奋力抵抗,但寡不敌众,终败于清军和德兵的合力攻击中。

清兵入城后,沿街搜捕,黄昌海、于正仁等17革命党人被残杀于万寿宫前的广场。清兵又将死者的首级悬于大街上,以震慑民众。时人赞誉烈士"慕共和之高治,断脰死焉无悔也"。后人并为此撰写了《辛亥即墨殉难烈士碑文》。附录如下:

> 忘身殉国,志士裕济世之心;激忠励节,国家有稽勋之典。溯自武昌起义,各省响应,洒热血以涤腥风,抛头颅而扬共和。奋身而生全者,固蒙褒奖;竭力而战死者,尚多埋没。倘不亟为表彰,何以昭大公而励忠义耶?辛亥十二月十日,民军数十人,光复即墨,义旗共举,死力

---

① 《山东文献》(台北版)第2卷第4期,第19页。

同效，方拟整顿进行，复我祖国，不意清兵突来，众寡不敌，遇难者有刘德和、黄昌海、于正仁、张吉祥、王立德、刘清和、周茂乾、齐浦台、张得胜、孙大等十七人。呜呼！痛矣！方其遇难也，嘲笑者有人，怒骂者有人，佥谓小民无知，自取刑戮，死有余辜。讵知诸烈士之死，为若辈争幸福哉！迄今帝制复倾，共和再造，葬黄花岗者英名远播，入烈士祠者浩气长伸。即邑诸烈士之为国捐躯，泯泯无闻，不几令英雄含冤地下而抱不平之慨也。诸同志议立贞珉，聊为表扬，庶英灵不远，与先烈争光，大节无亏，直可百世流芳。是为志。

中华民国六年一月　　吉日

诸同志：修竹坡、于世瑶、李于忠、慈镇西、尹丹甫、王君堂、隋子孚、宫子衡、黄润三、李卓峰、徐亮功、于化南、周敦恂。立石

史实表明，即墨独立斗争，是被德帝国主义势力与山东清军联合绞杀的。

(三)高密、安邱独立

1906 年，刘冠三在济南加入同盟会，成了高密县最早的革命党人。随之，李廷璧、谢心一、邵麟勋等旅济学生和县高等小学的蔡自声、蔡唐卿、王麟阁，绣西公学的张金寿等先后入盟，自此，高密的风气为之一变。

高密地处胶济铁路中心地带，交通便利。同盟会党人来往于诸城、安邱、平度、沂水等县均由此下车，“得在密同志之接

待,免军警之窥伺,且无膳宿之困难,受益亦甚宏大”。其中尤为热心者是城东关的张缦卿先生,为后来同盟会党人称赞不已。①

高密独立,是由王麟阁、班启瑞(麟书)、吴鸣岐、张节堂等革命志士发起的。

王麟阁,高密人,1906 年由邹因陈(秉绶)介绍入同盟会。1908 年青岛震旦公学成立后,经常为公学募捐。独立前夕,他先期到达高密布置起义。

王麟阁暗中运动南关新军一个步兵连,应允发给清兵一个月的饷,使其起义时保持中立,继而安排了起义时的内应工作。

1912 年 1 月 27 日夜,就在即墨起义的同时,班启瑞、吴鸣岐、薛锡三等 10 人由青岛乘火车到了高密,城内革命党人及时内应,将城门打开,双方迅速汇合,“直扑县署,手枪炸弹,一齐施放”②。清朝知县王鉴清仓皇出逃。众推班启瑞为革命军临时司令,并张贴布告,宣布高密独立。

次日,驻丈岭清军张树元部闻讯派兵进攻高密。革命党人认为,驻丈岭清军因高密交通便利朝发夕至,又因即墨复陷,高密城小势孤,为保存实力,遂主动退出高密,共谋诸城独立。

安邱地近青州、潍县、诸城、高密,是同盟会党人活动较早的地区,武昌起义前,县高等小学和地方团练中均有人参加了同盟会,反清革命思想在当地群众中有了影响。

---

① 《山东近代史资料》(第二分册),山东人民出版社 1958 年版,第 382 页。
② 同上,第 233 页。

青州独立失败后，王永福等革命党人率60人到了安邱，以谋再举，受到当地荐绅张介礼的款待和商民的慰问。

张介礼，又名公制，安邱人，是主张改革的立宪派。在本县充劝学所总董，年少激进，因“抽庙产，打神像”①受到群众称赞，被选为山东咨议局议员。因莱阳抗捐案，对西七府“六二党”阿附官绅、颠倒事实“愤不能平”，是东三府一体辞职的五议员之一。他平日与同盟会会员多有联系，对反清革命表示同情。

原在王永福到达安邱前，在济南高等学堂就读的安邱籍的同盟会会员周蜀江、李光第、李法元等人已返故里，他们同张介礼谈及青州失利，计划攻取诸城，拟先在安邱落脚，并同他着重研究了筹款购械问题。当时的张介礼在安邱任团练营总，共60名团丁，拥林明顿枪60支，有3名教官，其中的刘剑秋是同盟会会员。

但当王永福、周蜀江召集绅民议论起义时，则“众惶怯，议终日不决”②。由此，王、周知“众不足为谋”，便决定以民军入城。

1912年1月29日夜，民军以同盟会会员刘剑秋为引导，闯进县衙，经交涉和劝说，清朝安邱知县程长庆迫于形势，同意“建白旗署门，以迎民军”③。遂议定，举王永福为司令、周蜀江为副司令，马倬章为参谋长，程长庆为民政长，张介礼为副民政长。

然而，当同盟会党人召集官绅在县署讨论宣布安邱独立

---

① 《山东省志资料》1961年第1期，第2页。

②③ 《山东文献》(台北版)第2卷第4期，第20页。

时，张介礼力陈：“潍县驻重兵，闻安邱独立必来攻，兵少恐不敌，又县为土城，久坏不治，未可固守，坐而待毙，兵家所忌。今县已独立，革命之基固矣，不如更略旁县，益壮声威。诸城大而坚，去潍县稍远，攻而下之，进取资也。”①对此，同盟会党人认为，介礼虽有“嫁祸邻县”的思想，但其所谈又属实情，因之最后表示赞同，但必须订立条件，签字盖章。为此双方共推一人拟稿，一式两纸，各执一份，内容是：“安邱已决定独立，由于目前条件的限制，暂不挂白旗，待诸城独立后即行响应，并由诸城派人来帮助独立。”②

条件签字后，王永福、周蜀江取县库银2000两，民团枪 20 支，放弃安邱，率众南行，谋取诸城独立。安邱契约独立的出现，是同当时安邱所处的社会环境密切相关的，是同盟会党人与立宪党人实行政治合作的产物。

（四）诸城独立

诸城地近胶济铁路，近海多山，地理位置比较重要。清末废科举、兴学堂，一向较为开化的诸城迎合了时代潮流。在一些新知识分子的努力下，新式学堂建立起来，新思想由此得到广泛传播。

中国同盟会在日本东京成立后，诸城留日学生钟孝先很快入盟，与同盟会会员隋理堂回籍宣传革命，在进步知识分子中建立了同盟会组织。此后，县中拥护反清、同情革命的不乏其人。如曾任河南某县知县的绅士臧汉臣常以钱财帮助革命党

① 《山东文献》（台北版）第 2 卷第 4 期，第 20 页。

② 《辛亥革命五十周年纪念文集》，山东人民出版社 1962 年版，第 131 ~ 132 页。

人。农林学堂、高等小学和东武公学的学生，更是日甚一日地倾向革命。

诸城独立，是以王永福、邵麟勋为首的革命志士组织发起的。

邵麟勋，字文骐，高密南乡苗家屯人，1906 年肄业于济南山左公学，参加了同盟会，武昌起义后，赴青岛同盟会机关部充招待员。不久，由刘冠三派往诸城北乡，与钟承曾募健儿 200 人，助王永福攻取诸城。

1912 年 1 月底，邵麟勋在诸城北五里堡与青州方面的邓天乙、王永福、贾振琨，高密方面的王麟阁，安邱方面的周蜀江、王明槐等人的民军会合，共 300 余人。从此各地豪勇来者日众，共谋诸城独立大计。

农林学堂的学生风起响应，隋理堂、王凤翥等组织学生军，臧文山等 19 名青年歃血为盟，号为“敢死队”，誓为诸城独立赴汤蹈火。

城内外两方革命势力的发展，造就了独立时机。2 月 2 日，革命军逼近城垣，号称数百人的学生军，迫使城内南关数十人的清军仓皇出城，退驻 30 里外的程戈庄。时任诸城知县吴勋，素与德国传教士有勾结，避于德国天主教堂内。

3 日深夜，革命军顺利入城，次日清晨宣布诸城独立。革命党人钟孝先等热烈欢迎民军的到来，诸城荐绅臧汉臣等以白被单为独立旗帜，悬于城内大街，表示对诸城独立的衷心拥护。

继而，革命党人联络各界人士召开临时会议，成立了临时军政府。王永福为司令，周蜀江、邵麟勋、钟承曾、贾振琨为参谋。设军务、警务、民政、司法四处。邓天乙为军务处长，吴大洲为警务处长，臧汉臣为民政处长，刘伯泉为司法处长。临时军政府派人往青岛购置军械以扩大革命力量，并出动民军镇压蔡家沟、黄疃等处的反叛力量，“四乡始安枕”；城内“居民颇安堵”，迅速稳定了社会局面。绅学各界热情捐助饷款，不数月革命军便发展为数百人。

与此同时，逃入教堂的诸城知县吴勋和德国传教士顾恩德加紧了对革命的破坏活动，探知革命军枪械不足，力量有限，便密电省垣山东巡抚张广建。张广建以为：“诸城为胶西重镇，若使坐大，与烟台、蓬、黄民军东西声援，后将不可复制。”命驻守沂州、潍县的清军巡防营数百人由西北两路奔往诸城；令退驻程戈庄的诸城巡防营充当向导；城内反动士绅王少舲、祝清芳闻讯勾结配合，扮成农民，借运粮草为名，暗藏武器并偷运进城。

1912年2月10日，清兵逼近城下，王少舲一伙趁势在城内放火，扰乱人心。在敌人夹攻下，民军集议应变之策，独贾振琨提出不同见解。

贾振琨，字次瑶，临淄县南马坊庄人，青年时期肄业于优级师范，因成绩优秀，被官府选派留学东洋，入早稻田大学政科。他恨清朝专制，痛外侮纷乘，武昌事起，束装回国，投入谋求山东独立的斗争。①

贾振琨在诸城危急时刻，面对王永福、邓天乙等人的“欲战”主张，提出：“我师新募，械多窳旧，新械未来。敌众乃五倍于我，饷械精足，我未可战……不如退师，南走泊里，乘虚夜捣

① 《山东文献》（台北版）第2卷第4期，第21～22页。

日照,缮增弹械,办治舟船。胜则席卷沂郡,败则浮海他往,保我精锐,徐图再举。”①

然而,贾振琨的正确主张,遭到了王永福等革命党的拒绝。次日,清兵改强攻为用绳棍分路爬城,倾全力进攻。民军方面,先锋队长刘十四率众与敌巷战而死,刘懋德旧部20人同时殉难,王永福、邓天乙、王麟阁杀出突围之路,由西门出城,臧汉臣、贾振琨被清兵逮捕,枭首县城示众。在这次对敌斗争中,青岛学徒工丁学舜表现尤为壮烈。

丁学舜,字述尧,潍县田家庄人,家世业儒,幼年家贫失学,仅在乡塾读书两年,年十五随父到了青岛,投考德人所设之水利工程,录为徒工。学舜身处德帝国主义势力压迫下,民族意识特强。武昌事起,学舜联络同志数十人参加同盟会准备起义。惟弹药缺乏,致感棘手,因而纠合技工同志数人,密制小型炸弹数百,同姜承志等人驰往诸城,与王永福等革命志士共举义旗,并任敢死队长。面对攻来之敌,手刃清兵数人。卒因众寡不敌,兵败被执。清兵嫉其抗敌之勇,先刖其足。学舜面无惧色,从容就义,年仅二十岁。②

城陷,躲入教堂的知县吴勋复出主持县政,配合入城的清兵狂杀滥抢,进行穷凶极恶的反攻倒算,“前后遇害者三百人,尸积成丘,血流为渠”。

诸城独立斗争,是继青州、即墨、高密起事之后,来自多方同盟会骨干分子一起发动的。虽然很快造成了革命的优势,但因对敌人警惕不高、打击不力,特别是忽视了德国传教

① 《山东文献》(台北版)第2卷第4期,第21~22页。

② 《山东近代史资料》(第二分册),山东人民出版社1958年版,第407页。

士与诸城知县的暗中勾结，致使城内外敌人很快结合起来，向革命势力猛扑过来。“冠三于青岛选精储锐，经营三月，至是尽矣。”

然而，同盟会党人在诸城独立斗争中表现出来的英勇献身精神，是永远值得纪念的。仅就资料所载诸城死难烈士23人列表如下：

姓名	别名	籍贯	身世	姓名	别名	籍贯	身世
臧汉臣		诸城	开明士绅	李凤官	鸣岐	寿光	
贾振琨	次瑶	临淄	日本留学生	赵玉璋	瓒亭	寿光	
邵麟勋	文骐	高密	山左公学毕业	刘小山		诸城	
朱学海	星垣	高密	登州文会馆毕业	丘翰西		诸城	相州中学学生
王箫九		海阳	日本留学生	丘建西		诸城	
王明槐		安邱	工业学堂学生	李克敏	老八		
张文卿		寿光	工业学堂学生	朱小山			
王竹刨		诸城		丁学舜	述尧	潍县	学徒工
葛芳圃		高密		王鸣韶		诸城	工业学堂学生
王泽涵	海民	安邱	工业学堂学生	田××			传教士
赵蓉初		诸城	相州中学学生	徐大石子		诸城	
王契轩		诸城	相州中学学生				

四、陈干率领的徐州北伐军

1911年年底，陈干为了彻底革命，带领震旦公学骨干吕子人、张婺源、李次元、张伯言、陈延训等二十余人由青岛乘船抵上海，住在山东会馆。因急于筹款购买军械物资，他曾以山东人资格拍卖山东会馆。山东旅沪商人闻之惊恐万状，遂设法集资六千元。陈干即命吕子人回青岛召集百余人，组成齐鲁敢死队开赴上海。昌邑籍同盟会会员先后从军北伐。当时在上海的山东党人多主张随海军一起攻占烟台，然后西窥省城济南，但陈干独排众议，认为“烟台位处僻远，蜷伏海隅，难以成事”，主张沿津浦路北伐，攻克济南以影响全省。于是胡瑛、丁惟汾、张婺源等去了烟台，陈干则偕裴鸣宇、吕子人等去了浦口与柏烈武接洽，接着去南京与陆军部总长黄兴及粤军总监邹鲁会晤，并上书孙中山先生，陈说北伐大计，陈干曰：“欲保长江，必进取两淮，欲保两淮，必占领徐州。欲定中原之局，须下山东，断不宜苟且偷安、以蕞尔金陵为万世之业。”博得孙中山、黄兴先生的赞赏。

1912年1月1日，孙中山抵达南京，当晚11时举行了隆重的就职典礼，孙中山宣读就职誓言，宣告中华民国成立。1月26日，孙中山、黄兴授命陈干为山东民军统领，这是北伐中唯一的北方籍高级将领。陈干带领山东民军由浦口出发，经滁州北上，边走、边募、边训，至凤阳已集合万余人，组成淮泗讨虏军，到达蚌埠与葛云龙率领的浦军汇合。经邹鲁介绍又与广东北伐军（粤军）姚雨平部协同作战，他们统属林述庆部。三路军奉命沿津浦路进兵北伐，至固镇与清军张勋部相遇，战斗打响。革命军士气旺盛,追敌至宿州城外。由于宿州知州李维源倾向革命,遂将宿州一带地形及敌情报告给革命军,对革命军帮助很大。虽然清军炮兵、骑兵均占优势,但革命军士气旺盛,清军受到猛烈的攻击后,即败退出宿州。

张勋部经过交战,受到猛烈的攻击,节节失利,遂派代表乞和。革命军要求清军退出宿州以外一百里,双方代表于2月10日在符离集车站谈判,但未能达成协议,革命军遂分三路进攻徐州。

徐州位于苏、皖、鲁、豫四省交界处,是控制东西南北之要冲,历来是兵家必争之地。革命军分三路进攻徐州,中路为粤军,司令为林震,沿津浦路北上;右路为浦军,司令是葛云龙;左路为淮泗讨虏军,司令是陈干。革命军经丁家围子、濉溪、萧县至徐州。张勋在三路革命军的围攻下,狼狈北窜。革命军遂于2月13日攻下徐州,并追敌至韩庄,军势大振。这对北伐各路军鼓舞很大。陈干率部攻下徐州后,正准备进一步大举北伐,乘胜前进,拿下山东,直捣燕京,彻底消灭清统治者,就在此时,南北议和,通令全国"宣布共和,南北一家,双方军队一律停进"。

陈干为革命中途而止坐失良机深感痛心,因之赋诗曰:"淮水泛天际,将军脱战衣。两河父老在,望断汉家旗。"

清廷因徐州失利,受到南北夹击,恐慌万状。山东巡抚张广建致电袁世凯告急:"窃以东省地据冲要,现在大局未定,民军违约,南逼固镇,东占登黄,两方军事同时吃紧。"①时直隶总督也致电袁世凯称:"共和国体久延不决,危机四伏……徐州、

① 《山东近代史资料》(第二分册),山东人民出版社1958年版,第279页。

颍州、潼关各前敌，屡以兵单力竭见告。登州、黄县、高密相继独立，影响遍于全鲁。”①袁世凯正是身处不利形势下才承认“共和”的。

① 《中国近代史资料丛刊·辛亥革命（八）》，上海人民出版社 1957 年版，第 181 页。

第四章　辛亥革命在山东的止步

一、帝国主义对山东独立的破坏

武昌起义后，革命在全国迅猛发展，帝国主义列强感到如果公开站到清朝一边是不明智的，便采取了伪装中立的立场，对山东各地迅速兴起的独立斗争，一方面在政治上不予承认，另一方面在军事上与封建势力相勾结，打击破坏革命力量。

武昌起义前，山东同盟会党人于1908年在青岛创办了震旦公学，作为革命的活动机关。同年秋，清政府就勾结青岛德国殖民当局把学校强行查封。武昌起义后，湖北军政府秘密致函山东人民，号召响应武昌起义，这个函件在烟台“数日内已在海军学堂之学生及水手中传布”①。驻烟台英领事得知此事，立即促使清政府派兵烟台，以防不测。清政府很快从登州调兵500人前往烟台。当清军到达之前，英国“用轮船克利得克运到子弹若干，以备发给”②。

烟台独立前后，英、日、美三国的军舰都曾驶至威海卫、烟台停泊，对起义人民实行军事威胁，为清廷撑腰。英国殖民当

① 《近代史资料》1956年第1期，第138页。

② 同上，第139页。

局还致电驻威海卫大臣，要其不得与革命党人来往，不得承认革命政府，而对应受革命群众惩罚的清廷官吏，则百般予以庇护。烟台独立事起，兵备道徐世光就是逃避于英人掌握的海关税务司官署内。

在全国革命浪潮的推动下，青岛人民主张与清政府脱离关系，同南方的革命军政府联为一体。青岛德国殖民当局竟借口有碍中立，多方阻止。当孙中山就任南京临时政府大总统的消息传来，青岛商界人士积极联络团体，倡议脱离清政府，准备举行庆祝孙中山就任临时大总统的活动。青岛德国殖民当局不仅严行禁止，不准青岛人民升旗开会，反把发起人郑师道捕去。虽经各团体多次交涉和抗议，却均被无理拒绝。青岛德督威胁说："若不听命，本政厅必行干预。"①

即墨光复后，青岛德国殖民当局立即出兵干涉，竟说即墨于外交极有关系，载在清德条约中，不能驻兵。同时又向山东巡抚致电嘱其速派兵镇压。当时的山东巡抚张广建致外务部电文也透露了中外联合镇压即墨独立的事实，他说："即墨于本月九日忽被革军占据。诚恐蔓延，致扰治安。当即电明德署麦大臣，并派张参议树元率队前往，相机剿办，并加兵保护铁路。今晨接据电称，即城已经克复。嗣后但能于疆界内无革军，我军自应悉数撤回。"②

帝国主义列强除处心积虑地破坏山东各地的独立斗争，还操纵"南北议和"的意向。

---

① 《山东近代史资料》(第二分册)，山东人民出版社1958年版，第266页。

② 《中国近代史资料丛刊·辛亥革命(七)》，上海人民出版社1957年版，第349页。

在辛亥南北停战议和过程中，袁世凯又要求延期停战开始议和，其目的是采用“南和北战”的策略，在和平的烟幕下以争取时间稳住北方。因而在南北议和过程中，张广建在袁世凯的授意下，借口停战议和，诬称革命势力“若系土匪，实非革命”，令前军将领“当遵阁令痛剿”。对此，南方和谈代表伍廷芳致电袁内阁，指出这是“欲将北方诸爱国志士悉加以土匪之名，以快其屠杀”。在当时的革命党人中，对“议和”深感忧虑和不满者，可说是不乏其人。有的认为自议和以来，“徒恃和议，不能越雷池一步，致令已响应者转盟退志，未响应者咸有戒心”①。特别是上海光复军总司令李燮和在其《论和战之局宜早定》一文中所指出的几点，尤其催人深思：

其一，“一月以来，最足为失机误事之尤者，莫如议战议和一事。夫和有何可议者？民主君主，两言而决耳，岂有调停之余地。战亦何可议者？北伐北伐，闻之耳熟矣，卒无事实之进行”。

其二，“夫袁氏之不足恃，岂待今日而后知之？溯彼一生之历史，不过一反覆无常之小人耳。甲午中东之役，戊戌之政变，庚子之拳乱，合之此次之事变，凡国中经一次扰乱者，即于彼增加一绝大之势力”。

其三，“就今日之时势观之，断非平和可以解决。则徒讲一时弥缝之策，希冀战争之不再开者，名虽尊重人道，实则违背人道。何则？以其迁延愈久而损失愈大也。故今日之战，为人道而战，决非破坏人道之举也”②。

---

① 《中国近代史资料丛刊·辛亥革命(六)》，上海人民出版社 1957 年版，第 45 页。

② 《时报》1912 年 1 月 19 日。

正是在六路北伐军节节胜利、形势不利于袁世凯时，帝国主义列强从中作梗，迫使北伐流产，达成了有利于袁世凯的议和协议，这既是帝国主义列强的迫切要求，又是袁世凯的急切愿望。为此帝国主义列强公开声言只有袁世凯“统一”南北，才承认中华民国。在帝国主义列强的军事威胁下，革命党人终于停止北伐而与袁世凯再度议和。议和的实质问题是在什么条件下结束清王朝，同时取消南京临时政府，使一切权力归于袁世凯。

南北议和期间，山东巡抚张广建，在袁世凯的授意下，则以“南北议和”、“共和一体”为借口，通过直隶驻军张绍曾诱劝山东军政府都督胡瑛说：“彼此政策既系一致，自无庸再事准备战斗……此后解决一切事件……互派代表协商进行方法。”①

1912 年 1 月上旬，在帝国主义列强迫使下，南北双方达成袁世凯迫使清帝退位，孙中山把临时大总统让位于袁世凯的秘密协议。1912 年 2 月 12 日，清帝退位，袁世凯窃取了辛亥革命的果实。他通令全国“宣布共和，南北一家，双方军队一律停进”，并且强调指出：“共和未宣布以前，则汉满竞争，言光复可也；共和既宣布以后，则全国一家，言光复未可也。”②

山东巡抚张广建则按袁世凯的旨意——“现在共和成立，并无革命可言”，饬令前军将领“倘有冒名进犯，甘为民敌者，两方均应视为土匪，严行剿办”。③ 再通电胡瑛拒绝同烟台军

① 《山东省志资料》1961 年第 1 期，第 45 页。
② 同上，第 64 页。
③ 同上，第 33 页。

政府派出代表谈判,理由是"现已各遵政府命令停进,彼此既在统一政府之下,一切事件均应听政府命令,未便自行协商"①。

然而,当时在济南的裘复、柳成烈、张锡芬、诸葛成、王次华等革命党人向张广建宣告:"共和政体业经宣布,所有清政府官吏均应消灭。"并迫令张广建"即刻交印出署,释放监狱所有人犯,即由伊等数人决议另举都督"②。这说明宣布共和之后,在山东政权问题上出现了尖锐的斗争。而此时的黎元洪则出面"调停",他致电孙中山和袁世凯,主张山东军政府都督胡瑛和山东巡抚张广建均行退职,由所谓第三者统一山东政权。于是张广建在袁世凯的授意下电请辞职,袁世凯于2月20日派他的亲信周自齐为山东都督;胡瑛也于5月间接受了新疆青海经略使的空头名义。

二、孙中山的"让位"与北洋军阀势力在山东的确立

1912年2月,南北议和达成协议,要义是袁世凯承认"共和",并迫使清帝退位,临时大总统让位于袁世凯。

应该说,南北议和的这一结局,是顺合孙中山心意的。武昌起义后11月下旬,孙中山由法国回国途中,得悉各省代表在上海开会,选黎元洪为总统,而黎则推袁世凯的传闻,对此孙中山视为"权势利禄之争",致函湖北军政府,无论是推黎元洪还是袁世凯,只要当局承认"共和",都"合宜亦善",但求早"巩固国基"。在孙中山的心目中,重心不在谁当总统,而是承认共和,早定国基。所以孙中山在1912年元旦就

① 《山东省志资料》1961年第1期,第42页。

② 同上,第45页。

任临时大总统后，还致电袁世凯，表示他当总统只是“暂时承令”，“虚位以待”袁世凯之心，“终可大白于天下”，望袁世凯“早定大计”。

在孙中山的三民主义纲领中，最能反映时代潮流的当属民权主义，就是用革命方式，实现由封建君主专制向民主共和的转变。所以当袁世凯承认“共和”，并迫使清帝退了位，孙中山欣喜地说：“共和政体已成，民族、民权二大纲领已达目的。”正如《陈其美致黄兴书》记载的，孙中山认为民族主义和民权主义已经实现，只有民生主义尚未着手，他“欲率同志为纯粹在野党，专从事扩张教育，振兴实业，以立民国国家根本大计”。

然而，孙中山的“让位”，却是后人认为南北议和这一结局“很不理想”的首要原因。故袁世凯上任总统后，时时有倒袁的呼声。山东的同盟会党人尹渔村表示不受其任何官职及荣典勋章，以北方烈士的血迹未干为由，愤而返乡。

对此，事后孙中山着重从两方面追溯了他当时所以“让位”的原因。

一是革命推翻清政府后，一般人訾言革命党人只有破坏的能力，没有建设的经验，都希望官僚执政，为此，“几乎大家都说非袁不可”，而自审“中华民国主权，属于国民全体”，既然舆论说“非袁不可，只好相率下野，将政权交与官僚”。

上述表明，孙中山的“让位”，虽是彰显他“还政于民”的博大胸怀，也是出于无奈，“势所然也”。这表现出了他对中国国情认识的局限。事实是半殖民地半封建的近代中国，“民主”与“集中”是统一的，历史反复证明，失去了领导的民主，难以人数的多少判定政治上的是非。同样，“政权”与“军权”是并存的,交出了政权,也就丧失了军权。为此,山东同盟会主盟人徐镜心就深感“党人必得军权,乃能再起”。

二是“不忍战争”,认为袁世凯本为汉族,“人情必恩宗国”,而“总统复非帝王之比”,朝做总统,夕可解职,故“俯与迁就”,“冀其自新”。又感“民国初立,旧污未殄”,欲风示天下,树立楷模。

由上述可知,孙中山是以当时西方国家的民主制度来诠释对袁世凯的“让位”。在西方国家,一定的权位是同一定的责任相关的,处其位就理当尽其责,否则就必须予以罢免。为了建设近代民主制度,破除“权势利禄之争”的“旧污”,孙中山从自身做起“让位总统”,树立楷模,以感昭天下。这既是孙中山“天下为公,高风亮节”的体现,也是受当时西方政治制度的影响和对袁世凯“俯与迁就”,“冀其自新”所致。①

但是,理当承认孙中山的“让位”是中国近代社会发展过程中、在特定历史阶段出现的一幕历史情节,有其历史的合理性。故孙中山认为南北议和能求得这个结局,“将是一个圆满的段落”②,因为这一结局推翻了封建君主专制,建立了民主共和,实现了中国社会历史上的“突变”。然而,孙中山的“让位”表明以孙中山为首的民国政权落到了袁世凯的手中。山东军政府的撤销,标志着自此山东人民陷入了以周自齐为代表的北洋政府的统治之下。

周自齐,字子廙,山东单县人,与袁世凯相交已久,关系甚密。1911 年任袁世凯内阁度支部大臣。袁世凯正是以周自齐

① 《孙中山选集》,人民出版社 1956 年版,第 107 页。
② 《孙中山全集》第 1 卷,中华书局 1985 年版,第 569 页。

新派人物的形象和能力，使北洋政府的势力在山东确立起来。

5 月 3 日，周自齐正式抵济南。他十分重视笼络结合立宪派，周氏都督府官员多为立宪派人物，日照丁孔璋为巡警道，莱阳王丕煦为布政使，博山石金声为劝业道，历城范之杰任提法使，广东人杨晟任外交司，楼辛木、姚鹏图等主持文秘事务。上述人物逐渐成为山东政界最有影响的势力，为当局所依恃。

周氏对革命派的首领人物采取明使用暗排斥的手段，任命徐镜心、刘冠三为日本留学监督，在济南开办了留日预备学校和军官学校，集中收容省内革命党人，名为培养造就，实则施以羁縻，成为袁世凯结束山东军政府、统一全省政局、确立北洋政府统治的重要步骤。

袁世凯靠枪杆子起家，素重武装势力，他十分清楚革命党人的“得力之处，不在党权，而在兵力”①。他在加强北洋军队力量的同时大喊“裁兵”，继而陆军部通电各省，以“现战事已将告终，民政应设专员，军政应筹统一，军政分府多属无用……酌量……裁撤”。又以“各省兵卒皆仓猝召募，编配入伍，兵格既属参差，服饰饷械亦多缺乏……亦就各该省情形，酌留若干外，务希设法遣散”②。由此，袁世凯借黄兴的威望，大量裁减革命军队。周自齐遵照袁世凯的旨意，在结束了山东“一省二主”的局面后，便把裁汰山东的革命军、对付拿枪的革命党人当作首要任务，在严饬军统以“服从中央”为“第一要义”的同时，“统一”胶东地区的革命武装。其中的丘丕振认为“革命的目

① 《山东省志资料》1963 年第 1 期，第 47 页。

② 《中国大事记》，《东方杂志》1917 年第 8 卷第 10 号。

的在推倒清廷。现在清廷已倒,再想用兵,就是造反。此后需要的是和平,不是战争;是结束军队,不是扩编军队”①,将持枪精兵一千多人交给刘基炎部沪军,而刘在南北统一后先后进京请求陆军部改编,急欲投向袁世凯麾下。与此同时,陈干也认为清王朝被推翻,革命已经成功,“平生志愿,美满酬偿。嗣后,无论政体如何,再不与闻破坏事”②,因此上书袁世凯“不居功名,交出兵权,辞去旅长之职”,解散了三十九混成旅。上述表明,很多革命党人并不懂得丧失了军队就意味着革命失败,因为军队是政权的核心。从此,山东正式陷入北洋政府的统治之下。

三、“辫子问题”与昌邑“五一八”惨案

“辫子问题”政治化,是辛亥革命的重要特征。辛亥革命时期,在山东由此引发的昌邑惨案反映了民国初年新旧势力的尖锐斗争。

男人是否留辫子,本来是一种风俗习惯。然而清朝统治时期,把“辫子问题”政治化,强行让汉族男子留辫,以此来摧毁广大汉族人民的意志,以树立清朝专制政治的绝对权威。

明代汉族男子一般是满头留发,中间的头发挽成髻,俗称“束发”。满族男子则是习惯将脑袋的前半部剃光,后半部只剃底边的一点点,剩下的头发留长后梳为大辫子,名为“小顶辫发”或“金钱小顶”。汉满男子的不同点是,前者留发和挽髻,后者剃发和梳辫。顺治元年(1644)春,清军占领北京后,发布

① 《山东近代史资料》(第二分册),山东人民出版社1958年版,第174页。
② 《维新志士、爱国报人彭翼仲》,大连出版社1996年版,第176页。

剃发令,明确声明“剃发归顺者,地方官各升一级”,抗而不遵者,“杀无赦”。剃发令因遭到汉族人民的强烈抵制,不得不暂停。1655 年,清军攻占南京,气势甚盛,大半个中国归其所有。清廷又发布上谕,强令汉人剃发,凡不从者杀头;官员执行不力者,严惩。为此,时人称:“剃发改装是新朝第一严令,通行天下,法在必行者,不论绅士军民人等,留头不留发,留发不留头,南山可移,此令不可动。”①一些汉人不愿归顺清朝,视剃头为奇耻大辱,声称“头可断,发不可剃”,聚众反抗。清军则寸步不让,传令“一人不剃发全家斩,一家不剃发全村斩”,由此,围绕着“辫子问题”,数以百万计的汉人被杀害。像扬州、嘉定这些重灾区几乎血流成河,留下了“扬州十日”、“嘉定三屠”这些斥责清军暴行的专用名词。

既然清廷已将“辫子问题”绝对政治化,反清的政治团体或派别,也就理所当然地把“辫子问题”作为反清的政治工具。一些“反清复明”的秘密会党,如天地会、哥老会等的成员,都割掉辫子,留发“束髻”。太平天国起义时,太平军也一律留发,清政府因之称他们是“长毛贼”。

历史进入 20 世纪初,以孙中山为代表的革命民主派则把“辫子问题”同反清的民主革命联系在一起。辫子的去留成了是否参加反清革命的标志,因此,包括孙中山在内的如章太炎、邹容、陈天华等激进革命党人,总是自己首先剪掉辫子,以表示献身革命的决心。

正是在武昌起义剪辫风潮的影响和推动下,山东宣布独立

① 冯尔康、常建华:《清人社会生活》,天津人民出版社 1990 年版,第 174 页。

的当天，济南师范学堂的学生在带队游行庆贺的次日，“全体即刻剪发，星夜各校学生大半剪发，闻风兴起，极为顺利”①。曹州有三处中等学校，因受到革命的影响，“一般青年，革命心情热烈起来，学生彼此剪辫子，到徐州参军”②。

革命民主派把“辫子问题”同反清的政治革命联系在一起，而山东地方封建官吏，亦总是把剪发者视为“乱党”的鲜明标志，在镇压各县独立斗争中，像发生的诸城惨案，就因很多人无发辫便被视为“乱党”而遭杀害；文登惨史，就是在“遇有剪发之徒，格杀勿论”的通令下，59 烈士惨遭杀害。辛亥昌邑惨案，同样是因“辫子问题”而在特定历史背景下发生的。

1912 年 3 月 5 日，南京临时政府颁布了《大总统内务部晓示人民一律剪辫文》，其中讲道：“查通都大邑，剪辫者已多。至偏乡僻壤，留辫者尚不少。仰内务部通行各省都督，转谕所属地方，一体知悉。凡未去辫者，于令到之日，限二十日一律剪除净尽。有不尊者违法论。该地方官毋稍容隐，致干国范。”③

根据上述规定，省级机关组织了剪辫队到昌邑执行限期剪辫的通令。然而，在山东各县地方行政机构革新中，昌邑县有一个特点，与他县稍有不同，就是县署衙役多系比较富裕的人群，“因充当衙役后，可以狐假虎威撑持门户”。“武营千总许殿魁，听说要被裁撤，心中不服”。适省派的剪辫队到了昌邑，于农历的五月十八日上午，“县参议会在大街搭棚演讲剪发的利益，将听众使人围住，强迫剪发，内有许殿魁亦被强迫剪去，

① 《山东近代史资料》（第二分册），山东人民出版社 1958 年版，第 82 页。

② 同上，第 231 页。

③ 《中国近代史资料丛刊 · 辛亥革命（八）》，上海人民出版社 1957 年版，第 25 页。

许怒，纠合衙役，密谋暴动”。[①] 许先是“商之于巨绅”梁怀思，得到了梁的“默认”，“遂号召众衙役，各执凶器寻找剪发队员和县参议员，遇见就杀；凡无发辫者，尽行杀戮”；又到城隍庙撞钟，“号召街民流氓，挨户搜查无发辫者，声言：‘由谁家找出，一律问罪。’又拥进县衙找杀县长未获”。

这一惨案致被杀的革命志士达 28 人之多，其中有著名革命党人萧兰池（字香坡）和李幼白（县参议院长），历史上称之为“五一八”惨案，乡人称之为“杀秃子”。

惨案发生后，时驻守徐州的陈干将军听到噩耗怒不可遏，遂电请山东都督周自齐派人前往惩办凶手，为死难者报仇。

萧香坡与李幼白、王紫阶、王章民追随陈干将军南北奔走革命多年，陈公痛心之余作诗《哭李幼白、萧香坡二烈士》悼念：“遽闻金星落，兰花风雨摧。青青山下路，不见故人回。”又为其写传及墓表。[②]

李君墓表

李君讳长庚，字亦白（注：幼白），昌人也。束发下帷。博通经史，独于《礼经》尤拳拳弗失，以为世道衰微，人心乖离，伦常赖以不坠者，其在兹乎。君性刚决，持躬和平，砥节乡曲，人无间言。丁未冬，干亡命还里，放谈革命事，士绅皆以为不可，君抗论不挠，谓孔子与夷吾之仁，因其维护周室，辨析异族，况今日胡虏，盗据华夏，罪浮猃狁，祖宗

---

① 《山东近代史资料》（第二分册），山东人民出版社 1958 年版，第 244 页。

② 陈干：《侹偬集》，见《陈明侯将军》，中国文史出版社 1997 年版，第 110 ~ 111 页。

受其凌虐者二百七十余年。人生之耻,孰有大于此者耶。共和成立,君为县议事会议长,志未得申,遽遭土匪戕杀,薄海痛之。

陈干曰:天之不与善人也有如此耶。大官长吏唯恶是护,人道灭绝,勒马慨然。

萧香坡传

萧君香坡,讳兰池。从事革命,较同难诸君子为久,其践行笃实,亦较同难诸君子为最。武汉发难,君持激烈主义于济南,事泄被捕,狱词不饶。共和成,放归,走徐州,参画兵事,心力交瘁。六月旋里省亲,越二日遇害。天之摧折善类,以此为酷。君颀身瘦面,神采奕奕。以长厚称乡里。生辛巳,卒壬子,年三十。

陈干曰:当年亡命走济南……《礼》曰:"交游之仇不同国。"抗辩公庭,为歼君仇。叩诸方寸,固应尔尔。

王紫阶传

紫阶貌魁梧,神采异人,与众发议论,独能见其大。干亡命时,订金石之交。冰雪载途,深夜萧瑟,灯火荧荧,相与共谈天下事。言及洪杨失败,若有不胜其慨者。共和成,君与亦白组织议会,凡扰民之事,概行请罢,由是见嫉群小。七月二日遂为土匪戕杀。君讳凤庭。时年四十有二。

陈干曰:海滨王氏多贤者,不信然欤。时局孔艰,夺我良友,赋黄鸟之诗,不禁怆然泣下矣。

王章民传

王君章民，讳廷俊，幼负才子名，沉默寡言笑，赋性强坚，推河东巨擘。尝治《春秋》，明夷夏之防，逐胡之念，怂不可抑。提撕乡人，几为暴徒害，君不为动。武汉倡义，走烟埠，思有所为，未竟志而返。亦白紫阶组织议会事，约君往，遇祸。诗曰："人之云亡。"邦国殄瘁，翘首东莱，不禁有今昔之恸也。

陈干曰："君年三十三，赍志以殁，死而有知，定夺奸人之魄。"

然而，剪掉辫子与清王朝决裂，推翻封建专制，实现民主共和的历史潮流是不可抗拒的。惨案发生后，除对主犯一一治罪，此后谁还拖着辫子，抱着老皇历不放，就成了可耻的"封建余孽"。"封建余孽"四字出现于辛亥革命之后，鲜明地反映了这场革命矛头所向的威力。

四、孙中山应邀"商谈国事"与"山东之行"

孙中山认为南北议和能求得这个结局，将是"一个圆满的段落"，故应邀于 1912 年 8 月 24 日到京与袁世凯"商谈国事"，并对此表示了最大的诚意。对这段历史，史书记载孙中山让位后，"吾党以在野态度，应付国是"。孙中山对袁世凯则表示，袁做总统十年，自己则经营铁路延长二万里；黄兴则专任开矿，以示合作建设国家；陈干则志专外交，以保国土。这表明当时作为伟大革命家的孙中山，以及山东同盟会党人重要首领陈干、丘丕振的政治言行，着重表现了效法西方民主政治制度，以在野党的态度,对以袁世凯为象征的“国民政府”自觉维护的“合作”精神。在革命反清思想主导下,许多同盟会党人,特别是一些首领人物,并不把汉族出身的袁世凯视为异己的力量,反而认为他是“精明练达,治世之能臣”。就当时的历史进程来说,同盟会党人所表现的上述“合作”建设国家的精神,是革命派陈营中的主流。

清朝的覆没、帝制的废除、民国的成立使民国初年中国第一次出现了近代民主宪政的局面。按西方模式建立新的国家,为当时之潮流,因而政党、社团如“雨后春笋,蓬勃兴起”。众多政党合法共存,和平竞争。临时参议院的存在,第一届国会的选举和成立,表明议会民主制仍然是革命派和立宪派努力争取的目标。山东也出现了政党林立、社团名目繁多的政治格局。山东立宪派主要代表人物丁世峄与王揆若组建了共和党支部。因丁世峄曾留学法政,知悉西方国家的民主制度,1913年当选为参议院议员,在国会“专致力促成宪法,反对专制”。

在全国,宋教仁把同盟会改组为国民党,为争取议会中的席位而积极活动。

然而,孙中山的“让位”和各党派效法西方的努力,却验证了西方民主制度在半殖民地半封建的近代中国行不通。

孙中山与袁世凯“商谈国事”的活动结束后在返回上海途中经过山东,给山东人民留下了值得铭记的光辉印迹。

1912年9月26日清晨5时,孙中山乘坐的火车由天津抵山东德州,孙中山在德州车站接见了当地各界前来欢迎的人员。当天午后3时,由山东都督周自齐派专车迎至济南城西商埠车站,受到早已等候在这里的省城各界群众极为热烈的欢迎。据《民生报》记者报道:“停车后,各军乐队齐奏军乐,各军队均举枪致敬,各欢迎代表均脱帽欢迎。”“先生向各欢迎团体脱帽答礼,道旁观者若堵,争欲识先生面,附近车站无隙地。”欢迎孙中山先生的团体有“政界、军界、警界、学界、议会、新闻界、女界、国民党、共和党、自由党、统一党、社会党、共和促进会、十府三直隶州联合会、国民捐事务所、基督教会、回教促进会、大同会、警监协会、垦殖协会、铁道协会、路矿研究会、实业协会、河船协会、法学协会、法政学会、法政进行研究会、历城保安会、历城国民分会、红十字会、人群进化会、青年品课会、孔教会、光复烟台同志会、社会党济南分会、烟台学生军”。这次欢迎活动,充分显示出山东各界人士和济南广大群众对孙中山先生的无比敬仰和爱戴,也展现了民国初年山东的活跃民主气氛。

9月27日午后2时,孙中山到达山东省议会大楼会场(现政协礼堂),参加由济南及驻省各学校师生举行的学界欢迎大会。“楼上楼下人密如林”,在师生热烈欢迎当中,“先生登台演说,其大致以人民为民国主人,既为主人,应有为主人的资格,为主人之度量。政府为人民之公仆,既为公仆,必须主人之信任,然后可以有为,否则进退失据。要之,政府既为人民所建设,即不可不信任政府。次言开放门户,建设铁路,为建设之要端”。下午4时,孙中山出席了由52个党派和社会团体举行的欢迎大会,发表了长篇演说,首先针对性地告诫说:“今日破坏告终,建设伊始,各政党、各团体务宜联络一气,以国家为前提,而不能以本党为前提。直言之,即各自牺牲其本党,以为国家也。若各自为谋,则甚非国家福。”散会后,孙中山乘兴游览了济南名胜大明湖、千佛山。晚间9时,又召集驻济南各报记者举行谈话会，在时任国民党山东支部理事长徐镜心的主持下，孙中山耐心回答了各报记者提出的问题。

孙中山在济南时，青岛的学界和市民欢迎孙中山到青岛的行动遭到青岛德国当局的反对。为此，青岛特别高等学堂的学生和市民代表向德国当局提出质问说："你们普鲁士的曼尔亲王不久以前来青岛，曾强迫我们去欢迎，如何不允许我们欢迎自己国家的伟大领袖呢？"孙中山听到这消息后说："我本不准备去青岛，但德国人不喜欢我去，我更非去不可了。"于是28日孙中山告别济南，在山东同盟会支部理事徐镜心、刘冠三、蒋洗凡等陪同下乘火车到了青岛。学生和市民在特别高等学堂开盛大欢迎会，孙中山在演说中"严厉指斥德国当局的无理"①。

1912年孙中山的"北上"与山东之行都是由时任少将旅长、山东籍的陈干将军"率队随护"的，且"招待极殷"。

史实表明，孙中山对辛亥南北协议不仅遵守，且寄予厚望。他所表现的主动"让位"和同袁世凯"商谈国事"做出的庄严许诺，处处表现了他以"天下为公"、"合作建设国家"的高尚情操。孙中山此次的山东之行，力主各政党、各团体务宜联络一气，以国家为前提的教导和维护民族尊严、建立真正民国的一系列主张，极大地凝聚和调动了山东革命党人和广大人民群众捍卫民主共和制度的献身精神。

① 《山东近代史资料选集》，山东人民出版社1959年版，第246页。

第五章　山东革命党人捍卫辛亥革命成果的斗争

一、"宋教仁案"与"二次革命"在山东

1912年元旦，以孙中山为首的南京临时政府的成立，随着中国两千多年君主专制政体的结束，共和观念的深入人心，在全国人民中一时激起一股颇具规模的民主主义波澜。根据《临时约法》，各党派自由活动。除宋教仁把同盟会改组为国民党外，新兴的党派有统一党、共和党、民主党，还有许多地方群众团体。民国元年，仅"济南一隅，有自治协会、警监协会、教育会，还有铁血监督团等，一时纷纷然，昏昏然"①。

袁世凯正是鉴于当时民主政治气氛的浓厚，故其就任临时大总统时表示"永远不使君主政体再行于中国"，并多次请孙中山和黄兴到北京会谈，宣扬袁世凯的"统一"得到孙、黄的"合作"，借以欺骗革命党人。

1913年2月，袁世凯正式主持号召国会选举。国民党在宋教仁的活动下，全力投入竞选，并取得了胜利。这一事实本已

① 《山东近代史资料》(第二分册)，山东人民出版社1958年版，第284页。

深犯袁世凯之忌，但增长了宋教仁力图通过国会合法的政治斗争，来限制袁世凯独裁统治的信心。为此，宋教仁到长江流域各省积极宣传组织国民党责任内阁。3 月 20 日，宋教仁在上海车站遭到袁世凯所派凶手的枪杀。这就是轰动一时的“宋教仁案”。

“宋教仁案”发生后，孙中山猛然醒悟，他深感袁世凯“必有破坏共和之心”，遂由日本回到上海，主张立即兴师讨袁。7 月，赣、皖、闽、粤、浙各省起兵讨袁，史称“二次革命”。袁世凯在帝国主义支持下，为镇压各地的反袁斗争，在全国设立军警执法处，颁布了《惩治盗匪条例》，并派靳云鹏任山东都督进驻济南。

靳云鹏，号翼青，山东邹县人，北洋武备学堂毕业。随袁小站练兵，任教练官，后任职于云南，致力于破坏当地革命运动，受到袁世凯的赏识。

1913 年 4 月，袁世凯撕下“民主”遮羞布，宣布解散国民党，各省支部一律撤销。

靳云鹏忠实执行袁世凯的命令，在济南设立军警督察处，“责成督察员和密探每月要破获革命案三起，否则撤差”①。因而“各同志不被杀害，即行流亡”。于是山东革命志士吴大洲、薄子明、班启瑞、吕子人、隋即吾、于廷枌、邓天乙、于天鹤等人先后来到青岛，闻黄兴誓师于南京，陈其美举旗于上海，共推吴大洲南下谒黄兴“陈商举兵”；派吕子人、于廷枌分往鲁南、鲁北结民团、游勇、会党同举。同时刘溥霖也由济南潜往曹州，与吕秀文约曹州防营营长时建勋起兵，更约民团、游勇，“凡得数

① 《山东近代史资料》(第二分册)，山东人民出版社 1958 年版，第 288 页。

万人,俟期而发”。

但因8月江南各省义师溃败,“山东党人蓄谋者亦皆阴而不得发”。而党人赵文庆、张同普、秦明堂、刘德名、何凤翱、牟师夏等谋攻青州事泄,“俱解济南死焉”①。其中有生平记载者四人。

张同普,字寰宸,潍县常疃人,明遗老张移孝先生之后裔。移孝先生于明亡后屡谋规复明室。同普幼承家学,故民族意识特强。同普肄业于广文大学,入同盟会,并组织分会于潍县。武昌起义,同普被推为代表赴沪欢迎革命军北上。烟台光复,同普任挺进向导,随民军司令刘基炎战登州、黄县,并自告奋勇深入莱州城,几遭不测。“宋教仁案”发生后,由陈英士委为鲁东讨袁军支队司令,与同志在青州组织机关部,联合附近民团、游勇数千人,从青岛购得火药一批,议定八月一日誓师起义。事泄,被敌第五师长张树元派军围剿。当时义军机关部仅二十余人,仓促应战。经激烈巷战,被捕解济,就义于济南东关小校场,年仅24岁。

刘德名,字亮甫,寿光东里人,由县小学入青州中学,富有革命思想,为同盟会会员。武昌起义后,欲偕同志独立邑城未果。待宣布共和,德名曰:“扬眉吐气,此其时也。”“宋教仁案”发生后,德名闻之仇甚,便纠合革命志士潜入青州,密谋起义讨袁。事泄被捕,解济南就义,年仅24岁。

牟师夏,字禹臣,寿光冉家庄人,青州中学肄业,同盟会会员。“宋教仁案”发生后,与党人赵文庆、刘德名等多人潜入青州城,密谋起义讨袁。事泄被捕,解济南就义,年仅25岁。

---

① 《山东文献》(台北版)第3卷第1期,第27页。

赵文庆,字会斋,寿光斟灌人,本县高等小学毕业,入震旦公学。旋赴俄罗斯游历,后回黑龙江拜泉县任小学教员。武昌义师起,同赵魏等谋青州独立。"二次革命"起,与张同普等谋攻青州。事泄被捕,于济南就义,时年28岁。

"二次革命"是一次维护民主共和、反对独裁的反袁斗争。在这次斗争中,山东革命党人积极响应孙中山的号召,有些人为此献出了年轻的生命。

二、袁世凯复辟帝制与山东的民五讨袁

二次革命的失败,表明在帝国主义支持下袁世凯武力统一的实现。此后,袁世凯更加紧了建立独裁统治的步伐。

袁世凯首先以武力相威胁,强行选举他为正式总统后,便下令取消国民党,解散国会、省议会和地方自治会,废除《临时约法》,改责任内阁制为总统制。

当袁世凯把辛亥革命建立起来的民主制度破坏之后,便大肆进行复辟帝制的活动。为扫除复辟帝制的思想障碍,荡涤人民头脑中的民主共和思想,他有意勾结一批守旧派、复辟派,煽起了一股尊孔复古逆流,叫喊要以孔教为精神支柱。1913年9月,袁亲率百官赴孔庙祭孔,12月又去天坛祭天。这些尊孔复古活动,实际上是为复辟帝制制造舆论。

为争取帝国主义列强对帝制的支持,袁世凯更是不惜牺牲国家和民族的利益,百般讨好列强。他公开声称"凡以前缔结之条约,切实遵守,其已缔约而未办之事,迅速举办",还同列强订立了大量新的不平等条约。特别是日本,为了利用袁世凯充当其扩大在华利益的工具,更是主动地怂恿袁世凯称帝。

1915年1月18日，日本驻华公使日置益以支持中国复辟为诱饵，向袁世凯提出了灭亡中国的“二十一条”。急于称帝的袁世凯不顾人民的强烈反对，竟表示除第五条“容日后协商外，其余各条全部接受”。对此，美国要求利益均沾，袁氏也予以接受。从此，日、美两国便公开支持袁世凯称帝。

先是袁的宪法顾问美国人方德诺在上海《亚细亚报》上发表了“共和与君主论”一文，胡说“中国如用君主制，较共和制为宜”①。再是袁的法律顾问日本人有贺长雄发了《共和宪法持久策》一书，鼓吹应由袁世凯做皇帝。袁世凯在帝国主义支持下，公然违背历史潮流，终于扮演了一场帝制复辟的丑剧。

袁世凯在复辟帝制活动中，政治上加强独裁统治，大肆残杀革命志士；经济上加重人民的剥削，通令各省“将旧税迅速恢复，新税一一进行”，并颁行《验契条例》和《契税条例》，令各省、县呈验土地契约，借以苛敛。由此，山东人民的反袁斗争接踵而起。

山东革命志士吴大洲、薄子明、邓天乙等到了大连，招众举兵反袁。徐镜心也著文批驳日人有贺长雄鼓吹帝制的谬论，并约关东革命志士反袁，因谋泄被捕入狱，不屈被杀。

与此同时，山东农民反土地验契和清丈地亩的斗争此起彼伏。乐安县的民众，将县长王令域殴毙。泰安县长冯汝骥因验契搜括特多，民众为他立了穿着洋钱大褂的像。莱芜县各乡农民聚众数万人，将县知事凌念京围入巡警局，要求“将清丈、验契、学校、巡警一律撤销”，而“凌一一允之”。肥城、海阳也因清丈激变，特别是肥城农民，聚众数千人，烧毁县署及四乡清丈

① 白蕉:《袁世凯与中华民国》，人文月刊社1936年版，第171～172页。

局，邻县农民群起支援。①

“二次革命”失败后，孙中山到了日本，决心“欲竟辛亥之功”，1914年7月8日成立中华革命党，党员重新登记，“凡失节、腐化、投机、落伍分子，一律摒除，阵营为之一新”②。

袁世凯称帝后，孙中山号召各省同志举义反袁。先是蔡锷在昆明统一了各派力量，组成讨袁“护国军”，宣布云南独立。继而黔、桂、粤、浙等省也响应云南独立。未独立各省的护国讨袁战争也风起云涌。

孙中山应在大连的吴大洲、吕子人、赵仲玉的电请，于1916年（民国五年）命居正为中华革命军东北军总司令，督师山东讨袁，并书敕在省的党人与之协举。书文略谓：“袁氏柄政，毒逋四海，上海发难而后云贵踵起，惟云贵局限一隅，胜败尚难预决，欲求事半功倍，如解倒悬，非自其根本地推翻不可。加以北方健儿、山东豪杰并起，亡秦殆指顾间事耳。文实有鉴于此，特派居正为中华革命军东北军总司令，统筹直隶、山东、山西革命进行事宜，前来与诸同志相见，务希各披肝胆，协力同心，义勇奉公，精诚服务，以达远大之目的，文实有厚望。”③

居正，字觉生，湖北广济人。1905年留学日本，加入中国同盟会。1910年与宋教仁、谭人凤等筹设中部同盟会，谋在长江流域发动起义。武昌起义后，任湖北军政府顾问并秘书。1912年1月南京临时政府成立，任内务部次长。“二次革命”中，任吴淞要塞司令，督师讨袁。“二次革命”失败后，避去日

① 《山东近代史资料》（第二分册），山东人民出版社1958年版，第288～341页。

② 同上，第291页。

③ 《山东文献》（台北版）第3卷第1期，第33页。

本,加入中华革命党。

是年3月,居正受督师之命到了大连。同时在大连的党人有山东的吴大洲、薄子明部,赵仲玉、尹锡五部,吕子人部;关外的马海龙、王贯忱的一部分。当时的青岛已被日本盘踞,经交涉,居正遂于青岛设司令部。薄子明、马海龙、吕子人、吴大洲、赵仲玉、尹锡五分别为六个支队的司令,陈中孚为预备队司令。全队共分为潍县攻击队、宁(济宁)兖(兖州)游击队、济南潜入队。战斗方略是:"先以主力攻潍县,潍县下,扼胶济铁路中心,分兵西捣青州,以撼济南;因周村离济南近,占周村足断济南左臂,因而周村军与潍县军同举。游击队要联络济兖民军,分兵南袭峄县,阻张勋北上,尽毁省城以南的津浦铁路。潜入队入省城购敌军为内应。"

上述战斗方略电告孙中山后,孙中山及时还书给以鼓励,明确指出:"近日各地形势山东最要,亦最有希望,故期必占济南。济南一得,东北全局迎刃而解。弟当亲来。得济南,两师之军械,一二百万以上之现款俱可筹取,足能号召天下,幸勿忽焉。"①

5月4日,潍县、周村之师由青岛沿胶济铁路同时出发。5月8日,独立各省在广东肇庆成立军务院,指挥全国军政继续讨袁。9日,孙中山发表《讨袁宣言》,号召"除恶务尽"。

居正率军先占潍县东关和车站近侧要地。次日下令分四队攻城,由刘延汉率军250人攻内城南门,赵仲玉率50人攻内城东门,尹锡五率50人攻东关南门,吕子人率200人攻城西防营,陈中孚率250人伏城外待命。另有瓦斯队20人,炸弹队

---

① 《山东文献》(台北版)第3卷第1期,第33页。

100人,卫生队若干人,合众近千人。时敌军第五师张树元部驻潍县,该敌素号强悍,颇有战斗力。是日,狂飙四起,尘霾蔽天,但军民士气振奋,吕子人所率梯队攻击尤为奋猛。

吕子人,青岛人,14岁在青岛学德文,为创办震旦公学倾其所有,入同盟会。为响应武昌起义,多方设法在青岛购买枪械,出外联络同志,共谋大举。后参加徐州北伐军,任齐鲁北伐大队长。民国三年到日本,受孙中山的委派回山东筹备起义讨袁。

吕子人所属梯队是由慈德贞、杨新三、王玉芬、修竹坡四个梯队组成,秘书是赵华叔,军需为王麟阁。攻击开始,队长杨新三和队员张德良、林天茂、吕兆瑞先登,却不幸阵亡,余者与敌人激战三昼夜。敌军伤亡枕藉,又闻民军已攻下周村、淄川、博山诸县,后援已绝,因而派出绅商代表与民军媾和。双方同意停战,定约九条,核心是让城而听命于民军。然而签约后,张树元久不撤军。在民军限其撤军的催令下,敌军始退至潍县寒亭西区,并将中国银行的银币二十余万两、电报局的机械重器全部掠夺而去。

民军入城,约法四章:一、从袁诸将吏诚心内顺者皆置勿问;二、尊重民国元年约法;三、怀爱五族;四、尊用五色国旗。居正知和约不足恃,命吕子人部进攻高密,马海龙部进攻安邱、诸城,以孤立敌人。

高密驻有敌军一营,是日城逢庙会,商贾竞肆,四民纷集。吕子人将其一部编为先锋,易服混入人群,然被敌军发觉。守城敌军登上城墙,弹如雨下,市民逃散。先锋队伤者十余人。第三梯队王玉芬受重伤,死于青岛医院,小队长姜清雨、袁相化、吕建容、许元琛皆牺牲于城下。夜间王麟阁由青岛率队增援，敌军见民军势增，遂弃城逃跑。民军进城布告安民，释放狱囚，开仓平粜，召集议会，恢复自治，办教育、兴实业，一切政治恢复正规。

马海龙部占安邱后，遂移攻诸城，因诸城虚无守兵，不战而得。时沂州防营闻诸城被攻下，急派六百名军兵进至诸城城北五十里，师次北杏，四出搜括鸡豚，聚饮皆醉，释兵而寐。晚8时马海龙所属刘春阳率精锐120人先火烧其屋，继而猛攻，毙敌营长王连长十余人，得枪百支，子弹千余发。防营统领张绍荣因败而大怒，派兵三千分三路攻来，逼近城下。面对敌强我弱的处境，马海龙所属将领李长乐、刘左玉认为："彼众我寡，非出奇不能制胜，并力摧其中坚，则余众悉溃矣。"①于是李长乐率壮士百余人伪装败逃，绕道而捶其背，当沂防追来，刘左玉以兵突现敌前夹击之，沂防大溃。从此敌军不敢再犯。

与此同时，居正又派刘俊杰部进驻昌乐县城，派第一梯队长俞奋和参谋蔡建桢攻临淄、临朐、广饶等县城。这时由大连购买的枪支也已运到。至此，居正编东北军为两个师，第一师师长朱霁青驻潍县；第二师师长吕子人驻高密。

而攻占周村的决策人是吴大洲。

吴大洲，字佐周，诸城坡里镇吴家庄人，同盟会会员，任过诸城独立勤务处长。1912年，任山东临时议会议员，因图谋"二次革命"事败，遂走大连与邓天乙、薄子明等组织中华革命党山东支部，草定讨袁方略。

5月5日，吴大洲、薄子明率民军抵周村，分两路攻城，一

---

① 《山东文献》(台北版)第3卷第1期，第34页。

路攻市区，一路攻车站和巡警局，激战逾两小时，占领市区。民军肃队入城，宣告独立，改称护国军，成立临时政府，吴大洲为山东都督，薄子明任司令，隋即吾任秘书长，赵效曾（省三）任秘书，邓天乙任民政司长。

薄子明，名守德，字子明，山东日照薄泉庄人，幼年丧母，从小寄居舅父丁惟汾家，受到了反清革命的影响。1910 年入济南陆军小学，加入中国同盟会。在济南参加全省各界联合会，促使山东巡抚孙宝琦宣布独立。待胡瑛受命为山东都督后，任山东军政府军政司科员。“二次革命”爆发，同吴大洲、班启瑞、吕子人、邓天乙等革命志士在青岛策划举兵讨袁。“二次革命”失败，响应孙中山的号召，到大连同吴大洲、邓天乙等人成立中华革命党山东支部。1915 年回青岛与赵光等集资购买军器，组织敢死队讨袁，在胶州被捕入狱。狱中备受酷刑，英勇不屈。经革命党人多方营救，获释后避居上海，被孙中山委为山东革命军岱南司令。讨袁护国战争起，返回青岛举兵讨袁。

在讨袁檄文中，揭露袁世凯“旦旦之信誓，轻弃而不恤，皇皇之约法，显违而不顾”，指出“不去庆父，鲁难未已，世凯之罪，固不能以帝制尽，亦不容以取消减”，号召“我爱国同胞，惟有急起直追，共杀国贼，祸胎断绝，然后幸福可图”①。

周村既下，吴大洲、薄子明将其所部改编成五梯团，由赵德胜、李凤岩、左光华、吴季岚等人为团长。不久告捷西南，西南护国军军务院委薄子明为第八军军长，进而攻占邹平、长山、淄川、桓台等县城。沿途颁布讨袁檄文称：

---

① 《山东近代史资料》（第二分册），山东人民出版社 1958 年版，第 296 页。

袁逆篡窃，颠覆共和，我山东为礼教渊府，文物旧邦，华衮斧钺，尼父严乱贼之诛，土芥寇仇，子舆著民贵之训。斯因民主学说，纲纪神州，而革命真精胚胎东鲁者也。乃共和缔造之始，袁逆乘机凭借城社北洋六镇，犹及山东，孙宝琦取消独立于前，周自齐逞厥淫威于后，山东遂为袁家私物。青岛一役，又令山东半壁卷入战云，登莱青济，俱罹烽火。身非匡胤，私希黄袍之加；时殊五代，窃袭敬瑭之术。一纸条约，断送全国。而横征暴敛，取尽锱铢；瓜蔓株连，命同草菅。五载以来，我山东所遭为尤酷也。本军奉命誓师，只与袁逆一人为敌，倘敢助桀为虐，则天诛所加，玉石俱焚，其勿悔。①

山东讨袁军攻占潍县等城市后，遂欲取省城济南。5月15日，民军六百余人，由胶济铁路潜入省城。25日夜向靳云鹏的府第发起攻击，激战5小时，周村民军也赶来合击济南，战斗竟夜，靳云鹏潜逃。袁世凯急命张怀芝督理山东军务。6月4日，又有数百民军乘夜进攻济南。而这时的袁世凯，面对各省义师蜂起，更加惶骇失措，6月6日猝死。

袁世凯死后，各省义师方兴未艾，山东讨袁军正节节胜利之际，孙中山以黎元洪首赞恢复临时约法，召开国会，电敕各省党人，“罢兵自守，待国是之定而决焉”②。而北京的黎元洪政府则乘民军“罢兵自守”，将潍县、周村、高密三部民军合编为

① 《山东文献》（台北版）第3卷第1期，第39页。

② 同上，第36页。

一旅,以薄子明为旅长,并把这部民军集中到济南辛庄营房予以控制,其余各部也先后被消灭。薄子明见势不利,潜至上海。吴大洲被北京政府以商讨改编民军的名义骗去北京,先是被禁,继而文致成狱,禁锢终身。护法军兴,段祺瑞恐其出狱,遂杀之。

山东讨袁之师,是居正所属东北军的基础武装,也是孙中山组织中华革命军中首先接受委任的一支队伍。在民五讨袁中,孙中山视这支队伍为攻取齐鲁、"以捣京左"的重要力量。这支讨袁武装,连克胶济铁路重镇潍县、周村及其沿线十余城,三攻济南,造成了强大的讨袁阵势。为此,孙中山特派廖仲恺赴青岛慰问民军并且表示回国亲自主持东北军战事。这表明"二次革命"失败后,孙中山领导的中华革命党为创建革命武装做出了种种努力,在山东取得了重大成果。山东的讨袁武装成了全国护国战争中取得打倒袁世凯、结束洪宪帝制的重要武装力量。

护国战争虽仅是在形式上恢复了共和,并没有推翻北洋军阀在中国的统治,但它印证了由辛亥革命开创而来的民主共和的时代潮流是不可抗拒的:谁敢帝制自为,必定是搬起石头砸自己的脚。

三、段祺瑞卖国独裁与山东的护法之师

袁世凯死后,经过张勋复辟的政治风波,黎元洪下台,冯国璋代理总统,段祺瑞重任国务总理,把持了北洋政府的大权。为扩充私人势力,段祺瑞大肆出卖民族利益,依附日本帝国主义建立独裁统治。他以对德宣战为名,向日本大量借款,建立私人武装,推行其武力统一政策,拒绝恢复《临时约法》和国

会。段祺瑞的卖国行径和独裁统治，激起了全国人民的强烈反抗。

孙中山为捍卫《临时约法》，恢复国会，于1917年7月发表声明，号召各界护法，并率驻沪海军南下，8月在广州召开国会非常会议，成立护法军政府，被选为大元帅。山东的刘冠三、丁惟汾、张瑞萱、于恩波、于洪起、邓天乙等参加了这次会议。孙中山认为“山东能断北部咽喉”，遂委刘冠三为山东招讨使。

冠三受命后，潜入上海法租界，设招讨办事处，任命班启瑞为参谋处长、隋即吾为秘书处长、赵光为财政处长，委薄子明、孙楚云、陈成功、宫锡德、丁德金等为各路司令，“使人返省，分赴各县，潜召民军旧部，广罗林岩豪强，图大举”，委邓天乙为前敌总指挥。山东护法之师自此始。

邓天乙，原名峻德，山东广饶城东南邓家庄人，7岁入小学，14岁入登州文会馆肄业，18岁于潍县广文学校毕业，倾心孙中山革命学说，20岁加入同盟会。1912年2月与王永福等参加光复诸城的战斗。共和成立，约同邑张立垣等人驱逐县政酷吏董大年，成立同盟会乐安分会。第一次国会选举被选为候补议员。“二次革命”失败后，与吴大洲、薄子明等在大连组织中华革命党山东支部，招众护国讨袁，占领周村，任临时政府民政司长。1917年7月追随孙中山南下护法，受命任江北招讨副使。

在护法战争中第三路军无战绩可考；第六路军起兵苏鲁边境，遭敌军多次围剿，溃不成军。其余诸路分别进入鲁东、鲁西北、鲁西南地区。

二路司令孙楚云，因资望素浅，召集未盛，由青岛出发，至昌邑县南之昨山，“为日本宪兵队所扼而散”。

五路司令宫锡德，因是文登人，知东边形势，预谋收兵载之威海登陆，急扑文登、荣成、海阳、牟平四县，据之，“收其租税，以充军饷”。开始募集得百人，有步枪六十杆、利刀三十柄、手枪三支。由上海出发，至威海租界登岸，“英使洞悉，迫之缴械，众俱散亡”。

四路司令陈成功，寿光人，家贫为贾，入同盟会。受命后与何子刚等返回青岛，收聚兵械。他认为，广饶、桓台、高苑诸县据济南左背，小清河横贯东西，“进则直达省城，退则扬帆海上”，要先取之。于1918年8月20日，选精壮200人，身着便衣，由青岛乘车，沿胶济路，抵潍县虾蟆屯下军，几经周旋，进驻利津城后，遭到近驻敌军数千人的猛攻，退至小清河北岸。陈成功与何子刚谋曰：“此地去羊角沟非遥，往予为贾居之，习之地形，其地舟车悉达，足资进取，请先发据之。”于是选先锋队40人，9月4日乘敌不备，挺队闯入埠西，“驻军数百人，咸愕惊莫敢御，大呼愿降，俱委械散走”。既入，以商会为司令部，出示谕众，急谋攻守之策。时敌五师，以步骑炮兵二千人猛攻而入。陈成功率队巷战，“中弹而扑，血淋漓沾衣袴”。何子刚代为指挥，抗敌两昼夜，毙敌数百人，护法军也伤亡惨重，分两股西走。不料抵广饶东北王家冈，敌军追来，又东北走沾化、惠民而散。次年陈成功创愈，欲收众再起，为敌军所执而死。

独一路军战绩特著，威行数百里，震惊省内外。一路司令为薄子明，代理司令为庞子周。

庞子周，名世文，安徽砀山人，原为薄子明部团长。护国运动结束后，薄子明遭北洋政府忌，只身走上海从冠三。这时，恰好子周来投，子明因之大喜，便委子周为代理司令，子明身留上海为之策应。

庞子周受命后，便返回鲁南号召旧部，潜伏东省各地的爱国志士踊跃来归，尤以范铭新、顾德林、于铭三为精悍。仅数月，众至两万人。初起据砀山，后集兵于济宁南阳湖畔。庞子周向将佐指出："我军新起，未经教练，若据守一地以抗敌，敌将聚而图我，其势至危，不如转徙游击，彼来则去，彼去则来，彼既不得集合，又难测我虚实，我避朝锐而击暮怠，蔑不胜矣，众皆善其计。"

是年三月，庞子周率轻卒数千北上，攻取东平县城。当时东平驻敌一营兵力，敌司令何锋钰驻汶上，闻东平告急，增调二营兵力防守东平。子周率军四面环攻，东平守敌伤亡百余人。子周率军入城，收库藏，取弹械，迅即整队离城而去。敌将何锋钰电请省援。敌援军刚启行，又闻峄县同日失守。这时，敌徐州镇守使张文生急忙调兵驰援，待敌军至，民军已弃城而去。子周正是在敌强我弱的处境下，采用游击战，取得了出奇制敌的胜利。

庞子周又认为，新军刚起，要战胜强敌，"其所急尤在饷械，所争尤在运道"。因当时饷械皆由上海航运而来，而民军所据地僻西南，为打通道路，特选骑兵千人，断济宁以北、泰安以南的津浦路，以阻击来犯之敌；又步骑联贯，越铁路而东，直抵博山县界，扼胶济铁路，以阻省城的敌军东下；还游骑驰突，南至诸城海滨，及收取枪械，再徐退而西。济宁、曹县间电线俱毁，信报不通，济南为之大震。这又是子周坚持运动战而开创的胜利局面。

这时,敌军代理都督张树元闻警遣使入都告急。段祺瑞调京畿第二十混成旅旅长吴长植率全旅增援;敌江苏都督李纯,因张树元的咨请,派其所部147团来东省;徐州镇守使张文生,曹州镇守使张绍荣,兖州镇守使唐天喜,各派兵二千,合敌两万余人,围剿民军。面对强敌,庞子周坚持打游击战,坚持在运动中消灭敌人,亲率五千民军,阳攻济宁,暗伏汶县南鲁桥待敌;派顾德林、范铭新各率兵五千设伏两翼。待敌军涌来,子周麾众战而西走,敌军争前攻击,这时,德林、铭新两翼突出,左右夹击,弹落如雨,子周还师合围,毙敌百余人,俘三百余人,得枪两千余支,敌丧胆败逃。败耗传到济南,树元知武力不能取胜,派与子周有故交的李德原赴砀山,诱说子周以原军受编,委以师长。对此,子周慨然曰:"吾从吴大洲、薄子明有年,蒙推心置腹,相期报国,讵意大洲无辜系狱,子明见忌夺职,当道歧视党人,其情益见,子周身虽武夫,犹明顺逆,今日之事惟欲致身革命,更为故友报忿,爵禄岂可相縻耶!"

因子周速败敌军,声威大振,各地团勇山林巨豪,益争来附,众至五万余人。兵力所及,西达观城,东到新泰,南至丰、沛,北及于泰,方数百里,皆为民军控制。这迫使段祺瑞实授张树元为山东都督,责其全力消灭子周军。

张树元得宠,遂亲出督师。征调混成旅八个旅,以六个旅分六路进剿;两个旅打游击。又咨请直隶、河南、江苏、安徽四省督军与山东联防,越境合剿,更请军部参谋处拨飞机三架、炸弹八十枚来东省助战。

敌军先后进至泰安、滕县,子周所属将领傅良、郭汝仁部与敌军战于阳谷七级镇,民军败溃,敌乘胜追击,民军伤亡三百余人。这时，范铭新率陆军两个旅和一个骑兵营，驻砀山姜庄；吴新科率两个旅驻周庄，互为犄角。敌军张文生、张绍荣纠合陆军三个旅，共一万二千人，合力猛攻。民军与敌军白刃相接，横尸遍野，是役民军伤亡150余人，敌军也伤亡惨重。最后民军败退，张树元亲自出马趋邹县东南两下店督战。这时，子周率兵三千人入微山湖，速进掩击。树元刚下车，部队未定，而子周军已至其前，抽刃冲击，锐不可当。敌因仓皇应战，遂大败而逃。张树元在逃跑中坠马复起，民军不识其人，遂免被俘。自此，张树元匿不复出，只是在段祺瑞连电催促和各省来援敌军已经会集的情况下，才迫不得已再次出山。

这时，张树元所辖敌军，有第五师两团、陆军两团、巡防改编团两团，补充团三营；另外省打援的敌军有京畿第一混成旅一旅、河南第八混成旅一营、奉军第一第二混成团两团，敌合七万多人，皆由张树元兼领。张树元鉴于两下店的教训，采取以防御为主的战略，略分其众，布防鲁西、鲁南；自拥大军驻滕县，号称接应。当时庞子周率军五千人驻鱼台、单县间的大李寨、蛰码洼。敌军分路进犯，用重炮机枪猛轰寨西，碉楼尽毁，敌军越圩而登。子周刚要麾众堵击，而南门火起，敌遂冲入。子周急开北门出走，遇敌伏击，死三百人，溃散千余人，失枪千余支。于是子周北退南阳湖，收余部约二万人，疾东直扑两下店。时民军于铭三部东驻蒙阴，与子周遥为犄角，合战敌军于两下店东。当子周军威方盛时，刘冠三亲往徐海督战。但这时孙中山北上护法的计划，已遭到了西南军阀的破坏而未能实现。冠三闻此，迅即南归。这时，子周以孤军久战大敌，外援不至，饷械日绌，而张树元合敌四万人围剿，子周由此四面受敌，激战一昼夜,弹尽力绌,战死二百人,被俘四百人,溃散五千人,失枪八千支。子周知不可救,于是东南走峄县,潜师林壑,据险自守。子周左右把这次战役咎于子周轻进致败,子周曰:“敌军四逼,运输路穷,旷日持久,饷械俱尽,势必为擒;危中图存,惟有速战耳!且不战宁能自完乎?夫不战必败,战未必败。总之败战方勇,且战而耗其力,虽败而无悔;战而耗其力,虽败而有以酬;战而耗其力,虽败而犹可复,非战之罪也。”面对战败的困境,范铭新指出:“我军苦战,专待南军,今音耗俱杳,而强弱异势,何能持久。”主张子周南下,急图后策,自己与诸军选取精卒利械,依山踞林,保全精锐,以待再举。众以为是。于是子周与众泣别,微服南走。

范铭新,本名玉琳,阳谷人。始起聚党为侠,有众千五百人。子周起兵,率众往投。子周甚是器重,委以第二支队司令,令其增募自成一军。未三月,众至万余人。其众多有绝技,名曰范家军,往来飘忽,日暮数百里,声东击西,敌不胜防。一路军战绩赫赫,铭新所率尤为突出。

庞子周既去,范铭新与顾德林等统率余众,越山逾岭,转徙无常,久之众多苦饥,顾德林等容众剽掠,铭新不能制,遂使民军失去人心。而各县民团为敌军向导,寻迹追击。范、顾旧时精锐,消灭殆尽。铭新遂南下寻子周。

庞子周南下先抵上海,转赴广州,而这时广州已乱,孙中山总理出走。继而子周又北返上海,闻薄子明被害,忧愤成疾,又闻吴大洲已死北京狱中,因之仰天呼泣曰:“大仇不敢忘,然吾病废,恐终不能复矣。”

范铭新寻子周不得,经人介绍见丁惟汾,面对惟汾流涕曰:

"吾与子周聚众至五万余,纵横鲁西南,日望南师北来,共搏幽燕,不幸饷绌援绝,遂告溃败。"①道出了庞子周率山东护法之师,因坚持游击战和运动战而开创的胜利局面,也表明了因得不到南师的支援而导致最终的失败。

孙中山倡导护法,反对北洋军阀的独裁统治,维护《临时约法》,捍卫民主共和制度,在当时是一面进步的旗帜。山东护法之师就是在这一旗帜下组织起来的。然而在战争中,孙中山未能实行直接的领导,因而在全国护法战争中未能形成一支中坚力量,孙中山所依靠的只是一派军阀反对另一派军阀。护法战争虽然失败了,但山东护法之师在斗争中所表现的反对独裁、追求民主的献身精神,成为宝贵的精神财富。特别在斗争前期实行的独具特色的"转徙游击"战术,显示了在近代中国特定的历史阶段战胜敌人的强大生命力。

护法战争的失败,表明孙中山领导的民主革命已经陷入了绝境。孙中山由此开始醒悟:"吾国之大患,莫大于武人之争雄。"同时认识到以袁世凯为开端的武人政治局面的形成,实因这次革命"单破坏地面,没有掘地底陈土的缘故,地底的陈土是什么,便是前清遗毒的官僚"②。孙中山对辛亥革命认识的不断深化和对中国近代民主政治不停的追求,就成了他由旧三民主义发展成为新三民主义的思想源泉。

四、北洋政府时期的陈干将军

陈干,是辛亥革命在山东的主要领导人之一,被孙中山、黄

① 《山东文献》(台北版)第3卷第2期,第34~38页。

② 《孙中山选集》,人民出版社1956年版,第432页。

兴任命为山东民军统领，有开创民国之功。在这方面人们多有评说。

有些人对陈干的非议，集中表现为他在北洋政府时期的所作所为。有史书记载，辛亥革命后期革命阵营内部起了严重的分化，“大之如黎元洪，小之如陈干辈，甘心献媚于袁世凯”，有些人把陈干讥为北洋时期的“安福系”，而陈干最终又是以“通敌罪名”被杀害的。因此，弄清北洋时期陈干的政治活动是十分有必要的。

（一）袁世凯统治时期（1912～1916）

1912年2月12日，辛亥南北议和达成的协议，决定了清王朝的垮台既不是自行退出历史舞台，也不是革命党人用武力将之送进历史的坟墓，而是革命党人借用袁世凯的力量逼迫清王朝退位的。清帝退位，袁世凯赞成共和，孙中山推荐袁世凯任临时大总统。陈干就此认为“革命的目的到达矣”，“平生志愿，美满酬偿。嗣后，无论政体如何，再不与闻破坏事”①，自此，陈干的活动就汇入了以袁世凯为开端的北洋政府统治的历史时期。

观念是支配行动的。既然袁世凯赞成“共和”，自然就对以袁世凯为总统的“民国政府”不是“破坏”，而是自觉地维护。于是陈干因念“国家当开创之初，凡百待理”，遂于1912年冬上书袁世凯，表示“不据功名，交出兵权，辞去旅长之职”②，遂解散了三十九混成旅，“解甲归田”。由此陈干照准入京，被任命

① 《维新志士、爱国报人彭翼仲》，大连出版社1996年版，第176页。

② 《潍坊文史资料选辑》第1辑，第86页。

为总统府将军,特授陆军中将,并奖给文虎勋章。

可以说,“不据功名”是陈干辞去旅长之职的思想根源,而为国家解困又是当时的客观实情,这表现了陈干磊落的政治人格。

1913年,因袁世凯拒发烟台革命军的军饷,激起兵变,烟台商民恐慌万状。陈干奉命赴烟台解散关东军,“此役煞费苦心,饱受危险”,及解决后,“鸡犬不惊,各界感戴”。陈干对当时上海发生的“宋教仁案”,不同意“暴烈派”,主张“根据法律争辩”。1914年又奉命“赴豫平白狼之乱”。陈干认为“白匪特疹疥之疾耳,不足为患”,而今日之县知事以“聚敛为能,以残忍为心”,实为“中国前途忧”。对当时山东发生的乐安民变,他认为“均由县知事办理不善”所致,提出“当今之世,整顿吏治,实为治本之要图”。因为“吏治端,而民气厚,盗贼不戢而自消”,道出了自古以来“官逼民反”的客观历史事实。

上述表明,这时期陈干的政治活动着重表现了对以袁世凯为象征的“国民政府”自觉维护的合作精神。

其实,在革命反清思想的主导下,许多革命党人并不把汉族出身的袁世凯视为异己的力量,反而认为他是“精明练达,治世之能臣”。当时的陈干是合乎逻辑地把袁世凯看作是民国的代表。因此,就当时的历史进程来说,陈干表现的上述合作精神是无可厚非的。

然而,袁世凯的异心逐渐暴露,继“宋教仁案”,又命陆建章(袁的军法处长)枪杀了山东革命志士徐镜心,并囚章太炎于北京狱中,蔡松坡也被监视。陈干对章、蔡二位革命先辈主动接触,特别与章太炎经常往来,两人在一起“密谋讨袁之事,饮酒作诗，辱袁泄愤”。因之，袁世凯语人曰：“陈明侯虎步狼顾，应加戒备。”特派亲信对其“明则联系，实则监视”。陈干对此“虚与委蛇”，致被讥为“安福系”（依靠北洋政府的政客集团）。对此，有人指出“实则鲜有知其环境与内情者”，“观其暗助营救第二次革命之讨袁同志，即证明其心志矣”。

当袁世凯对陈干计在搜捕的危急时刻，为避袁毒手，陈干将家眷移到积水潭附近的高庙内，“自己一日数次更换衣帽，进出不定”①。不久便返归故里，待机而动。

概言之，袁世凯统治时期，与陈干的关系可表述为：袁世凯赞成共和——破坏共和——实行帝制的过程，也就是陈干维护共和——密谋讨袁——遭袁监视的过程，反映着两者在政治上由统一到对立的发展趋势，表明陈干既不献媚于袁世凯，更不属于北洋政府的政客集团。

（二）段祺瑞执政时期（1916 年 6 月至 1925 年 5 月）

1916 年 6 月 6 日，袁世凯死，北洋军阀分为直、皖、奉三系，冯国璋、曹锟一派为直系；段祺瑞一派为皖系；东北的张作霖为奉系。而北洋政府的实权，掌握在段祺瑞手里。此时期，陈干依违于直、皖两系之间，于 1917 年 9 月出任山东政务厅厅长。他目睹了山东的派系斗争，陷入苦闷之中，到任不足三个月，便辞去政务厅长的职务，避居青岛。夜间经常外出活动，组织群众反抗北洋政府的卖国行径。

陈干在北京期间做总统府将军时，与段祺瑞、徐树铮结为密友，并于 1919 年秋与徐树铮一起去拜访湖南衡阳的吴佩孚，

---

① 《潍坊文史资料选辑》第 1 辑，第 88 页。

由此尽悉北洋军阀诸方的情况。所以当1921年5月，孙中山在广州就任非常大总统时，陈干被任命为总统府咨议。11月，孙中山北伐督师桂林，陈干在桂林大本营面晤孙中山，“陈说北伐大计，得到孙中山的赞同和采纳”。此后陈干按照孙中山的指示，利用他在军政的影响，往来南北间，“为谋求孙中山与段祺瑞合作而工作”。1922年夏，中日两国根据华盛顿会议达成的《解决山东悬案条约》，谈判胶州湾及山东权利交换方案，陈干任第一部委员，参加谈判和接收青岛的实际工作。他认真吸取了近代中国外交的教训，认为近代中国外交多败于奴性外交，即“中国外交官多为外人作辩护，否则为外人造作种种声势，借以吓诈”。纠正的办法只有提倡主性外交，就是“国可亡，种可灭，而人不可奴”。为此陈干提出鲁案交涉的宗旨是“主张要坚强，态度要温和”，解决的办法是“争主权，不争浮利。争土地，不争房子。争永远，不争暂时。宁受其强权一时压迫，绝不由我辈认可半个字”。

因陈干在鲁案交涉中坚持了“内保主权，外敦友谊”的外交原则并为此提出了一系列要求，在执行上述原则的过程中，陈干对外面对列强“势死力争，绝不少让”，对内，面对权势“不肯小屈”，既要同媚外求荣的奴性外交斗，又要同不顾条约规定、不考虑中国所处的弱国地位，“乱起哄”、“横挑恶感”、“多方树敌”之辈争，从而使得日方代表认为无懈可击，迫使日方交还了青岛，并为后来收回威海打下了基础。陈干由此荣获了“鲁案砥柱”的美誉。

然而，在办理鲁案中，陈干痛感当权者昏庸无能、卖国求荣，地方上的大小军阀又是在帝国主义操纵下各成派系，混战不已。陈干生性耿直、倔强,“虽公卿大臣,亦不肯小屈,从不随多数跳舞”①。为保持革命情操,不与群魔共舞,陈干于1925年再次“解甲归田”。这年孙中山由广州至北京,陈干也来到北京。后孙中山病重住进协和医院,陈干“侍侧奉药,日夜无间”。孙中山临终仍以“取消不平等条约”为念,陈干“侍奉左右,倍感伟大”。

就此时期陈干将军的政治活动论之,主要是依违于直、皖两系间,凭借其本身在军政界的影响,为实现孙中山的统一大业,做军阀要人的分化、争取工作,与此同时也参与了某些政事的处理。而在处理政事的过程中,陈干始终做到了“无负于国,无负于民”,特别在鲁案交涉中,树立了一位真诚爱国者的光辉形象。

(三)国民革命军北伐时期(1926~1927)

1926年6月开始,以蒋介石为总司令的北伐战争,是在中国共产党的积极影响和推动下,具有广泛群众性的统一战线的战争,一路所向披靡。陈干由此受到了鼓舞,入冬离家赴江西南昌会晤蒋介石,“陈说北伐大计”,被任命为总司令部参议,任务是做分化瓦解军阀的工作,可以凭借宣抚使的权力,进行直接谈判和交涉。1927年3月,陈干就任国民革命军北伐二支队司令兼暂编第十九师师长,再度率军由津浦路北上。在声讨军阀的战斗中,他身先士卒,指挥部队一路攻下韩庄、枣庄、兖州,进逼泰安。因后方派系斗争,陈干奉命只身回到南京,不意遭人暗算,诬以通敌罪名,遭逮捕入狱。陈干狱中给其子写信

① 《潍坊文史资料选辑》第1辑,第94页。

曰："余生平未做亏心事，每履险化夷，此次谅亦无甚事，望儿辈为国努力。"陈干每日要求评理辩论，终未如愿，很快就以"莫须有"的罪名被杀害，年仅46岁。从此一代豪杰，竟成为历史人物矣。

历史表明，北洋时期陈干将军由不据功名、交出兵权，到再次参加国民革命军北伐战争，表现了他与时俱进的政治风格，印证了陈干自参加同盟会，追随孙中山献身革命，出生入死的革命精神，虽然取得了推翻清王朝、结束帝制的伟大胜利，但中国半封建半殖民地的社会性质并没有改变。而在孙中山病危之际，侍奉左右的陈干，又亲身聆听了总理遗言。可以说，陈干北伐率军出征，就是孙中山"革命尚未成功，同志仍须努力"遗嘱的真诚实践者，只因派系纠葛，赍志以殁，但其"浩气长存"，"英风宛在"。

史实证明，陈干的一生虽然短暂，但光明磊落，一直在为振兴中华而奋斗。因之，人们或传其事，或著以文，或痛苦以吟诗，或感慨而题词，或集会以悼念。陈干将军的精神、业绩可谓千秋不朽矣。

第六章　辛亥革命在山东的历史启示和历史作用

辛亥革命是中国历史上有着重大历史意义的革命，就辛亥革命在山东的历史启示和历史作用来说，主要有以下几方面。

辛亥革命在山东的兴起和发展表明，在近代中国，经济对政治并没有失去基础的意义。武昌起义后，无论是在烟台、济南兴起的各具特色的独立斗争，还是山东独立被取消后，同盟会党人新的斗争原则的确定以及由此产生的革命政权与反动政权的对峙，无不明显反映着20世纪山东政治、经济不平衡这一重要特征，致使辛亥革命在山东带有明显的地域特征。辛亥革命的兴起，是以民族资本主义经济及其政治代表的形成为条件的。辛亥革命在山东以武装斗争的形式，首先兴起并高涨于东三府地区，就是因为这一地区是当时民族资本主义经济及其政治代表明显集中的地区。

同样，就全国而论，近代中国民族资本主义的经济状况，制约和影响着中国人民反帝反封建斗争的内容、性质和结局。20世纪初，随着帝国主义侵略的加深和中国民族资本主义经济的发展，出现了比较正规的资产阶级性质的民主革命，但因“帝国主义反对中国独立,反对中国发展资本主义”,封建势力也压制发展资本主义,中国的民族资本主义经济不仅得不到充分的发展,而且其政治代表也表现出政治上的软弱性。在近代中国虽出现了资产阶级革命运动的高潮,但并没有改变中国半殖民地、半封建的社会制度,代之而起的是帝国主义支持下的军阀割据。这一政治局面的出现,正是半殖民地半封建制度造成的经济发展不平衡在政治上表现出的分裂状态。

辛亥革命在山东的兴起和发展,也表明进步的知识分子是首先觉醒的社会力量。他们在极大的社会动荡和严重民族危机的促使下,积极探求救国救民的真理,较早接受了孙中山创造的民族、民权、民生三民主义学说,最早成为中国民族民主革命的先行者,是推翻清政府、结束君主专制、实现民主共和的重要力量。但他们对同盟会“驱除鞑虏,恢复中华,创立民国,平均地权”政治纲领的认识,多是偏重于“驱除鞑虏”。在斗争方式上,重视城市的武装起义,很少去做“唤起民众”的工作。当时革命民主派所谓反封建,就山东来说,一个县城的光复,就是革命党人组织武装,冲进县城,把知县驱逐出城,或者把知县软禁起来,迫使其交出知县大印,重组新的政府。这并没有触动封建阶级的统治基础。因而像文登、荣成、诸城独立后,或因“对敌人警惕不高,打击不力”,或因斗争瞬间胜利,不是“急整兵备,巩固根本”,或因“政权唾手可得”,盲目乐观,对于建设方面“不遗余力”,对防备方面“计划殊欠周密”,致使当地清朝官吏很快与“不甘落魄失势”、阴谋反抗的劣绅暗中勾结起来,欺骗和威逼不明真相的农民反扑过来,导致大批革命志士惨遭杀害,证实了这场反封建的民主革命没有得到大多数农民的理解，缺乏可靠的社会基础。更进一步说，这表明近代中国民主制度的建立，需要在人们的思想深处，尤其在广大农民中来一场由尊君权到尊民权的深刻变化。

山东进入20世纪初，随着民族危机的加深和民族资本主义经济的发展状况和其政治代表社会地位的差异，出现了革命派和立宪派两个政治派别。就山东而言，革命派与立宪派在结束封建专制、实现民主政治方面是一致的，因之在对敌斗争中时常联合起来，并未出现政治上的对立。因此武昌起义后，先是发生了由革命派独自领导的烟台武装光复，继而立宪派借用当时的革命声势，联合革命派推翻了长期被“六二党”保守势力把持的咨议局，进而实现了济南的和平独立。正如立宪派的代表人物丁世峄在宣布山东独立大会上说的：“武昌起事以后，兄弟所主张的就是一个疏通的主义……兄弟的目的业已达到。”当袁世凯取消山东独立时，以徐镜心为代表的革命派主张南下联合革命力量，继续坚持山东的独立斗争，而立宪派的代表人物丁世峄，则坚持向“北方当道疏通”的主张。

辛亥革命在山东的失败，同全国一样，是同帝国主义的出面干预和同盟会党人向袁世凯妥协为特征的南北议和联系在一起的。当山东军民再次击败来犯之敌，夺回黄县，“正拟乘胜西进，而清帝退位，共和告成，南京政府停止军事行动之命令至矣”①。与此同时，由陈干、吕子人率领的徐州北伐军在固镇、南宿州战役节节胜利，“正在准备继续北进，南北议和成功”②，这时的袁世凯就以“宣布共和，南北一家，迫使辛亥革

① 《文史资料选辑》（第十二辑），山东人民出版社1981年版，第195页。

② 《山东近代史资料选集》，山东人民出版社1959年版，第231～232页。

命就此止步”。

史实表明，辛亥革命在山东的失败，不是军事上的失败，而是政治上的失败。这一不寻常的历史现象，是同中国资产阶级在政治上的软弱和与此相关的南北议和的性质相联系的。正是“历来中国革命的失败，都是被帝国主义绞杀的，无数革命的先烈，为此而抱终天之恨”①。然而由辛亥革命所开启的民主共和，成了不可抗拒的时代潮流。由此，一切“复辟”、“独裁”、“专制”势力，在不可逆转的社会变迁中，只是同近代中国社会格格不入的“残余之物”。中国的社会发展和进步正是由此开始，而山东则是这方面的重要内容。

史实表明，武昌起义后，辛亥革命在山东的兴起和发展，是这场革命取得推翻几千年来的君主专制、实现民主共和的重要力量。山东同盟会党人在斗争中遵照孙中山“使人人效死革命，必赖于主义传播”的教导，通过兴学堂、办报刊多方面向人民群众宣传同盟会的政治纲领，努力从政治上唤起人们的觉醒，使人们意识到，只有用民主共和制度代替封建君主专制制度，才是救国救民的根本之路。正如有的革命志士所说：“不得共和国之成立，难使列强之改观。”从而在山东涌现出一批富有民主共和理想的革命先驱。他们追求这一理想的法理依据，就是人人平等、主权在民和自由民主。他们正是在这一理想的启迪下，坚定了献身共和的政治信念。他们洒热血以涤腥风、抛头颅而扬共和的献身精神，成了激励山东人民铲除“复辟”、“独裁”、“专制”残余势力，捍卫共和民主政治的强大精神动力。

---

① 《毛泽东选集》，人民出版社1990年版，第640页。

辛亥革命,由王朝政治转变为民主共和政治,是中国历史上的一次“突变”。从此,山东人民更多地对国家政事发生了兴趣,冲破了传统社会不准“庶民议政”的禁区。人们开始将集会、结社、选举作为社会活动的重要内容。在一些城市里,今日开会,明日结社,不曰男女平等,即曰财产均等。民主、平等、自由成了人们议论的时尚话题,而这一时期具有重要意义的改变,是议会制度的出现和政党及其舆论的特别发达,出现了全省政党林立、社团名目繁多的政治格局。在这方面,1912 年 9 月欢迎孙中山的山东之行活动,充分展现了辛亥革命后山东的活跃民主气氛。

辛亥革命期间,山东同盟会党人在发动烟台、黄县、登州、文登、高密、即墨、诸城等县的独立斗争中,通过选举成立军政府,实行民主行政,宣布“惩罚贪官”、“消灭劣绅”、“革除陋规旧弊”,提倡“剪发放足”、“兴学堂”、“办新政”、发展“工商”、“各县武营(千、总)一律裁废。县政府分科办事,三班六房,一律裁减”①。上述除旧布新的种种措施,在较大程度上动摇了封建社会的传统观念,使得山东人民的思想、政治结构、社会面貌发生了深刻的变化。

由革命转向建设是革命发展的必然。南京临时政府成立时,孙中山就欣然指出:“革命有非常之破坏,则不可无非常之建设。”基于此,山东革命志士发出了“欲振兴中国,非振兴实业不可”的呼喊。人们不再将从事实业看成“弃本逐末”的事,怀着“破坏已终,建设伊始”的兴致,发起成立中华民国工业建设会、西北实业协会等。有些县市发展实业、办贸易、建工厂,

① 《山东近代史资料》(第二分册),山东人民出版社 1958 年版,第 284 页。

培植人才;有的“设实业局,凡关于提倡劝导者,无不讲求备至,建陈列所,开博览会,立专门学校以造就人才,派出洋专员以考察办法”,并以今昔对比,描述农、工、商的变化曰:“一言农业,昔之深耕易耨听民自为者,今则设农会以为之指导矣;一言工业,昔之通工易事人自为营者,今则有工厂以为之容纳矣;一言商业,昔之懋迁有无化居无定者,今则应商会以为之联络矣。”上述说明,辛亥革命在山东促进了先进生产力的发展。

辛亥革命时期,山东同盟会党人及广大爱国志士,始终奉孙中山为领袖,为实现同盟会的纲领进行了英勇的斗争;辛亥革命失败后,为捍卫辛亥革命的成果,在“二次革命”、“护国战争”、“护法战争”中,处处表现了为捍卫共和民主制度而献身的精神。他们的斗争实践证实“资产阶级的共和国,外国有过的,中国不能有,因为中国是受帝国主义压迫的国家。唯一的路是经过工人阶级领导的人民共和国”①。

知往可以观来,只有认真认识过去,才能正确地迎接未来。历史证实,中国民主革命的历史路程,经历了旧民主主义革命和新民主主义革命两个历史阶段。新民主主义革命,对以孙中山为代表的旧民主主义革命而言,既是继承,更是发展。当今中国出现的中华大地沧桑巨变,正是由辛亥革命开始起步的。山东人民永远缅怀中国民主革命的先行者孙中山先生的伟大功勋,永远铭记辛亥革命先烈为中国民主革命献身的英雄业绩。

---

① 毛泽东:《论人民民主专政》,见《毛泽东选集》,人民出版社 1990 年版,第 1408 页。

附 录

清末山东立宪党人丁世峄的一生

丁世峄是清朝末年山东坚定的立宪党人，中国早期民主宪政的活动家。追述他的一生，会使人们获得有益的历史启示。

一

丁世峄，字佛言，号迈钝，家系黄县城北宋家疃，世代耕读，出生于邑中望族。幼年就塾，恶制艺，专心经史。戊戌、庚子变后，恨国家不振，民族凌辱，认定“非维新无以救亡”。自此，他无意仕进，遂东渡日本，入东京法政大学。后结识了著名立宪党人杨度，从而坚定地在中国推行立宪政治。

当丁世峄在日本学习法政卒业，“以志行高超，极孚众望”，闻清廷实行立宪准备，诏各省设立咨议局，他喜出望外，迅即归国，执教于山东法政学堂，积极参加反对德人侵略山东矿权的爱国斗争。1909 年 10 月被选为山东咨议局议员。为提高人民参政议政的水平和能力，他发起成立山东人民建议会；当清廷预备九年立宪令下，他与山东的赵正印、宋尧臣、韩石沄、方慰农、周树标、王墨仙等人，亲赴北京参加了缩短立宪年限的请愿运动，以迫使清廷加速立宪，早日实现立宪政治。

当时，山东咨议局内，存在着新旧势力的尖锐对立。近代山东十府二州，登、莱、青三府三面滨海，居民营商者居多，“屡受外界潮流之刺激，故民智开通”；济、东、泰、武、曹、兖、沂七府，“所处内地，交通不便，故民智闭塞”。因之，尽管清廷对议员的选举资格做了统一的规定，但因不同地区政治、经济、文化等方面的差异，东三府选出的议员，多是与资本主义经济相联系、“具有新智识者”、主张改革的立宪派，而西七府多是与封建经济相联系、“尚不知咨议局为何物”的封建保守派。于是“西七府议员六十二人，结为一党，以借相抵制”①。故史书记载，山东咨议局内“议员有两党，一曰六二党，一曰清流党，世峄领导清流党，为士绅所依附，力量最厚”②。可见，丁世峄是属于思想趋新的东三府议员的首领人物。

1910年，莱阳人民由曲诗文组织发动的颇具规模的抗捐抗税斗争遭到官府的镇压，山东咨议局内新旧两派的对立围绕这一事件趋向激化。丁世峄同东三府议员周树标、王志勋、张公制、尚庆翰亲赴莱阳调查，据实认为“官逼民反，罪在官绅”，屡屡提议“为民申冤”，然而六二党“阿附官绅，颠倒舆论”，于是丁世峄等五议员，“愤不能平，遂一体辞职”③。

丁世峄等五议员毅然退出咨议局，不仅孤立和打击了以六二党为代表的封建专制势力，实际上是戳穿了清廷的预备立宪是一场政治大骗局。丁世峄由此赢得了民心，受到社会进步人士的敬佩，成了当时山东政界轰动一时的新闻人物。

---

① 《近代史资料》1957年第4期，第13页。

② 《山东文献》（台北版）第2卷第2期，第61页。

③ 《山东省志资料》1961年第1期，第5～6页。

二

1911年10月10日武昌起义，各省纷纷响应，山东同盟会党人徐镜心、丁惟汾到济南积极联络进步势力，谋促山东独立，“素慕世峄德高望重，因厚结之”，而“世峄大恶清廷以立宪欺世……遂与其谋”①。

济南是省府所在地，新旧潮流的冲击特别尖锐。11月5日，咨议局召开各界人士会议，徐镜心提出《山东独立大纲》七则，“革命派虽慷慨陈词，而听众窃窃私议，会场秩序颇为紊乱”，在会场秩序难以维持的情势下，丁世峄挺身而出，分析局势，剖陈利害，“会场立即肃静无哗，掌声雷动，新旧两派，莫不赞佩”，同盟会党人“因势和之”，遂议定《劝告政府八条》，公推丁世峄、汪懋琨向巡抚孙宝琦请愿代奏清廷。②由此，丁世峄成了山东独立派的中心人物。

随着苏杭、上海的相继独立，在人们要求独立的呼声愈加高涨的形势下，11月7日召开各界代表大会，商讨山东独立问题，群情激昂，发言热烈，纷纷揭发咨议局“种种腐败恶劣罪状”，齐声高呼“非根本推翻不可”③。独立派乘机联合各界力量，推翻了“六二党”把持的咨议局，正式成立了山东全省各界代表联合会。因丁世峄在这一时期的活动充分显示了他出众的见解、意志和才干，被会长夏溥斋委为联合会秘书长。继而绅商学界集会，丁世峄慷慨陈词，强调山东独立的必要：“数日以来联合会之性质，外间多不明晓，故一般人民不免疑

①② 《山东文献》(台北版)第2卷第2期，第61页。

③ 《山东省志资料》1961年第4期，第37页。

虑，而财政、军事亦无法布置；今日如实行宣告独立，则人心必可安静。”①他凭借自己的影响力，极力敦促孙宝琦认清形势，顺应潮流和民意选择独立，在独立派的共同努力下，终于迫使孙宝琦宣布山东独立。

进而在宣布山东独立大会上，丁世峄号召各界人士团结一致，维护独立的局面，他说：“武昌起事以后，兄弟所主张的就是一个疏通的主义……兄弟的目的业已达到。此后一切的规划可是困难的很，务望大家晓得我们在社会上作事，是一种慈善的事情，是劳自己的精神谋大众的幸福的，不是不顾大众的利害专求自己的权力的。此后，大众务要各尽其心，各劳其力，和衷共济，众志成城，我们全省的父老子弟才可享受那无穷的共和幸福哪。”②

丁世峄素具辩才，演说很能打动人心，如同时人评论说：“世峄以议坛清望，响应革命，群相依附，如水就下，使山东易帜，乃得事半功倍焉。”③

三

辛亥革命赶走了皇帝爷，根本上结束了延续两千多年的君主专制政体。中国第一次出现了近代民主宪政的局面，西方资产阶级的民主观念得到了广泛传播，按西方模式建立新的国家成为当时的潮流。由此，全国政党林立，社团名目繁多。在山东，丁世峄与王揆若组建了共和党支部。因丁世峄才气纵横，

① 《山东近代史资料选集》，山东人民出版社1959年版，第162页。

② 同上，第166页。

③ 《山东文献》（台北版）第2卷第2期，第61页。

又留学法政，知悉西方国家的民主制度，“世以策士目之”。1913年丁世峄当选参议院议员，任宪法起草委员会委员长等职。国会初期，共和党改组为进步党，丁世峄任党务部长，在国会“专致力于促成宪法，反对专制”①。

袁世凯当了大总统后，下令解散国民党，丁世峄目睹袁氏推行专制的倒行逆施，“与国、进两党之在京而不屈于袁者，共组民宪党”，与专制势力对抗。当山东著名同盟会党人徐镜心因反袁被捕后，丁世峄在京公开出面多方营救。徐被害后，他亲自参与料理后事，深表哀悼。1915年袁世凯称帝，护国军兴师讨袁，各省纷纷响应，丁世峄代表山东在督军团会议上纵论时势，慷慨激昂，要袁迅即退位。他这种不畏权势的精神，使军阀为之丧胆，致使会议不欢而散。他的演讲词登诸报端，轰动一时。

其后，在民初政坛，丁世峄亲历了张勋复辟、府院之争、曹锟贿选这些丑剧，他视军阀如蛇蝎，对军权政治或厉言反对，或撰文痛斥，致被曹锟下狱囚禁。

丁世峄进入政界，始终廉洁自律，除薪俸外别无所入。在这方面仅举一事以概其余：

> 当其任参议会议员时，有提议增设机制酒税者，世峄非之，谓：“此刻国内仅北京双和盛啤酒公司及烟台张裕公司数家而已，方能自制以抵制外酒。设此税后，岂不如饮鸩止渴乎！”经极力反对始罢。双和盛公司总经理掖县郝君感其情，嘱经理王禹川（黄县莱园泊人）以五万元相赠，

① 《山东文献》（台北版）第2卷第2期，第61页。

世峄坚辞不受，且正色曰："余系为国家工业着想，非私谊也。"禹川知不能强，年以两打瓶装黑啤酒赠，世峄不再坚持，但不能超过此数，多即退还，然亦尝书扇面楹联以相酬。①

国会末期，议员为世所诟病，政客之名词与军阀官僚同受厌恶。世峄由监狱被释后，不甘与军阀政客同流合污，自此无意政治，"专致于古文字学，旁及书法金石篆刻以自遣"。晚年在事业和生活上多不顺心，面对社会凌乱污秽之现象，疾之殊甚，积郁成疾。1930 年在北京溘然长逝，时 53 岁。

丁世峄逝世的消息传出，震动海内外。《大公报》专以"悼念丁佛言先生"为题发表社论："方民国肇建，海内才智有志之士，一时颇集中于国会，虽其后多沉溺政潮，颓废以终，然其志行皎然，二十年一日，学问气节，足为次代青年范者，不无其人焉，黄县丁佛言先生其一也。"②时《大公报》声誉极隆，社论尤为所重视。丁世峄以在野之身，博得此一悼念之章，足见他在推进民主宪政活动中的所作所为影响之广，意义之深。

丁世峄的一生证实近代西方的民主制度在中国走不通，然而却启迪着中国人民走出了一条合乎中国实情的民主宪政之路。

---

① 《山东文献》(台北版)第 2 卷第 2 期，第 63 页。

② 同上，第 62 页。

东平县民主革命的先行者——尹渔村

尹渔村，原名尹序洄，又名尹洄，字渔村，后从字行，生于光绪八年（1882）八月二十四日，山东省东平县大羊乡北尚庄村人。

先生家世业儒，6 岁启蒙，受业于长兄序浩（庠生）。由东平县立书院高等小学堂入山东优级师范学堂，考取并毕业于京师大学堂优级师范科。

据民国《东平县志》记载："同盟会时期，革命党之组织，肇于兴中会，当时东平无参加者。至光绪三十一年，同盟会成立，邑人尹洄、徐鸿策始行加入。庚戌年，汪精卫先生刺摄政王一役，尹洄与焉。是为东平人参加革命之创始。"

民国前两年（1910）二月，汪精卫等人先后潜赴北京，在琉璃厂附近设"守真照相馆"为秘密暗杀机关，准备刺杀清监国大臣摄政王载沣，以寒敌胆。尹渔村与黄复生等人奉命执行任务，他们在一座拱桥下埋放炸弹，不幸被人发觉。事泄，汪精卫、黄复生等人被捕，尹渔村在友人帮助下，乔装打扮成商人，离京幸免。此后，尹渔村在河北省的保定、石家庄地区开展革命活动。当时保定是京、津、冀地区进步青年学生的聚集地，尹渔村在保定与县立师范毕业生、保定盲哑学校教习薛成华（友棠）、育德中学张在田（晦庵）、法律学堂许润民（文泉）等人一起，奔走于河北南部各县进行革命运动。

辛亥武昌起义，各省响应。河北的同盟会党人也积极活动，准备在畿辅重地给清王朝以致命一击。因之，京津同盟会在天津成立，汪精卫、李石曾任会长。鲁籍同盟会会员加入者，有“尹渔村、郝仲清、周予儆、周予治、刘石臣”。

武昌起义后成立的湖北军政府，为加快革命步伐，派同盟会党人胡鄂公（新三）北上，为集中革命力量，统一革命指挥，决定设鄂军代表办事处于天津，设京、津、保、滦、通、石家庄总指挥处。尹渔村为石家庄指挥，耿世昌为任邱指挥。尹渔村与耿世昌一起，发动了任邱、滦州起义，起义受挫后，部分党人开始暗杀行动，目标首为袁世凯、清宗社党领袖良弼和清帮办直隶防务大臣张怀芝。

1912 年元旦，孙中山就任中华民国临时大总统。24 日，得知张怀芝“将于二十六日上午快车由京返津”，于是刺杀张怀芝之议乃决。尹渔村、薛成华、樊少轩、周希文、张在田五人于26 日上午长时间守候在天津新军站附近，当张怀芝下车，薛成华“投以一弹，弹爆发于两车接触间，知不中，成华复于烟雾迷惘中再投一弹，而渔村、少轩、希文、在田等闻得枪声，亦开枪以助成华势”。张怀芝受震昏扑于地，军警开枪还击，薛成华知不免，与军警战，遂被捕，押解营务处，当晚即处以凌迟死刑。尹渔村见寡不敌众，见张怀芝未被击中，便只身进入法租界，将武器藏入民意报社获免一死。

次日，北方革命军总司令部成立，决定立即发动天津起义。尹渔村亲身参与了“会商于吉祥里十四号”的起义布置决定，29 日午夜 12 时发动起义。不料，29 日夜，因信号人将表的分针看作时针，提前两小时发出了信号，致使仅有数百人仓促出击、孤军作战,起义宣告失败。

上述表明,尹渔村在武昌起义前后,是京、津、冀地区反清革命的重要领导成员之一,为救国救民,屡挫屡奋,从不考虑个人的安危。然而,当天津起义失败,次日党人开会,议再接再厉之法,南北议和却告成。袁世凯窃取了大总统之位,时时有"倒袁"人士表示不受其任何官职及荣典勋章。尹渔村则以北方革命烈士的血迹未干,辞去山东武定道道尹,愤而返乡。这充分表现了尹渔村不恋权势、不向旧势力妥协的革命情操。从此,尹渔村对中国革命的出路,陷入深沉的思考之中。

辛亥革命后,只是名义上建立了共和国,但一般人并不懂得共和国的真谛,仍是封建主义的旧思想、旧文化统治着人们的头脑。1915 年,陈独秀在上海创办《新青年》,提出"民主"与"科学"的口号,成为五四运动前后新文化运动的两面旗帜。当时的主要刊物有上海的《新青年》、北京的《每周评论》、湖南的《湘江评论》。1919 年 4 月,尹渔村先生在《每周评论》连续发表《校友泪》和《山东东平县的佃户》,标志着尹渔村对中国民主革命认识的加深,为当时兴起的新文化运动增添了光彩。

《校友泪》是尹渔村观看《聊斋志异》里以张诚为素材排演的一出戏剧而写的评论。内容是中国几千年来后母虐待前子造成的悲剧。对此,尹渔村认为,想改良这种思想,必须从根本上做起,因为社会上的思想,已成了纲常礼教的奴隶。要想改革家庭惨剧,必须废除两个东西:一是家庭中的名分主义;二是家庭中的私产制度。所谓"名分主义",就是三纲主义。所说的"私产制"就是财产为谁所得,即为谁所有,死了以后,他的儿子就有继承遗产的权利。这个制度实为社会不平等的一个大原因。

尹渔村的《山东东平县的佃户》一文，先是介绍“渔村生长在穷乡僻壤之中，自小到现在，有三十余年，耳中所闻的，眼里所见的，大半以农人的生活为最多”；至于“农人的劳动状态，以佃户为最苦，农人中有地主和佃户两个阶级，是很不平等的”；进而写佃户的不平等状况：“佃户者，即自出劳力以耘人之田，而使地主安坐无事，以分其农产者也。”指出东平县佃户的种类有二：一为单独佃户，一为合租佃户，前为三七分成，后为二八分成，这是地主“以强霸的手段，侵占佃户以血汗换来的农产物罢了”。至于由此形成的佃户对于地主阶级政治上不平等和受的种种超经济的剥削，尹渔村更是作了详尽的列举。

显然，尹渔村的上述两篇文章，表达了人在自然界与社会面前的自主人格和平等自由的权利意识，要人意识到，只有以民主政治制度取代封建君主专制制度，才是救国救民的根本之路，而实现这一重大历史任务，离不开废除农村的封建剥削制度。

1937 年，抗日战争爆发，次年尹渔村由山东省第六行政督察专员范筑先举荐，任肥城县长。尹渔村从此投入了民族抗日战争的洪流中。在抗日期间，尹渔村有两件感人至深的事迹。一是在肥城任职期间，组织训练民众抗日，当日军侵入城北门，尹渔村指挥部队从南门撤出，转入山区与日军展开游击战。为了坚持抗日，不惜倾家荡产，派人回家卖掉了小井子的七亩地，用以供给部队给养和维持县政府人员的生活。二是汪精卫在南京成立伪国民政府，托人诱劝尹渔村去南京任职，被尹渔村断然拒绝，并回答来者曰：“我以前参加革命，为救国救民，如今,我不能作丧权卖国的汉奸,如(指汪精卫)非派人来不可,就请带上一具棺木。”这充分显示了尹渔村崇高的民族气节。

1958年10月15日,尹渔村因心脏病突发,在济南家中与世长辞,享年77岁。

如同尹渔村生前说的:“我以前参加革命,为救国救民。”正是在此思想的激励下,尹渔村为了国家和民族的命运,奋不顾身,与时俱进,在其经历的中国民主革命的全过程中,不单是东平县旧民主主义革命的先行者,也是新民主主义革命的同盟者。

注:此文所引史料全为尹渔村外孙吴迁先生提供,特此声明并表谢意。

近代中国社会的演变

自1840年鸦片战争以来，帝国主义与中国的封建势力相结合，一方面使得独立的中国向着半殖民地和殖民地演变，日益激化着中华民族与帝国主义的矛盾和人民大众与封建主义的矛盾，另一方面又使封建的中国向着半封建社会演变。19世纪70年代，随着中国自然经济的日趋解体，民族资本主义经济应运而生。

基于上述认识，笔者从中国社会的经济基础和上层建筑两个方面进行了史料的搜集和综合的研究。

上篇：经济基础的演变

第一章　近代中国向半殖民地半封建社会演变的开始

（1840～1894）

近代中国从1840年鸦片战争后，由封建社会一步一步地向着半殖民地半封建社会演变。所谓半殖民地，是指一个政治和经济独立的国家，遭到外来资本主义列强的侵略，失去独立性，仅保持半独立性。这个国家的民族经济失去独立发展的可能，处于依附于外国资本主义的经济状态。半封建经济是指长期占统治地位的封建经济内部产生了资本主义经济，尽管原来的封建经济还占优势，但它不是唯一的经济形态了。半殖民地经济也可以说是半独立性的经济。近代中国社会的上述演变趋势，是外国资本主义列强通过向中国发动两次鸦片战争，从中国掠夺经济特权开始的。

一、两次鸦片战争后中国独立主权的丧失

两次鸦片战争，清朝政府被迫签订了《南京条约》、《望厦条约》、《黄埔条约》、《天津条约》、《北京条约》等一系列不平等条约，使中国丧失了一系列重要主权，其中与经济特别有关的是：

(一)关税自主权

海关是随着对外贸易的需要产生和发展起来的。海关税收是国家主要财政收入之一,是不容侵犯的国家主权。在资本主义列强侵略扩张的情况下,关税更是经济落后的国家抵御外来商品竞争、保障民族经济发展的重要武器。外国列强为了倾销商品,掠夺原料,占领和控制中国市场,进而控制中国的经济命脉,就处心积虑破坏中国的关税自主权。《南京条约》规定,英国商人"应纳进口出口货税","均宜秉公议定"。从此,中国的关税自主权遭到破坏。也就是说,中国的关税不能自己做主,要与英国共同议定,要按照英国的利益制定关税,这就是协定关税。根据这一规定,中英双方于 1843 年议定了《五口通商章程》,制定了中国历史上第一个协定关税,把大部分主要进口货物的税率定为 5% ~6% ,比清政府原定税率低了 58% ~79% 。1858 年签订的《中英通商章程善后条约》更进一步规定:除例外商品和免税商品外,进口货物一律按照"值百抽五"征税。从此,"值百抽五"就被作为原则固定下来,中国不能自己调整。《天津条约》还规定:外国商人运入洋货或输出土货,只要在第一关缴了百分之二点五的子口税,就可"遍运天下",不再纳税。这样一来,外国就打开了从港口到内地的一切关税障碍。

关税自主权的丧失,低税率的实施,子口税的规定,不仅便利了外国商品的倾销,也使得列强对中国原料的掠夺更加肆无忌惮。

(二)海关行政管理权

海关是监督进出口货物合法进出国境和征收关税的行政

管理机关，是国家政权机构的一个重要组成部分。在第一次鸦片战争后开放的五个通商口岸中，上海最早设立海关，出口货物总值和关税均居首位。乘1853年9月上海小刀会起义之机，英国驻上海领事阿礼国向美、法驻上海领事提出参与管理上海海关的主张，并于1854年与上海道吴健彰订立协定，决定由英、法、美三国各派一人组成税务司，这就是“代征关税协定”，从此开了外国人管理中国海关的先例。然而，直到1858年《天津条约》订立前，中国的海关还只是上海为外国控制。《天津条约》规定“各口划一”办理，即把上海由外国“代征关税”的办法推行到其他各口岸。《中英通商章程善后条约》进一步规定：“任凭总理大臣邀请英人帮办税务”。据此，清政府于1859年任命英人李泰国为中国总税务司，并授权李泰国“选募”其他各口的外国人参与海关行政，他除当年按上海办法在广州组织海关税务司外，并于1860~1863年又设潮州、宁波、福州、镇江、天津、九江、厦门、汉口、烟台等海关。1863~1907年英人赫德继任总税务司期间，又设关三十余处。由此，中国的海关行政权完全落到英国人手中，据统计，清末海关的内班人员中，总税务司、副总税务司和各海关的税务司、副税务司共有69人，全是外国人；海关的帮办当中，外国人219人，而中国只有25人。这就相当于外国侵略者夺取了中国大门的钥匙。

（三）沿海贸易权

任何独立的国家，都不允许外国商船在沿海从事转口贸易，只许其在指定的口岸装卸货物。第一次鸦片战争后签订的中法《黄埔条约》和中美《望厦条约》中，法美两国就取得了在沿海进行转口贸易的特权。1858年《中英通商章程善后条约》又给予外国侵略者以经营某些土货沿海贸易的特权。在《天津条约》中明文规定,外国商人在一口缴税后,就可在沿海自由转口贸易,而不用重复缴税。1861年为外国人所控制的海关总税务司《沿海贸易法》更进一步规定,外国商船在一口纳税后,就可进行沿海贸易,自由出入。

(四)内河航行权

内河航行权就是在本国江、河、湖水面从事航行的主权。作为一个独立的国家,这项主权是不容外国侵犯的。外国对中国航行权的侵夺,是从第二次鸦片战争开始的。中英《天津条约》的签订,使外国侵略者取得了长江自汉口以下一段的航行权。中俄《瑷珲条约》的签订,使沙皇俄国取得了黑龙江、松花江、乌苏里江三条河流的通航权。1876年,中英《烟台条约》的签订,又使得长江主流的航权全部丧失。甲午战后,中英《续议通商行船条约》的签订,使得长江支流及广东、广西内河的航行主权也相继丧失。

(五)内地通商权

第二次鸦片战争后签订的中英《天津条约》规定,准英国人"前往内地各地游历、通商",中法《天津条约》也有相同的规定,而片面最惠国待遇条款的运用,又使得英法两国所获得的特权,成为所有外国侵略者的共同特权。

(六)商埠、租界和领事裁判权

一个国家指定的准允外国人前来通商的地方称商埠。近代中国的商埠，基本上分两类：一类是约开商埠，又称通商口岸。这类商埠是鸦片战争后外国强迫中国履行不平等条约而开的商埠，中国政府在任何情况下都不得停止开放。第二类是自开商埠。但这种自开商埠，实际上也是屈从于外国的要求或海关建议的结果。两次鸦片战争中国被迫开放的沿海沿江的商埠共有 16 处；陆路上新为俄国开辟的有伊犁、塔尔巴哈台、喀什噶尔、库伦、张家口五个商埠。

租界是外国列强在中国霸占的特定区域。租界的设立始于第一次鸦片战争后。1843 年中英《虎门条约》的签订，使外国列强获得了在通商口岸租赁房屋地基盖房居住的权利。1845 年，英国驻上海领事巴富尔胁迫苏松太道宫慕久签订了《上海租地章程》，划定洋泾浜（今延安东路）以北、李家庄（今北京东路）以南之地，准租于英国商人为建筑房屋及居住之用。第一个租界开了外国在中国内部划地立界的先例。1849 年，法国也在上海建立了法租界。此后，租界的制度逐渐扩展至广州、厦门、天津、汉口、九江等许多通商口岸。当上海租界初建时，中国政府对租界内的行政、司法等还有干预权，并保有租界内的领土主权，但随着外国对中国侵略的加深，中国在租界内保有的权利也渐被侵犯，以至完全被排斥。外国在租界内成立行政机构，设置武装和巡警，征税，把租界变成了对中国进行政治、军事、经济侵略的基地。

领事裁判权，就是通常所说的“治外法权”。领事裁判权，始于 1843 年中英《五口通商章程》规定的英国人在中国犯罪，中国政府无权按本国法律治罪，而是由英国领事根据英国法律裁判。后来中美《望厦条约》、中法《黄埔条约》、中英《天津条约》也都有这一条款,并作了更详细的规定。这一特权,严重破坏了中国的法制,虽是一种政治性的侵略特权,但成了外国侵略者掠取各种经济特权和巩固各种既得利益的重要手段。

(七)片面最惠国待遇

按国际惯例,所谓“最惠国待遇”,应是缔约双方在平等互惠的基础上彼此享有同等优惠待遇。而中国自鸦片战争以来,完全是对外国侵略者的片面优惠,各国享有“利益均沾”之权,并不限于贸易、政治、军事、文化等,而是无所不包。每签订一次不平等条约,各国在中国就普遍取得了许多单向特权。

片面最惠国待遇的条款,最早出现于1843年中英《虎门条约》。1858年,中英《天津条约》把该条款的适用范围由商务、航海扩大到政事交往方面。

总之,经过两次鸦片战争,中国以上重要主权已经丧失,这就意味着中国由一个独立的拥有主权的国家,开始变为形式上独立、实际上主权并不完整的国家了。这一点正是半殖民地的重要特征。而外国取得上述特权,也就大大便利了对中国的经济侵略。

二、外国列强对中国以商品输出为主的经济侵略

(一)外国列强对中国市场的逐步控制

殖民地、半殖民地在经济上的特点,是经济命脉控制在外国资本家手中。外国资本主义列强控制一个国家的经济命脉,首先是从控制市场开始的,控制市场的手段是倾销商品。

19世纪中叶是英、法、美等国资本主义经济发展的高潮时期。这些国家凭借两次鸦片战争取得的经济特权，对中国展开了以商品输出为主的侵略活动。但是外国对中国倾销商品、控制市场，并非是轻而易举的，而是经历了颇为复杂的历史过程。

第一次鸦片战争，外国虽已打开了中国的大门，但远没有控制中国市场。表现是：外国常年输入中国的货物总值中，以1842年计，鸦片为第一位（占50%），棉花为第二位（占20%），纺织品为第三位（仅占8.4%）。而中国农副产品的出口，从1845~1869年的二十五年中，丝的出口增长两倍，茶增长三倍，在对外贸易中中国居出超地位。外国不能很快控制中国市场的原因有以下两点：一是中国自然经济结构对外来商品顽强抵制。中国的土布厚重、耐穿、温暖，但更主要的原因是和农业相结合的中国纺织业，由于“巨大的节约和时间的节省”，因而在价格上对洋纱洋布顽强抵抗。二是外国列强侵入中国的短期内，尚未能建立强有力的经济侵略工具，比如先进的交通运输工具和强大的银行等，因而没有摸清中国市场的行情，无法降低运输费用，从而降低商品价格、加强竞争能力等。

（二）外国列强控制中国市场的措施

外国列强对中国市场的加紧控制，开始于第二次鸦片战争之后。为了控制中国市场，列强一方面迫使清政府签订一系列不平等条约，获取各项特权，另一方面积极建立与市场联系最为密切的交通运输工具和货币金融业。通过强大的交通运输工具和金融实力，把其商品运进中国市场，又大量掠夺中国原料。

1. 在华航运业的建立

马克思说:“机器产品的便宜和交通运输业的变革是夺取国外市场的武器。”①当时最新式最有力的运输工具就是轮船。世界上第一艘轮船是1820年由美国制造的。1935年英商怡和洋行第一个在中国沿海使用小型轮船走私鸦片。第一次鸦片战争后,中国沿海的外国轮船逐渐增多。英国的大英轮船公司也开辟了从英国直到上海的定期远洋航运。但这时无论是远洋还是沿海,主要的交通工具还是帆船。第二次鸦片战争后,由于通商口岸的增开,允许外国船只进入中国内河,从此,外国轮船航运业迅速发展起来。先后在港、沪等地由外商主持集股建立的专门轮船公司共7家,最大的有美商的旗昌(1861年建),英商的太古、怡和三家轮船公司。其中的旗昌轮船公司,在1870年前后已有轮船十七艘,总吨位两万六千吨,成为当时“东亚最大的一支商船队”。

另外,这时的国际航运也向中国扩展。到19世纪80年代,英国就有四家轮船公司开辟了直达上海的定期航线。法、美、日、德等国也有轮船定期往来上海。外国轮船公司拥有雄厚的资本、最新的交通工具,很快垄断了中国的远洋和内河航运。1877年在各通商口岸中,外国轮船总吨位已占63.3%,1892年占77.8%。外国轮船遍布中国沿海、内河,把中国同资本主义世界联系起来,就为外国控制中国市场提供了最有利的条件。

---

① 马克思:《资本论》,《马克思恩格斯全集(第23卷)》,人民出版社1972年版,第494页。

2. 在华银行的建立

银行是控制外国市场并操纵其经济命脉的重要手段之一。外国在中国开设的第一家银行，是 1845 年英国的丽如银行，又被称为英国东方银行，分别在广州和香港设立分行。到甲午中日战争前，在上海有英国的有利银行(1854 年设)、麦加利银行(1857 年设)、汇丰银行(1865 年设)，法国的法兰西银行(1860 年设)，德国的德华银行(1889 年设)，日本的横滨正金银行(1893 年设)，俄国的华俄道胜银行(1895 年设)。

在上述银行中，对中国经济影响最大的是英国的汇丰银行。该行创立于 1864 年，总行设在香港。1865 年起在上海设立分行，并先后在福州、宁波、汕头、汉口、厦门、九江、天津、澳门、北京等地设立支行、分支行或代理处，建立了以上海为中心的金融网，成为外国资本主义侵略中国的金融本部。汇丰银行的主要业务是汇兑、吸收存款、发行钞票等。从 1875 ~ 1886 年，英国对华投资绝大部分是由汇丰银行经手，其中最主要的是 1877 年向清政府提供的五百万银两贷款，指定以上海、广州、汉口的海关税收作担保。由此，开了由中国海关税收作为外债担保的先例。

在 1897 年前，中国还没有本国的近代银行，因此，外国银行独霸了中国的金融界，强大的银行金融势力为外国资本主义列强对华商品的输出进一步提供了方便和有利的条件。

3. 在华早期工业投资

甲午前，外国资本已在中国各口岸陆续投资创办了一些近代企业。这些企业大体分三类：

第一类是直接服务于轮船航运业的船舶修造业。这类企业集中在广州、香港、上海三个地方。比较大的有1862年设立的祥生船厂,1863年设立的黄埔船坞公司,1865年设立的耶松船厂。以上三厂都是英国资本创立。

第二类是直接服务于掠夺原料的加工工业。如砖茶厂、缫丝厂、制糖厂、熟皮公司、羊毛厂、打包厂等。这类企业的数量较多,地区分散,以上海、汉口、天津为中心。

第三类是直接服务于商品倾销的轻工企业。如制造面包、糖果、汽水、酒等各种饮食工业,以及制药厂、制冰厂、火柴厂、肥皂厂、卷烟厂、铁器厂等。

以上三类企业的创办,都是直接或间接服务于商品输出和原料掠夺的。

总之,外国列强在1895年取得在中国设厂权以前,外资在中国非法设立的工厂有一百多家。

上述强有力的交通工具的建立,通商口岸的增加,各种特权的获取,在华银行的建立,就使得外国迅速占领和控制了中国市场。造成的直接后果是中外贸易关系的迅速改变,中国的对外贸易日益处于不利地位。据海关记载:中国在19世纪60年代前,一直处于出超地位;从1865年起,第一次出现入超;此后,除1872~1876年有少量出超外,直到1949年中华人民共和国建立都是入超。造成这种局面的关键,在于外国棉纺织品的进口迅速增加,而中国的丝、茶出口日益减少。在19世纪80年代前中国的进口货物主要是鸦片,到80年代后,进口主要货物不再是鸦片,棉纺织品已跃居首位。从1872~1890年十八年的时间,外国机器棉纱的进口数量增加了21倍。这时其外国棉纺织品进口数量急剧增加的原因,是资本主义世界于

1872 年发生了经济危机。外国资本家借助强大的轮船航运能力和金融实力,把过剩的商品运进中国市场廉价销售。

而当时中国茶、丝出口衰落的原因,是遇到了其他产地强有力的竞争。茶的故乡是中国,后来传入印度、斯里兰卡等国,这两国当时都是英国的殖民地,英国殖民当局鼓励当地种茶同中国竞争。中国生丝又受到了日本的排挤。

总之,19 世纪后期,中国丝、茶出口的衰落,外国棉纺织品进口的增多,中外贸易关系的根本变化,表明外国资本主义列强已逐步控制了中国的市场。把中国市场与世界资本主义市场紧密联结起来,这是把中国经济变成半殖民地经济的第一步,使得中国原来独立的封建经济带上了浓厚的半殖民地色彩。

三、中国买办阶级的出现

(一)什么是买办

"买办"作为一个名称,最早出现于明朝。当时一批专门为宫廷采购东西的商人被称为买办,这同今天讲的买办完全是性质不同的两回事。

买办,作为职业和身份的名称,始于鸦片战争前的广州行商制度,其主要任务是代理外国商人推销商品、购买土货。如史料记载,当时广州"遇洋船来,十三行必遣一个人上船。视货议价,乃偕委员开仓起货。及货售罄,洋人购土货回国,亦为之居间购入,而此一人,当时即名之买办"。一般说来,买办是殖民地、半殖民地国家中替外国资本家在本国市场上服务的中间人或经理人。因所处时代的不同,鸦片战争以前的买办和鸦片战争以后的买办,既有联系又有区别。其联系在于都是受雇于外国人,并且鸦片战争以前的买办在鸦片战后一般还当买办;其区别是鸦片战争以前的买办实际是行商制度的一个组成部分,即由政府派去替外国商人临时服务的人员。当时外国商人不能随意招雇中国人当买办,中国人当买办必须先向广州地方政府和海关监督请领执照。战后因行商制度废除,外国商人可以随意招雇中国人当买办。综合起来看,战前的买办不过是清政府实施闭关政策的工具,而战后的买办则是外国资本主义侵略中国的工具。

外国商人所以要招雇中国人当买办,主要原因有三:

第一,外国商人到中国来,人地生疏,语言不通,并且各地区经济情况十分复杂,货币制度、度量衡制度也不统一,因而在贸易中存在很多困难。雇用中国人当买办有利于沟通他们和中国商人之间的联系,找到原料来源和产品销路,从而攫取中国人的资金。第二,雇用中国人当买办,便于勾结中国官吏,招徕走私商贩。第三,可以利用买办在中国的合法身份和地位,骗取在不平等条约中所没有取得的利益,例如开矿、买地等。

(二)买办制度

买办制度就是外国商人和中国买办之间的雇佣关系,也就是中国买办为外国商人服务的方式。买办制度的主要内容:第一,外国商人给予买办的报酬有两种,一是业务佣金,就是经手买卖或联系业务每一次付给的报酬;二是额定薪金,即按时间付的固定工资。由于买办的收入主要不是额定薪金,而是业务佣金，就使得买办和外国资本家有了共同的利害关系。第二，买办是外商企业中中国籍职工的雇主和头目，负责为外商招聘中国籍职工、罢免中国籍职工、付给中国籍职工薪金、对中国籍职工的监督管理等。第三，买办须先提出保证。分信用保证（地方名流巨商出保）和现金、证券、地契保证。例如，“如有意外不测之事，各安天命，如怀私走骗，亏空银两，概由保人负责”。所以买办多数出身于当时的著名富商。雇佣条件由外商和买办双方签订契约或合同，到外国在华的领事馆备案，就在法律上生效，中国政府则无权过问。

（三）买办阶级

实行买办制度的结果，就是使中国出现了买办阶级。中国买办阶级形成于鸦片战争，持续至甲午中日战争，历时半个多世纪。由于外国资本主义大力培植和推行买办制度，买办商人数量日益增多，到甲午战前，全国各通商口岸的买办估计已不下万人。这时不仅在人数上是一股很大的政治势力，而且在经济上已有很大的势力。很多买办长期为外国资本服务，收受了大量资金，不少买办开设钱庄、典当，或把部分资本投资至外商和中国洋务派的近代工业。在 19 世纪 60 年代开始建立自己的组织，如买办人公会、联谊会、集益会等，还参加了各行业公所，至此，买办就不再是分散的个人，而是形成一个阶级。

买办阶级是依靠资本主义剥削为生的，它的经济基础是资本主义生产关系。但它不是一般的资产阶级，而是最反动的资产阶级，因为它的产生、形成、发展和全部活动，都与外国对中国的经济侵略密切相关。

(四)关于买办阶级的转化

在近代中国社会,买办作为资产阶级的一个阶层,具有较大的不稳定性。买办与非买办之间是可以相互转化的,并且有其转化的条件和界限。

士绅向买办转化。《南京条约》签订后,洋商感到不但需要熟悉商情的买办,而且需要熟悉“官情”的买办。另一方面,买办的丰厚收入也吸引了一些士绅甚至权贵参加到买办队伍中来。上海开埠初期有一位买办写信给其侄子说:“我建议你不要投身于宦途……过去十年,外商在上海贩运丝茶牟利颇厚,业务极为兴旺……我希望你学习英语,然后我将你推荐到外国洋行工作。”又如郑观应也曾希望正途出身,正是因为“小试不售”才“赴沪学贾”的。因此说,士绅阶层向买办转化,是中国近代社会结构中很突出的现象。

买办向官僚转化。有些士绅当了买办,仍不忘情捞个封建官衔和职务。盛宣怀曾忠告他的一位搞商务的朋友说:“目前办理商务,若不愿为他人之下,仍可列主事之衔。”早期著名的买办吴健彰、杨坊、唐廷枢、徐润、郑观应等,没有一个不纳资捐官的。纳资捐官还不算真正转化为官吏,只能说有转化的趋势。由于种种条件的限制,由买办直接转化为官僚的尚不多见。19 世纪比较著名的例子是旗昌洋行买办吴健彰和怡和洋行的买办杨坊,此两人转化为官僚的特定条件是适应了封建政权政治和经济的需要。鸦片战争后,清政府在西方资本主义的侵凌下,“剿抚均不得手”,迫切需要“洞悉夷情”的人。上海最早的旗昌洋行的买办吴健彰,就是因其“能作‘夷语’,故倚重之”，于1848年当了苏松太兵备道（上海道），第一个由买办转化为官僚。杨坊做官的路子基本上同吴健彰一样。

19世纪末，洋务派的官督商办企业，是买办向官僚转化的一个重要桥梁。因官督商办企业需要一批既能与洋人周旋，又熟悉新式企业的经营管理，同时又富有资财的人。买办就成了当时最合适的对象。如怡和洋行买办唐廷枢、宝顺洋行买办徐润、太古洋行买办郑观应，应邀参与清政府主持的官督商办企业，并担任总办、会办等职时，皆已辞去或不担任买办的职务，而且他们经办的企业同外国资本在华利益有直接冲突的一面。郑观应说“初学商战于外人，继则与外人商战”，正反映了这一情况。他们既是“官”，又是“商”，但已不是买办。

买办向资产阶级转化。19世纪70年代前，买办积累的资金成了外国洋行在中国的有力支柱。洋务派的官督商办企业兴起时，买办积累的巨额资金被吸收到官督商办企业中，随着官督商办企业的失败，有些人坚决走上商办的道路，转化为民族资本家。在近代中国，买办比地主、商人更早地转化为民族资产阶级，是因其有特定的条件。一、他们在较短时间内积累了巨额的财富；二、这些人具备经营新式企业的技术能力和社会联系；三、熟悉洋人企业赚钱的内情，渴望独立经营谋取较大的利润。据对第一次世界大战前江南三个地区即上海、南通、无锡六个行业中规模较大的38家民族企业研究的结果，在创办投资的42人中，就有买办和买办商26人，官僚10人，钱庄和一般商人6人，由买办转化来的占绝大多数。买办一经转化为民族资本家后，现实的经济利益决定了他们自然要同外国资本家发生矛盾，迫使他们在很大程度上放弃买办立场。当然不是所有买办都有转化的条件。

四、中国封建经济结构的逐步解体

19 世纪 60 年代后，由于外国资本主义列强对中国经济侵略的加强，中国几千年来封建经济结构——自然经济，开始了较大程度的解体。中国自然经济的解体，标志着中国封建经济基础的逐步瓦解和中国社会半封建化的开始。

（一）家庭手工业与农业的分离

男耕女织相结合的一家一户一个生产单位的小农经济是中国自然经济结构的核心，破坏了农民家庭手工纺织业，也就基本上瓦解了中国自然经济基础的核心。这一变化主要是 19 世纪 60 年代后，廉价的洋纱、洋布大量入销引起的，具体说是经过了两个步骤。

第一步是洋纱代替土纱，使纺与织分离。洋纱代替土纱，首先是在通商口岸及其附近的农村地区展开的。据统计，1872 ~ 1890 年间，洋纱的价格下跌三分之一。如 1877 年牛庄，每包三百斤的洋纱售银五十七两，而同量土纱却售银八十七两，价格相差如此之大，土纱自然与洋纱无力竞争。

此外，棉花价格的高低对手纺业有重大影响。原来印度棉花在中国市场上有重要地位，可是 19 世纪 70 年代后，印度棉花开始转销英国，同时印度本国棉纺织业也发展起来，要从中国输出棉花，这就造成了中国棉花价格的提高。因而中国的手纺业在洋纱跌价竞争和棉花价格相对昂贵的夹击下，不得不走向没落。其过程是，先用洋纱代替土纱作经线，后来才全部代替土纱。这种情况有不少史料记载,如广东番禺,“邑中女红以纺织为业。近洋纱自外国至,质松价贱,末俗趋利,以充土纱,遂多失业矣”。在南昌,“村百里,无不纺纱织布之家,但从光绪中岁以后……妇女愁叹坐食,机杼不闻,间有织者,以洋纱为经,棉纱为纬,或经纬皆用洋纱”。在山东茌平,“棉布之生产甚多,近来虽多采用洋线以织布,而手工织者因其纤维未疏,容易保温生暖,故仍多用之……亦有以洋线作经线者,纯属手工纺织者,面粗而多细棉壳之黑点即为上物也”。以上记载说明了洋纱代替土纱的过程。

第二步是洋布代替土布,使耕与织分离。这一过程较前一过程缓慢得多。据统计,1872~1890 年,总共十八年间,洋纱进口量增长了 20.64%,洋布只增长了 27%。这说明洋布不如洋纱容易被人们所接受。其原因一是在于当时中国的土布具有结实耐穿的优点,还有一定的竞争能力;二是洋纱代替土纱,使土布成本下降,加强了对洋布的竞争能力。随着资本主义工业的发展,洋布价格不断降价,使得中国土布具有的优越性被洋布以更低廉的价格所压倒。据史料记载,1871 年“中国(汉口)开始发现洋布比自己的土布,便宜得多”,到 19 世纪 80 年代,洋布因“幅宽质细价廉,而适于用,人皆便之,反弃土布而不用”,到了 19 世纪 90 年代已经出现“迄今通商大埠及内地市镇城乡,衣大布者十之二三,衣洋布者十之七八”。这标志着手纺织业与农业的分离。但应明确,这种分离是就中国自然经济结构的整体而言。就地区看,直到甲午战前,洋布代替土布的情况仅仅限于东南沿海和长江中下游地区。

可以说,自 19 世纪 60 年代以来,在洋纱洋布的排挤下,中国的手工棉纺织业遭到了破坏,就全国看,其破坏的程度很不相同,一般来说,在沿海、沿江交通发达地区破坏的程度就重,在交通不便的边远、偏僻地区,因洋货输入较晚,其破坏程度就轻,甚至保持原样。如广大的西北,一直到甲午战后,尚未发现外国纺织品破坏农村手工业的事实。至于北方广大地区以至西南一带农村的手工棉纺织业,仍然占着优势地位。

（二）其他手工业的衰落

中国手工业有悠久的历史传统,但自19世纪60年代以来,外国各种工业品大量涌入中国市场,致使中国各种手工业迅速衰落。例如,19世纪60年代以来洋铁输入激增,据统计,1867年进口洋铁十一万三千多担,到1885年增加到一百二十万两千多担,不到二十年增加十倍。这样,中国的土铁不仅在价格上很难与洋铁竞争,而且“洋铁的形式便利”、“较易加工,品质又纯”,人们弃土铁而用洋铁。向来有名的广东佛山冶铁业“前有十余家,今则洋铁输入,逐无业此者矣”。与此同时,煤油的大量输入使中国人终于看到了煤油不但给予更好的光亮,而且比常用植物油价格也更为低廉。据统计,1888年浙江温州的菜油价格“每斤需钱一百二十文,火油不过六十五文一斤”。另外,火柴、洋针、洋染料、洋糖、肥皂等的进口使中国的手工业纷纷走上衰落的命运。正如郑观应在其所著的《盛世危言》一书中所写,“洋布、洋纱、洋花边、洋袜、洋巾入中国,而女红失业;煤油、洋烛、洋电灯入中国,而东南数省之柏树,皆率为不材;洋铁、洋针、洋钉入中国而冶业者多无事投闲”,“所以然者外国用机器,故工致而价廉,且成功亦易,中国用人工,故工笨而价贵，且成功亦难。华人生计，皆为所夺矣”。可见，低廉的价格是外国资本主义破坏中国手工业的神圣武器。造成外国商品价格低廉的原因有两点：一是英、法、美等国经过产业革命，大规模使用机器生产，劳动生产率空前提高，这是降低生产成本的前提。从1788～1840年52年内英国棉纺织品的生产成本几乎下降10～12倍。二是轮船的使用、苏伊士运河的开通等，迅速建立了东西方之间的交通，缩短了航程，减少了货物的运输费用。

（三）农产品商品化的发展

19世纪60年代以来，中国自然经济解体的另一个方面，就是农产品商品化的发展。因外国向中国掠夺工业原料，中国茶、桑、棉花、烟草、罂粟种植面积扩大，使得一些地区粮食作物种植面积减少，促成地区之间粮食贸易增加。例如，山西、甘肃、陕西、河南等省本来就是产粮不足地区，由于扩种罂粟，粮食更加短缺，更是依赖外地。因此说，经济作物的扩种是引起粮食进一步商品化的直接原因。再者，这一时期工商业的发展，沿海及长江两岸的城市人口迅速增加，增加了对商品粮的需要量；三是农民本身因家庭手工业破产，为缴纳地租税，或换取某些生产资料和生活资料，就得出卖部分农产品。

总之，第二次鸦片战争后，由于农产品商品化的发展，中国的农村经济同样发生了急速的变化。原来农民要根据自己的需要进行农业生产，现在要根据市场的需要安排生产。有些农产品主要不是为满足自己的消费，而是到市场上出售。因此说，农产品商品化的发展，就意味着自给自足农业生产的开始解体。只是这种解体,是因外国掠夺中国农产品原料引起的。所以在解体过程中,农业中的资本主义并没有相应地发展起来,而是直接受国际市场的支配,成为世界资本主义经济的附庸。

(四)中国自然经济逐步解体的特点和意义

在一般资本主义国家,自然经济的大规模解体,是由于本国资本主义机器工业的发展促成的,但是中国的情况不是这样。促成中国自然经济大规模解体的主要因素,不是本国资本主义经济的产生和发展,而是外国资本主义的经济侵略,其中最直接的原因是外国资本主义的商品输出。在外国经济侵略下,促使中国自然经济解体的后果,就是破坏了中国的手工业,使中国手工业中的资本主义萌芽从此失掉了成长的基础,从而也就丧失了成长为资本主义工场手工业,并由此过渡到大机器工业的可能,使中国失去了独立发展的正常的道路。因此说,中国自然经济的解体,首先不是为中国资本主义的发展创造了良好的条件,而是为外国资本主义的侵略提供了市场,把中国纳入世界资本主义的剥削范围,使中国的社会经济日益打上半殖民地的深深烙印。

从另一方面看,相对于封建经济而论,自然经济的解体毕竟是历史的进步。因为从本质上看,自然经济与资本主义经济是根本对立的。原因主要有以下三点:一、自然经济的生产目的是自给自足,商品出卖只是自给有余的偶然现象,商品购买也是在不得已的情况下出现的。这样,资本主义生产所需要的广阔市场便无法形成和扩大。二、自然经济是农业与家庭手工业相结合的小农经济。农民虽经营手工业,但大都是以副业的形式附属于小农业的。这样,资本主义所需要的大批雇佣劳动力就无法得到。三、自然经济是孤立的、分散的小生产,无法实现精细的分工和采用先进的科学技术,也很难积累起发展资本主义的大量货币财富。正因如此,在19世纪后期,随着中国自然经济的解体,中国资本主义的近代机器工业就产生了。因自然经济解体而扩大的国内商品市场主要为外国资本主义所占领,并没有给中国资本主义的发展留下多少空隙,所以中国的近代经济只能是半殖民地半封建经济。

五、中国的资本原始积累

(一)什么是资本原始积累

马克思指出:“创造资本关系的过程,只能是劳动者和他的劳动条件的所有权分离的过程,这个过程一方面使社会的生活资料和生产资料转化为资本,另一方面使直接生产者转化为雇佣工人。因此,所谓原始积累只不过是生产者和生产资料分离的历史过程。”①可见,资本原始积累的内容包括:一、社会上一部分人积累了一定数量的财富,并把这些财富转化为资本,也就是要建立资本主义企业;二、不少人与生产资料相脱离,成为出卖劳动力的工资劳动者;三、积累财富和迫使生产者与生产资料相脱离的手段,既包括征服、压迫、掠夺、屠杀等赤裸裸的暴力手段,也包括一些所谓“合法”的压迫手段,像税收、高利贷、封建土地剥削等等。中国资本原始积累的过程,也是农民

① 马克思:《资本论》,《马克思恩格斯全集(第23卷)》,人民出版社1972年版,第782~783页。

和手工业者被剥夺的过程。

（二）中国资本原始积累的出现与源泉

过去有人认为，中国的资本原始积累与资本主义萌芽同时出现，其实，中国的资本原始积累在鸦片战争前尚未具备产生的条件。中国的资本原始积累开始于鸦片战争之后，根据是：一、外国资本主义对中国的经济侵略严重破坏了中国自给自足的自然经济，使大量小生产者与生产资料相分离，一部分农产品商品化，为资本主义生产关系的出现创造了客观条件；二、外国人在中国倾销商品，特别是开办近代企业，刺激了一些中国人搞资本主义生产关系的欲望。一方面是一部分商人、地主、官僚、买办把掠夺来的财富投资于近代工业；另一方面是大量小生产者破产，变成雇佣工人。

中国资本原始积累的源泉，主要来源于以下几方面：

第一，地租的转化。鸦片战争后，有些地主深感不断的农民起义对封建势力的打击，认为买地收租不像以前那样可靠，遂把掠夺的财富投资于近代企业。例如，中国的大资本家周学熙，他家有土地几千亩，他创办的启新洋灰公司、开滦煤矿等，其中的一部分资本是地租转化的。鸦片战争后，地租已是原始资本积累的源泉之一。

第二，税收的转化。洋务派创办的官办、官督商办、官商合办等企业，有一部分资金来自于海关税收。例如，江南制造总局的经费是海关拨付给轮船招商局的资金，这说明清政府的税收也是资本原始积累的重要源泉。

第三，官僚财富的转化。19 世纪中叶以来，清政府的封建官僚在镇压太平天国的过程中,对城市和农村进行了残酷的抢掠。有些封建官僚运用封建特权,通过办洋务、办外交、买军火、借洋款以及贪污受贿等积累的财富转化为资本。例如,创办恒丰纱厂的聂缉椝是曾国藩的女婿,曾任上海道五年,积累了不少财富之后开始经营纱厂。对于这种情况,有个外国人说:“中国之资本家或为商人,或为大地主……惟于此二者之外,有一外国所不能见之资本家,盖即官吏是也。”这表明,中国资本主义机器工业产生时期,官僚资本是中国资本原始积累的重要源泉。

第四,买办资本的转化。即买办帮助外商对中国实行经济侵略时,从外商那里得到薪金和佣金。

第五,商业高利贷的转化。商业高利贷是历史上最老的资本,在鸦片战争前即有一定的积累。鸦片战争后,中国的商人看到经营新式企业有利可图,就将积累的货币资金投向近代企业,成为资本原始积累的一个来源。例如,最早在广东南海创办继昌隆缫丝厂的陈启源是“经商暹罗”的商人;在上海创办公和永缫丝厂的黄佐卿是“经商旅沪”的商人;荣宗敬、荣德生兄弟以经营钱庄起家,后来成为近代中国最大的民族资本企业的创始人。

第六,华侨资本。即在世界各地的华侨,有一部分人发财致富,归国投资办近代企业。如南洋华侨张振勋在烟台创办的张裕酿酒公司。

(三)中国资本原始积累的特点

资本原始积累的过程,在不同的国家,带有不同的色彩。

中国资本原始积累的特点：

第一，从积累的动力看，中国的资本原始积累是在外国资本主义侵略刺激下开始的，具有长期性、持续性，进程相当缓慢，最终也没有完全战胜封建制度，在中国建立起完整的资本主义社会。造成这一特点的主要原因：一、外国资本主义侵略对中国的资本原始积累起了阻碍作用。表现为向中国倾销商品、向中国政府高息贷款、掠取战争赔款，这些本可作为中国资本原始积累的源泉，却被外国侵略者占用。这就必然阻碍了中国资本原始积累和资本主义发展的进程。二、西欧等国在资本原始积累过程中，国家政权起了巨大的促进作用，而中国封建政权首先代表的是外国资本主义和国内封建势力的利益，对中国的资本原始积累一般持压制态度。清政府给外国资本主义许多特权，但对中国的商品生产实行重税压制手段。三、中国自然经济解体的过程是缓慢的，自然经济在许多落后地区占统治地位，这是中国资本原始积累缓慢的原因之一。

第二，从积累过程看，中国资本原始积累的过程是在外国资本主义入侵后开始的。所以在这一过程中发生的资本原始积累，很大一部分集中在外国侵略者手中，其中只有一部分成为中国的资本原始积累，其数量是有限的。这一方面造成了大批小生产者成了劳动力的出卖者，另一方面，由于本国资本主义得不到充分发展，破产的小生产者不能全部进入工厂，故长期处于失业的痛苦境地。

第三，从积累用途看，中国资本原始积累同封建剥削制度有着密切的联系。外国侵入中国后，为了统治中国的需要，一方面保存中国落后的生产方式，另一方面又阻碍中国资本主义的正常发展。在这种情况下，地租剥削、高利贷利息往往高于产业利润，因此，在原始积累过程中形成的买办资本、官僚资本、商业资本投向近代工业的同时，并没有放弃封建剥削。

中国资本原始积累的过程，尽管表现了上述特点，但在本质上仍然是对小生产者的剥夺，是用残酷无情的野蛮手段进行的。

六、中国资本主义近代工业的产生

洋务运动是适应了当时中国资本主义化的趋势和要求出现的，是中国近代工业产生的第一步。

（一）洋务派的军用工业与中国近代工业

洋务派兴办军事工业，开始于19世纪60年代。从1861年曾国藩创办安庆内军械所，到1890年张之洞创办湖北枪炮厂为止，先后由洋务派官僚、各省督抚在中央或省创办了大大小小一共24个军火工厂。其中规模较大的有江南制造总局、天津机器局、金陵机器局、福州军政局等。关于洋务派军事工业的性质，史学界多数认为主要性质是封建的，但也带有资本主义性质。从经济史的角度看，这些军用工业的兴办对中国资本主义近代工业产生了促进作用。

第一，洋务派的军用工业在中国最早开始使用机器，并且在引进技术的同时，也引进了资本主义生产关系的某些方面，例如资本主义的经营管理等，在一定程度上打破了中国闭关锁国的闭塞状况，开创了新的社会风气，对中国近代工业的产生和民族资本主义的出现起到了促进作用。

第二，为中国培养了第一批近代科学技术人才。江南制造总局设立了工艺学堂，专门培养训练制造枪炮和使用枪炮的技术人才。福州船政局从创建起就附设了船政学堂，后又设立了“艺圃”，这些都是中等专业学校。这两处学校开设的课程有外语、数学、绘图、驾驶、矿学、建筑等。福州船政局还先后三次从上述学校的毕业生中选拔优秀的学生到英、美各国留学深造，培养了一批有专门学识的人才。

第三，培养了一批会使用机器生产的技术工人。在洋务派军用工业中从事生产的工人，是中国工人阶级的来源之一，在中国早期工人阶级中，数量上占压倒性优势。在1870年前后，全国使用机器生产的工人不到一万人，而江南制造总局就占了13%。

第四，翻译出版了一批西方近代科学著作。在洋务派的军用工业中，系统进行翻译工作的是江南制造总局，它一创办就附设翻译馆，聘请英、美传教士和中国的一些知识分子进行翻译工作。到19世纪末期，一共翻译出版了120多种，多数是基础知识读物，对中国近代科学教育和研究事业的发展起了促进作用。

第五，促进了其他近代工业的产生和发展，特别是促进了近代矿业的产生和发展。例如：台湾基隆煤矿就是因江南制造总局和天津机器局对煤炭的需要而创办的；徐州利国驿煤矿，也是左宗棠直接因军火工业需要而奏请创办的。

（二）洋务派的民用企业与中国近代工业

1. 洋务派民用企业的产生和采用的主要形式

洋务派兴办民用企业，开始于19世纪70年代。洋务派兴办民用企业的经济原因，主要有两个方面：

一是洋务派在前期创办军用工业的过程中遇到了一系列难题，其中主要是原料和燃料来源不足。正如李鸿章所说："船炮机器之用，非铁不成，非煤不济。"如要长期向外国购买，价格既贵，又不及时，还可遇到买不到的时候，终非妥善之策。再是经费不足。虽然各军火工厂的资金来自海关税收及其他收入，但洋务派感到"百方罗掘，仍不足用"。这说明"武器的生产，是以整个生产为基础"。在资本主义国家，军火业只是整个国民经济体系的一个环节，而洋务派的军用工业是在没有任何基础的条件下孤立生产的。这使洋务派开始认识到外国资本主义国家是由工商致富，由富而强的，因而提出"必先富而后强"，即兴办民用企业来扶持军用工业。

二是19世纪60年代后，由于外国的经济侵略，中国的自然经济在沿江、沿海地区有了较大程度的解体，资本主义的商品市场和劳动力市场不断扩大，外国人在华设厂攫取了高额利润，这不仅刺激着洋务派创办民用工业的兴趣，而且有些同洋务派有联系的地主、官僚、商人，特别是买办，手中积累了大量的资金，迫切需要寻找出路，看到外国人在中国办工厂可获大利，亦跃跃欲试，但又不敢冒独立经营的危险。在上述情况下，当时要办民用企业，有两方面的需要，以洋务派代表的官方因经费困难，要收天下之财为其所用；从投资的地主、商人、买办等私方看，要投资设厂，需要取得封建政权的保护。官督商办正是基于以上两方的需要，成为洋务派兴办近代民用企业的主要形式。正如郑观应在《盛世危言》一书中所说："全恃官办，则巨费难筹，兼积商资，则众擎易举。然全归商办，则土棍或至阻挠,兼倚官威,则吏役又多需索……必官督商办,各有责成。”

所谓“官督商办”,即“官总其纲,察其利弊”、“所有盈亏,全归商认,与官无涉”。也就是政府以股份公司的形式,吸收私人投资办企业,开办时清政府垫拨的官款,从企业盈利中逐年抽还,在当时的情况下,着重体现了政府对商办企业扶植的一面。可见洋务派由兴办军事工业转向兴办民用工业,是顺应了资本主义经济规律发展的要求,而采用官督商办的形式,又是在当时中国社会条件下,产生的一种特殊形式。

2. 洋务派兴办的主要民用企业

洋务派从19世纪70年代创办民用企业,到19世纪90年代甲午中日战争爆发,共创办了二十多个民用企业,其中规律较大的有轮船招商局、开平矿务局、上海机器织布局、天津电报局、漠河金矿等。下面就对中国近代工业影响最大的企业作简要介绍。

(1)近代航运业——轮船招商局。

1872年,由洋务派招商创办的轮船招商局,是洋务派由兴办军事工业转向兴办民用工业的开端,也是由官办转向官督商办的第一家企业,又是中国人创办的近代化的第一家大型轮船航运公司。就其创办的经济动因分析,一是中国在19世纪60年代前,中国沿海及内地航运,主要靠旧式帆船,但自1852年起,由于运河河道梗阻,漕粮北运越发困难;二是自19世纪60年代开始,中国的航运被外国资本的轮船公司控制,每年从航运中掠取的利润超过八百万两。洋务派在“略分洋利”的思想指导下,正式招商设局。据李鸿章本人讲,轮船招商局“无事时可运官粮客货,有事时运武装援兵军火”。该局成立后的资金有商股七十三万两，官款近二百万两，到 19 世纪 70 年代共有轮船三十艘。

该局成立后，收回了一部分航运利权。1880 年太常寺卿陈兰彬奏称："招商局未开以前，洋商轮船转运于中国各口，每年约银七百八十七万七千余两，该局既开之后，洋船少装货船……合计三年中国之银少归洋商者，约有一千三百余万两。"为此，在该局经营过程中，很快遭到了外国轮船公司的跌价竞争，使该局不得不一再降低运价。同时该局经营的到日本、新加坡、菲律宾等国的远洋航运，同样受到了洋船的竞争。这说明在外国资本的排挤下，该局的发展是十分困难的。

(2)近代煤矿业——开平矿务局。

开平矿务局是当时中国最大最著名的煤矿开采企业，也是洋务派办的最成功的企业。因当时煤炭需求量急剧增加，李鸿章派唐廷枢于 1877 年创办。该局在管理上，比较明显地体现了资本主义性质。在《开平矿务章程》中规定，生产成品要按"买卖常规"，由"商人销售"，只是天津机器局、轮船招商局优先购用，余者在天津或运至其他口岸销售。该局于 1878 年正式成立，至 1881 年开始投产，到 1885 年煤产量已达十八万七千余吨，十七年内获利两千万两以上。该局开采的煤投放市场后，立即和天津洋煤(主要是日本煤)展开了争夺天津市场的斗争。1881 年天津进口洋煤一万七千余吨，1886 年减至三百零一吨。1892 年唐廷枢去世后，该局由张翼主持，开始聘用外国人任重要行政职务，并大借洋款，致使该局在 1900 年被英人占夺。

(3)近代棉纺织业——上海机器织布局。

上海机器织布局是中国第一家近代棉纺织工厂。在鸦片战争后，长江沿岸被迫开放，天津、烟台、营口对外开埠通商，外国棉纺织品长驱而入华北、华东和西南各地。为了"略分洋人之利"，由候补道彭汝宗倡议，呈请南北洋通商大臣沈葆桢、李鸿章奏准创办。1890 年开车生产，至第三年"每日夜能出布六百，销路颇畅"，并由郑观应提出由李鸿章奏准，给予该局专利十年和减税的特权，因而获利颇大。

(4)中国铁路的产生——唐山胥各庄铁路。

唐山胥各庄铁路是由中国人修筑的第一条铁路。该铁路的修筑是因开平煤矿兴办后，采用马车外运煤炭，速度慢，载量少，运费高。为降低煤炭的运输费用，增加利润，解决北洋海军和轮船招商局的用煤问题，由李鸿章奏请修筑。该铁路从 19 世纪 70 年代末期动工，到 1881 年修成通车，全长十一公里。后陆续延长到卢台、天津、山海关外，全长近二百公里。

3. 洋务派民用企业的历史作用

19 世纪末期，洋务派以"官督商办"为主要形式创办的民用企业，对中国近代工业的产生和发展起到了积极作用还是消极作用，是史学界长期争论的问题。从洋务派民用企业的产生和发展过程考察，如果限定在民用工业的前期，应该说积极作用是主要的。这是因为：

(1)在 19 世纪 70 年代，清朝的顽固势力还比较强大，他们反对引进机器生产和科学技术，外国反动势力也反对中国建立新式企业。在这样的历史条件下，正是由于掌握实权的洋务派的倡导，新式企业才取得了合法地位。而一部分与洋务派有联系的地主、官僚、商人、买办才敢于把手中的资金投入新式企业，采用“官督商办”这一特殊形式，使中国的封建社会内部产生了第一批近代化的民用企业。这在一定时期对于刺激和促进民族工业在中国的生长起了一定的积极作用。

(2)从生产力来看，这些民用企业采用大规模的机器生产，在当时中国手工业占统治地位的情况下，它代表了社会生产力发展的方向；从生产关系考察，这些民用企业基本上属于资本主义性质，主要表现为私人投资、追求利润、雇佣工人。在当时封建经济占统治地位的情况下，它在生产关系上也代表了变革的方向。

(3)这些民用企业的创办，在一定程度上是为了摆脱外国控制，振兴本国经济，挽回利权。从这点看，民用企业的创办有一定的独立自主的意义。有些民用企业的创办，在很大程度上是为了与外国竞争，亦有一定的抵制外国经济侵略的意义。

(4)这些民用企业虽直接或间接为封建政权服务，但它毕竟不同于洋务派的军用工业。因为民用工业的生产，是属于国民经济的范畴，是正当的工业生产，它对社会生产的促进作用比较明显。

但是另一方面，从洋务派民用企业的发展后期看，对中国近代工业的发展所起的作用主要是消极的。这是因为，这些企业主要掌握在由政府委派的封建官僚手中，在发展过程中存在着“官权侵商”、“以官制商”、安插亲信、贪污中饱等一系列问题，使企业成为封建衙门，“坐办公室的人太多”。官商矛盾日趋尖锐，经营管理日趋腐败，后来成了早期维新派攻击的对象，提出“官办不如商办”的口号。例如郑观应是最早提出“必官督商办”的，后来则提出“商必可办，官必不可督”。

(三)中国民族工业的产生

1. 民族资本主义工业的出现

所谓民族资本,就是在外国资本主义侵略和压迫的国家中,民族资产阶级所拥有的资本,主要是指中等资产阶级的资本。在甲午战争前,所谓民族资本,通常又称商办企业,也就是私人创办的资本主义企业。

中国民族资本近代工业,产生于19世纪六七十年代。据现有资料,中国第一家民族资本工厂,是1866年由上海的方举赞、孙英德合伙创办的上海发昌机器厂。该厂原为手工锻铁作坊,专替外国商船打制修配船用零件,1869年起开始使用车床,由手工作坊转变为近代机器工业,进入19世纪80年代后,逐步发展为当时上海规模较大的民族资本机器工厂。

从1866年第一家民族资本工厂产生起,到甲午战争止,中国的民族资本工业一共出现了150家左右。主要属于以下行业:

(1)缫丝业。民族缫丝业的第一家机器工厂,是由华侨商人陈启源在1872年于广东南海县创办的继昌隆缫丝厂。陈启源在南洋一带多年经商,积累了一笔货币财富,在泰国见到用机器缫丝,速度快、质量好、利润高,回国后见到家乡南海一带盛产蚕茧,因而创办缫丝厂,采用法国机器缫丝。厂内“女工六七百人,出丝精美,行销于欧美两洲,价值之高倍于从前,遂获厚利”。

该厂创办不久,就遭到当地士绅、地主、官僚和农民手工业者的强烈反对。他们反对的理由:一是男女同厂,有伤风化;二是机器和汽笛的声音太大,是不祥之兆;三是烟囱太高有害风水;四是机器伤人事故太多。实际上最根本的原因是机器排挤了手工业,打击了自然经济为基础的核心。1881 年秋,广东南海顺德一带手工缫丝农民发生暴动,要捣毁继昌隆缫丝厂。当地政府派兵解散了暴动的群众,并勒令该厂停业。陈启源只好将厂迁到澳门。三年后仍搬回南县,因“以事招众忌,乃改制缫丝小机”,便于部分小生产者在家里作业,从而缓和了机器工业与手工业者的矛盾。

继昌隆起了开创新风气的作用,在该厂的带动下,南海、顺德一带,在 25 年时间内就产生了五六十家机器缫丝业,发展成为民族缫丝业的一大中心。

民族缫丝业的另一中心是上海。在上海出现的第一家民族资本的缫丝厂,是 1882 年由商人黄佐卿在苏州河北岸创办的公和永机器缫丝厂。开始有丝车一百部,后发展到九百部。到 19 世纪 90 年代,在上海已出现了七家民族资本的缫丝厂。

(2)棉纺织业。李鸿章在创办上海机器织布局时,曾规定十年之内国内不准另设新厂。因之这时期棉纺织业,主要是官办的湖北织布局、官督商办的上海机器织布局和官商合办的华新纺织新局。直到 1894 年,方由道台朱鸿度在上海开办了第一个商办的丝厂——裕源纱厂。

(3)机器制造业。中国民族资本的机器制造业最初都兴办在上海。甲午战前一共有十家左右,多数是由打铁作坊转化的。发昌机器厂是这种转化的第一家。最大的一家是买办商人祝大椿在 1893 年创办的源昌机器五金厂,有资本十万元,制造缫丝机、轧花车等。此外,汉口、广州几家小厂,只能从事船舶修理和装配，谈不上机器制造。

(4)火柴业。中国火柴业，产生于19世纪80年代末期。第一家民族资本火柴厂1887年创办于厦门，但不久就停办了。据《中国火柴》一书的资料，甲午战争前全国创办的火柴厂共有十一家。比较大的有两家，一是买办商人叶澄衷在上海创办的燮昌火柴厂，资本达二十万元以上，雇工一千多人；二是四川商人卢干臣在重庆创办的森昌泰火柴厂。火柴工作本身比较简单，可以雇用大量廉价的童工和女工，有比较广大的市场。因此该工业的发展较快，分布地区比较广。

(5)面粉业。中国第一家民族资本面粉厂，是1878年由买办商人朱其昂在天津创办的贻来牟机器磨坊，规模不大，仅有磨面机一部，但每年获利六七千两。后有1883年上海裕泰恒火轮面粉局的建立，1887年福州机器面粉厂的建立。1891年，商人李福明在北京东便门外设立了一座机器磨坊，被人告发，都察院命令拆除，李福明违抗不听，被“交刑部照例治罪”。由此可以看出民族工业产生过程中受封建势力压迫之严重。

(6)采矿业。19世纪70年代末期到80年代初期，因国内市场对煤炭的需求量增多，遂出现了民族资本兴办机器煤矿的高潮。在1880年前后的二三年中出现的煤矿共有九个。如：安徽池州煤矿、湖北荆门煤矿、山东峄县煤矿、直隶临城煤矿、奉天金州路马山煤矿、徐州利国驿煤矿。这些煤矿大多以原土法开采为基础，只是在个别工序上使用机器，就是“用土法取煤，用机器抽水”。

19世纪80年代以后，民族资本创办的其他金属厂矿共十余家，大都规模小，主要用人工开采。其中规划最大的是1883

年由“广东巨商”李宗岱创办的山东平度招远金矿，前后投资达八十万两，还“购进了外国机器，聘请了外国技师”，但因经营不善，勉强维持了六年。

(7)造纸与印刷业。中国近代造纸业的兴办，是鉴于1881年美国商人在上海设立的华章造纸厂，每日生产各种纸张两吨，获利极厚，刺激了商人办厂的兴趣。先是1882年广州商人合伙设立了一个造纸公司。继之，1890年广州商人钟锡良设立宏远堂造纸厂，并享有十年专利权。该厂设备齐全，每日生产纸62担。1891年，李鸿章看到纸厂很赚钱，也募集商股在上海建立了伦模纸厂，资本十五万两，职工约一百人，年产量六百吨，由于外国纸的竞争，该厂不久就停业了。

在印刷业方面，因中国商人见到英商在上海创办的点石斋石印局获利优厚，便纷纷仿效设印刷局。其中以1882年徐润在上海创办的同文书局规模较大，影印的古版书籍，至今流传很广。

2. 中国民族工业产生的特点

中国民族资本主义工业，产生在半殖民地社会的特殊环境，因而具有许多明显的特点：

(1)从产生途径看，基本上是通过引进技术和引进资本主义经营方式这一道路产生的，它没有本国手工业发展的基础，更没有经过产业革命的阶段。在中国土地上首先出现的是外国资本在中国创办的机器工业；继之，是洋务派官僚集团购买外国机器设备在国内建立的机器工业；以后，才是民族资本家从外国或在华的外资企业中购买机器设备创办的近代机器工业。

（2）从投资来源看，由于中国的民族工业主要不是在本国手工业基础上发展起来的，因而最初的民族资本家很少是由手工工场主转化而来的，而大部分是由封建官僚、地主、士绅、商人、买办转化而来，而最初资本大部分来源于封建剥削。这就决定了中国民族工业从一产生起，就与封建主义有比较密切的联系。

（3）从产生的社会条件看，中国民族工业产生在外国资本主义侵略中国的条件下，又是通过引进生产技术的方式产生的。这就决定了民族资本在技术方面要依赖外国，因而它与外国资本主义既有尖锐的矛盾，又有比较密切的联系。

（4）从产生地区看，主要集中在通商口岸或靠近通商口岸的地方。形成民族工业这种畸形分布的原因，是同中国半殖民地的社会性质分不开的。多数民族工业设在上海和广州通商口岸，或者为了便于获得外国的机器设备，或者依靠外国势力的保护，"贿买照牌，假托洋商之名"，更重要的是沿海、沿江通商口岸附近自然经济有了较大程度的解体。

（5）从设备技术水平看，就平均资本说，中国的民族资本不仅无法和外国在华的企业相比，而且也比不上官办、官督商办和官商合办的企业。从技术水平说，手工操作还占相当地位。按理说，中国民族工业多数出现在19世纪末期，又是通过技术引进的方式产生的，本来可以引进先进的技术，具备较高的技术水平，之所以出现设备简陋和技术落后的原因，一是中国民族资本的货币积累不足；二是不像西方的工业革命大都是因劳动力紧张而发动的。由于封建土地兼并和外国商品的倾销，破产的农民和失业的手工业者越来越多，中国当时的劳动力处于过剩状态,造成了劳动力价格的便宜,就使得资本家大量雇用人力进行手工操作,不求生产工具的改进和革新。

总之,中国民族工业产生过程中所表现出来的上述特点,决定了中国民族工业发展的道路是曲折和艰难的。

第二章　近代中国半殖民地半封建社会的形成（1895～1916）

一、外国列强对中国的资本输出

甲午战前，外国资本主义列强对中国进行经济侵略的主要手段是商品输出。当时虽已开始了资本输出，但数量不大，而且大都是为商品输出服务的。19世纪末至20世纪初，资本主义的发展由垄断代替了自由竞争。为了获得高额垄断利润的投资场所和原料产地、商品市场，外国列强在中国开始划分势力范围，展开了大规模对华投资的斗争。

导致帝国主义对华投资迅速增长的关键是1895年《中日马关条约》的签订。因为该条约中的一项重要内容是：允许日本人在中国通商口岸设厂，并享有与中国人民同等豁免税课的优待。这就意味着打开了向中国资本输出的大门。因此，《马关条约》的签订，标志着外国对中国的经济侵略进入了一个新的历史时期，即资本输出的时期。

外国在华投资总额在甲午战前不过2～3亿美元；到1902年增至15亿美元。外国对华投资的迅速增长，标明中国这个国际投资场所已经形成。

（一）对华投资的主要国家及其地位变化

在各国投资总额中，主要是英、法、俄、德、日、美六国。这六国的对华投资始终占外国对华投资总额的95%以上，而这六个国家不同时期投资的地位亦在不断变化。

根据统计，1900年以前，英国对华投资占首位。其原因一是英国资本主义产生最早，发展最快，资本输出的要求产生得早；二是英国对中国的侵略最早，在中国的势力处于领先地位，这就决定了对华投资也处于领先地位。

1902年，各国对华投资中沙俄居首位，英国占第二位，德国第三，法国第四，美国第五，日本第六。沙俄在甲午战前基本上没有什么对华投资，但在甲午战后的短短几年内，由于它取得了在中国东北修中东铁路的权力，对华投资增长极快，以至于在当时压倒了英国。

到1914年，各国对华投资中英国又跃居首位，沙俄退居第二位，其次是德、日、法、美。这是因为，经过1905年的日俄战争，俄国的力量受到了削弱，其苦心经营的中东铁路的一段即南满铁路为日本占有。因此，进入20世纪后，日本对华投资增长的速度最快。

各国对华投资的变化，反映了各国在华势力增加的情况，也是各国集团之间政治、经济发展不平衡的反映，表现在：

第一，19世纪末期，英、德、俄、法四国是支配中国的主要力量，这就造成了这一时期四强瓜分中国的局面。到1902年，四国在中国的投资占外国在华投资总额的86.6%，共约十三亿美元，其中英德同俄法又各占约半数。这就出现了英德同俄法争夺中国利权的两个对立的同盟。

第二,到 1914 年第一次世界大战即将爆发时,两个同盟的均衡局面就被打破了。表现为英国的势力大大增长,其对华投资增加了近一倍,即由 1902 年的三亿多美元,增长到 1914 年的六亿多美元;而德、法两国的投资增长比较慢,沙俄又在 1905 年的日俄战争中被削弱了。与此同时,日本在华的势力发展很快。因此,日本与英国结成同盟与德法相抗衡。英日同盟掌握五分之一的中国市场。美国在甲午战后的一段时间内,由于忙于同西班牙争夺菲律宾群岛,对华投资远比其他国家少,但到第一次世界大战前夕,也开始活跃于中国投资市场,形成六国统治中国的局面。

第三,第一次世界大战中,俄国发生了十月革命,德、法在战争中被削弱了,因而支配中国的主要力量只有英、美、日三强了。

通过各国列强在华投资的变化可以看出,英国的投资一直占据重要地位。整个 19 世纪,在华列强当推英国为首。从甲午战争到辛亥革命时期,对中国借款最多的是英国,所以当时中国国际关系的任何一个方面,英国都占据优势。自从日、俄侵略中国东北以后,英国在某些方面的相对重要性日益降低,但因它的势力比较雄厚,所以在 1914 年的对华投资中还是占据首位。在第一次世界大战中,英国的优势地位就被日本所代替。日本是通过战争赔款起家的。日本对华投资的原始资金,主要来自甲午战争二亿六千万赔款和三千四百九十九万两的庚子赔款。这些巨额赔款,不仅使日本的国内资本主义经济得到了迅速发展,而且扩大了它的对华投资。当时日本的财政收入只有八十万日元,而甲午战争赔款就相当于日本四年半的财政收入。日本对华投资迅速增长,还因日俄战争后日本侵入我国东北取得了南满铁路,并成立了南满铁道会社。据 1914 年统计,日本的对华投资已达一亿九千余万美元,其中 68.9% 投放在东北。于是随着美国对华投资的显著增加,日、美争夺中国的矛盾明显尖锐起来。为此,美国国务卿罗伯特·兰辛和日本的特命全权大使石井菊次郎于 1917 年 11 月代表两国政府签订了《兰辛—石井协定》,美国承认日本在中国有“特殊权益”,而日本也不否认美国在中国的权益。

(二)对华投资的主要形式和特点

外国对华投资的主要形式分借贷资本输出和产业资本输出两种。借贷资本输出是属政治性投资,就是以贷款的方式,借给中国政府用于军费、赔款或意外开支,这类投资一般称间接投资。产业资本输出是属于经济性投资,一般称直接投资。直接投资包括企业投资和房地产投资两部分,企业投资是剥削中国的最重要的部分。在企业投资中包括金融业、贸易业、运输业、制造业、矿业等。

外国对华投资概括起来说,有以下几方面的特点:

第一,从在华投资的原始资本看,绝大部分来自对中国的掠夺,多是鸦片利润和战争赔款的转化。就鸦片利润说,鸦片战争后,由于鸦片贸易合法化,贸易量逐年增加。据粗略估计:1870～1914 年,各国在中国进行的鸦片贸易值不下 25 亿两白银,从中攫取的利润至少在 20 亿两以上。可以肯定地说,外国对华投资很大一部分是由鸦片利润转化来的。

再是战争赔款。从1840～1900年，外国列强通过对中国发动多次侵略战争，迫使中国赔款总额达十二亿七千七百万银两。这些巨额赔款有相当一部分转化为外国对华投资的原始资本。在20世纪初，日本在中国比较大的企业几乎全部是用战争赔款创办起来的。

另外是通过金融机构吸收中国的资金，利用中外合资和发行公司债券及股票的办法吸收中国人的资金，并且通过经济压力掠夺中国企业。例如：日本和英国就是通过贷款方式把中国的汉冶萍公司和开平煤矿掠夺走的。这些都说明，外国的所谓对华投资实际上是用中国人的钱剥削中国人。

第二，从投资方式看，直接投资比重特别高。据统计：1914年全部在华投资中，直接投资占66.3%，间接投资占33.7%。直接投资中固定性的生产投资比重很少，不固定的非生产性的投资比重大，这说明资金带有明显的流动性，突出反映了外国在华投资企业中，重工业很少，轻工业也不多，比较多的是金融、贸易和交通运输业，这表明外国列强欲把中国变成它的商品市场和原料供应地，不允许中国有强大的工业。再是中国的长期动乱局面使其担心固定性的投资容易遭受损失。因此，它们更多地向那些资金流动性大的部门投资，以便随时抽逃资本。这说明帝国主义在华投资方向上表现出明显的投机性。

第三，从投资地区看，主要集中在通商口岸和修筑铁路的特权地区。这是因为外国在中国通商口岸和租界地享有特权，又因在各自的“势力范围内”获有铁路修筑权，因而，铁路沿线的特权区域成了外资企业建立的集中地区。东北和上海就是这种地区的典型，成为外国列强矛盾的中心。而“划分的势力范围”,又是它们各自的投资中心。如:法国资本之在云南,德国资本之在山东,英国资本集中在长江沿岸各地,造成了近代中国经济的分裂和极端的不平衡状态。

二、外国列强对中国经济命脉的控制

外国在华投资的直接结果,就是控制中国的经济命脉,加深了中国经济半殖民地化的程度。

(一)对中国财政金融的控制

外国在甲午战后对中国财政金融的控制是通过两方面的措施实现的。

1. 向清政府贷款

清政府举借外债始于 1853 年。甲午战前的借款数额不大,基本上是随借随还。甲午战后,清政府为对日赔款,先后实行三次大借款,即 1895 年的俄法借款、1896 年的英德借款和 1898 年的英德续借款,总计白银三亿两。这些借款利息高(4 ~5 厘)、折扣大(94%),最严重的是以关税和盐税作保,规定中国海关税务司均由外国人担任。从此,中国的关、盐两税统归外国掌握,而这两项税收是当时中国政府的主要财政收入。

2. 在中国设立银行

甲午战前外国列强在中国开设的银行共八家,主要是为对中国进行商品输出服务。甲午战后,从 1895 ~ 1913 年,外国在中国增设银行 13 家,分支机构达 85 处。最大最著名的是英国的汇丰银行、法国的东方汇理银行、美国的花旗银行、日本的横滨银行、俄国的华俄道胜银行。这些银行成了列强在华投资的指挥机构和执行机构。它的主要任务是掌握对中国的财政贷款,控制中国财政;利用特权发行纸币,控制中国的金融市场;吸收中国的社会资金,为外国在华投资服务;独占外汇投资铁路矿山,控制中国的金融、交通运输业和工矿业。为加强经济侵略,这些银行还联合组成银行团。例如:1910 年组成了英、法、德、美四国银行团,后又有沙俄和日本的加入,成立了六国银行团,到 1913 年美国又退出,变成了五国银行团。

（二）对中国贸易的控制

甲午战后,随着外国资本输出的增加,中国通商口岸的增开,外国列强对华贸易额迅速增长,使中国对外贸易保持大量入超状态。据统计,在中国经营贸易的外国商行,1892 年为 579 家,1913 年增加到3805家。外国在中国商业机构的显著变化,是许多机构多是世界垄断组织的分支机构。例如:英国的英美烟草公司、英商中国肥皂公司、美国的美孚石油公司等。中国的对外贸易主要由这些垄断组织操纵。至于中国的国内贸易,外国的垄断组织同中国的买办商人相结合,组成广大的商业网,从通商城市到广大农村,为外国资本家推销商品和收购原料。

（三）对中国交通运输业的控制

外国对中国交通运输业的控制,包括铁路和航运业投资两个方面。

第一,甲午战后,外国列强在瓜分中国的斗争中,特别重视铁路投资,为此,掀起了投资铁路的狂潮。首先在中国投资修筑的铁路是1876年英国商人擅自修筑的吴淞铁路。从1895～1904年十年间，外资在中国直接经营的铁路有：沙俄中东铁路（1897年动工，1903年通车）、德国的胶济铁路（1899年动工，1904年通车）、法国的滇越铁路（1903年动工，1912年通车）。另外，外资间接经营的铁路主要有：京汉铁路（1897年动工，1906年通车）、粤汉铁路（1901年动工，1918年通车）、泸宁铁路（1903年动工，1908年通车）、汴洛铁路（1904年动工，1908年通车）。据统计，20世纪30年代，中国铁路由外国直接或间接经营的分别占47%和44%。到1911年，在中国已建成的铁路共九千六百多公里，中国自主修筑的铁路只占6.9%。可见，20世纪初年中国的铁路几乎全部为外国控制。

第二，航运业是外商在华直接投资最早的部门。甲午战后，外国除投资轮船外，还包括港口工程及码头等。据统计，外国在中国设立的轮船公司，1894年已有14家，1895～1913年又新设了14家。以外资最大的太古、怡和、日清三家轮船公司同中国轮船招商局在长江内河航线上的轮船吨位比较，外轮吨位占70%～80%。至于远洋航线，几乎全为外国轮船公司所垄断。

在华的外资航运中，以英国和日本的势力为最大。甲午战前，英国几乎独占了中国的航运业。甲午战后，日本在华的航运势力急剧增长，20世纪初打破了英国的独占地位，形成了英日两家平分中国的局面。

（四）对中国工矿业的控制

甲午战后，外国列强取得了在中国设厂的特权，直接利用中国廉价的原料和劳动力制造商品,就地出售,从而垄断了中国工矿业的生产和市场。

1. 投资设厂情况

1895~1913年,外资在中国设立的比较大的工厂达104家,投资总额将近甲午前的七倍,其中主要是棉纺织业和烟草业。这期间外资仅在上海设立的纱厂就有五个,即英商怡和纱厂、老公茂纱厂、协隆纱厂、美商鸿源纱厂、德商瑞记纱厂。此外,还有日资设立的纺织株式会社第一厂、第二厂。第一次世界大战前英商的势力最大,日本第二。大战期间,日本纱厂迅速扩张,德商纱厂卖给英商,美商纱厂卖给了日商。于是在上海的外商纱厂只有英、日两国了。

在烟草业中,占垄断地位的是1902年在上海设立的英美烟草公司,该公司的卷烟量占全国卷烟产量的60%。

甲午战后,面粉业成了外国列强投资的新领域。1907年,沙俄在哈尔滨和中东铁路沿线兴办了18家机器面粉厂;日本在中国的东北、汉口创办了3家规模较大的面粉厂。此外,水电、食品等其他项目皆为外资所控制。

2. 投资矿业情况

甲午战后,外国列强掀起了争夺中国矿业的高潮,主要是通过迫使清政府订立矿务条约,保证他们开矿的特权。由此法国取得了云南、两广的开矿特权;沙俄取得了中东铁路沿线的各种开矿权;德国取得了胶济、沂莱铁路沿线三十里内开矿权;英国取得了山西煤、铁、石油的开矿权;日本取得了奉天省的各种矿权。控制开采的中国矿山主要有德国控制的山东德华煤矿、山东淄川煤矿,比利时控制的直隶临城煤矿,英国控制的开滦煤矿、河南焦作煤矿，日本控制的抚顺煤矿、本溪湖煤矿（中日合办）、汉冶萍煤矿公司。

总之，20世纪30年代上半期，外资在中国控制的企业，占全国生铁量的95%，机械采煤量的65%以上，发电量55%以上，棉布产量65%以上，卷烟产量最高达58%，至于铁路、航运、金融业，几乎全为外资所控制，这些都说明了半殖民地经济的形成。在外国控制中国经济命脉的社会条件下，中国资本主义经济的发展不仅是艰难的，而且是有限的。

三、中国资本主义经济的发展与停滞

19世纪末到20世纪初，中国封建经济结构进一步遭到破坏，在外国列强攫取高额利润的刺激下，中国的资本主义经济得到了某些发展，但它仍然不是社会经济的主要形式，并没有取得充分发展的机会，它的力量是很软弱的。

（一）清政府官办工业的延续和扩充

清政府在甲午战争中的失败，在政治上宣告了洋务运动的破产，然而并没有终结清政府官办工业的发展，相反，为了维护封建的统治秩序，除原有的官办工业继续存在外，还新建了某些工厂。

1. 军事工业的持续和扩充

光绪帝鉴于“军事不振”是甲午战争失败的原因，再三谕令天津、上海、江宁、湖北等地将原有的制造局切实扩充。这样，洋务派早期办的十三个军火工厂都因“军务吃紧”在规模上得到了扩大。如湖北枪炮厂在20世纪初“制造日多，用费日增”,成了近代规模最大的汉阳兵工厂。1905 年,清政府把江南制造总局中的轮船厂分出来,成立了江南船坞,从此江南制造局分成两部分,一部分专门制造军火,仍称江南制造局,到 1917 年改称上海兵工厂;而江南船坞,辛亥革命后改为江南造船所。此外,又“从速开办”了六个军火工业制造局:新疆机器局、江西子弹局、山西机器局、河南机器局、湖南枪厂、北洋机器局。其中,由当时直隶总督兼北洋大臣袁世凯创建的北洋机器局规模最大,共分十二厂,该局设于山东德州。辛亥革命后,这些军火工业转到北洋军阀手中,北洋军阀在 1915 年又筹建了河南巩县兵工厂、湖北兵工厂。

2. 民用工业的延续和扩充

甲午战后,清政府的官办民用工业也有发展,先后增设了官办民用厂矿 85 家,并在布局上较前有了改善。除纺织业,又有制麻、制草、火柴、烟草、自来水公司等行业。在这期间,兴办民用企业的典型人物是湖广总督张之洞,他从 1891 ~ 1899 年先后创设湖北织布局、缫丝局、制麻局、纺纱局,这就是中国近代经济史上所说的湖北官办四局。此外,张之洞还开办了织呢厂、造纸厂、制革厂、玻璃厂等。因此,张之洞成了当时洋务派的著名人物,湖北也因此成了洋务派活动的中心地区。辛亥革命后,清政府的民用工业转到北洋军阀手中。北洋军阀时期,又新设了华新纱厂、陕西制革厂、湖南第一纺织厂等,而这时期的官僚资本出现了向金融业发展的趋势。

3. 甲午战后清政府官办工业的特点

第一,民用工业快于军用工业的发展,从 1895 ~ 1911 年的十七年中,清政府共增设民用和军用工业 91 家,约为甲午战前

32 年企业的三倍，其中新增民用工业就有 85 家，约为战前 19 家的四倍半。第二，规模扩大，最突出的是资本量的增加，一般地说，经费约增加了 30% 以上。如江南制造局，1865 年初建时，年经费约七八十万两，1899 年增至一百二十万两，1911 年又增至四百八十万两。甲午战后的增资，除用于新建厂外，不少经费是用于设备改造和引进新技术。如设备简陋、一度停办的四川机器局，1905 年后通过增加经费，引进设备，派遣留学生，使该局的技术水平迅速提高；汉阳铁厂通过派员出洋留学，购进新机，1907 年正式出钢。第三，向金融业扩张是这时期官僚资本的显著特点。中国自 1897 年出现了第一家银行（中国商业银行）后，官办和官商合办的银行便不断兴起，官僚资本迅速向金融业转化。

甲午战后，清政府民用工业得到发展的内在原因是与封建的生产关系在一定范围和一定程度上的变化有关。1895 年，光绪帝鉴于"中国欲借官厂制器，虽百年亦终无起色"，批谕"亟应从速变计"，"招商承办，方不致有名无实"。从此，清政府在官商合办和官督商办的企业中采取了限制官权的措施，使投资者有安全保障、有利可图，进一步创造能适应资本主义商品生产的经营方式。

（二）民族资本主义工业的发展

中国民族资本主义工业在甲午战争以后尤其是在第一次世界大战期间有了显著发展。就其发展过程看，可分为初步发展与停滞和进一步发展两个时期。

1. 民族工业的初步发展（1901 ~ 1908）

中国的民族工业从 1901 年起有了初步发展，到 1904 ~

1908年间形成了一个约五年时间的兴办近代实业的高潮。

(1)发展概况。这期间民族工业初步发展的内容和标志是原有的行业大多有显著增加,又出现许多新的行业;在地域分布上有很大扩展,并且由于大机器工业的带动,中国的手工业开始进入了以大机器工业为中心的资本主义工场手工阶段。具体情况是:

棉纺织业。发展最突出,最有代表性。不仅原有的机器纺织工厂利润有巨大增长,而且产生了一批新的机器织布厂,出现了机器针织业。机器纺织是中国棉纺织业资本主义化的核心。从1904~1907年,四年间新设了十一家纱厂,如上海的公益纱厂、同昌纱厂,江苏崇明大生第二纱厂,无锡振新纱厂,苏州的苏纶纱厂,常熟的裕泰纱厂等等。针织工业新设了七家机器针织厂,分布于沿海、沿江和安徽、江西、四川、直隶、山东等省,生产袜子、毛巾、汗衫等。

毛、麻机器纺织业。是这时期新发展起来的行业。1901~1907年间先后创办四家毛纺织厂,1905~1909年间先后设立了四家麻纺织厂。

丝织业。继19世纪末衰败之后,又加速增长起来,并出现了新的缫丝工业基地。到1911年,以上海为中心的江、浙地区共有缫丝厂62家。广东以顺德为中心,机器缫丝厂在二百家以上。1908年,在重庆出现了第一家仿照上海式样的蒸汽机缫丝厂,到1911年共有缫丝厂四家。烟台有机器缫丝厂三家。总之,缫丝日益成为中国资本主义的大行业,出口价值超过茶叶而居第一位。至此,当时世界上所有的纺织业,已在中国不同程度地建立起来了。

面粉工业。在20世纪初，开始向大行业发展。这时期新设的面粉厂共36家，加原有的6家，共42家。每日能产面粉近五万袋，最大的华兴面粉公司日产四五千袋。在地域上陆续形成了南方以上海为中心，北方以哈尔滨为中心的面粉工业基础。

卷烟工业。这是此时期新兴的行业，1901～1907年间共设立30余家卷烟厂，因无法与英美烟草公司相抗衡，大部分在1908年倒闭。但仍有个别工厂，如南洋兄弟烟草公司，终于坚持下来，成为此后发展民族卷烟工业的骨干力量。

火柴工业。这是中国资本主义较早出现的行业之一。这时期在地域上有了迅速的扩展，到1911年，全国实有火柴厂51家，除甘肃、新疆、吉林、黑龙江及少数民族地区外，其余各省至少各有一家火柴厂。此外，榨油、肥皂、造纸、印刷、水泥、造船、酿酒等工业部门，都有程度不同的发展。比较著名的是1904年在上海设立的商务印书馆。

(2)发展原因。这一时期中国民族工业之所以得到了初步发展，首先是中国资本主义取得了合法存在的地位和比较自由发展的权利。在19世纪，清政府一直未取消华商使用机器的禁令。义和团运动后，清政府被迫实行新政，1903年设立商部，先后制定商律、公司注册章程、商会简明简程及有关矿务、铁路、商标和奖励投资新式企业的章程等。这是清政府第一次正式承认中国资本主义和资产阶级的合法存在，准许资产阶级按一定的法律规定自由兴办新式企业，并给予某些鼓励。这些法律和章程的颁布，实际上是宣告了中国资本主义的第一次解放，为中国资本主义比较全面的发展造成了有利的政治环境。

第二,中国人民反对帝国主义的斗争是中国民族资本主义经济发展的主要动力。特别是20世纪初年收回利权和抵制外货的斗争直接推动了中国民族资本主义经济的发展。

收回利权运动,从1903年开始在外国霸占路矿的省份迅速展开,与这一斗争相呼应的是1905年兴起的全国规模的抵制美货的斗争;此后又发生了1908年广州、香港等地抵制日货的斗争。这些斗争,直接起了动员人员发展本国资本主义经济、抵制外国经济侵略的作用。其影响所及不只是某些具体路矿的自我兴办和一些工业部门的发展,实际上成了在各地兴办各种近代实业,全面发展民族资本主义经济的直接动力。

第三,20世纪初,由于帝国主义扩大了对中国的经济侵略,中国原有的自然经济和城市手工业被破坏的程度日益加快,致使旧日耕织相结合的生产方式,不仅在沿海、沿江通商口岸的附近地区,就是大部分内地地区也难以保持原状。这样就扩大了城乡的商品交换,为中国民族资本主义经济的发展创造了客观条件。

(3)发展特点。这时期中国民族资本主义经济发展的明显特点是:一是数量上迅速增长。据材料估计,1911年全国各种华资近代企业约两千二三百家,资本约三亿一二千元左右,约是1900年的四倍半,平均每年增长14~15%。增长速度已算很高,大致相当于西方资本主义国家18世纪末至19世纪二三十年代的水平。二是向全国广大地域扩展。这时期新增的近代企业,有的行业仍集中在上海及其附近的江、浙地区和广州等地,但较多行业已逐渐向广大内地以至东北、西南、西北等地伸展。除青海地区尚无近代企业,外蒙古、西藏地区只有个别近代企业外，其余各省无不或多或少地有近代企业的兴起。尤以棉纺织业、火柴业分布最广，遍及大部分省区。尽管各地区各行业发展不平衡，但已开始摆脱沿海、沿江各通商口岸孤点的狭窄地域，逐渐向全国伸展，成为全国性的新的经济成分。三是开始摆脱对外国侵略者和封建势力的依附地位。自商部设立，商律和各种章程得以颁布，华商创办近代企业有法可循，自然就无须特准和奏请。长达数年之久的收回利权运动和多次抵制外货的斗争，更以振兴民族实业、华商自主兴办相号召，许多公司在创办实业章程中规定只收中国人股份，不准股票卖给外国人，这些都表现了民族资产阶级独立兴办近代实业的政治热情。四是纯粹商办的企业，在全部企业中所占比重显著增长。1900 年以前，商办厂矿 121 家，约占资本总额的 40%；1901 ~1911 年间，商办厂矿 277 家，约占资本总额的 60%，尤其是民族资产阶级上层的经济实力增长较快。例如，买办出身的祝大椿，甲午战后独自经营的机器碾米厂、缫丝厂、电灯厂，加上与别人合办的企业，所投资本共计三百五十万元。再如，中过状元的张謇，从 1895 年开办的第一个近代企业南通大生纱厂后，十数年间陆续创办和投资的工、农、垦牧、航运等企业共二十七个，资本共九百多万元，号称东南“实业领袖”。这说明 20 世纪初，民族资本企业已成为中国资本主义的主体，标志着中国资本主义已成为中国社会经济中独立的经济成分。

(4)发展的局限。当中国民族资本主义获得初步发展时，世界资本主义已进入帝国主义阶段，对中国的经济侵略由推销商品和掠夺原料为主，转入大量输入资本的阶段，在中国经济许多领域形成垄断势力，以更大的力量阻碍中国资本主义经济的发展。与此同时,清政府虽然被迫解除华商兴办近代企业的禁令,但整个封建制度并没有发生根本变化,仍然严重阻碍中国资本主义经济的发展,特别是清政府完全成为帝国主义统治中国的工具,不断出卖国家权力,成了中国资本主义发展的国内最大阻力。正是上述原因,中国的民族资本主义经济经过几年的初步发展,自 1908 年后便逐渐趋向萧条。特别是 1910 年,全国各大城市普遍发生金融危机,外国在华银行借机拆息借款、拒收钱庄票据,因而各埠相继发生货币危机和信贷危机,民族工商业的资金周转不灵,结果是许多企业停业倒闭。此外,清政府以铁路国有为名,重新大肆出卖国家利权,致使中国民族资本主义的经济发展猛遭挫折,迅速陷入困境。

2. 民族工业的进一步发展(1912～1918)

中国民族工业的进一步发展,可分为民国初年和第一次世界大战期间两个时期:

(1)民国初年(1912～1914)的发展情况。

辛亥革命推翻了清朝政府,建立了中华民国,首先以“法”的形式,解除了几千年实业发展的障碍。这就是 1912 年 5 月工商部颁布了《暂行工艺奖励章程》,1914 年公布了《公司条例》、《公司保息条例》、《矿务条例》、《审查矿商资格细则》。这些政策和法令,虽因时局的动荡未能付诸实施,然其终究以“法”的形式解除发展实业的障碍,使资产阶级获得了兴办企业的动力。一、掀起起了注册兴办公司的热潮。据工商部统计,1911 年注册的工矿公司为 787 家,1912 年为1004家,1913 年为1378家,1914 年为1122家。天津、汉口、济南、哈尔滨等地如同上海一样,随着工厂的崛起,迅速成为新兴的大都市。二、纷纷组织实业团体。当时一些有影响的实业家,以"合群策群力,共求振兴实业"为宗旨,出面组织各种实业团体。仅1912年就成立了四十多个团体,其中较著名的有"中华民国工业建设会"、"中国实业会"、"中国实业共济会"、"直隶实业促进会"、"黑龙江省实业总会"。

从文献看,这时期实业活动的重要特色有两点:一是要求行业行特别保护法。1912年11月召开的工商会议,明确要求北洋政府对丝、茶、棉、土布、铁等免征原料进口税和出口税,并对规模较大的企业实行保息:"每年结算时,对于股本实收全数,若无年息或年息不及六厘时,由政府补足年息六厘之率。"二是主张合理借用外债。当时办企业遇到的难题是"财政竭蹶"、"苦无资本",为渡过这一难关,孙中山、张謇等人主张合理借用外债。1912年10月28日《民立报》社论指出,"如其坐视外资投入,毋宁以借外债为抵制外资之方";"如其坐视事业落于外人,不如借外债自为经营"。为避免滥用外债或企业为外人控制,孙中山等人还着重强调借用外债必须恪守两条原则:一是借来的外债要"营生产之事",二是借外债"条件平等"。总之,清王朝的倾覆和民国的成立,使得民族资产阶级对发展近代企业抱有很大希望。

(2)第一次世界大战期间(1914~1918)的发展情况。

第一次世界大战期间,中国的民族近代工业之所以得到进一步的发展,是由于帝国主义忙于战争,交战国转入了战时经济,减少了民用商品的生产,帝国主义对中国商品输出量明显下降,使中国的民族工业获得了比较广阔的市场;再是由于帝国主义忙于战争,增加了对中国商品的需求量,特别是面粉,这又使中国的民族工业获得了国外市场;另外,因东南亚市场原为帝国主义霸占,中国的货物打不进去,第一次世界大战爆发后,帝国主义各国放松了对东南亚市场的控制,使得中国的商品乘虚而入。

第一次世界大战期间,中国民族工业进一步发展的标志,一是企业单位明显增加。战前,1903~1908 年开设的厂矿最多,平均每年注册的工厂 21.1 家;大战期间(1916~1919)平均每年注册的工厂达 124.6 家。二是投资数量明显增多。单以工业投资说,1913 年为 49,875,000 元;1917 年为 128,244,000 元,增长了三倍左右。三是机械化程度明显提高。1913 年,中国工厂采用发动机的有 245 家,1918 年增加到 673 家。

这时期工业的发展,主要表现为轻工业特别是纺织和面粉业发展很快。

纺织业。第一次世界大战期间洋纱布进口数量锐减,国内棉纺织品价格飞涨,利润倍增。如 1914 年十六支纱每包盈利 19.5 元,1917 年达到 36.93 元,1919 年高达 70.56 元。战前设厂的投资人多半是官僚、地主和买办,而这时期新建厂投资人以商人为最多。战前华商纱厂主要集中在上海及江浙两省,这时出现了新纺织业中心,天津、青岛、济南、武汉、芜湖等地陆续设立。

面粉业。第一次世界大战爆发后有很快的发展,中国由面粉入超国一跃变为出超国,新设面粉厂有 127 家。最典型的是荣宗敬、荣德生兄弟创办的茂新、福新面粉公司,到1920发展到十一个厂,荣氏兄弟被誉为“面粉大王”。

针织业。第一次世界大战间期间各地设厂很多,但规模较小,多系手工,惟上海使用大型机器较多,成为中国针织业的中心。

中国的重工业较前也有发展,但程度远不及轻工业。煤矿方面,大矿处在帝国主义控制之下,民族资本主义经营的小矿有13个。铁厂,上海和苏州各有一所。

第一次世界大战期间,民族资本主义工业不仅在分布地区上扩大了,除了边远地区外,广大内地各省几乎都建立了近代工业,并且出现了资本积聚和集中的现象。1912年资本一百万元以上的公司有25个,1919年百万元以上的公司增加到40个。在工业方面出现拥有一千五百万元的南洋兄弟烟草公司和资产到一千二百万元以上的荣家面粉公司。

中国的民族资本主义工业在第一次世界大战期间虽然得到了发展的机会,但因大战期间美帝国主义加紧侵略中国,所以给民族资本留下的发展空隙很有限,时间也十分短暂。大战一结束,帝国主义以更加凶猛的姿态卷土重来,民族资本工业又遭受到厄运。

(三)近代银行的兴起

1. 中国近代早期银行的产生

银行是近代金融机构,在一般资本主义国家,它是适应资本主义经济的发展而发展的。但在近代的中国,由于外国资本主义和本国封建势力的压迫,中国近代工业发展阻力重重,致使中国近代银行的兴起特别缓慢。中国银行的兴起是在19世纪末到20世纪初年,原因是:一、19世纪90年代后,帝国主义为了垄断中国的财政金融在中国增开银行,优厚的银行利润刺激了中国人自办银行的欲望;二、当时中国的资本主义近代工业有了初步发展,社会上的资本有了一定的积累,具备了开办新式银行的条件;三、基于官办实业和清政府财政上的需要。中国早期产生的银行主要有:

中国通商银行(1897)。这是中国历史上第一家银行。该行是由当时任清廷督办铁路大臣盛宣怀奏准集资创办的。他以政府财政困难、以筹款修筑粤汉铁路为理由,主张自设银行,聚集社会资金。总行设在上海,先后于各省设立分行。该行是在买办严信厚私人银行的基础上改组设立的。银行的制度完全仿照汇丰银行,聘请英人美德伦为洋经理(洋大班),钱庄主陈笙为华经理(华大班),严信厚等九人为"总董",资本额原定招商股五百万两,"开办之初先收股银二百五十万两"。该行因有官僚作后台,取得了发行钞票和经理公债的特权,可见该行的创设是基于清政府财政上的需要。

户部银行。1904 年,清政府为铸造货币、发行纸币、代收库款,由户部会同财政处奏设,规定资本四百万两,官商各半。总行设在北京,具有国家银行性质。1908 年,户部改为度支部,户部银行随之改称大清银行,辛亥革命后改称中国银行。

交通银行。1907 年由邮传部奏请兴办,理由之一是"振兴实业"。该行经营轮船、邮政、铁路、电报四个系统的收支款项。实行官商合办,官款四成,商股六成,总行设在北京。

以上是中国银行产生阶段创办的规模较大的三家很行。与此同时,由于进出口贸易的扩大和资本主义经济的初步发展,还产生了一些民族资产阶级经营的商业银行,如北平信成银行、浙江兴业银行、天津殖业银行、福建银行等。另外,还有所谓仿照银行通例设立的各省官商银钱局。据统计，1897～1911年共有银行24家，其中属官商合办者12家，属民族资本者12家。

2. 中国早期银行的特点

（1）从产生过程看，中国近代银行的产生，不像一般资本主义国家与资本主义经济的发展那样密切，而主要是由于官办实业和清政府财政上的需要。这一特点，正是中国半殖民地半封建经济的产物。

（2）从银行本身看，具有浓厚的封建性和殖民地性。中国通商银行是典型代表。具体表现：第一，资本来源以官僚为最多，纯商人投资的股份极少；第二，组织管理制度名为商办，实是“奉旨设立”；说“权归总董”，实由盛宣怀独揽。总董不由股东选举产生，而是盛宣怀指派。第三，既取得了发行纸币、铸造货币、代收库款的特权，又成了清政府举借外债的经手机关。至于各分行的分董，不是候补道员便是退职官僚和豪绅。中国通商银行的这种特性，其他银行也不程度地存在着。

（3）从历史作用看，在半殖民地半封建社会条件下兴起的中国银行业，必然间接地为帝国主义商品倾销和掠夺原料服务，但客观上对本国区域性的商品流通、对外贸易、抵御洋商、对民族资本的扶植都起到了一定的积极作用。因为银行制度，“是转到一定生产方式的过渡形式”。

（四）中国民族工业发展的程度和局限性

甲午战后，中国的民族工业经过初步和进一步的发展后，中国的资本主义究竟发展到什么程度，即发展的水平如何，这不仅关系到生产力和生产关系，也关系到社会性质问题。

事实是，中国资本主义经济是很微弱的，一直未能成为社会生产的主要形式。据有人估算：1920 年左右我国的工农业总产值共 219.03 亿元，其中近代工业总产值仅占 4.8%。就是说到 20 世纪 20 年代初，我国资本主义的发展水平在国民经济总产值中只有 5% 左右。因此说，中国民族资本主义的发展存在着很大的局限性。一、从资本主义企业数量看，截至 1911 年，只有近代厂矿企业 562 家，资本一亿三千二百余万元；二、从资产阶级的贡赋在国家财政收入的比重看，作为清末资产阶级主要贡赋的厘金，在 1910 年清政府的财政预算中所占比重最多不超过 9.45%；三、从资产阶级在全国的人口比重看，1908 年全国商会组织 262 处，全国会员估计7784人，不及当时成年男子人口的万分之一。

中国资产阶级的软弱性，根源除了经济上，那就是产生在半殖民地半封建的社会环境中。中国资本主义的产生，不是或主要不是沿着手工业——工场手工业——大机器工业的道路而生，而主要是有一部分与手工业没有联系的官僚、地主、商人和买办通过创办新式工业而产生。这一客观事实又规定了中国民族资产阶级在政治上的软弱性。

四、农村经济商品化的发展和农垦公司的性质

（一）农产品化的发展及其殖民地性

甲午战后，通商口岸的增开、内河航运的扩大、铁路的兴建、新式工业的兴起以及出口贸易的增长，这些促进了农产品

商品化的发展。主要表现：一是农产品的自用部分逐渐减少，出卖部分不断增加。在1918年，就全国来说，农村家庭全部生活资料，约有五分之三是购买的。华北地区低于这个数字，华东地区则偏高。二是经济作物种植面积的扩大和粮食生产商品化的增长。经济作物种植面积的扩大，主要表现在棉花上。据二十九个地区的调查显示，棉田面积，1904～1909年占11%，1914～1919年占14%。大豆产量约占世界大豆产量的80%，其中60%～70%产于东北。花生，1915年占农村面积的10%。烟草因出口量的增加和国内卷烟厂数量的增多，安徽、河南、山东等省成了主要产烟区。因经济作物种植面积的扩大，粮食种植面积因之减少，这就促进了粮食商品化程度的提高，因而，专门化的农业区域开始形成。

近代中国的农产品商品化，同国内商品市场的扩大有关，更主要是因帝国主义掠夺原料和倾销商品引起的。农产品商品化的发展使得中国的农业生产服务于帝国主义的需要，具有明显的殖民地性质。主要表现在两个方面：一、农产品商品化的发展和衰落是受资本主义市场支配的。例如：国外市场对中国大豆需要量增加，促使中国大豆种植面积扩大。第一次世界大战后，茶和丝因国际上受到了印度和日本的竞争而衰落。二、中国农产品市场的价格，受帝国主义操纵。帝国主义利用政治上的特权和经济上的垄断地位，同买办资本和商业资本结合起来，采取不等价交换的办法，提高工业品的价格，低价收购农产品，加上季节差价，迫使农民贱卖贵买。这说明中国农村经济的进一步商品化，实际上是进一步殖民地化。

（二）农业经营方式的变化和农垦公司的性质

1. 农村资本主义的微弱发展和封建剥削制度的继续保持

甲午战后，中国农产品商品化的发展和商业性农业的扩大，促使了农民两极化的加剧和富农经济的增长，这成为全国性的现象。到20世纪初，全国富农户数约占全国总农户的6%。富农经济是农村中的资本主义成分。这些新兴的富农由农村中的富裕农民和城市的商人、资本家构成。例如，江、浙地区蚕丝价格上涨，少数农户因而致富，出现雇工剥削。上海资本家穆湘瑶、葛敬中用两万元资本，租地180余亩，在郊区开办蔬菜种植场，雇工40多人，从中牟利。

中国的富农经济一般规模很小，经营方式也很落后，多是把土地分散给贫农耕种，收取地租，并通过商业高利贷剥削贫苦农民。中国富农虽雇用工人，并不单纯是资本主义的雇佣关系，很多雇工遭受高利贷的封建剥削。因此，中国富农带有很大的封建性，它是在封建轨道上行进的富农经济，很容易向地主经济倒退，难以走上资本主义农场发展的道路。同时入侵的帝国主义也不是来促进中国农村的资本主义化的。帝国主义的经济一方面部分地分解了中国的自然经济，一方面又尽量保持前资本主义的一切剥削形式，以便榨取广大农民。认为帝国主义的经济侵略促进了中国农业资本主义的发展，甚至说中国的农村经济已经半资本主义化，这是不符合历史事实的。

2. 农垦公司的出现及其性质

20世纪初，由于清政府和北洋军阀政府放垦官荒，一些军阀、官僚、地主、资本家纷纷领取垦荒组织农垦公司。据北洋政府农垦部统计,1912 年全国十七省登记成立的农垦公司有 171 家。这些农垦公司系积股经营,但性质不可一概而言。有些公司是购买官地,招佃开垦,收取地租,在东北几乎每个公司的章程都规定把土地垦熟后,就分地招佃耕种。如大丰公司,佃户有一千户左右,每户领地二十亩到二百亩不等。这些公司实际上等于租栈。

但也有少数公司具有资本主义性质。如上海附近地区设立的畜牧公司养鸡、养牛、养蜂等。无锡私人办的农场大多种植桑树、果树。在海南岛,归国华侨开设公司,种植橡胶等。其中带有典型意义的是张謇创办的通海垦牧公司。

张謇于 1900 年经营纱厂收到成效后,为了保证纱厂原料的供应,决定经营垦牧公司。照张謇自己说:“广植棉产,以厚纱厂自助之力。”这表明公司的创办是为了解决纱厂原料问题。该公司到 1907 年为解决资本不足的困难,推行了“招佃”办法,当年收入佃户押租一万七千八百余元。可见该公司开始是资本主义经营方式,后来又改为封建式的放佃收租,而且在生产方法上并没有使用机器。这说明某些具有资本主义性质的农垦公司也在向封建经营转化。

带有资本主义性质的富农向封建地主转化,具有资本主义性质的农垦公司也向封建经营转化。这就使得中国的农村中本来十分微弱的资本主义生产关系产生后,又逐步回到封建性。所以说,在近代中国农业中的资本主义是发展不起来的。

下篇：上层建筑的演变

第一章　近代中国社会传统观念的演变

一、近代社会开始期(1840~1894)

自1840年的鸦片战争至1894年的甲午中日战争，是中国封建社会开始向半殖民地半封建社会演变的时期。随着中国这一时期政治、经济的变化，封建统治阶级的有识之士及其知识分子的传统观念开始向近代演变。

(一)地主阶级知识分子自强观的演变

在两千多年的传统社会中，一般来说，封建知识分子是唯“经”是尊，唯“圣”是范，唯“古”是尚，思想行为离不开儒家的“六经”。但自鸦片战争以来，帝国主义对中国的侵略，迫使中国走入国际社会之中，其中一部分地主阶级知识分子，积极探求强国御侮的道路，要求改变现状学习外国。他们继承和发展了明清之际“经世致用”的传统。经世派有两大特点：一是不守旧，强调“穷则变，变则通”，反对泥古不化，主张因时变革；二是重实效，强调“以实事程实功，以实功程实事”，面对实际，提出解决实际问题的对策。他们面对外来资本主义的侵略，在探求自强之路的同时，逐步摆脱传统观念，近代思想日渐孕育，表面在以下几个方面：

1. 变革范围的演变

魏源在道光二十二年(1842)撰成的《海国图志》一书，对强国御侮的道路作了比较深入的探索。他认为在当时的世界潮流下，要变者只有船炮枪械而已。继魏源的《海国图志》之后，冯桂芬于咸丰十一年(1861)写了《校邠庐抗议》一书，主张"以中国之伦常名教为原本，辅以诸国富强之术"。就是在内治方面，要坚持中国的古法，且以固有的伦常名教为本；对外主张学习西方富强之术。所谓富强之术是"人无弃材，地无遗利，君民不隔，名实必符"四端，首先要废除八股，开学校学习西学，设船炮局制造洋器等。可见19世纪60年代，冯桂芬主张的变革范围较魏源的主张有所扩展，但固有伦常名教这个本是不能变的。同治朝(1864～1875)对外方面可变的范围日渐扩大，由只对国防兵器的重视，扩大到对"富"的讲求，提出"富强即治国之本"，认为西方诸国"先富而后强"，因此，应广贸易、开煤矿、兴铁路、兴纺织、造轮船，允许民间设立公司。到了光绪(1875～1909)初年，郑观应除主张富强并重外，还介绍了西方的议会政治。

从手工制造，到近代民用企业，再到议会政治，主张变革范围的逐步扩大，也说明自19世纪中期到19世纪末期某些带有资本主义倾向的地主阶级知识分子，在外来资本主义列强侵略面前，在探求强国御侮的道路上，主张中国不仅应当讲求武备，以对付西方资本主义国家的"兵战"；而且应当发展民族工商业，同西方资本主义国家进行"商战"。至于介绍西方议会政治，只是供封建皇帝咨询的"通下情"的机构，而不是主张实行立宪。在有些问题上,他们的理论思想还是中国传统的民本思想,而不是资产阶级的民主思想;设立议院是为了“治民”,而不是“民治”。

2. 对西学认识的演变

魏源在《海国图志》中,从抵抗外国侵略、维护民族独立的愿望出发,明确提出了“师夷长技以制夷”,即向西方学习的思想。他以为西洋所强于中国者有三:一战舰,二火器,三养兵练兵之法。咸丰十一年(1861),冯桂芬提出西洋的长技不是指的器,而是制造这些器的原理和方法,认为“一切西学皆以算出,舍算学而无西学也”,换言之,算学才是西学的根本。随着时间的推移和洋务运动的开路,中西接触面的展开,郑观应在光绪十八年(1892)所出版的《盛世危言》中,修改了冯氏认为西洋长技在算学的看法,将“变政”、兵法、造船、制器以及农渔矿诸物“皆包括在内”,并进一步指出“西人立国具有本末,虽礼乐教化远逊中华,然其驯致富强,亦具有体用”,以“育才于学堂,议政于议院,君民一体,上下同心”为“体”;以“轮船火炮、洋枪水雷、铁路电线”为“用”,提出中国要自强,非把本末一并学习不可。

以上对西学认识的演变,说明西学值得效法和学习的东西越来越多。开始人们瞩目于西方的仅仅是“器数之学”,不久便发现,“器数之学”是“末”,西方国家富强之“本”在于发展商业,随后又发现发展工商业也只是“末”,真正的“本”在于政教。不过他们虽然指出西方的富强有本有末,有体有用,但这些本、体都是在“西学为用”的前提之下的,并不包括西学真正的本体——资产阶级民主理论。

3. 经济观念的演变

在中国封建社会中,向来重农抑商,国家税收以农业为大宗,对致富的看法以节流为主。自同治以来,开源的观念逐渐引起知识分子的重视,而范围仅限于开矿、织布、轮船诸项。到光绪初年,通商致富的观念才渐为人们所重视,认为富强以致富为先,致富以通商为本。薛福成说,"欧洲立国以商为本",中国"欲图自治,先谋自强,欲谋自强,先求致富"。郑观应也认为西方是"以商立国",中国"欲制西人以自强,莫如振兴商务",强调提高"商"的社会地位,并要求成立商会和商部以反映和维护"商"的利益。这对轻商的传统思想来说,又是一个大转变。

可以说,自鸦片战争后,到甲午中日战争之前,主张自强的封建知识分子从主张引进军工制造,到提倡发展民用工业、重视商业,再到探索议会政治,这就是他们自强观演变的大致历程。其演变的历程既是对传统观念摆脱的过程,也是对西学的认识过程,而这种认识又是建立在西方资本主义列强对中国的侵略,中国开始半殖民地半封建的经济基础之上的。

(二)洋务派自强观的演变

洋务派的自强观,经历了由"求强"到"求富"的演变过程。

19 世纪 60 年代开始,洋务派的自强观是以"求强"为中心。这是因为,19 世纪 60 年代清王朝处于"外患"、"内忧"并立的社会环境下,清朝统治阶级内部的有识之士认识到中国正面临着几千年来的大变局,传统的观念和措施已不能应付新的形势。他们从巩固封建统治出发,首先看到的是外国的船坚炮利，因而洋务派这一时期倡导的自强运动，是以引进外国机器、兴办军火工业为中心。然而，军火工业的兴办在实践中遇到了许多棘手的问题，首先是经费的不足，其次是原料的困难。如此的社会处境，促使洋务派对西方长技的认识较前深入了一步。他们觉察到西方资本主义国家的长技除了船坚炮利之外，还在于他们拥有雄厚的经济实力。李鸿章说："中国积弱由于患贫，西洋方千里数百里之国，岁入财赋动以数万万计，无非取资于煤铁五金之矿，铁路、电报、信局、丁口等税。酌度时势，若不早图变计，择其至要者逐渐仿行，以贫交富，以弱敌强，未有不受其敝者"。[①] 继而提出："欲自强，必先裕饷，欲浚饷源，莫如振兴商务。"[②]因而，洋务派自强观由 19 世纪 60 年代开始的以"求强"为中心，逐步演变为以"求富"为中心。

洋务派自强观由"求强"到"求富"的演变，并且得以实践，是与 19 世纪 70 年代中国的社会条件密切相关的。一、外国资本主义的经济侵略一方面破坏了中国自给自足的自然经济的基础，破坏了城市手工业，另一方面，客观上促进了中国城乡商品经济的发展，这就为洋务派兴办民用工业创造了某些客观的条件和可能。二、机器生产的优越性已开始为人们所承认。特别是在优厚利润的刺激下，一部分地主、官僚、巨商和买办产生了投资创办近代企业的欲望。这是洋务派自强观演变中突出的含有引进和发展近代生产和科学内容的重要原因。

总之，洋务派自强观的演变过程，就是在中国政治、经济日益半殖民地化的压迫和刺激之下，对中国封建社会的"以夏变

---

① 《李文忠公全书·朋僚函稿》卷 16，第 25 页。
② 《李文忠公全书·奏稿》卷 39，第 32 页。

夷"、"贵义贱利"传统观念的摆脱过程,也是由鄙夷到师夷的不断提高的过程。可以说,洋务派的自强观,就是在世界近代潮流的冲击下,被迫改变传统观念采用资产阶级生产方式的富强观。洋务派的自强观旨在维护封建统治,因而在糅合中西、调和新旧的过程中越发作茧自缚,终于成为时代的弃儿。

(三)洋务派"借师助剿"心态的演变

《北京条约》签订不久,洋务派面对"内患外侮"并立的社会环境,奕䜣认为太平军和捻军是"目前之患"、"心腹之害",而"长久之患在西人"。为了挽救清王朝的统治,提出了区别以往传统的新政策,就是外要以"和好为权宜",以"借法自强"为根本,内要"灭发捻为先"。这实际上是表达了洋务派"借师助剿"的愿望。

洋务派的出现,正是第二次鸦片战争刚刚结束,清王朝和太平军之间的大搏斗还处于胜负难分的紧张阶段。因"和议既成,英法各国,皆愿我迅扫氛贼,各省肃清,彼之洋货自益流通"①,但"各国驻京之后,旋值杭州失守,苏常继陷",因而"各公使目击情形,遂疑中国以后,难以复振"②。对此,外国列强认为要实现他们在一系列不平等条约中所取得的各种特权,就必须对清政府加以扶持。当时英国驻广州领事罗伯逊曾经坦率地说:"清政府的前途是黑暗的,除非外边给它强有力的援助,这座房子就会倒坍下来,而我们最好的利益,也就此埋入废墟。"③法国代表葛罗也主动向奕䜣提出"愿为中国助剿发逆",

①② 《筹办夷务始末》(同治朝)。

③ 《罗伯逊致阿斯登密电》,转引自《历史教学》1992年第2期。

“所有该国停泊各港口之船兵丁,悉听调遣”。沙俄代表伊格那提耶夫更不甘落后,面告奕䜣:“请令中国官军于陆路统兵进剿,该国发兵三四百名在水路会击,必可得手。”①

对于外国列强的上述表示,当时清政府中的当权者因害怕“外国助剿不可恃”,而由此引起“占踞地方”,不敢贸然答应。更重要的原因是英国公使布鲁士在1861年6月16日致英驻华海军司令何伯的信中说:“英国政府目前不应积极援助清朝政府,一方面因为我们已向叛军保证遵守中立,另一方面则因为这种干涉将导致严重的无限的后果。”“我们愈是长期在双方之间保持一种淡漠的态度,他们就愈要付出高价来争取我们的友谊。”②与此同时,奕䜣也在奏中说“英国本有与粤逆两不相犯之约,法国虽欲剿贼以夸其勇而为英国所制,亦不敢自主。迨本年三月间巴夏礼自长江来京,历言贼情断无成事之理”,只是“表示担心清朝官兵饷项不足,武器不行”,但“自臣等笼络英法以来,目前尚称安静,似可昵尔就我”,所以应当“乘此时卧薪尝胆,中外同心,以灭贼为志”。到了6月间,亦䜣在奏中又单独说到英国:“现在贼势虽属蔓延,唯威妥玛、巴夏礼等历言其不能成事,故肯昵尔就我,果能认真剿办,各国就抚之心,亦可愈久愈笃。”③这些都揭示了“借师助剿”的必然,只是时机未到。

1861年11月,清廷内部发生的辛酉政变成了洋务派“借师助剿”的契机。这次政变,一是铲除了奕䜣的政敌,宣布肃顺

① 《中西纪事》卷20。

② 《太平天国革命亲历记》,中华书局1961年版,第311、313页。

③ 《筹办夷务始末》(咸丰朝)。

等八大臣的罪状是“不能尽心和议，徒以诱获英国使臣以塞己责，以致失信于各国”①。二是慈禧由此“垂帘听政”，取得了清王朝实际上的最高统治权，恭亲王奕䜣被任命为议政王，并掌管军机处和总理衙门。当月就命曾国藩统辖江苏、安徽、江西、浙江四省军务，所有四省巡抚、提督以下文武官员都归他节制。慈禧和奕䜣的上台，自然受到了外国列强的欢迎和支持。清政府于 1862 年 2 月宣布对东南地区“借师助剿”，“不为遥制”。清政府虽公开下达了“借师助剿”的谕旨，但在“借师助剿”问题上，洋务派的心态还是矛盾的。如奕䜣所讲：“所称外国助剿不可恃等悟，臣等亦不敢谓助剿必可恃，特恐我不与之联络，倘为贼用，其害更不可胜言。”②曾国藩也“既以借助外国为深愧，尤以无兵会剿为大耻”③。奕䜣还函知曾国藩，就“借师助剿”历述四虑：外国军令最速，我兵恐不能如其迅捷，致为所笑；外国虽不须内地备饷，不能不资外接济，我方能否源源备解，殊不可恃；外国人性执，且恐乘胜追攻，不知与中国共谋万全，致有挫失；外国人业可进攻，不能代守，将来克服各城，万一我军不能固守，必致得而复失。在这方面，曾国藩“亦与臣等所议略同”④。正是在上述矛盾心态的制约下，洋务派的“借师助剿”着重体现在以下几个方面。

第一，在地域上，奕䜣认为“可借外国防守海口，不可使其进剿内地”⑤，曾国藩主张“借洋兵以助守上海，共保华洋人财则可，借洋兵以进苏州，代复中国疆土则不可”。因而在李鸿章

---

① 故宫博物院明清档案部编：《清代档案史料丛编》第 1 辑，中华书局 1978 年版，第 101 页。

②③④⑤ 《筹办夷务始末》(同治朝)。

淮军尚未到上海时，曾国藩就明确指出："宁波上海皆系通商码头，洋人与我同其利害，自当共争而守之。"①

第二，在列强与太平军关系上，主张利用矛盾，因势利导，为我所用。因之，当奕䜣得知英法两国公使声称"贼匪与洋人挑衅，此时在华洋人，情愿帮助官军剿贼，并派师船驻往长江，协同防剿"，便奏报朝廷："洋人性情坚执，若因我兵单薄，借助于彼，势必多方要挟。今该洋人与逆匪仇隙已成，情愿助剿，在我亦不必重拂其意，自应姑允所请，作为牢笼之计。"②当曾国藩"搜获伪文，亦知金陵洪逆词意不逊，与洋人构衅甚深"，他认为"在洋人有必泄之忿，在中国为难得之机，自当因势利导，彼此互商，嘉其助顺，听其进兵，我中国初不干求，亦不坚阻，或乘洋人大举之际，我兵亦诸道并进，俾该逆应接不暇，八方迷乱，殆亦天亡粤逆之会也"。③在这方面，作为洋务实力派的奕䜣和曾国藩的观点和意向如出一辙，反映了洋务派的共性。

第三，在"借师助剿"中，不能让洋人"揽我军权"，要"操纵由我"，"用彼不为彼所制"。这方面，奕䜣、曾国藩、李鸿章在认识上是一致的，他们认为"常胜军设，已属有年，当时仓猝办理，以外国人统带中国兵，谋始已属不善"④，这是因为"从前中国将弁，于洋枪开花炮未谙施放，不得不用洋弁管带，本属一时权宜"⑤，继而提出："中国教练洋枪队伍，练兵必先练将，将来即用中国之将，统带中国之兵，则权不外假，用洋人而不为洋人所用。"⑥为此决定"选择员弁，令其学习外国兵法，去其所短，用其所长，于学成以后，自行训练中国勇丁，则既可省费，亦不

---

①②③④⑤⑥ 《筹办夷务始末》(同治朝)。

至授外国人以兵柄"[①]。事实是不论上海的常胜军,还是宁波的常捷、常安军,这些由洋人统领的军队,洋务派既对其权宜利用,又同其抗争,直到最终被取缔。

第四,在条件成熟,进取金陵关系全局的战役中,拒绝借助洋兵,专用中国兵,这对曾国藩来说,不单是为了独占其"功",还在于防止洋人"贪功"要挟,遗患无穷。因此,当李鸿章上曾相书说"华尔今日见过,谆求鸿章扎调协剿金陵,谓三日到,三日扎炮台,三日攻打,定可克城。克城后财物与官军均分"[②],遭到了曾国藩拒绝。关于这方面的情况,奕䜣奏中说:"臣等默观东南大势,兵威既振,贼胆已寒,金陵死守孤城,断难久踞,无须再借洋人之力,因持定主见,乘势与卜鲁士言明,金陵不用帮助,当议定撤退常胜军,专用中国官兵围剿,不月余而金陵收复之报果到。"[③]

上述表明,洋务派的"借师助剿",体现了洋务派"借法自强"的要求。"借法"当时主要是借取列强的洋枪洋炮,这主要包括两个方面:一是借助洋人统领的洋枪队伍;二是"借员训练"清朝官兵。前者是暂时的"权宜之计",后者是"长远之谋"。而在"借师助剿"中,洋务派对西方列强既表现了暂时的权宜利用,又表现了权自操我的抗争。

洋务派在"借师助剿"问题上的矛盾心态和在这一心态制约下的所说所为,是"内患"、"外侮"并立,民族矛盾和阶级矛盾相互交织下的产物。在洋务派看来,"外侮之来,多由内患之不靖"[④],要"两害相权,取其轻",求的是"安内攘外"之道,就是在阶级

---

①③④ 《筹办夷务始末》(同治朝)。

② 《范文澜全集(第六卷)》,河北教育出版社 2002 年版,第 475 页。

和民族两大社会矛盾并存的前提下,坚持民族矛盾服从阶级矛盾,而在处理阶级矛盾时,又受着民族矛盾的制约。因而,在中外联合镇压太平天国过程中,实际上是“同心”而不“同志”。西方列强之“愿为中国助剿发逆”,不让清政府垮台,志在实现其在中国所取的各种特权,如同奕䜣说的:“外国教演中国兵丁,愿欲借中国兵力,保卫通商口岸,以省该国防兵之费,一方仍以帮助中国,表其见好之意。”①而洋务派“借兵助剿”、“借员训练”,是“值此贼氛未靖,不能不暂时权宜”,志在“借法自强”,除了“剿贼”,还着眼于“御侮有所凭借”。为此,在“借师助剿”中,“除学习洋人兵法外,仍应认真学习制造各火器之法,务须得其密传,能利攻剿,以为自强之计”②,还相诫“不露痕迹”,“将外洋各种机力火器实力求诸,以期尽窥其中之秘,有事可以御侮,无事可以示威”③。

据上史实,可见洋务派的“借师助剿”,虽主要为人民大众与封建主义这一矛盾所决定,也为中华民族与帝国主义这一矛盾所制约。民族矛盾是贯穿中国近代始终的矛盾,它制约着整个社会的各种矛盾。不只是在中国与帝国主义直接冲突的时候,即使在农民起义等阶级矛盾尖锐的情况下,从洋务派“借师助剿”的历史过程中,也可看到帝国主义与中华民族的矛盾对国内阶级矛盾的制约。因而以往有人把近代中国社会的主要矛盾简单归结为“中国人民大众同帝国主义及其走狗的矛盾”是不确切的。如果只承认封建统治者与帝国主义妥协的一面,而否认其矛盾的一面,那么不仅对洋务派在“借师助剿”中的所作所为,而且对中国近代史上的其他

---

①②③ 《筹办夷务始末》(同治朝)。

一些问题都难以自圆其说。

二、近代社会形成时期(1895～1901)

自甲午至庚子,是中国社会激烈变动的时期,也是中国封建社会传统观念发生深刻危机的时期。这一变化是同中国半殖民地半封建社会的形成密切相关的。

甲午战前中国半殖民地的一些特征虽已出现,但《马关条约》的签订,使半殖民地这一特征更为明显,即为帝国主义在中国经营各种企业提供了条约依据。《马关条约》订立以后,帝国主义列强通过贷款干涉中国财政,控制中国铁路交通,而且能"租借"港湾和划分势力范围。义和团战争失败,《辛丑条约》订立,清朝统治者沦为保护洋人的朝廷。因此,《辛丑条约》是中国半殖民地形成的标志,与此同时,随着中国民族资本主义经济的初步发展,中国半封建社会也因之形成。于是民族资产阶级的政治代表开始登上政治舞台,为国家的富强、民族的独立,利用资产阶级政治学说,积极展开了对中国封建传统观念的批判。

(一)资产阶级维新派对传统观念的批判

甲午中日战争以后,伴随中国民族资本主义的初步发展和民族危机的空前严重,中国民族资产阶级作为新的政治力量开始登上政治舞台。以康有为为代表的资产阶级维新派发动的戊戌变法,不但是一次政治改革运动,也是一次爱国救亡运动,同时又是早期资产阶级知识分子力图摆脱封建思想束缚的思想解放运动。维新派主要围绕以下几个方面对封建传统观念进行了积极的批判。

第一，维新派以资产阶级的进化论，批判封建顽固派“祖宗之法不能变”的传统观念，明确指出世界上万事万物“无时不变，无事不变”，祖宗之法自然没有永恒不变的道理。他们依据世间一切事务都是“新则壮，旧则老；新则鲜，旧则腐；新则活，旧则板；新则通，旧则滞”的事实，得出了“法既积久，弊必丛生，故无百年不变之法”的结论。他们列举历史上各朝典章制度，特别是清王朝本身在军事和外务上都有变化的事例，论证“古圣先王”的经典制度和清朝的“祖宗成宪”也在不断地发展变化。他们还把变法与救亡联系起来，指出“能变则全，不变则亡，全变则强，小变仍亡”①。

第二，维新派借用西方资产阶级的“天赋人权”学说和中国历史上先进思想家的理论，论证了国家和君主的起源，提出君民关系的新概念。认为国家是“民之公产”，王侯将相只是“通国之公仆也”，人民才是“天下之真主”。他们指出“生民之初，本无所谓君臣，则皆民也。民不能相治，亦不暇治，于是公举一民为君”，既然君可由民“共举之，则且必可共废之”；“君末也，民本也”，②这就戳穿了几千年来君权神授的谎言，指出只有兴民权，设议院，改行君主立宪，才能救亡图存。维新派对君主专制的批判，有力地冲激了甲午战前中国士大夫阶层因受几千年名教学说的教育形成的“君臣之义已定，天泽之分难越”、“食毛践土，谁非臣子”的传统观念。

第三，维新派提倡西学，批判科举制度。清朝从前代沿

① 《戊戌变法文献汇编》(第二册)，鼎文书局 1973 年版，第 197 页。

② 《谭嗣同全集》(增订本)下册，中华书局 1981 年版，第 339 页。

袭下来的科举制度，文试考四书五经，武试考弓、刀、石，内容古板僵化，一成不变，使得学用脱节，选取的尽是无实学的无用之辈。这种状况已严重不适应急剧变化的局势。维新派认为，要使中国富强，必须废除科举，提倡西学，创办新式学校。他们指出，科举制度有“锢智慧，坏心术，滋游手”三大弊端，明确提出“变法之本，在育人才，人才之兴，在开学校，学校之立，在变科举”。

上述维新派对封建社会传统观念的批判，为人们的思想带来了一次深刻的解放。然而这时的维新派还处于由士绅阶层向新式知识分子演变过程中，因而他们对传统观念的批判表现出一定的局限性。他们提倡民权，却又认为“权生于智”，只有资产阶级和士绅才有参政资格；他们批判君主专制，却又依靠“君上之权”去实现他们的要求。

（二）资产阶级革命派同传统观念的决裂

继以康有为为代表的对传统观念的批判，随之而起的是以孙中山为首的资产阶级革命派同传统观念的决裂。他们从民主主义立场出发，大力赞扬和鼓吹西方资产阶级提出的天赋人权、自由平等的学说，对封建专制主义的政治和道德观念进行了猛烈的批判。

第一，驳斥了君权神授不可侵犯的反动说教，宣称国家的主人不是皇帝，而是“国民”，主张用革命手段“扫除千年种种之专制政体”，恢复人民应当享有的权利，决心“倾覆清廷，创建民国”。

第二，抨击了以三纲五常为核心的封建礼教，认为礼教并不是人类“固有之物”，而是历代的“独夫民贼”加以利用，作为奴役人民的精神枷锁，控诉“礼之耗人心，消人气，不致死亡之不止”。

第三，在批评封建礼教的过程中，提出了妇女解放的号召。把封建社会宣扬的“男尊女卑”、“夫为妻纲”、“女子无才便是德”等道德伦理观念，一概斥之为“胡说”，号召妇女们起来砸碎封建礼教的锁链。明确指出妇女要获得解放，必须获得独立的社会经济地位，要做事，不可寄生；还必须和腐朽的旧社会决裂，投入民主革命的斗争，并大声疾呼“人权天赋原无别，男女还须一例担”。

“变法图强”、“倾覆清廷，创建民国”都是在思想上表示了同传统观念的决裂，在政治上反映着当时中国社会内部新兴资本主义经济的要求，目的是变中国封建社会为资本主义社会。但由于孙中山和康有为各自出身、社会地位、教育影响的不同，因而在实践上，孙中山反映的是与民族资本主义经济相联系的下层社会人们的要求，主张“倾覆清廷，创建民国”；康有为反映的是上层社会正在开始向资产阶级转化的地主、士绅的要求，主张“因时修改”，条陈变法。据统计，维新运动领导人物有传可考者 48 人，其中进士 28 人、举人 8 人、贡生 3 人、生员 2 人，无功名用钱捐官者 4 人。因此，自甲午至庚子的社会主要思潮是变法维新。

三、近代社会加深期（1901～1918）

维新运动的惨遭镇压、义和团反帝运动的失败和《辛丑条约》的订立，致使清政府完全沦为洋人的朝廷，于是近代中国社会的主要矛盾成了中国人民大众同帝国主义代理人清政府的矛盾。随着20世纪初清政府"新政"的实施,拒俄运动、收回利权运动和抵制洋货运动的兴起,中国的民族资本主义经济获得了初步的发展,民族资产阶级上层和中下层开始形成。社会主要思潮由19世纪末的变法维新演变为立宪和革命的同时高涨。代表民族资产阶级上层的立宪派倡导的立宪运动,是要变以三纲五常为传统的人治社会,建立以宪法为内容的法制社会;1905年代表民族资产中下层的政党——中国同盟会的成立及其政纲的提出,使民主革命的浪潮高涨起来。由于清廷毫无立宪诚意,于是立宪和革命趋向合流,终于在辛亥革命的浪潮中,结束了封建帝制,创立了中华民国。在革命和立宪的两大政治潮流中,资产阶级自由平等学说的广泛宣传、资本主义经济的进一步发展和民国的建立,改变着传统社会的人际关系。新时期社会的人们要纳入新的行为规范,须要建立法制而不是人治的社会秩序。因而在共和建立时期,当权的革命派起草的临时约法和公布的法令,使得中国封建社会的传统观念一度动摇。

(一)传统观念动摇的表现

这一时期,传统观念发生动摇的思想根源,是新的资产阶级的人生观。人生观的一个重要内容是价值观,即社会中的人们对主客观事物的评价以及由此而采取的行为。突出表现为以下几个方面:

第一,对人的价值产生了新的认识。在封建社会,人们的个性受到君权、神权、族权、夫权的严重压抑,谈不上个人人格。

所谓“君要臣死，臣不得不死”、“父母在，不敢有其身，不敢私其财”等等。这反映了以封建小生产方式为基础的高度中央集权的政治要求。在立宪和革命两大运动中，立宪派和革命派都根据西方资产阶级自由、平等、博爱的理论原则，广泛宣传和要求恢复人生而平等的权利和地位，重新认识人的价值。在民国政府倡导下，各种以人道主义、解放人权为宗旨的社会团体纷纷成立。广大青年男女为了谋求人格独立、生活自主，冲出家庭，走向社会，出国留学，从根本上打破了家族制度所依据的纲常名教。

第二，对政治生活发生了浓厚的兴趣。在封建社会，“劳心者治人，劳力者治于人”，一般人对政治无权过问。随着民国的建立，人们的社会政治地位提高，更多人对国家政事发生了兴趣，开始将集会、结社、选举等作为社会生活的重要内容。这一时期具有重要意义的改变，是议会制度的出现和政党及舆论的特别发达。以政党活动为例，清末虽已有之，但为数极少，能够公开组织政治集团的仅限于资产阶级立宪派。民国初年则出现了“各处会所如林，党员如鲫”的现象。过去女子不知政治为何物，革命后也意识到本身的权利与义务，于是“有所谓女子北伐军，女子敢死队，有所谓女子同盟会，女子参政团，女子自由党”。一般群众对政治的关心，女权运动的蓬勃发展，标志着传统社会禁止“庶民议政”的动摇。

第三，对职业与学问改变了以往的传统看法。中国的儒家学说重道轻器，重本抑末，所谓“务虚而不务实”，“好名而不好利”。这与西方资产阶级注重经济利益和实际效果的功利主义截然不同。传统观念将社会职业按“士、农、工、商”的顺序排列，随着中国资本主义经济的发展，上述观念已渐打破，人们认为“欲兴中国，非振兴实业不可”。社会上不再将以从事实业看成“弃本逐末”的事。这反映了人们职业观的改变。另外，过去读书人埋头六经，醉心科举，崇尚儒理，鄙薄实学，清末开始废科举、派游学、兴学堂。在职业、求学观念上发生的变化，体现了资产阶级民主制度建立后资本主义经济发展的要求。

第四，对消费生活采取了不同的态度。西方资产阶级以个人主义为本位，主张及时行乐、高度消费。这与资本主义商品经济的发展要求消费水平与之相适应的规律有关。中国自耕自织的封建小生产方式不可能提供富足的消费品，反映到思想上，传统观念将质朴、节俭视作美德。清末民初，由于商品经济的发展以及西方资产阶级世界观的影响，社会上出现了奢侈浮华的风气。纵欲、享乐、消费的思想开始流行，使得人们传统的生活态度开始发生变化。

第五，道德观念的改变。道德观念是人生观的另一个重要内容，是评判人们行为是非、善恶、美丑的思想标准。清末民初，封建道德观念及伦理思想的正宗地位已经动摇，人们开始以自由、平等、博爱作为新的道德规范，言行举止、为人处事往往反常道而行之。

上述清末民初社会价值观念的改变，正显示出西方资产阶级人生哲学对中国传统文化思想的冲击。

（二）传统观念动摇的局限性

我国旧有的传统观念是在中国几千年封建社会中长期形成的，它虽随着社会的发展而变化，却是渐进的、缓慢的，旧的传统观念很难被一两次革命运动所清除。这是因为,儒家一套伦理纲常自秦汉以来存在两千多年,具有极大的稳定性。近代以来,由于西学的输入,在西方资产阶级天赋人权、自由平等的思想冲击下,这一传统观念的体系开始逐渐崩溃。不过,直到辛亥革命后,儒家学说在文化思想领域中仍占有相当大的阵地。其原因一是它所赖以生存的经济、政治基础,在革命后几乎全部保留下来;二是儒家思想中的某些内容,在调整家庭、社会关系方面还有其合理部分。

清末民初,传统观念的一度动摇还仅限于大中小城市,对于广大农村则影响甚微。由于辛亥革命不仅未能铲除封建社会的经济基础,而且对于旧的上层建筑和意识形态也未能给予有力的批判,因此,新的社会意识必然遇到保守势力和传统观念的顽固抵制。民国成立后不久,帝国主义和封建势力的政治代表袁世凯便窃取了总统的权位,民主制度实际上被取消,中国历史进入北洋军阀统治时期,封建剥削制度和封建专制统治仍然占据优势,为封建统治服务的传统观念依然是社会的主要思潮。直到"五四"新文化运动时期,旧的传统观念受到了更大的冲击,中华民族的精神面貌才有了新的变化,由此产生了深远的影响。

第二章 近代中国社会教育制度的演变

教育是社会经济文化的综合产物,属上层建筑的范畴。近代中国的教育制度由旧的科举制向新式学堂演变而来,经历了洋务、维新、“新政”和辛亥革命的发展过程。这一过程既体现着资本——帝国主义对中国的入侵,更反映了随着中国近代工业的产生和发展,中国资产阶级在经济、政治、文化上的要求。中国的近代教育从科举制度演变为学校制度,经历了大半世纪的时间,其演变过程可分为三个阶段。

一、萌芽时期(1862~1897)

(一)洋务学堂的最早出现

面对着第二次鸦片战争失败的变局,洋务官员认为要急筹自强,就要兴办洋务;而洋务的兴办亟须洋务人才,归纳起来,就是技术人才、军事人才和外交、翻译人才。洋务派官员们清楚地看到旧的科举取士制度选取的尽是无实学的无用之辈,便呼吁“稍变成法”,以求取新的“济变实用之才”,就是主张不改变科举形式而改变其内容的变通办法,培养洋务人才。

洋务派首先亟须的是翻译人才。京师同文馆是清末最早出现的洋务学堂。因在对外交涉中“语言不通,文字难辩,一切隔膜”,为培养翻译人员,1862 年由恭新王奕訢奏设,附属于总理衙门。开始只限招收十三四岁以上的八旗子弟,后又招收 25 岁以下的汉、满学员。课程最初只设英、法、俄、汉文,1867 年又设算学、化学、万国公法、医学生理、天文、物理、外国史地等。除汉文外,其他课程的教习多为外国人。学生数 1888 年达到 125 名。1902 年并入京师大学堂。

(二)洋务学堂及其历史作用

继北京同文馆后,为了培养翻译人才,1863 年上海广方言馆由李鸿章奏设,教习英文法文;1864 年广州同文馆由毛鸿宾奏设,教习英文、法文、德文。

近代军事工业和民用工业的创办,需要大批掌握科学技术的人才,所以在福州船政局开办伊始,1866 年船政学堂——求是堂艺局由左宗棠奏设,培养制造、绘图、管轮、驾驶的专业技术队伍。1880 年张树声奏设广东实学馆,教习管轮、驾驶和制造,即航海专业和造船专业,性质和福州船政学堂的求是堂艺局相同。

19 世纪七八十年代,电讯业的兴起推动了一批电报学堂的成立。1880 年,李鸿章奏设了天津电报学堂。近代海军的建设,又推动了一批水师学堂的兴起,主要有天津水师学堂、广东水陆师学堂、刘公岛水师学堂、江南水师学堂、旅顺口鱼雷学堂、烟台海军学堂。1885 年李鸿章创设的天津武备学堂,则开十八省陆军学堂的先河。

总之,自 1862 ~ 1894 年,洋务派为了办洋务,兴办了二十几处洋务学堂，培养了中国第一代技术人才，翻译了第一批科技新书，这虽未引起中国教育制度的根本改变，但洋务学堂和科举制度的对立是十分明显的。洋务学堂的实践，把废八股、废科举这个重大问题提上了议事日程。

二、转变时期（1898～1905）

（一）维新派的“变法”与“兴学”

维新运动与洋务运动的不同之处在于前者是由知识分子发动的运动，不仅学习西方的“技艺”，更重要的是学习西方的政治制度，目的是要在中国实现资产阶级君主立宪制度；后者则是由封建统治集团一部分具有资本主义倾向的官员发起的，只是学习西方的“技艺”，而不改变封建政治制度。因此，维新派与洋务派在对待中国旧的教育制度上的态度也是不同的。维新派把“变法”与“兴学”联系在一起，明确指出，要在中国实现君主立宪，挽救民族危亡，就必须改革旧的教育制度，废除科举，兴办学校，培养新人才。他们说：“变法之本，在育人才，人才之兴，在开学校，学校之立，在变科举。”①光绪帝根据康有为等人的建议，在百日维新期间颁布了几十条改革的诏令。其中有关教育的是：改革科举制度，废八股，改试策论，设立学校，开办京师大学堂。据《戊戌政变》一书统计，1895～1898 年全国出现学堂 19 所。虽然变法失败而教育改革未能实施，但已造成很大的影响。正如梁启超所说：“政变以后，下诏废各省学校，然民间私立者，尚纷纷可见，亦由民智已开，不可抑遏。”

---

① 《变法通议》，《饮冰室合集·文集之一》，中华书局 1936 年版，第 10 页。

到20世纪初,资产阶级的有识之士更进一步认识到世界已进入“学战”时代,指出“今日之世界,竞争剧烈之世界也……争之为道有三。兵战也,商战也,学战也。而兵战其事又皆本于学战”,反映了设立新学堂的迫切感。

(二)清廷“新政”与科举制度废除

义和团运动的爆发与失败,使人们意识到由原始本能的反抗情绪鼓动起来的民气不能救中国于危亡,倍感启迪民智、开通风气的重要与迫切。上海海关1902~1911年度报告称:“自义和团动乱以来,包括政府官员、知识界、绅士以及商人阶级在内的人士,几乎普遍地确认,向西方学习是十分必要的,反对西式教育的人几乎不见了。”①清政府为了继续取得帝国主义的扶植、安抚统治阶级内部各派系和资产阶级的上层人物,从1901年陆续推行所谓“新政”,主要措施有:调整官制、整顿吏治、改定刑律、编练新军、奖励实业、兴办学校以及准许满汉通婚、禁止妇女缠足之类。并把兴学求才作为兴办“新政”的首要任务。因而,对慈禧尽废新法有所抵制的张之洞、刘坤一等人,在著名的“江楚会奏”中建议“按科递减科举取士之额,为学堂取士之额”。然而“科举一日不停,士人皆有侥幸得第之心”,民间相互观望,新式教育步履艰难。为了摆脱困境,袁世凯、张之洞、赵尔巽、周馥、岑春煊、端方等新实力派联合奏请废科举、兴学校。经过洋务运动以来四十年的兴衰成败,他们终于认识到,废科举、发展新式教育是“新政”成败的关键。由于

① 《上海近代社会经济发展概况(1882~1931)》,上海社会科学院出版社1985年版,第164页。

科举取之士根本不能满足新政各项事业的要求，光绪三十一年(1905)八月，清廷正式诏令：从1906年始，停止一切乡试岁考。

废科举是中国教育史上的重要转折，为近代学堂的兴办扫除了一大障碍。从此，数以万计的“洋”学堂和数以百万计的“洋”学生出现在都市城镇甚至穷乡僻壤，引起了剧烈的社会震动。

三、发展时期(1907～1909)

(一)发展的原因和影响

清政府在废科举之际，责成地方政府切实统筹，严饬各府厅州县于城乡各处遍设学堂。1905年，成立学部为统辖全国的中央教育行政机关，设置视学官，巡视各省学务。次年，又设提学使司，以学务公所、劝学所和学区分管省、府厅州县及乡镇教育，并吸收地方士绅参与三级教育行政事务，以利推广。同时，省和府厅州县成立教育会，以“辅助教育行政，图教育之普及”。由于科举的废除和上述各项措施的推行，在20世纪初的头十年间出现了兴办近代学堂的热潮。官办学堂数量逐年成倍递增，从1905年的277所猛长到1909年的14344所。

清末近代学堂的兴起，体现了当时中国社会变革和发展的趋势。近代学堂逐步取代科举书院的过程，就是大量士绅转化、资产阶级社会地位逐步提高、西方文化大量传播、近代知识分子群出现并趋向革命化的过程。从而造成了广泛深入的影响。

1. 封建士绅的转化

近代学堂的兴起，使一些受过传统教育的士绅自觉或不自觉地被卷入到新教育的潮流之中。当时新式学堂优先招收具有传统功名者,例如京师大学堂就以招收举贡生监的学生为主。这些人的双重出身,形成了他们特有的心理状态,他们即不愿清王朝灭亡,使其得之不易的功名付诸东流;又受到了新思潮的冲击,不满现实,要求改革。这批新旧兼有的知识分子成了清末立宪派的中坚力量,极大地影响了清末政局。

2. 扩大了资产阶级的联合和社会影响

20 世纪初出现的教育会,为资产阶级提供了重要活动场所。1907 年学部拟定《教育会章程》十五条,规定设教育会是为了"上下相维,官绅勾通,借绅之力以辅官之不足,地方学务乃能发达"。教育会发展很快,到 1909 年全国计有 723 处,会员48432人。一部分资产阶级头面人物在教育界中充任要职,如张謇任江苏教育会副会长,张元济任浙江教育总会会长等。他们组织资产阶级积极参与社会活动,客观上提高了资产阶级的社会地位,扩大了资产阶级力量的联合和社会的影响。

3. 西学得到了进一步的传播

因清朝统治者在兴办学堂中正式提出用西学"补中学之不足",因此,西学就名正言顺地登上了各校讲台。由于学堂开设新学,就为新书刊的传播创造了良好的条件。据统计,仅在 1904 年,西方社会政治学说、哲学历史名著等译成中文者即达 250 余种。

4. 青年知识分子的思想转向民主革命

学堂是传播新知识的绝好地方。在校青年一旦接触了西学,就不会再按封建统治者规定的思想轨道运行,而是发生了剧烈变化。因此,武昌起义前青年学生鼓吹民族民主革命;武昌起义后,又成为武装推翻清王朝的重要力量。

(二)发展的局限性

由于近代学堂是在清朝统治阶级和中国社会半殖民化这一特定历史条件下出现的,既受到封建政权的控制、封建思想文化的束缚,又受到帝国主义思想文化的影响,只能走上一条不能正常发展的畸形道路。清朝热衷兴学,主要是从维护统治的需要出发,规定无论何种学堂“均以忠孝为本,以中国经史之学为基”,以保证学生心术的纯正。从教学内容和方法看,这些学堂基本可视为近代学堂的范畴,但实际上有相当一部分学堂仅是旧式学院的改头换面。

第三章　近代清王朝军制的演变

军队是国家政权最重要的组成部分。近代中国清王朝军制的演变,大体反映了近代中国的社会性质。就其演变的动因说,既有与资本——帝国主义侵略者相结合的一面,也有抗争的一面,更是为了镇压中国人民反帝反封建斗争的需要。就其演变内容说,是由封建社会的旧式军制向资本主义社会新式军制的演变。就其演变的结局说,只能是半殖民地半封建的军制。

一、鸦片战争前的清朝军制

清朝的正规军入关前为"八旗兵"制,入关后改编和招募汉人而为"绿营兵"制。清军有一定数额,且有经常设置,那些为专事临时招募的乡勇,事毕即改编与裁撤,"非经制之师"。

(一)八旗兵制

八旗兵制原与满族户口编制一致。每三百人为一"牛录",以此为基本单位,设"牛录额真"统率。五个牛录组成一个"甲喇",设"甲喇额真"统率。五个甲喇组成一个"固山",设"固山额真"一人,左右"梅勒额真"各一人,统率七千五百人。

固山是满族户口编制,亦即兵制的最大单位。每个固山各有一专用颜色的旗帜标志,1601 年只有黄、白、红、蓝四旗,1615 年增建了镶黄、镶白、镶红、镶蓝四旗而成为八旗。1635 年另立蒙古八旗,1642 年汉军也扩充为八旗。顺治以后的八旗分为上三旗和下五旗,镶黄、正黄、正白为上三旗,其余五旗为下五旗。

八旗兵分亲军、骁骑、前锋、护军和步军五种,此外还有神机营、健锐营、枪营、炮营、藤牌营、火器营等特种兵。

亲军是皇帝的侍卫兵,由上三旗充任。在北京附近驻防的八旗兵称“畿辅驻防”。

清入关后,八旗兵的统率官改为汉称:固山额真、梅勒额真、甲喇额真和牛录额真分别称为都统、副都统、参领和佐领。

(二)绿营兵制

绿营兵,驻扎在北京的称“巡捕营”,又称“京营”,由步军统领(即九门提督)统辖。

各省的绿营兵由总督统辖的称“督标”,巡抚统辖的称“抚标”,提督统辖的称“提标”,总兵统辖的称“镇标”。标以下设“协”,由副将统辖。协以下设“营”,由参将、游击、都司、守备分别统率。营以下设“汛”,由千总、把总、外委分别统率。

绿营兵种分马兵、战兵和守兵三种。战兵、守兵都是步兵。沿江沿海设水师。1812 年,全国绿营兵共661671人。

八旗兵和绿营兵均由清政府发给饷银,以八旗亲军、前锋和护军饷银最高。清朝的兵饷开支,约占全年国家支出的一半,是最大的一笔开支。

二、鸦片战争后清朝军制的演变

清朝军队的主力原是八旗兵,入关不久腐败丛生。到1637年三藩事起,八旗兵几乎不能作战,继之而起的是绿营兵。乾隆以后,绿营兵也日益丧失战斗力,特别在第一次鸦片战争中充分暴露了它的腐朽。因此,太平军金田起义后,尽管清政府屡次更易钦差大臣,先后调集五十余万兵勇,结果都是溃不成军,太平军一举攻下南京。于是有湘军、淮军的崛起。

(一)湘军

由于八旗、绿营在同太平军作战中的溃败,咸丰帝于1853年初命令大江南北各省在籍官绅举办团练,组织地主武装。曾国藩所办湘军,就是其中之一。

曾国藩(1811～1872),字涤生,湖南湘乡人,出身地主家庭,道光末年官至侍郎。1853年他因丧母在籍,咸丰命他去长沙帮同湖南巡抚张亮基办理团练。他以罗泽南的湘勇为基础,略仿明戚继光的战法,募练了一支"以忠义之气为主"的武装——湘军。湘军主要用封建知识分子为营官,招募朴实强壮的农民充当士兵,即曾国藩提出的"须择技艺娴熟、年轻力壮、朴实而有农夫土气者为上,其油头滑面、有市井气者,有衙门气者,概不收用"。重要将领如罗泽南、彭玉麟等,和曾国藩一样都是程朱理学的信徒,又是曾国藩的同乡、同学、师生、亲友。曾国藩利用封建宗法关系作为维系湘军的纽带,士兵由营官自行招募,每营士兵只服从营官一人,整个湘军只服从曾国藩一人,形成一种严格的封建隶属关系,纠正了绿营散漫不团结的弊病，指挥较灵。这种将与兵的个人隶属关系，形成了湘军归私人所有的性质。

湘军营制分前、后、左、右四哨。每哨分八队，其中两队装备为抬枪，四队为刀矛，两队为小枪。至1858年3月，湘军水陆两军共一万七千多人。湘军的兵饷比绿营优厚，但因其非清朝正规军，饷银不由户部发给，全靠统领就地自募。

（二）淮军

辛酉政变后，清政府决心求助外国军队来镇压太平军，对内则注意调整同曾国藩集团的关系，以取得他们的支持。因此，1861年11月，慈禧上台的当月，便命令曾国藩统辖江苏、安徽、江西、浙江四省军务，提督以下文武官员都归他节制。为了继续扩大反动武装，曾国藩派李鸿章到安徽舒庐一带招募淮勇。

李鸿章（1823～1901），字少荃，安徽合肥人，出身官僚地主家庭，翰林院编修，曾助吕贤基在安徽办团练。1861年冬，他奉曾国藩之命在安徽募兵，准备援上海，图苏、常。1862年春，李鸿章仿照湘军营制，编成一支拥有六千余人的淮军。淮军以安徽地主团练为骨干，成为湘军之后的又一支重要军阀武装。

在镇压太平军的过程中，湘、淮军成了清军的主力，清政府把其作为维持统治的主要武装。这样清朝的军制就发生了变化，湘、淮军代替了绿营兵制，正是“湘军初起，淮军继之，而练勇之功始著，至是兵制盖数变矣”。

（三）练军

19世纪60年代开始，洋务派在创办军事工业的同时，着手训练新式海陆军。1861 年 1 月,奕䜣、文祥奏请训练八旗兵使用洋枪洋炮。次年首次在天津成立洋枪队,聘请外国教练,选派京兵赴津训练。继之,上海、广州、福州等地按照天津练兵章程分别成立了洋枪队。1866 年,总理衙门大臣奕䜣等委派直隶总督刘长佑选直隶绿营兵一千五百人,仿湘军、淮军编制,聘用英、法两国军官训练使用洋枪洋炮及“洋人阵式”,称为“练军”。练军由清政府直接掌握。后曾国藩、李鸿章先后任直隶总督,进一步按湘、淮军编制训练直隶绿营兵。后来,清政府命令各省仿照直隶选练绿营的办法,改编绿营。这样,练军增一兵,绿营即减一卒。由此,绿营兵制逐渐向湘、淮军过渡。

在当时新训练的军队中,以湘、淮军的力量最强,其中淮军的力量日益强于湘军。除了客观条件外,还与曾国藩、李鸿章的指导思想有关。

曾国藩的湘军,早在 19 世纪 50 年代就从香港购买洋炮,60 年代初,又提出大购外洋船炮的主张,“始而演习,继而制造”。但曾国藩的思想较保守,主张湘军“仍当以抬鸟刀矛及劈山炮为根本”,认为“攻守之要,在人而不在兵(器)”。因此,湘军在装备上远远落在淮军的后面。1864 年湘军攻占太平天国京都后,曾国藩担心“功高震主”,把湘军大加裁减,他的弟弟曾国荃也一度“解甲归田”。曾国藩本人于 1872 年死后,曾系湘军势力日渐衰落。左宗棠所部湘军于 1862 年入浙江、宁波后着手建立洋枪队。1867 年进兵西北,派胡光庸驻上海购买外洋枪炮弹药,并先后在西安和兰州设局制造军火,势力遍及西北各省。

李鸿章于 1862 年率淮军由安庆到达上海后,称赞英、法军队“器械之鲜明，队伍之雄壮”，“深以中国的军器远逊外人为耻”。他在外国的支持下，利用上海的便利条件和丰富饷源，大量购买洋枪洋炮，雇用洋人担任教习。新式武器的使用，突破了旧的练兵阵式，大练洋操。为此，淮军的势力迅速增强。至1865年底，由原来的六千余人增至五万余人的淮军，“尽弃中国习用之抬、鸟枪，而变为洋枪队”。从此，李鸿章在清朝统治集团中的地位也随之蒸蒸日上。

(四)新军

甲午战争中，清军的腐败无能完全暴露出来。清朝统治者认为日军是“专用西法取胜”，便主张“仿照西法，添设新军”。1894年冬，督办军务处委派广西按察使胡燏棻编练新军，计五千人，编成十营，号“定武军”。《马关条约》签订后，胡燏棻调任督办津芦铁路，由袁世凯接替编练新军。

袁世凯(1859~1916)，字慰亭，河南项城人，出身于官僚地主家庭。他早年投靠淮军将领吴长庆，后又攀缘李鸿章，得任清政府驻朝鲜总理通商大臣。甲午战争爆发后，袁世凯托词患病回国，奉李鸿章之命在辽东前线筹拨弹药粮饷，联络各军。后回到北京，到处钻营，得到刘坤一、张之洞、荣禄、李鸿藻等人的赏识。袁世凯奉命到天津小站接练新军后，将定武军扩编到七千人，改称“新建陆军”。新建陆军虽然还沿用了淮军的营、队、哨、棚等名称，但在编制上以近代德国的陆军制度为蓝本，分步、马、炮、工、辎等兵种，全部使用购自国外的新式武器，延聘德国军官督练洋操。从此，袁世凯不仅受到清政的特别垂青，也愈来愈得到帝国主义列强的重视。

袁世凯在小站练兵时,署理两江总督张之洞在南京编练了自强军两千余人,一切营制训练按德国章程。自此,“北洋则有新建陆军,南洋则有自强军,是为创练新军之始”。当袁世凯任直隶总督后,将自强军编入北洋新军。

义和团运动失败后,清政府从1901年起陆续推行“新政”。最重要的“新政”是编练新军,制定了在全国编练三十六镇(师)新军的庞大计划。直到清朝被推翻,仅勉强编成十四个镇、十八个混成协、四个标及一支禁卫军,其中以袁世凯控制的北洋六镇是新军的主力。新军与旧式的清军比,有以下主要特点:

第一,新军士兵的选拔标准有较严格的规定。它参照资本主义国家的军事条例,在入伍年龄、体格、品行及文化程度等方面做了相应的规定。如年龄20~25岁,身高为四尺八寸以上,臂力平举一百斤以上,步行每小时二十里以外,来历必须土著,均有家属,应募时报名三代家口、住址。凡五官不全、身体较弱及目疾、暗疾者不收,曾吸鸦片和犯有案事者不收,“断不可以游惰之人滥竽充数”。

第二,新军全用洋枪洋炮武装,采用洋式编制和洋操。编制以镇为单位,镇下设协、标、营、队、排、棚。平时编制以两镇为一军,一镇官兵共12512人,每镇共有步、马、炮、工、辎五种兵种。袁世凯的军队中还有乐队。因此新军兵种比较专业化,可以发挥各种协同作战的效能。

第三,新军的各级军官须具有近代军事知识,规定应由军事学堂出身的人充任。在袁世凯创办的新建陆军中,就有步兵、炮兵、骑兵和德文四所随营学堂,抽正兵粗通文字者入学。

各学堂聘德国军官任总教习。学习二年,除德文学堂毕业准备赴德国深造外,其余都任下级军官。

第四,新军的治军之道"首在训兵,其次练兵"。袁世凯经常颁发训词,要各级军官对士兵训话,并网罗一批封建文人,"择忠义要旨",炮制"劝兵歌"、"对兵歌"、"行军歌"等。新军的编制、装备和操练虽然基本上已西化,但思想教育仍然是封建主义的内容,实际上唱的还是"中学为体,西学为用"的基调。

三、近代新式海军的创立

(一)筹办新式海军的提出

清政府筹设新式海军是从19世纪70年代中期开始的。

1874年,日本派兵侵略我国台湾,清朝统治集团极为震惊,筹办海防之议由此兴起。前江苏巡抚丁日昌提出《海洋水师章程》六条,建议设立北洋、东洋和南洋三支海军,各设提督一人,北洋提督驻天津,负责鲁、直两省沿海防务;东洋提督驻吴淞,负责江、浙两省沿海防务;南洋提督驻南澳,负责闽、粤两省沿海防务。建议三支海军各设大兵船六艘,炮船十艘,每半年会操一次,"三洋联为一气"。清政府基本上同意上述建议,但以"财力未充,势难大举",同意"先就北洋创设水师一军,使之渐充"。

(二)三洋水师的建立

清政府于1875年任命沈葆桢、李鸿章分别督办南北海防。

清政府以北洋海军的创设为重点,因而海军的规划主要是李鸿章负责。至1894年,分别建成福建水师、南洋水师和北洋水师。

1. 福建水师

归广东总督兼东洋海防大臣统辖。其船舰大部由福州船政局制造,少数购自英美两国。平时很少训练,战斗力很弱。在中法战争中十一艘船舰被炸毁九艘。

2. 南洋水师

归两广总督兼南海防大臣统辖。最初由沈葆桢一手筹办,1879年沈葆桢病逝由李鸿章主持。后经左宗棠、曾国荃、刘坤一等人渐次扩充,共有大小船舰二十六艘,其中巡洋舰五艘,其船舰多由闽、沪两局所制造。向外国购买的船舰以英国为最多。南洋水师不及北洋水师,但超过了福建水师。

3. 北洋水师

是李鸿章经营最久、用费最多,也是清政府最主要的一支新式海军。1875年(光绪元年)李鸿章受命督办北洋海防。自是年起,先后向英德两国订购军舰,派遣学生赴英法学习海军。1879年,在天津设立海军营务处,随后在天津成立水师学堂,在旅顺、威海卫修筑军港。1881年,任命淮军将领丁汝昌统领北洋海军,中法战争后又加扩充,1888年,制定《北洋海军章程》,正式编队成军。共有军舰二十五艘,官兵四千余人。全部军舰中有铁甲舰两艘、巡洋舰七艘,主要舰只购自英德两国,只有五艘由福州船政局制造。军事训练由英、德人教习。从1888年起,因海防经费被慈禧挪用修颐和园,未能增添任何装备。

(三)最早海军人才的培养

最早海军人才的培养主要来自两个方面:

第一,最早海军人才的培养是由左宗棠创办的福建马尾造船厂附设的前学堂(又称法国学堂)和后学堂(又称英国学堂)培植出来的。前者注重轮船和轮机的原理及应用,后者则注重管理和驾驶的技术。我国早期的海军舰业人员,历来都以马尾为主干,至少占一半以上。其次是天津北洋水师学堂毕业生。之后,由于李鸿章、沈葆桢的建议,清政府于光绪二年(1876)派李凤苞率福建船厂前学堂的学生魏瀚、陈兆翱、郑清濂等十四人赴法国学习制造;罗臻禄、林庆生等四人赴法国学习矿冶;马建忠、陈季同等二人赴法国学习律例,共赴法国学习者二十人。还有后学堂的学生严复、方伯谦、刘步蟾、林永升、萨镇冰等十二人赴英国学习海军驾驶,共计选游英、法学习者三十二人。我国的海军将领无不直接与上述诸人有关。

第二,由曾国藩、李鸿章建议,清政府于同治十一年(1872)委派陈兰彬和容闳率第一批三十名幼童学生(10~15岁)赴美学习军政和制造等学,以后三年中每年又资送三十名,至1875年共计120名。这些学生学习回国后,其中先后任海军舰长者7人,参加中法之战者7人,死于中法、中日之战者7人。

第四章　近代清王朝中央机关的演变

国家是社会发展到一定阶段的产物。国家机关是国家政权的重要组成部分,国家机关的历史是社会历史发展的一个重要方面。特别是鸦片战争后,中国由封建社会逐步演变为半殖民半封建社会,研究近代中国社会清朝中央机关的演变,对于理解近代中国社会的政权性质及其特点是很有必要的。

一、鸦片战争前的清朝中央机关

第一次鸦片战争前,清朝的中央机关有内阁和军机处,其下是六部及都察院和理藩院。

(一)内阁与军机处

中央政府的实权,最初在内阁。内阁的阁员称某殿(如保和、文华、武英等)或某阁(如文渊阁、东阁、体仁阁等)大学士,满汉各二人乃至六人不定,另外还有协办大学士、内阁学士等。在清初,大学士的职权除接受各处章奏上达皇帝、替皇帝撰写谕旨并批答奏牍外,还参与重要机务。到了雍正时代,因屡次用兵才产生了军机处。军机处本是专管军队秘密事情的,后因做军机大臣的人就是内阁大学士,因此,内阁大学士的职权就被军机大臣所代替。乾隆以后，内阁大学士不过是给有功大臣一种特别荣贵的头衔，它的职权除了谕旨奏牍的收发，别无他事。军机大臣没有一定的员额。军机大臣的任用，是随皇帝的意志从皇族、内阁大学士或各部尚书中选任。它的职权凡政务的裁决，官吏的任免、升降，用兵的军事方略无不参与，但有两点要注意：一、无论内阁或军机处都没有一个独高的首长，首长就是皇帝；二、无论内阁大学士或军机大臣，都没有向各部或各省督抚直接发布命令的权利，只有皇帝才有如上的权力。

（二）六部

清朝的中央行政机关是吏、礼、户、兵、刑、工六部。各部的长官，清初规定汉满二人并立。对重要的部特派皇族为管部大臣。各部通常的长官称尚书，次官称左右侍郎。对六部也要注意两点：一、六部虽为中央行政机关，各部的长官却没有向地方长官（督抚）直接发布命令的权力，向地方发布命令要奏请皇帝以谕旨行之；二、尚书和侍郎各有单独的上奏权。尚书与侍郎意见不合时，除了两方相互奏请皇帝裁决外别无他法。就中央与地方而言，六部的长官并不是统辖全国的行政首长。就尚书与侍郎而言，各部并没有统帅全机关的首长。问题的最后解决，也只有奏请皇帝。

（三）都察院

都察院替皇帝监察一切的监察机关。其长官有都御史一人，副都御史二人，所属有给事中二十人，监察御史四十四人。给事中监察京内的官府，监察御史监察地方长官。给事中和监察御史的总称曰“科道”官。应该注意的是：一、监察权的行使，不是用都察院的机关全体去行使，而是用都察院各员的官衔单独行使。各人若有所见，就可单独陈奏，并不经机关的全体取决。监察官并不是终身官，随时可以改任或升迁。有特别权势的人，可以干涉他们的进退。二、这种监察官的自身责任问题，全以皇帝意志为断。若触犯了皇帝的私好偏爱，就是据实参劾，也要受谴责，轻则训斥或降职，重则免官回家。

（四）理藩院

清初，为管理蒙古设处理蒙古事务的蒙古衙门。1638 年改为理藩院，命以王公大学士领院，主官称尚书、侍郎，管理蒙古、新疆、西藏等少数民族地区事务。

以上说明，中国专制政体到了清朝已达到极端，表现为一切权力都在皇帝手里，无论甲机关与乙机关，或是一个机关内的甲人员与乙人员，都有互相监视、相互牵制的意味。

二、鸦片战争后清朝中央机关的演变

（一）两次鸦片战争与清朝中央新官制的出现

1. 五口通商大臣的设立

鸦片战争前，清朝政府实行闭关自守政策，一味以“天朝上国”自居。第一次鸦片战争的结局，就是外国资本主义列强迫使清政府签订了以《南京条约》为首的第一批不平等条约，主要内容之一，就是把广州、福州、厦门、宁波、上海开为通商口岸，从而打开了清王朝闭关自守的大门。清政府为了应付这一变化，设置了一个兼职的五口通商大臣，由当时两江总督耆英兼充。1844 年，耆英调任两广总督，兼办“各口通商事宜”，五口通商大臣也就成为两广总督例兼的职务。可见，五口通商大臣的出现是在办理通商的名义下，承担着处置第一次鸦片战争后的中外新关系。

2. 总理衙门的设立

第一次鸦片战争后，外国资本主义列强并不满足在中国取得的既得利益，从 1856 年开始，以英、法为首的外国列强向中国发动了第二次鸦片战争。通过这次战争，外国列强又逼迫清政府签订了《天津条约》和《北京条约》，使中国丧失了更多的主权。从此，外国侵略势力由中国沿海深入内地。外国列强深感五口通商大臣不能满足其扩大侵略的客观需要，多次向清政府提出设一全面办理对外事务的机构。

辛酉政变后，清政府的实权派人物已从对外国侵略者的疑虑转为依赖，中外反动势力公开武装勾结，镇压太平军就是建立在这一认识基础之上的。总理衙门正是在这样的历史条件下出现的。但这时的清朝统治者还同外国侵略者存在着错综复杂的矛盾，因而把总理衙门的设立当作应燃眉之急的权宜之计，拟“俟军务肃清，外国事务较简，即行裁撤，仍归军机处办理，以符旧制”。

总理各国事务衙门，简称“总理衙门”、“总署”、“译署”，是由恭亲王奕䜣等人奏请于 1861 年 1 月 20 日特设的中央机构。最初，由恭亲王奕䜣、大学士桂良、户部左侍郎文祥三人管理，其后大臣人数略增，经常七八人，多时十余人。总理衙门的职权不断扩大，总揽了外交及与外国发生关系的财政、军事、教育、矿务、民教、交通等各方面的大权，实际上成了清政府的“内阁”，但无权指挥各省督抚，各省督抚也不对总理衙门直接负责。在总理衙门存在的四十余年间，以奕䜣任职的时间最长，前后凡二十八年，其次是庆亲王奕劻。

3. 总理衙门的性质和历史作用

晚清总理衙门自1861年成立至1901年按《辛丑条约》改组为外务部。它存在的40年间，中国半殖民地半封建社会形态终于形成。总理衙门的性质，是由该衙门成立的特定历史环境及其活动的主要内容决定的。

1861年初，清朝中央奕䜣、桂良、文祥与英法议和，签订《北京条约》不久，面对清王朝“内患外侮”并立的社会环境，在他们联名上的奏折中，对如何维护清王朝的统治，提出了区别以往传统的新政策。奏折首先指出：此次外国侵略者占领北京，与中国历史上经常发生的情况完全不同，并没有企图推翻清政府，而是订立条约取得一些特权后，便“纷纷南驶，而所请尚执条约为据，是该夷并不利我土地人民，犹可以信义笼络，驯服其性，自图振兴”①。接着分析形势，认为就目前形势论之，太平天国和捻军是“心腹之害”，俄国是“肘腋”之患，英国是“肢体之患”。要“灭发捻为先，治俄次之，治英又次之”②。最后指出“此次夷情猖獗，凡有血气者无不同声忿恨。臣等粗知义理，岂忘国家之大计，惟念捻炽于此，发炽于南，饷竭兵疲，夷人乘我虚弱，而为其所致。如不胜其忿而与之为仇，则有旦夕

①② 《筹办夷务始末》（咸丰朝）。

之变,若忘其害而全不设备,则怡子孙忧”,对西方资本主义列强要“以和好为权宜,战守为实事”。[①]

上述言论,表明奕䜣等人把处理清政府与西方资本主义列强的关系,视为事关清朝存亡的头等大事。因而建议在清朝中央设立总理各国事务衙门(简称总理衙门),主旨在于“办理对外事务,以专责成”,避免列强“从前每借口于中国遇有外夷事件,推诿不办,任情狂悖”[②],致蹈决裂之害。并指出:“俟军务肃清,外国事务较简,即行裁撤,仍归军机处办理,以符旧制。”[③]主张总理衙门的首领由军机大臣兼领,“以重其事”;要别设衙门,为总理之所,否则“恐不足壮观,且启轻视”[④]。上述史实说明,总理衙门的产生是清王朝处于“内患外侮”并立的困境下而设立的临时性的权宜机构。

然而,奕䜣等人又认为“长久之患在西人”,因而在其任总理大臣的第四天(咸丰十年十二月十四日)又奏言:“内忧外患,治本之方,惟在自强。”“现在抚议虽成,而国威未振,亟宜力图振兴”,使“该夷顺则可以相安,逆则可以有备,以期终久无患”[⑤]。以后又反复阐发对外维持和局与自强为本的关系:“无妨暂时羁縻……以待异日之自强”[⑥];而签订条约,是因“时迫势逼”,“不能不用此示信,以默求制驭之方”[⑦]。这表明以奕䜣为首的总理衙门大臣较清醒地认识到敌强我弱的总体力量对比,主张以“和好”为权宜,以取得一定时期的较为稳定的国际环境,客观上为清王朝的自强振兴创造了条件。

---

①②③④⑤ 《筹办夷务始末》(咸丰朝)。
⑥⑦ 《筹办夷务始末》(同治朝)。

提出“自强”为本,是因为“洋人之向背,莫不以中国之强弱为衡”,“我能自强,可以彼此相安,潜慑其狡焉思逞之计”[①]。因此,对于西方列强“今既知其取胜之资,即当穷其取胜之术”[②]。为此提出以“采西学制洋器为自强之道”[③]。这表明以奕䜣为首的总理衙门大臣与当时清政府中强调遵守祖制的顽固守旧官僚是有很大区别的,他们借取西方的“长技”求富求强,以期“御侮有所凭借”。

可见,对外以“和好”为权宜,以“借法自强”为根本,是总理衙门的基本政策。这不仅体现了“借法自强”应有中外“和好”局面为条件,也体现了只有国家富强才能真正实现中外“和好”的道理。该衙门分设英国、法国、俄国、美国、海防五个股;又设司务厅、清档房等。下属机关有同文馆、海关总税务司等。由此该衙门不仅总揽了外交,并且成了“借法自强”的“总汇”。在这方面,奕䜣于 1867 年(同治六年)作了如下表述:“自定约以来,八载于兹,中外交涉事务万分棘手。近日大致虽称驯顺,第苟且敷衍目前则可,以为即此可以防范数年数十年之后则不可。是以臣等思长久之策,与各疆臣通盘熟算,如学习语言文字,制造机器各法,教练洋枪队伍,派员周游各国,访其风土人情,并于京畿一带设立六军,借北拱卫,凡此苦心孤诣,无非欲图自强。尤以洋人制胜之道,专以轮船火器为先。”[④]

正因为总理衙门把外交与“借法自强”联系起来,因而该衙门不但未因太平天国的被镇压而裁撤,反而由临时性的权宜机构发展成了常设机关。其权势与地位凌驾六部之上,实际上

---

①②③④ 《筹办夷务始末》(咸丰朝)。

成了清政府的“内阁”。在这方面,1898 年刑部郎中沈瑞林的奏折有如下记载:“凡策我国之富强者,要皆于该衙门为总汇之地,而事较繁于六部者也。夫铨叙之政,吏部主之,今则出洋大臣期满,专由该衙门请旨,海关道记名,专保该衙门章京,而吏部仅司注册而已。出纳之令,户部主之,今则指拨海关税款,存储出洋公费,悉由该衙门主持,而户部仅司销核而已。互市以来,各国公使联翩驻京,租界约章之议,燕劳赉赐之繁,皆该衙门任之,而礼部主客之仪如虚设矣。海防事起,力求振作,采购战舰军械,创设电报邮政,皆该衙门专之,而兵部武库、车驾之制可裁并矣。法律本掌于刑部,自各国公使以公法相恃,凡交涉词讼之曲直,悉由律师为断,甚或教案一出,教士多方袒护,畸轻畸重,皆由该衙门理论,而刑部初未与闻也。制造本隶于工部,自各国船坚械利,耀武海滨,势不得不修船政铁路,以资防御,迄今开办铁路,工作益繁,该衙门已设有铁路矿务总局矣,而工部未遑兼顾也。是则总理衙门之事,固不独繁于六部,而实兼综乎六部矣。”①上引说明,总理衙门是一个“实兼六部”、总揽一切“洋务事宜”的机构。

总之,该衙门是清朝政府在世界近代潮流的冲击之下,在其所处“内忧外患”的特定历史环境之中,由以奕䜣为代表的洋务派首领出面倡导成立的志在“灭发捻为先”的临时性的权宜机构,随着“借法自强”的开展而发展成为一个近代外交机构。

第二次鸦片战争是中国半殖民地半封建社会形成的重要历史阶段,也是清政府中的洋务派官僚倡导“借法自强”的开

① 《筹办夷务始末》(咸丰朝)。

始。总理衙门外要“守定和约”,承认已经丧失的利权,表现出对半殖民地社会的“屈从”;内要“借法自强”,力图阻止中国社会的进一步半殖民地化和殖民地化,表现出对外来侵略势力的“抗争”。总理衙门的历史作用,就是体现在这两个方面。

外要“屈从”,是认为对西方列强万一“持之过严”,则“中国之力不足以制之,内患未平,外侮又作”。① 因而提出“办理外国之事,非恐决裂,即涉迁就,势本难以两全,两害相形,则取其轻”②。在这一妥协方针下,西方列强不但根据他们的需要任意解释既定条约中的规定,而且以武力作后盾不断提出超出条约的要求。如 1867 年(同治六年)总理衙门大臣所描述的那样:“一事也,但使于彼有益,则必全力以相争,不载于条约不止。迨至入条件之后,字字皆成铁案,稍有出入,又挟持条约,纠缠不已……或条约中本系明晰,而被必曲申其说。或条约中未臻妥善,而被必据以为词,极其坚韧性成,得步进步。不独于约内已载者难稍更动,且思于约外未载者更为增添。”③“始不过侵我利权,近复预我军事。举凡用人行政,渐形干预……彼负其豺狼之性,事事动形掣肘,稍不遂其所欲,辄以用兵挟制。”④西方列强通过一系列不平等条约使中国丧失大量主权,在军事上、政治上进一步干预、控制清朝政府。19 世纪 70 年代后,随着中国关税自主权、海关行政管理权、沿海贸易权、内河航运权、内地通商权的丧失,以及西方资本主义列强金融和航运等强有力的经济侵略工具的建立,中国的对外贸易日益处于不利地位,中国的社会经济日益半殖民地化。可见,总理衙门对外“守定条约”、“和好”的主观愿望带给中国的是半殖民地

①②③④ 《筹办夷务始末》(咸丰朝)。

处境的日趋加深。

内要“抗争”，是鉴于“咸丰十年间，内患外侮一时并至，岂尽武臣之不善治兵哉。抑有制胜之兵，而无制胜之器”①，又认识到“洋人制胜之道，专以轮船火器为先”，为此要“借法自强”。先提出“自强以练兵为要，练兵尤以制器为先”②，因“机器制造一事，为今日御侮之资，自强之本”③，故在兴办军事工业、编练近代陆海军和兴办民用工业的同时，奏准在同文馆增设天文算学馆，“以为制造轮船各机器张本”。又从 1872 ~ 1881 年先后选送留学幼童 120 名，“使西人擅长之技，中国皆能谙悉，然后可以渐图自强”④。为了改变“中国之虚实，外国无不洞悉，外国之情伪中国一概茫然”⑤的局面，奏准从 1875 年起先后向欧美各国派遣公使，在国外旧金山、横滨、神户等地设领事，还为此奏定出使章程十二条，要求出使各国大臣，必须逐日详记日记，将有关交涉事件及各国风土人情，详细记载，随时咨报。这不仅有利于国家主权的维护，也加深了对西学的了解。

上述“借法自强”的努力，多少缩小了中国和资本主义国家的差距。因之从 19 世纪 70 年代起，随着世界资本主义向帝国主义过渡，在中国边疆日趋严峻的形势下，遂有左宗棠挥戈出塞，收复新疆；曾纪泽赴俄改订条约，收复了部分领土和主权；中法战争中的镇南关大捷，迫使法国侵略者议和；甲午中日战争中的激烈海战，迫使日本舰队首先撤出战场。这些都表

①②③④ 《筹办夷务始末》(咸丰朝)。

⑤ 《中国近代对外关系史资料选辑(1840 ~ 1949)》上卷第一分册，上海人民出版社 1977 年版，第 242 页。

明，与两次鸦片战争的状况相比，已经有了明显的改观。可以这样认为，总理衙门“借法自强”的努力虽阻止不了中国日益半殖民地化，却是中国没有沦为殖民地的重要因素之一。

不可否认，总理衙门与中国半殖民地半封建社会的形成具有内在联系。该衙门对外以“和好”为权宜，往往被侵略者的战争威胁所吓倒，产生一切迁就、“曲全邻好”的思想，结果导致列强侵略得寸进尺；而“借法自强”又只是借用西方的“技艺”，不触动封建制度，换句话说，就是学习洋人的新本领，维护中国的旧制度。上述两个方面，就使得中国社会不可能发展成为一个独立的资本主义国家，而是向着半殖民地半封建社会演变。随着《马关条约》、《辛丑条约》的订立，总理衙门改组为外务部，“首以邦交为重”，这标志着中国半殖民地社会形态的形成；与此同时，清政府“戊戌新政”的公布，“清末新政”的实施，又标志着中国半封建社会形态的形成。

上述中国社会两方面的变化，反映了总理衙门所处时代的矛盾。近代中国面临民族独立和国家富强两大难题。要有效抵制世界资本主义列强的侵略，取得民族的独立，不仅要有足够的物质力量和军事力量，还必须有先进的政治力量去动员人民和组织人民。而这些物质力量、军事力量、政治力量，都有赖于封建制度的根本变革与近代民族资本主义经济的发展达到一定程度。反之，国家的富强、民族资本主义经济的发展又需要民族独立作为保障。国家一旦丧失了主权，就不可能起到保护、扶助民族工业的作用。在总理衙门时期，中国历史的发展还摆脱不了这样一个时代矛盾的制约。

4. 南、北洋通商大臣

南、北洋通商大臣，是在第二次鸦片战争后中国被迫开放大批通商口岸的形势下，清政府为适应这一新形势的需要设立的。

南洋大臣的前身是五口通商大臣。英法联军入侵中国后，中国的对外通商口岸已由五口增至十三口，由沿海深入内地，故不再称五口通商大臣，而称南洋通商大臣，先后由江苏巡抚薛焕、李鸿章相继兼任。自1866年曾国藩任两江总督后，南洋大臣先后由湘系集团曾国藩、曾国荃、左宗棠、沈葆桢、刘坤一等人兼任达四十年之久。

北洋大臣初设于咸丰十年（1860）十二月，当时由崇厚兼任，名为三口通商大臣。至1870年天津教案后，改由直隶总督兼任，掌管直隶、奉天、山东三省通商交涉事务。北洋和南洋大臣，按规定他们的职权和地位是相等的，但由于李鸿章担任直隶总督兼北洋大臣达二十年之久，致使北洋大臣的地位不断提高，职权不断扩大，势力远远超过南洋大臣。

南、北洋大臣列入总理衙门之下，但无直接隶属关系，只是所办事项按例皆由总理衙门承转。

南、北洋大臣的设置和其地位的变化，是同洋务派官僚势力的逐步扩大相联系的，它对清朝政权的性质有一定影响。

从清政府设南、北洋大臣的目的和任务分析，清政府初设南、北洋大臣时期，正是外国侵略者通过第二次鸦片战争取得公使驻京权利的初期，这是清朝统治者最忌讳的一点，但在既定事实面前又得应付。初设办理通商的钦差驻在南方，就是想以此来搪塞日益增多的交涉事务阻止外国人北上，待天津、牛庄、登州开埠之后，又设北洋大臣一职，目的也是使列强驻京使者回天津办理一切事宜。清政府这种以通商大臣为“折冲”之地的想法,自然是不符合客观实际的。南、北洋大臣设后的实际作用,却与清朝统治者的主客观愿望完全相反,分驻南北的两大臣逐步成为外国列强控制清政府的桥梁,使清朝政府政权日益被半殖民地化。

从南、北洋大臣兼职的演变看,北洋大臣初为崇厚兼职,后来由直隶总督兼职;南洋大臣初为五口通商大臣兼职。可见清朝统治者的目的有二:一是想以满人贵族势力控制对外交涉大权;二是削弱在镇压农民起义中发展起来的地方官僚势力。但是南、北洋大臣职务后来的变化,说明不仅汉族官僚代替了满族官僚,而且地方官僚势力也迅速增加,诸如当时的曾国藩、李鸿章、刘坤一、袁世凯等人,无不左右朝政,控制了清朝对内对外政策的制定与实施。这些人在与外国侵略者的频繁接触中,逐步由地主阶级封建官僚转化为洋务派官僚。

(二)百日维新与清朝“新政”时期清政府国家机关的改革

1894年,中日甲午战争的惨败使酝酿多年的资产阶级改良思潮转变为具有实际斗争意义的政治改良运动。光绪帝在维新运动不断高涨的形势推动下,于1898年6月11日颁布了“明定国是”的诏书,宣布变法,到9月21日慈禧发动政变,共一百零三天,历史上称“百日维新”。在这期间,清政府进行了一些国家机关的改革,主要是设立矿务铁路总局、农工商总局,创办京师大学堂、译书局等。这些变更尚未实施,变法即宣告失败。

1901年,《辛丑条约》规定“改总理衙门为外务部”并“班列六部之前”,与此同时,清政府从1901年起陆续推行所谓“新政”。1901 年 4 月设立了督办政务处，派奕劻、李鸿章、荣禄等 6 人为督办政务大臣，负责制定“新政”的各项措施。这一阶段，清政府变更国家机关的特点，是以强化统治工具为目的，以练兵理财为中心。

第一，1903 年在中央成立以奕劻为首的练兵处，在地方成立以督抚为首的督练公所，编练新军，并制定了全国编练三十六镇新军的庞大计划。

第二，为解救财政危机，提出“振兴工商”的口号。于 1903 年 9 月设立商部，把商部在中央行政体制中置于仅仅次于外务部而列入其他各部之前的地位。任命载振为尚书。载振时年 28 岁，素少历练，实际主持商部工作的是唐文治、王清穆等人。二人了解国内外工商业的情况，是清政府精心挑选的“谙达时务，熟习商情”的官员。从商部的成立和这些人员的任命，反映出清政府拉拢利用民族资产阶级的迹象。

第三，宣布废科举，办学堂，奖励留学，并于 1906 年在中央设学部，设尚书、侍郎等官，将原有的国子监改隶学部。这些都有利于资本主义文化的发展，促进了新式资产阶级知识分子的形成。

（三）清末预备立宪与清政府的官制改革

清廷的“新政”既未产生加强清王朝的统治效果，也未缓和人民的反抗斗争。1905 年，中国同盟会的成立及其政纲的提出，标志着资产阶级民主革命高潮的到来。与此同时，民族资产阶级上层及其代表人物要求清廷开放政权实行立宪的呼声更加高涨。清政府以“预备立宪”为幌子，拉拢资产阶级上层和缓革命浪潮,于1905年7月派载泽等五大臣出国考察宪政。第二年五大臣回国向清廷密陈,说实行立宪有"皇位永固"、"外患渐轻"、"内乱可弭"三大好处。基于此,1906年9月,清政府颁布了"预备仿行宪政"的上谕。强调立宪的宗旨是"大权统于朝廷,庶政公诸舆论,以立国家万年有道之基",但目前"规制未备,民智未开",不能立即实行宪政,首要任务是改革官制。

清廷"预备立宪"的宣布,得到了民族资产阶级一些人物的支持和拥护。1907年2月,康有为等人在海外改保皇会为国民宪政会,梁启超在日本东京成立了政闻社;在国内的江、浙立宪派首领张謇、汤寿潜、郑孝胥等人,于1906年12月在上海成立了预备立宪公会,汤化龙在湖北成立了宪政筹备会,谭延闿在湖南成立了宪政公会,丘逢甲在广东成立了自治会。其他地区也有类似团体的出现。这些立宪团体共同的宗旨是主张用请愿的方式,促成君主立宪政体的实现,被称为清末立宪派。清政府为立宪作准备的官制改革,其内容是:

第一,首先强调作为皇权主权工具的内阁、军机处不在变更之例。外务部、学部、吏部也不动。将工部与商部合并,改名为农工商部;巡警部改为民政部;户部改称度支部;兵部改称陆军部;刑部改为法部;理藩院将部分外交事部划归外务部,改称理藩部。总之,只是将旧部的名称作了更改,并增设到十一个部。通过官制改革,以明升暗降的办法把直隶总督袁世凯、湖北总督张之洞调为军机大臣,打算逐步收回各省督抚的军权和财权。

第二,清廷基于"社会愤激情绪和革命浪潮的冲击",为表示立宪的预备,1907年宣布中央筹设资政院。

第五章　近代中国人民反帝反封建斗争的演变

一、半殖民地半封建社会的开始时期(1840～1894)

(一)农民起义此起彼伏

清王朝在第一次鸦片战争中的失败和以《南京条约》为开端的第一批不平等条约的签订,造成的直接后果就是外国资本主义列强的军事、政治、经济、文化侵略势力汹涌而至,这不仅加深了中华民族与外国侵略势力的矛盾,同时也加深了中国国内阶级矛盾。这是因为鸦片战争后,鸦片走私并未停止,反而更加猖獗;银贵钱贱的现象更为严重,“昔日卖米三斗输一亩之课有余,今日卖米六斗,输一亩之课而不足”。鸦片战后的赔款、清政府战争中的军费开支、外国侵略者各种名目的勒索费,又统统落到了劳动人民的头上。

外国资本主义侵略和封建剥削压迫迫使广大农民很快形成广泛、普遍起义的态势。当时白莲教、天理教起义在北方多省展开,捻党活动于河南、安徽、山东一带,斋教散布于河南、江西、福建、浙江等省,天地会的势力更遍及长江流域和西南各地。广东、广西是外国入侵最早的地区，反对外国侵略和本国封建统治的斗争规模最大，持续最久。广东天地会红巾军领袖陈开在自述中说："自和番（指签订卖国条约）之后，吹烟更多（指吸鸦片烟），番货涌涌而来，百姓不知何由，看到各处设关设卡，官府押制从番，世界大变。大家无银可使，无饭得食……入伙之人渐而日多，内中同伙亦有从前到过三元里助威，不服于心。今见英番势旺，省城事事从番，各府县闻风而从，而何不乱……睇到番鬼入广，官势绅势相逼，捐税又大，田租又大，小民穷苦，纷纷四散，无路可走，因而说其入伙，同打江山，有饭大家食，有钱大家使，有衣大家穿，益而相附。"这些控诉反映了鸦片战后，外国的侵略激化了中国封建社会原有的矛盾，迫使广大民众对中国社会半殖民地化开始进行顽强反抗。

（二）反教会侵略的斗争

近代中国反教会侵略的斗争，是中国人民反对教士和外国教会为主要形式的反侵略斗争。这一斗争从 19 世纪 60 年代开始，到 19 世纪末年达到高潮。参加的成员来自社会各个阶层。

就近代资本主义列强来说，战争与传教是对外扩张侵略互为利用的两个基本手段。1840 年英国向中国发动了鸦片战争，由此进入中国的西方教会就带有侵略的性质，但在当时只限于东南沿海通商口岸及其附近地区。第二次鸦片战争在政治上产生的严重的后果，一是中外反动势力联合镇压了太平天国农民运动；二是外国传教士潮水般涌进中国内地。这些披着宗教外衣的西方殖民者，"始则挟朝廷以令官府，继则对抗官吏以纳逃捕，终则借党徒以凌士庶”。可见19世纪60年代后，中国人民反洋教斗争的日益高涨，是随着中国社会的半殖民地化、教会侵略势力的猖獗而造成的。

二、半殖民地半封建社会形成期（1895～1901）

自1895～1901年是中国半殖民地半封建社会的形成期。这时期发生的中国人民的反帝反封建斗争既与中国半殖民地、严重的民族危机相联系，也同中国社会半封建的形成、民族资本主义经济的产生和发展密切相关。

（一）“变法图强”

面对着甲午战后的空前民族危机，以康有为、梁启超为代表的资产阶级改良派提出了比较全面的社会改革方案。就其纲领和意图看，是通过行政立法，即自上而下的改革方式，变中国的封建社会为资本主义社会。他们在变法实践上是从争取上层力量着手，七次上书光绪帝，直至皇帝信服为止。书中请皇上“凡变法之事皆特下诏书”。二是向士大夫广求同志。他们倡立学会，创办报刊，向士大夫宣传万国强胜弱亡之故，以此制造变法舆论，扩大维新阵营，目的是推动皇帝决心变法。康有为正是在甲午战败、民族危亡的危急关头，呼唤光绪帝把变法维新推向高潮。

“百日维新”最终昙花一现，说明尊君权是改良派变法失败的重要原因。继戊戌变法失败而起的自立军起义，是维新派中以唐才常为代表的激进分子以武力开辟政治道路的一次尝试。但这次起义仍未超出尊君权的轨道。唐才常在上海组织正气会，其会章宗旨为“务海内仁人志士，不讲爱国忠君之实，不足以鼓动天下”。自立军起义失败再次证明，在近代中国由改良演变为革命，须要在人们的思想深处，来一场由尊君权到尊民权的深刻变化。

（二）革命反清

孙中山在甲午前夕曾上书李鸿章，提出“富强之大经，治国之大本”的政治主张，因上书失败，于1894年在檀香山联络当地华侨中的爱国志士，成立了第一个资产阶级革命小团体——兴中会，指出“方今强邻环视”、“瓜分豆剖”的危险形势，大声疾呼要“振兴中华”。第二年在香港组织兴中会总会，明确提出“驱除鞑虏，恢复中华，创立合众政府”的政治主张。孙中山积极争取下层群众，联络会党、绿林和防营，先后发动了广州和惠州起义。

（三）“扶清灭洋”

义和团运动是在反洋教斗争的基础上兴起的以农民为主体的反帝爱国运动。据统计，近代中国（1844～1911）共发生教案1639起，波及二十五个行省，次第出现了1861、1874、1884、1895年五次反洋教斗争的高峰。这期间正是世界资本主义向帝国主义过渡的时期，中法战争、甲午中日战争、胶州湾事件使中华民族与帝国主义的矛盾由激化走向尖锐。特别是甲午战后，在帝国主义掀起瓜分中国的形势下，“拳匪之变，起于清光绪庚子”，树“扶清灭洋”之帜以号召群众，不数月而弥漫全国。

上述甲午战后中国人民的反帝反封建斗争，不仅受当时社会经济情况的制约，而且都带有各自阶级、阶层的特点。

第一，康有为的“变法图强”和孙中山的革命反清都是在政治上反映着当时中国新兴民族资产阶级的要求。因当时民族资本主义经济只是初步发展，新兴资产阶级尚未在政治上形成独立的阶级力量，又因康有为和孙中山各自出身、社会地位和教育影响的不同，因而他们各自走向不同的救国道路。当时的主流社会思潮是变法维新，而不是革命反清。孙中山抛弃了历代农民战争利用宗教迷信组织和发动群众的落后方式，公开向群众宣传革命纲领，力图从政治上唤起群众的觉醒，为实现革命纲领而斗争。当时孙中山的革命力量虽还弱小，影响并不显著，但当戊戌变法失败，特别是自立军起义以悲惨结局收场，某些热心改革尚未摆脱改良思想的志士仁人，就会以“国是日非，决非和平手段所能匡救”，由主张改良转变为倾向革命。

第二，以农民为主体的义和团反帝爱国运动同当时兴起的改良和革命运动不同，它不是中国社会新兴经济的反映，而是同封建经济结构相联系的旧式农民，对帝国主义瓜分侵略的直接反抗。义和团“扶清灭洋”思想，不能给人民指明振兴中华的正确道路，在实践上也达不到赶走侵略者、复兴中华的目的。在资本主义经济业已产生，并且其政治代表已开始登上政治舞台的历史条件下，义和团的反帝风暴对资产阶级革命派的思想形成和发展创造了必要的社会条件。这是因为义和团运动不仅严重打击了帝国主义瓜分中国的企图，而且终于把清廷是洋人的朝廷这一真面目暴露在全国人民面前，也就必然地增加了中国人民的民族意识，致使某些爱国的志士仁人“感于庚子义和团、自立军两事，知非革命不足以救国”。从此，资产阶级民主革命日益成为社会的主要思潮。

三、半殖民地半封建社会加深期(1901～1918)

20世纪初,随着民族资本主义经济进一步发展,民族资产阶级因之成为独立的阶级力量,并出现了层次的划分,形成立宪派和革命派两个不同阵营。

(一)立宪派与革命派由对立演变为联合

立宪派是由地主、官僚、商人(包括买办)转化而来的民族资产阶级的上层政治代表;革命派是由手工工场主和一般商人转化而来的民族资产阶级中下层政治代表。两者的经济地位和出身不同,决定了两者在政治斗争中各自坚持不同的政治路线。

作为资产阶级上层政治代表的立宪派,一方面代表资本主义新的生产关系,同封建的生产关系和统治秩序相对立,故要求变革封建君主政体,发展资本主义经济,反对外来侵略;另一方面又依赖旧的生产关系、旧的统治秩序,力图以君主立宪来避免革命的发生。正因如此,立宪派在争取实现立宪的实践中,既有反对革命推翻清政府的消极一面,又有反对封建专制和外来侵略的积极一面。随着清王朝预备立宪骗局的破产和立宪运动的失败,立宪派同清王朝的矛盾开始激化,不少人由主张立宪转向同情革命。故而武昌起义后,各地立宪派大都投入反清阵营之中,表示赞成民主共和,并凭借其社会地位和政治影响,操纵了独立各省区军政府的大权。他们的转变,对于推翻清王朝、结束帝制、加速辛亥革命在全国的胜利起了重要作用。

（二）立宪派与革命派由联合演变为分裂

武昌起义后，立宪派转向革命，在很大程度上是为形势所迫。从民族资产阶级上层利益出发，他们虽不喜欢封建君主专制制度，但更不喜欢把民主革命进行到底。因此，当革命派表现软弱与反动势力妥协的情况下，立宪派更为主动地与帝国主义和封建主义相妥协，迅速与旧势力结合起来，以防止广大人民群众给自己造成真正的威胁。以张謇为代表的立宪党人在武昌起义后虽然表示拥护共和，并成为南京临时政府的重要领导成员，但他们不愿意同以孙中山为首的同盟会携手并进，而是实行"联袁制孙"，即分化离间革命势力，促请袁世凯窃夺临时大总统的职位，从而加速了辛亥革命的失败，由一度与革命派联合演变为分裂。

就整个资产阶级而言，清王朝的倒台和中华民国的成立，使得他们对发展近代工业抱有很大的希望，急于要求革命尽快结束，让袁世凯的统治迅速稳定，故"二次革命"一起，各起义省份的商会、商团相率抵制。

（三）立宪派与革命派的再次联合与分裂

袁世凯镇压"二次革命"后，迅速解散国会，撤销内阁，废除临时约法，实行封建军阀统治，大肆出卖国有权益，增加苛捐杂税，接受日本提出的"二十一条"，给民族资本主义经济带来了严重的危机。因而在反袁护国运动中，无论立宪派和革命派都深感相互合作的必要，一度出现了联合反袁；但毕竟因革命、立宪两派各自代表不同的阶级利益,故袁世凯死后,立宪党人又同革命派发生了分裂,因而出现了南北两个政权的对峙。

上述情况反映了清末民初政潮起伏的经济原因。近代中国民族资本主义的经济状况,制约和影响着中国人民反帝反封建斗争的内容、性质和结局。“帝国主义反对中国独立,反对中国发展资本主义”,封建势力也压制发展资本主义,中国的民族资本主义不仅得不到充分的发展,而且其政治代表一度表现出政治上的软弱性。因而,在近代中国虽出现了资产阶级革命运动的高潮,但并没有改变半殖民地半封建的社会制度,代之而起的是帝国主义支持下的军阀割据。这一政治局面的出现,正是半殖民地半封建制度造成经济发展的不平衡,在政治上出现的分裂状态。

然而辛亥革命推翻了清王朝,结束了中国两千多年的君主专制制度,创立了民国,从此打开了中国进步的闸门,由此民主共和成了不可逆转的社会潮流。

论文集刊

《论文集刊》对近代中国社会的演变趋势和由此产生的政治、经济方面的基本矛盾,以及在不同历史阶段激化而起的重大历史事件,进行了史料搜集和综合研究。

论近代中国社会的演变趋势

——纪念鸦片战争170周年

自1840年鸦片战争以来,帝国主义与封建势力相结合,一方面使独立的中国向着半殖民地演变,日益激化着中华民族与帝国主义的矛盾和人民大众与封建主义的矛盾,另一方面又使封建的中国向着半封建社会演变。从19世纪70年代起,中国自然经济日趋解体,产生了同帝国主义和封建主义相矛盾的民族资本主义经济。上述近代中国社会的演变趋势和由此产生的政治、经济的基本矛盾,在不同历史阶段激化而起的重大历史事件,反映着近代中国社会演变的内容和发展趋势。

一

1840年的鸦片战争,是近代中国社会演变的起点。这场战争是19世纪中期英国资本主义先进制度和中国封建落后制度之间在军事上的较量,因此,先进战胜落后,侵略战胜正义,科学战胜愚昧,就成了这次战争的最终结局。

鸦片战争后,太平天国运动的发生是同中国社会开始半殖民地化相联系的。清王朝在这次战争中的失败和以《南京条约》为开端的第一批不平等条约的签订,造成的直接后果,就是外国资本主义列强的军事、政治、经济、文化侵略势力汹涌而至。这就加深了中华民族与外国侵略势力的矛盾,同时也加深了中国人民大众与封建主义的矛盾。因为鸦片战争后,鸦片走私更为猖獗,银贵钱贱的现象更加严重。劳动人民“昔日卖米三斗输一亩之课有余,今日卖米六斗,输一亩之课而之足”。而鸦片战争后的赔款,清政府战争中的军费开支,外国侵略者各种名目的勒索费,又统统落到劳动人民的头上。正是外国列强的侵略和封建的剥削压迫,促使广大农民反侵略反压迫的斗争很快形成广泛起义的形势。

太平天国运动,不是中国社会内部新兴经济的反映,而是同封建自然经济相联系的旧式农民不甘心半殖民地社会处境,奋起反抗外来侵略和封建剥削压迫的斗争。但是,太平天国运动是在世界资本主义潮流的冲击下、外国资本主义列强已经侵入中国的历史条件下发生的,其领导人亦开始了解和学习西方,这不仅表现在洪秀全借西方基督教的教义鼓动民众,更表现为洪仁玕提出了带有浓重资本主义色彩的《资政新篇》。虽然在当时的中国还没有实现这一“新篇”的土壤,然而,太平天国运动沉重打击了清王朝的封建统治,从而也就掘松了资本主义产生的土壤。

清政府经过两次鸦片战争,其集团内部分化为洋务派和顽固派两个主要政治派别。洋务派从来自西方列强船坚炮利的感受中,认识到了中国正面临着几千年来的“大变局”,深感“中国之宜谋自强,至今日而已亟矣”①。为此,开展了由19世纪60年代开始的以“求强”为中心,到70年代以“求富”为中

① 《筹办夷务始末》(同治朝)。

心的洋务新政，在建立近代军队、近代工业、近代学校方面有开创之功。

再是经过两次鸦片战争，清政府被迫签订了一系列不平等条约，使中国丧失了大量重要主权，其中与经济特别有关的是关税自主权、海关行政管理权、沿海贸易权、内河航行权、内地通商权等。外国列强以上特权的获取和金融、航运等强有力的侵略机构的建立，通商口岸的增开，外国商品输入的激增，造成的直接后果是中国自然经济首先在沿海、沿江及其附近地区出现了较大程度的解体。因之，19 世纪 70 年代产生了民族资本主义经济。与民族资本主义经济出现相呼应的是要求发展近代工业、以挽回利权为内容的早期维新思想。早期维新思想家就是主张“变法御侮”的思想派别。

1856 年开始的第二次鸦片战争及其结局，在政治方面造成的严重后果，一是中外反动势力联合镇压了太平天国运动，二是外国传教士潮水般地涌进中国通都大邑和穷乡僻壤。有些传教士是列强欲以“张国威”、“广土地”的工具，他们积极为列强侵华出谋划策，并大量发展教徒，“借党徒以凌士庶”。正是人们不甘心日趋加深的半殖民地处境，从 19 世纪 60 年代起掀起了以平民为主体，并有官绅介入的广泛、普遍地反对外国教会侵略的斗争。

就中日甲午战争前说，近代中国社会的演变趋势和由此产生的政治、经济基本矛盾，主要表现在以农民为主体的对半殖民地处境的自发反抗和早期维新思想的“变法御侮”主张。

二

1894 年爆发的中日甲午战争和《马关条约》的签订，标示着近代中国社会的演变开始进入半殖民地半封建社会的形成期。

一是世界列强对中国的侵略带有明显的时代特征,如同维新志士梁启超说的:“列国所以亡中国者,全属新法,一曰租借地方也;二曰某地不让与他国也;三曰代造铁路也。”①从此在中国掀起强租海港和划分势力范围的瓜分狂潮。并且“自马关立约后,各国洋商均可制造土货,为历来条约所不载”,致使“洋商在中国设厂造货,人工运费种种省便利益甚优”。② 自此,外国列强对中国的经济侵略由以往的商品输出为主,代之以资本输出为主。

二是甲午战争使得清王朝“国丑全露”,致使清朝统治集团中的“荩臣志士,益慨然于强弱利钝之故,欲进取欧洲之新法,变易华夏之旧习”。③ 为此,光绪帝颁布了“以筹饷练兵为急务,以恤商惠工为本源”的谕旨,并由总理衙门奏准于1898年颁布《振兴工艺给奖章程》,承认民族工业的合法地位。从此,中国商民一方面“知外人得来内地设厂造货,莫不感慨奋发”,主张实业救国,要求自办铁路,开采矿山,设立工厂以抵制洋商洋厂,另一方面“又探悉朝廷恤商轻税之章,其意集股图先者颇不乏人”。④ 因此,甲午战后三四年间出现了兴办工矿企业的浪潮,中国的民族工业得到了初步发展。

三是“自中东战后,忧时之士,知外祸之频仍,由于内治之不整,于是政治改革之思想流行于内外”⑤。正是在这一思潮

---

① 《饮冰室合集·文集之四》,中华书局1936年版,第46页。

② 《光绪朝东华录》(四),中华书局1958年版,总第3850、4051页。

③ 同上,总第3877、3499页。

④ 同上,总第3949页。

⑤ 《清末筹备立宪档案史料》下册,中华书局1979年版,第611页。

的激荡下，在士大夫阵营中涌现出一股倾向维新、同情变法的颇具影响的政治势力。随着瓜分危机的加深和民族资本主义的初步发展，民族资产阶级的政治代表首先登上了政治舞台。康有为把早期资产阶级的维新思想发展成变法维新的政治运动，孙中山也开始了“驱除鞑虏，恢复中华，创立合众政府”的革命活动。

庚子之年是中国社会剧烈变动的一年，这一年孙中山发动的惠州起义，同义和团运动、自立军起义一起，促进了中国人民的民族意识和民主思想的高涨。义和团运动是在长期反洋教斗争的基础上兴起的，在甲午之后由“仇救之故，恨敌之一心”演变而成的反帝爱国运动，不仅沉重打击了帝国主义瓜分中国的企图，并且对资产阶级革命民主派思想的形成和发展起到了不可忽视的积极作用。以唐才常为代表的维新派中的激进派，继戊戌变法运动被镇压后发动的自立军起义，再次证实了尊君权变法道路的是行不通的。有志之士“感于庚子义和团、自立军起义，知非革命不足以救国”①，自此，社会思潮的主流由变法趋向革命。

与此同时，清王朝经过八国联军的沉重打击，“实如亡国无异”。面对国势衰败如此、资产阶级民主革命日趋高涨的严峻形势，在如何维持统治问题上，清王朝内部出现了具有资产阶级改革倾向的新政派。1901 年 1 月 15 日，《辛丑条约》“议和大纲”的签订，表明清王朝成了“洋人的朝廷”②，标志着清王朝半殖民地政治统治的形成；29 日清廷颁布新政上谕，实行“整

① 张难先：《湖北革命知之录》，商务印书馆 1945 年版，第 232 页。
② 《光绪朝东华录》（五），中华书局 1958 年版，总第5160页。

顿中法以行西法”,标志着清王朝半封建政治统治的形成。这一时期兴起的义和团运动、戊戌变法运动和孙中山发起的民主革命运动,不只是直接反抗,而是要自觉地变革半殖民地半封建的政治统治。

三

清王朝半殖民地半封建政治统治的结合,使得清末新政的推行,不仅没有起到振衰起危的作用,反而加深了清王朝的统治危机。

清王朝为了求得外国列强的“保全”,就必须把推行新政与履行《辛丑条约》的条款、扩大列强在中国的权益结合在一起。按条约规定,除赔白银 9.8 亿两(本息)外,允许列强在华北沿海战略要地驻军,永远禁止中国人民成立反帝组织。根据条款修订的中英、中日、中美通商条约,扩大了列强在华通商航运的权利,造成了中国路矿权利的大量丧失。这就是1903 ~ 1905 年拒俄运动、收回利权运动、抵制外货运动兴起的社会原因。

清末新政把兴学堂、派留学作为“救时急务”,为此废除了几千年的科举制度,学习欧美、日本诸邦之“成法”,拟定了各级学堂章程、中国留学章程,目的是培养“通体达用”的人才。然而,各省学堂建设日多,“风气嚣张日甚”,“大率以不守圣经礼法为通才,以不尊朝廷制度为志士”,至于出国留学生,如同清朝统治者所惊叹的,他们“惑自由之邪说,张民约之谬论,聚党结社,妄议国事,其为后患,何可胜言”①。

---

① 转引章开沅、林增平主编:《辛亥革命史》上册,人民出版社 1980 年版,第 379 页。

清末新政为开辟财源，把振兴商务、奖励兴办企业作为重要内容。为此，设立了商务部（后改为农工商部），制订和颁布了一系列“通商惠工”的法规和章程。因之，中国的民族经济在20世纪初得到了进一步的发展，并出现了层次的划分和其政治代表的形成。一则因外国列强“不特握我商权，抑且侵我工业”，再则因实行新政，征调繁重，“凡农力所不能给者，则一切窃于商以足之”①，致使民族资产阶级的政治代表同清王朝半殖民地半封建政治统治的矛盾日趋尖锐，激起了资产阶级革命运动和立宪运动的同时高涨。

清王朝为支付巨额的庚子赔偿，对全国原有赋税加码征收，各省官吏又以筹办新政为名，自行增捐加税。于是“昔之单税，今则复之，今之复税，后又倍之”，“不思负担若何，惟恐搜刮不尽”②，致使农工终岁勤劳，难得一饱，商贾资本缺乏，倒闭相望，城市村落十室九空，无业游民居其大半。于是以“扫清灭洋”为号召，以“抗洋捐”、“反贪官”、“抢谷米”为内容的民变迭起，社会矛盾迅速激化，这成为资产阶级民主革命走向高涨的社会基础。

1905年中国同盟会的成立及其政治纲领的提出，标志着资产阶级民主革命高潮的到来。日俄战后，民族资产阶级以立宪的日本战胜专制的俄国为由，呼吁朝廷立宪。在立宪和革命两大潮流的冲击下，清王朝的一些显赫大臣相继奏请“变更政体，实行立宪”，主张“宜俯从多数希望立宪之人心”③。清廷遂

① 《清末筹备立宪档案史料》上册，中华书局1979年版，第170页。

② 《光绪朝东华录》（五），中华书局1958年版，总第5251页。

③ 同上，总第5287页。

派以载泽为首的五大臣，分赴东西洋各国“考置一切政治，以期择善而从”。待五大臣回国，具体分析了各类主要宪政国家的权方重心，认为日本虽万机取决于公论，而大权则出自君裁，“以立宪之精神，实行其中央集权主义，其政治尤与我接近”①。驻日使臣扬枢奏请效法日本，先定立宪之国，因“日本所变者治法而非常经，与圣训相符合”②。

可见，清王朝于1906年颁布的“大权统于朝廷，庶政公诸舆论”的预备立宪宗旨，是“立宪其名，专制其实”。所以立宪派在其发起的立宪运动中，“其初怨朝廷之不立宪，其继愤朝廷之假立宪”。辛亥武昌起义爆发后，立宪派遂同革命派合流，在全国抗捐、抗税、抗暴的反清浪潮中，结束了中国两千多年的封建君主专制政体，创立了中华民国。

上述史实表明，自清末新政到预备立宪时期，是中国半殖民地半封建社会的加深期，这时期由近代中国社会政治、经济的基本矛盾激化而起的历史事件，突出表现为变封建君主专制政体为资产阶级民主政体的斗争的尖锐。

四

纵观以鸦片战争为开端的近代中国向半殖民地半封建社会演变的趋势和由此产生的政治、经济基本矛盾激化而起的重大历史事件，虽形式、内容不一，但其性质基本上分为两类。

一是帝国主义与封建主义相结合，把中国变为半殖民地半封建社会。就帝国主义与封建主义的结合说，就是清王朝面对

① 《申报》1906年12月1日。

② 《光绪朝东华录》（五），中华书局1958年版，总第5287页。

来自列强的侵略，在军事上由抗争——屈从——再抗争，直到屈服的同时，也在“中学为体，西学为用”的思想主导下，由洋务新政——清末新政——预备立宪，标示着中国落后挨打的沉沦趋势。原因是鸦片战争前夕的中国，仍是处于小农业与家庭手工业相结合的自给自足的封建社会，继续推行“重农抑商”的政策。这种鄙视压抑商业和金融的做法，是中国进入19世纪走上落后的内在原因。同清王朝相反，英国务在“保商”，力求商权发达。因为商业资本是工业资本的先驱，只有商业有了充分的发展，工业方能得到同样的发展。正当清朝国势日下时，英国迅速成为西欧工业强国。

二是中国人民反抗帝国主义与封建主义结合，要变半殖民地半封建的中国为独立、民主、富强的新中国，而推动这一演变的动力是太平天国运动——义和团运动——戊戌变法——辛亥革命，彰显着觉醒自强的进步趋势，这是近代中国社会演变的主体内容，顺应了世界潮流。世界历史进入19世纪，由于西欧工业革命的兴起，生产工具的迅速改进，交通的极其便利，“把一切民族，甚至最野蛮的民族都卷到文明中来了”，“迫使一切民族——如果它们不想灭亡的话——采用资产阶级的生产方式”。

（《齐鲁文史》2009年第2期）

论洋务派的自强观

19 世纪 60 年代开始,清朝统治阶级内部分化为洋务派和顽固派两个主要政治派别。洋务派的代表人物,主要是担任封疆大吏的曾国藩、左宗棠、李鸿章、沈葆桢等,在清朝中央获得了恭亲王奕䜣和军机大臣文祥等人的支持。

洋务派的自强观,经历了由“求强”而“求富”的演变过程,并在实践上首次同中国近代化发生了联系,是很值得研讨的史学课程。

一

19 世纪 60 年代开始,洋务派自强观是以“求强”为中心的,它包括何以自强和怎样自强两个方面,反映了洋务派对其所处当时社会环境的自我认识。

西欧资本主义确立,开始了人类社会的近代历史。在这个历史时代里,由于西欧资本主义国家生产工具的迅速改进、交通的极其便利,“把一切民族甚至最野蛮的民族都卷到文明中来了”,“迫使一切民族——如果它们不想灭亡的话——采用资产阶级的生产方式”①。19 世纪中期前后,英、法、美三国工

① 《马克思恩格斯选集》第 1 卷,人民出版社 1972 年版,第 255 页。

业革命相继完成,对外侵略日益加剧,所有东方农业民族,包括中国、俄国、日本和印度在内,都面临着“采用资产阶级生产方式”以免被灭亡的严峻形势。

俄国彼得一世运用国家权力,移植近代生产技术,兴建了许多军需工厂,并建立纺织、制革、造纸等工厂200余家,为以后俄国的工业化奠定了基础。在国防方面,俄国向无水师,“自彼得罗汗即位后,微服亲往荷兰,演习水师火器,数年回国即添置师船,次第开疆数千里。”①

这时的日本,随着1854年《日美和好条约》和其他不平等条约的签订,面临着沦为半殖民地的危机,“亦遣人赴英国学习文字,究其象数,为造轮船张本”②。随后一些开明的藩主创办了一些官办的军火、造船和制造业工厂。特别是经过1868年开始的明治维新,自上而下励精图治,锐意改革,迅速掀起了产业革命的浪潮。

至于当时的印度,已经沦为英国的殖民地,不仅国家主权完全丧失,财富也大量外流,完全丧失了向资本主义工业社会过渡的条件。英国以印度为基地,疯狂地侵略新加坡、缅甸、阿富汗、伊朗和中国。

中国经过两次鸦片战争,先是打掉了清国的“天朝尊严”,继之而来的是清王朝的京城沦陷、皇帝北逃的庚申之变。清朝统治集团中的部分开明官员,从来自西方列强船坚炮利的感受中,认识到了中国正面临着几千年来的“大变局”,深感“中国之宜谋自强,至今日而已亟矣”!

洋务派的出现,正是第二次鸦片战争刚刚结束,清王朝和

①② 《筹办夷务始末》(同治朝)。

太平军之间的大搏斗还处于胜负难分的紧张阶段。太平天国农民战争,虽是中国封建社会原有矛盾激化的反映,但它是在世界资本主义潮流的冲击、外国资本主义已经侵入中国的历史条件下发生的,因而同学习西方发生了联系,并在斗争中购买了洋枪洋炮。曾国藩在咸丰六年的奏折中就提到:"数年以来,无一枝贼匪不有洋炮洋火。"①李鸿章致书曾国荃也说:"李秀成所部最众,洋枪最多……欲剿此贼非改小枪队为洋枪队不可。再持此以剿他贼,亦战必胜,攻必取也。"②

洋务派身处"内患外侮"并立的社会环境下,态度是"两害相权,取其轻",求的是"安内攘外之道"。因此,奕䜣认为农民起义军是"目前之患"、"心腹之害",而"长久之患在西人"。所以洋务派在"取外人长技,以成中国之长技"上,提出了"权宜之计"和"长远之谋"的求强观。

怎样"求强"?奕䜣审时度势,明确提出:"自强以练兵为要,练兵又以制器为先。"③对此,洋务派先以消除"目前之患"的认识,把"练兵"、"制器"纳入中外联合镇压太平天国的过程之中,在借助洋人练兵中,"除学习外洋兵法外,仍应认真学习制造各项火器之法,务须得其密传,能利攻剿,以为自强之计"④。并把中外联合镇压太平天国视为"借法自强"的绝好机会,为此,特别强调:"是宜趁南省军威大振,洋人乐于见长之时,将外洋各种机利火器实力讲求,以期尽窥其中之秘。"⑤

---

① 《洋务运动》(三),上海人民出版社1961年版,第602页。

② 《李文忠公全书·朋僚函稿》卷2。

③④⑤ 《筹办夷务始末》(同治朝)。

在洋务派看来,“借兵助剿,借员训练”是“值此贼氛未靖,不能不暂时权宜”①的不得已之举,因而提出借助外洋练兵“只令中国师外国之长技,不令外人压中国之兵权”②。洋务派视“长久之患在西人”,是鉴于西方列强的侵略得寸进尺,认为“中外和好”的局面,势恐终将决裂,“非信约所能坚,非羁縻所可结,尤非姑息迁就所能了”③。并认为列强是否进而侵略,“总视中国之自强为定准”。长久之谋,在“御侮有所凭借”。很明显,洋务派“求强”的目的,除了“剿贼”,还着眼于防范外来的侵略。这正是由洋务派所处“内患外侮”④并立、民族矛盾和阶级矛盾交织在一起的社会环境规定的他们“求强”观的重要特色。

洋务派的“求强”观是以“自强”为出发点的,因而把购买洋人船炮、雇觅洋人讲究其法同样视为暂时的权宜之计,而长远之谋,在于自己制造。“雇觅仅济一时之需,自造实无穷之利”⑤,自己能制造机器,非有能制造机器的人不可。为此,李鸿章于1864年给总理衙门函中说:“中国欲自强,则莫如学习外国利器,欲学习外国利器,则莫如觅机器之器,师其法而不必尽用其人,欲觅制器之器与制器之人,则或专设一科取士,士终身以为富贵功名之鹄,则业可成、艺可精,而才亦可集。”⑥李鸿章强调重视“制器之人”的培养,并把它提高到“显位”的思想,不能不说是“求强”的长远之谋。

继而奕䜣强调,识时务者,“莫不以采西学制洋器为自强之道”。他认为天文算学是一切机器制造的基础,故于1867年设立了天文算学馆,以为将来制造轮船之本。奕䜣反驳雇赁轮船、购买洋枪“既便且省”的观点说:“雇买以应其用,计虽便而

①②③④⑤⑥ 《筹办夷务始末》(同治朝)。

法终在人;讲求以彻其原,法既明而用将在我。盖一则权宜之策,一则长远之谋,孰得孰失,不待辩而明矣。"①

左宗棠认为,西方列强所以横行海外,所恃者惟在轮船。如果我们"轮船学造已成,夺彼所恃,彼将弭耳贴伏,不敢妄有恫吓矣"。因而提出造轮船,并非徒求一二人能制造驾驶,而是欲广其传,使"中国才艺日进"、"传习无穷"。为此,"必开艺局,选少年颖悟子弟,习其语言文字,诵其书,通其算学,而后西法可衍于中国"②。上述言论,反映了洋务派在取法洋人船坚炮利上,内含着独立自主的追求。

洋务派的出现,只是封建营垒的初步分化,顽固派的复古守旧思想,尚有广泛的社会基础。洋务派面临如此的社会处境,如同左宗棠所料,实乃"非常之举,谤议易兴"。针对洋务派"采西学制洋器"的主张,1867 年 3 月,御史张盛藻上折表示反对,认为科甲正途人员都是读孔孟之书,学尧舜之道,何必要他们"习为机巧,专明制造轮船、洋枪之理";继而大学士倭仁亲自出马,递上"立国之道尚礼义不尚权谋,根本之图在人心不在技艺"的奏折,说科甲正途人员拜夷人为师,后患将不堪设想。针对顽固派主张依靠纲纪以自强,说师法洋人为可耻的言论,奕訢等人驳斥道,"以忠信为甲胄,礼义为干橹"是空言道学,不务实际。关于师法洋人,他说:"天下之耻,莫耻于不若人。""若夫日本,蕞尔国耳,尚知发愤为雄,独中国狃于因循积习,不思振作,耻孰甚焉!今不以不如人为耻,而独以学其人为耻,将安于不知而终不学,遂可雪耻乎?"③洋务派在是否师法洋人这一点上对顽固派进行了有力的批判和斗争,这是此时期

①②③ 《筹办夷务始末》(同治朝)。

洋务派“求强”观得以付诸实践的思想基础。

纵观19世纪60年代开始，洋务派以“求强”为中心的自强观，是基于“洋人制胜之道，专以轮船火器为先”的认识，在取法洋人轮船火器方面，由借助洋人船炮的权宜之计，进而变为自我制造的长远之谋，明显体现着洋务派“取外人长技，为中国长技”的自强要求。目的是夺洋人“所恃”，分擅洋人“所长”。这就是洋务运动以举办军火工业为开端的认识原因。

二

洋务派的自强观由19世纪60年代开始的以“求强”为中心，逐步演变为70年代之后的以“求富”为中心，是洋务派所处当时社会环境在观念上的反映。

19世纪70年代，洋务派的“求强”观在实践中遇到了许多棘手的问题。首先是财政方面的严重困难。因巨额战争赔款和对内镇压太平天国的庞大军事费用，清政府的财政已经十分竭蹶。而军事工业的创办和新式海陆军的建立都需要巨额的经费。洋务派多方罗掘，仍无法筹措足够的款项。

再是原料问题。因军事工业是以整个国民经济为基础的，新的防务体系需要大量的煤铁供应以及交通、运输、电讯等事业的配合，不解决这些问题，新的防务体系是难以维持下去的。如此的社会环境，促使了洋务派向西方学习的认识较前深入了一步。他们觉察到，西方资本主义列强的“长技”，除了船坚炮利之外，还在于它们拥有雄厚的经济实力。李鸿章说：“中国积弱，由于患贫。西洋方千里数百里之国，岁入财赋动以数万万计，无非取资于煤铁五金之矿、铁路、电报、信局、丁口等税。酌度时势,若不早图变计,择其要者逐渐仿行,以贫交富,以弱敌强,未有不终受其敝者。"[①]由此,洋务派认为"欲自强,必先裕饷,欲浚饷源,莫如振兴商务"[②]。洋务派取洋人"长技"以求"富"的观点,早在1865年,李鸿章就已断言:"洋机器于耕织、刷印、陶埴诸器皆能制造,有裨民生日用。原不专为军火而设,妙在借水火之力,以省人物之劳费……臣料数十年后,中国富农太贾,必有仿造洋机器制作以自求利益者。"[③]

经过两次鸦片战争,清政府被迫签订了一系列不平等条约,使中国丧失了大量重要主权。其中与经济特别有关的是关税自主权、海关行政管理权、沿海贸易权、内河航行权、内地通商权等。西方资本主义列强以上种种特权的获取和金融、航运等强有力的经济侵略工具的建立,通商口岸的增开,外国商品输入的激增,致使外国得以迅速占领中国市场,造成的直接结果是中国对外贸易日益处于不利地位。随着中国利权的急剧外溢,19世纪70年代,中国社会出现了发展本国近代工商业以挽回利权的思潮。有些人呼吁,中国应迅速办近代工业,使"凡中国所需于外国者,即可自行制造;外国所需于中国者,并可自行贩运。收回利权,扩我远图";不仅要用机器生产价廉物美的商品进行抵制,还必须发展近代航运业以进行抵制。他们说:"洋船往来长江,实获厚利,喧宾夺主,害不独商。"提出"凡西人长江轮船一概给价收回"的主张。洋务派为"求富"而提出的"保我利权"、"分洋商之利"等口号,

① 《李文忠公全书·朋僚函稿》卷16,第25页。
② 《李文忠公全书·奏稿》卷39,第32页。
③ 《筹办夷务始末》(同治朝)。

明确表现出其对所处半殖民地经济处境的抵制,蕴含着挽回利权、以图富强的追求。

洋务派自强观由“求强”到“求富”的演变,同中国社会经济结构的变化密切相关。自19世纪60年代后,由于外国经济侵略的加深,到了70年代,中国社会的自然经济在沿海、沿江地区开始了较大程度的解体,资本主义的商品市场和劳动力市场不断扩大。外国的机器工业在与中国手工业竞争过程中,显示出无可比拟的优越性。中国人逐步认识到,“外国人用机器,故工致而价廉”,“中国人用人工,故工笨而价贵”。“中国全用人力,终岁所获,不敌彼一日之功,百夫所营,不敌彼一机之力”。这些不仅刺激着洋务派为“求富”而创办民用工业的兴趣,也使得某些具有一定资金积累的地主、官僚、商人,特别是买办,产生了投资办厂的欲望,但又不敢冒独立经营的危险,洋务派的官督商办,就是在这样的历史条件下,成为兴办近代民用企业的主要形式。

总之,洋务派自强观由“求强”到“求富”的演变过程,就是在中国政治、经济日益半殖民地化的逼迫和刺激之下,对西方“长技”的认识不断深化的过程,同时也是变西方“长技”为中国“长技”不断提高的过程。可以说,洋务派的“自强”观,就是在世界近代潮流的冲击下,在其所处半殖民地的环境中,被迫采用资产阶级生产方式的富强观。它的出现既是中华民族与帝国主义这一近代中国社会最主要矛盾的反映,也为人民大众与封建主义这一主要矛盾所驱使。

三

值得称道的是,洋务派的自强观在实践上首次同中国近代化发生了联系。这同样是与其所处的社会环境密切相关的。

就生产力来说，近代化的主要标志，是以机器生产代替手工劳动。在这方面，各国所走的道路是不尽相同的。在西方国家中，由于本国内部资本主义经济的发展，近代化的任务是由资产阶级承担的。中国社会内部虽早已孕育了资本主义萌芽，但资本主义始终未得到独立的发展。第一次鸦片战争后，外国资本主义的入侵扼杀了中国资本主义萌芽独立发展的前途，中断了由民间兴办资本主义实现近代化的正常程序。第一次鸦片战争失败后，一批具有民族气节的以林则徐、魏源为代表的士大夫，沉痛地检讨了中国贫弱失败的原因，提出了“师夷长技以制夷”的主张，但在当时的社会环境下，他们的主张难得实践。在太平天国农民战争中，洪仁玕提出了带有资本主义色彩的“资政新篇”，但农民阶级不是先进生产方式的代表，不能建立新社会，因之斗争终遭失败。昏聩顽腐的顽固势力不思振作，仇恨一切新事物，幻想回到闭关自守的时代。因此，从西方移植资本主义生产方式的任务，就只能由从封建营垒中分化出来具有资本主义倾向的洋务派来承担。因为这些人握有实权，在当时只有他们有条件有力量从西方购买机器和引进学习科学技术，从而使中国出现新的生产力和生产关系。

洋务派是在中国社会已沦为半殖民地社会的环境中，从封建营垒中分化出来的政治派别，因此，洋务派的自强观不仅带有明显的半殖民地性，而且具有浓厚的封建地主阶级的属性。前者主要表现为对帝国主义的妥协，后者主要表现为对封建政权的依赖，并且主观上只想引进西方的某些物质文明，以应付变化了的世界形势，维护摇摇欲坠的清朝封建统治，反对经济制度和政治制度的根本变革。

值得指出的是，洋务派又是在 1861 年“北京政变”慈禧独揽朝政后出现的一个政治派别。历史表明，在世界近代化的潮流中，后进国家在早期资本主义的威胁和侵凌之下，被迫中断自己历史的正常发展程序，运用国家权力移入资本主义生产方式的某些国家，其国家政权领导中心政治状况是至关重要的。作为这一时期的慈禧政权，其广泛的社会基础是地主阶级。作为慈禧本人，她所关心的是如何保持清室的政权和个人的权位，对于洋务派“求强”、“求富”的主张，纯粹采取一种消极的态度，谈不上有何热心。而任何具有强烈意愿图谋自强的满汉大臣，都绝难超越她的裁决。由此可以断定，在中国有着这样的领导中心，其在自强方面所表现的局限性，实在是必然的。由此还可明白，在近代化道路上与中国几乎同时起步的俄、日两国之所以实现了近代化，除了社会环境与中国不尽相同外，国内统治层的政治素质也是一个原因。

（《山东师大学报》1992 年第 4 期）

论中日甲午战争的时代特点

1984 年爆发的中日甲午战争，是中国人民为反抗日本帝国主义列强对中国的侵略而进行的一场民族自卫战争。这次战争有着明显的时代特点，在这方面作些探求，有助于对这次战争的认识。

一

19 世纪末年，世界资本主义由自由资本主义进入了帝国主义阶段。随着垄断资本的形成，外国列强更为疯狂地夺取海外原料供应和资本输出的场所，掀起了瓜分世界领土的高潮，"世界分割完毕是这个时期的特点"①。此时期，帝国主义列强对美洲、非洲的分割差不多已经完成，亚洲也有一半土地先后变成了殖民地，于是帝国主义分割世界领土的斗争，便集中到远东地区。

这时的远东三国——中国、朝鲜和日本，虽是程度各有不同，但都受到了西方资本主义列强的侵略。日本经过 1868 年的明治维新，在发展成为资本主义国家的同时，也走上了对外

① 《列宁选集》第 2 卷，人民出版社 1972 年版，第 796 ~ 797 页。

扩张侵略的军国主义道路。而中国和朝鲜,成为国际帝国主义分割领土斗争最为尖锐的地区。

朝鲜地势,其西北与中国的奉天、吉林毗连;其东南庆尚道与日本的对马岛相望,海程半日可达;其东北咸镜道与俄国海参崴仅隔一图们江,冬日结冰,人马便可径渡。而"各国之图中国者,无不图先占朝鲜",因为"中国之左臂断,进可以制东三省而摇我根本,退可以屯兵积聚观时而动,而中国在其股掌之上"①。因而在甲午战前,"俄人屯兵海参崴,而通商于朝鲜之元山津;日本屯兵对马岛,而通商于朝鲜之釜山津;英美各国通商于仁川,而英又据其济州之巨文岛","各国又恐他人之占先,其强将不可制,乃各起而据其一方,以为立足"。②于是朝鲜便成了帝国主义普遍关注的地区。由此引发而起的中日甲午战争,正是帝国主义之间争夺远东地区矛盾特点的时代反映。

甲午战前,远东地区国际形势的显著特点,是英俄争霸及其尖锐对立,在斗争中英国占据上风。英国远东政策的基本点,就是极力维护它在远东和太平洋地区的优势地位,力图把日本的势力引向朝鲜,成为抵制俄国势力南下的壁垒。而俄国早在 19 世纪 80 年代,就制定了利用日本削弱中国以牵制英国的远东政策,俄国于 1891 年动工修筑西伯利亚铁路就是把控制朝鲜和中国的东北作为实现其远东政策的战略措施。美国这时正忙于向太平洋扩张势力,便把扶持日本作为其向远东扩张的伙伴。法国在中法战争后,有意利用日本的北进政策,以便在中国西南各省扩张势力。德国是后起强国,想利用战争机

①② 《中国近代史资料丛刊·中日战争(一)》,上海人民出版社 1957 年版,第 585 页。

会在远东分到殖民地。总之,甲午战前,帝国主义之间对远东地区的争夺,都把日本作为利用、拉拢的对象。其中,英俄两国虽都反对日本独占朝鲜(因为日本独占朝鲜,不仅会危及英国在远东的优势地位,也必然同俄国远东政策发生直接的冲突),但各自从自身的利益出发,又都不愿意强行干涉,恐把日本推向对方,而反对自己。可见,日本只要在外交上争取英俄两国,在朝鲜问题上直接冲突的国家就是中日两国。

日本认定"朝鲜国北连满洲,西接鞑清之地,绥服此地,亦为保全皇国之基础,成为今后经略万国之基石",因此,自 1868 年日本明治维新政府成立,便把侵占朝鲜征服中国定为一项重要国策。而中国之于朝鲜"不但有藩属之义,亦有唇齿之关,断不容他国侵占"。日本政府正是利用当时西方帝国主义列强之间争夺远东地区的矛盾特点,在外交活动中,坚持朝鲜问题"不论取何种方针,务不损害第三者欧美各国的感情",表面上打着"朝鲜独立"这副招牌,并"竭力不使事态超出中日两国范围以外",从而使中国清朝政府乞求列强干涉、避免战争的努力落了空。这样,就使当时帝国主义争夺远东地区霸权的斗争,演变为日本军国主义侵占朝鲜并以此为基地侵略中国的战争。

中日甲午战争,既然是帝国主义之间争夺远东地区矛盾特点的时代反映,这次战争的结局也就必然引起远东国际形势的剧烈变化。甲午战后,日本攫取了中国的巨额赔款和大批军械物资,并控制了朝鲜,由此国势直线上升,一跃而为亚洲强国。中国则"元气尽斫,国丑全露"。与此同时,俄法两国在远东侵略活动加强,德国开始参加远东地区的角逐,美国亦提出独立地对华门户开放政策。所有这些都标志着远东的英国时代开始走向完结，预示着一个更加动荡不安时代的到来，日本开始成为远东的主要战争策源地。

二

19世纪末年，中日两国已是处于不同历史阶段的国家。甲午战争，实际上是中日两国处于不同历史阶段上的军事较量。

从19世纪60年代，面对着欧美资本主义列强的侵略，中日两国同时开始了学习“西法”图谋自强的活动。日本1868年成立了明治维新政府，推翻了幕府的封建统治，大力改革封建制度，到19世纪90年代已发展成为一个独立的资本主义国家，政治上建立了内阁、宪法、议会等一整套资本主义君主立宪制度；经济上实现了由农业国向工业国的迅速转变；教育上建立了近代教育体系；对外向西方列强谈判交涉，修改了过去签订的不平等条约，基本上恢复了国家的主权。而这时的中国，由洋务派推行的新政，无论是“求强”，抑或“求富”，主要还是限于学习西方的物质文明，而封建制度和封建礼教，基本原封未动；对新兴资本主义扶助不够；对西方列强幻想守约求和、信义笼络，国家主权不断丧失。中日两国国防近代化的距离迅速拉开。

就海防论，在1872年，中国的水师舰船多于日本。1874年，清政府鉴于日本对台湾的入侵，提出了加强海防的六条措施，并任命沈葆桢、李鸿章分别督办南、北洋海防。中法战争后，又成立了海军衙门，全力经营北洋海军。到1888年北洋海军正式成军，拥有军舰22艘，以旅顺和威海卫两个军港为基地。然而就从这年起，清政府决定暂停南北洋军火机器购置，且“以兴造海军之款，移修颐和园，因循坐误，在战事前者，七载有奇”①。而日本为了适应对华战争的需要，多方筹集经费，锐意扩充海军，当“中国海军八年未曾添一新船，所有近来外洋新式船炮一概乌有”时，日本加速购造新式船炮，使其海军力量终于超过了中国的北洋舰队。就陆军说，中国陆军在甲午战前尚停留在新旧过渡阶段。军事编制仍为单一的旧式营制，分属中央和各省督抚将军。陆军学校基本上还未建立，武器装备新旧混杂，型号不一，各种近代化的制度尚未建立。而日本陆军，在1888年确立了新的师团编制，“行李、辎重、兵站及动员业务的各种制度也面目一新，指挥用兵之术，由于陆军大学的教育革新与陆军各学校的教育完备也大有进步”②。由于中国政治腐败、经济落后，“中国执政大官，腹中经济，只有数千年之书，据为治国要典”。日本在政治、经济、军事及主观指导能力诸方面的近代化的程度，均已超过了中国。故在甲午之年的实际军事较量中，半殖民地半封建的中国被新兴起的日本资本主义国家所打败。

中日两国学习“西法”、图谋自强的活动是同时起步的，何以到了19世纪末，成了两个不同历史阶段上的国家？在这方面，中日两国的当政官员，先后发表了诸多议论。

李鸿章在甲午战前，是主持洋务新政最久、受恩最深的官员，对此深有感触地说：“中国政体，官与民、内与外均难合

① 《清末海军史料》，海洋出版社1982年版，第316页。

② 转引自徐泰来主编：《中国近代史记》上册，湖南人民出版社1989年版，第288页。

一,虑其始必不能善于后……前兴之而后毁之,此信之而彼疑之……人孰不视官为传舍。"①在清廷一般官员中,有的认为:"论中国土地之广,人民之众,物产之富饶,当为地球之冠。而现在国势危弱,事事落人后者,竟为地球劣等之国。如日本同洲同种,而国小于我者十数倍,居然驾我之上。苟有心谁不思愤。推原其故,畴不曰陆海军之不振兴也,学校教育之不普及也,农工商业之不发达也。"②有的则说:"数十年前,我国与日本同时号称变法,论者咸谓我国地大财裕,必远驾日本之上。不谓迩年来彼已雄长东亚,抗席列强,我则时受侵凌,日即危弱,今益情见势绌,无能曲讳矣。推原其故,彼则仿效良法,急取直追,不遗余力,我则审慎迟回,长虑却顾,每不敢放手为之,兹所以一有效,一无效也。"③

至于日本首相伊藤博文,当中法战争爆发后,他在这方面的言论更是催人发省。他说:"中国以时文取文,以弓矢取武,所取非所用;稍为更变,则言官肆口参之。虽此时外面于水陆各军俱似整顿,以我看来,皆是空言。缘现当法事甫定之后,似乎发奋有为,殊不知一二年后,则又因循苟安,诚如西洋人形容中国所说又'睡觉'矣。"④

以上议论,着重表述了中日两国处于不同历史阶段的强弱对比和原因探析。表明 19 世纪末,中国社会的发展,须要像日本那样有一个明治维新式的突破,而中日甲午战争正是揭示了

---

① 《李文忠公全集·朋僚函稿》第 12 卷,第 3 页。

② 《清末筹备立宪档案史料》上册,中华书局 1979 年版,第 182 页。

③ 同上,第 343 页。

④ 《中国近代史资料丛刊·中日战争(一)》,上海人民出版社 1957 年版,第 600 页。

中国近代历史发展的这一客观要求。

三

中日甲午战争对中国社会带来的影响,同样是有其时代特点的。

一是世界列强对中国的侵略,带有明显帝国主义的时代特征。如同维新志士梁启超说的:"列国所以亡中国者,全属新法,一曰租借地方也;二曰某地不许让与他国也;三曰代造铁路也。"①从此,世界列强在中国掀起了强租海港和划分势力范围,带有明显领土占有欲的瓜分狂潮,竞相向中国大量输出资本。"自马关立约后,各国洋商均可制造土货,为历来条约所不载"②,致使"洋商在中国设厂造货,人工运费种种省便,利益甚优"③。可见甲午战后帝国主义对中国的侵略进入了一个新的历史时期,即垄断代替了自由竞争;由以往的商品输出为主,代之而为资本输出为主。

二是甲午战争使中日两国处于不同历史阶段的强弱对比得到了充分暴露,使得清朝统治集团中的"荩臣志士,益慨然于强弱利钝之故,欲尽取欧洲之新法,变易华夏之旧习"④。这些人多是甲午战争中主战的帝党官僚、通达时务的地方督抚和驻外使节。正是"自中东战后,忧时之士,知外祸之频仍,由于内治之不整,于是政治改革之思想,流行于内外"⑤。就是在这一

① 《饮冰室合集·文集之四》,中华书局 1936 年版,第 46 页。

② 《光绪朝东华录》(四),中华书局 1958 年版,总第3805页。

③ 同上,总第4051页。

④ 同上,总第3877页。

⑤ 《中国新报》1907 年第 8 期。

思潮的激荡下，光绪帝颁布了“蠲除积习，力行实政”、“以筹饷练兵为急务，以恤商惠工为本源”的谕令，并由总理衙门奏准于1898年颁布了“振兴工艺给奖章程”，承认民族工业的合法地位。因之，中国商民一方面“知外人得来内地设厂造货，莫不感慨奋发”，主张实业救国，要求自办铁路、开采矿山、设立工厂，以“抵制洋商洋厂”；另一方面“又深悉朝廷恤商轻税之章，其意集股图先者颇不乏人”①。在此情况下，中国在战后的三四年间出现了一个兴办工矿企业的浪潮，使中国民族工业进入初步发展的新阶段。

三是甲午战后中国社会兴起的政治改革思潮，虽然在封建集团内部难以激起政治改革的巨浪，但加深了改革派与守旧派的斗争，涌现出一股倾向维新、同情变法颇具影响的政治势力。并且随着中国瓜分危机的加深和中国民族资本主义经济的初步发展及其政治代表的形成，就使得甲午战争对中国人民发生的惊醒作用，不同于以往反抗外来侵略的战争，而是赋予了新的历史内容。人们认为“自负天朝上国、地大十倍之中国，不能敌蕞尔之日本”，究其所以，就是“拘守祖宗一统之法，不知其变”；而“日本一小岛国，能变旧法，乃敢灭我琉球，侵我大国”。因而面对甲午战后空前的民族危机，不仅有以农民为主体的义和团自发反帝斗争的高涨，更有资产阶级作为政治势力在政治舞台上的出现。于是以康、梁为代表的资产阶级维新派，把早期资产阶级维新思想发展成为变法维新的政治运动；以孙中山为代表的资产阶级革命派，也开始了“驱除鞑虏，恢复中华，创立合众政府”的活动。这在当时不管是“维新”，还是“革命”，

① 《光绪朝东华录》(四)，中华书局1958年版，总第3949页。

他们活动的实际内容和现实要求,都是要变半殖民地半封建的中国为独立、民主、富强的新中国。这标志着近代中国人民的反帝反封建斗争开始了真正意义上的资产阶级领导的民主革命的新阶段。

(《山东师大学报》1994 年第 6 期)

甲午战争与近代山东

——纪念中日甲午战争110周年

2004年,是中日甲午战争110周年,这次战争标志着世界列强对中国的侵略进入了一个新的历史时期。与此同时,山东人民的反帝反封建斗争,也具有了新的历史内容。

一

1894年,中日甲午战争的炮火烧到了山东沿海,山东人民首感丧师辱国之痛、洋枪洋炮之害。日本侵略军于1895年1月从成山头登陆,首先占领荣成,进而攻占了威海卫,胶东半岛人民因之遭受了战争的严重侵扰。

中国在甲午战争中的失败和《马关条约》的签订,由此可以看出世界列强对中国的侵略带有明显的时代特征,如同维新志士梁启超指出的:"列国所以亡中国者,全属新法,一曰租借他方也;二曰某地不许让与他国也;三曰代造铁路也。"[①]由此,世界列强在中国掀起了强租海港和划分势力范围的瓜分狂潮,而山东首当其冲地成了瓜分侵略的重要目标。先是德国于

① 《饮冰室合集·文集之四》,中华书局1936年版,第46页。

1897 年以巨野教案为借口，出兵强占胶州湾，迫使清政府签订《胶澳租界条约》，强租胶州湾 99 年，从而把山东变成了德国的势力范围。继之，英国于 1898 年迫使清政府签订《威海卫专条》，强租威海卫 25 年，这样，山东的两个重要港口先后沦于德英两国的控制之下。

“自德人据有胶澳，意直以山东为其所有。入其教者，以护符密迩，日益鸱张，鱼肉乡邻，无所不至。”①随着教会侵略与世界列强攫取在华利权的明显结合，人们认识到“德国天主教是把德人作为军事力量引进山东的有效原因”②，又“加以甲午而后，强邻肆虐，中国怯弱，人民益忿，因思外洋所恃者枪炮，必有避枪炮之术乃能御之，而金钟罩神拳之说兴矣”，因“乡民无知，而以仇教之故，恨敌之心，皆视为得计”③。他们深感“中国受外国凌侮，平民受教民欺压”，所以要“保清灭洋以吐中朝之气”。于是“拳匪之变，起于清光绪庚子，树‘扶清灭洋’之帜以号召群众，不数月而弥漫全国”④。

甲午战争对近代山东而言，不仅引发了义和团这一反帝爱国运动，而且使这一运动起落于“维新”与“革命”之间，因为这次战争，使中日两国的强弱对比得到了充分的暴露，致使清朝统治集团中的“荩臣志士，益慨然于强弱利钝之故，欲尽取欧洲之新法，变易华夏之旧习”⑤，正是“自中东战后，忧时之士，知外祸之频仍，由于内治之不整，于是政治改革之思

① 《义和团档案史料》上册，中华书局 1959 年版，第 42 页。

② 《义和团会刊》1981 年第 2 期，第 26 页。

③ 《山东近代史资料选集》，山东人民出版社 1959 年版，第 100 页。

④ 同上，第 97 页。

⑤ 《光绪朝东华录》(四)，中华书局 1958 年版，总第3877页。

想，流行于内外”①。康有为就是在这一思潮的激荡下，把早期的资产阶级维新思想发展为变法图强的政治运动。

孙中山在甲午战前曾上书李鸿章，提出“富强之大经，治国之大本”的政治主张，因上书失败，又感于甲午战后“瓜分惨祸，迫于眉睫”，“觉救国之策，舍革命之途径，再无他法”②，于1894年在檀香山联络当地华侨成立了兴中会，开始了“驱除鞑虏，恢复中华，创立合众政府”的革命活动。当时力量虽还弱小，影响并不显著，但当戊戌变法失败，某些热心改革、尚未摆脱改良思想的人们，便认为“国是日非，决非和平手段所能匡救”，思想由改良走上革命。

倡始山东的义和团运动，同当时兴起的“维新”与“革命”运动不同，它不是山东新兴经济的反映，而是同封建小农经济相联系的旧式农民对半殖民地处境的自发反抗。“扶清灭洋”并没有指出振兴中华的正确道路，因为旧式农民不是先进生产力的代表，其本身不可能是社会政治改革的体现者。但因义和团运动起落于“维新”与“革命”之间，就为中国革命民主派的形成和发展创造了必要的社会条件。可以这样说，20世纪中国的民主革命之所以成为社会的主流，是同多数人“感于庚子义和团、自立军起事，知非革命不足以救国”③密切相关的。

二

甲午战后，世界列强对中国的经济掠夺，同样带有明显的

① 《中国新报》1907年第8期。

② 张难先：《湖北革命知之录》，商务印书馆1945年版，第3页。

③ 同上，第232页。

时代特征。“自马关立约后，各国洋商均可制造土货，为历来条约所不载”，致使“洋商在中国设厂造货，人工运费种种省便，利益甚优”①。因而，世界列强对山东的掠夺方式也由以往销售商品、掠夺原料为主，转向以输出资本为主。

德国依据《胶澳租界条约》，首先在山东取得了胶济铁路和由胶州经沂州、莱芜到济南两条铁路的修筑权，并以此大肆掠夺山东的矿山开采权，使得山东成了德、英等国的重点投资场所，洋货也潮水般地涌进了山东地区。因之而起的山东人民收回利权运动，激发了人们兴办实业、挽回利权的爱国热情。据《东方杂志》记载，山东自 1905 ~ 1907 年，烟台、青岛、潍县、济南、济宁、泰安等地的民族近代工业有了较显著的发展，其特点一是近代企业的创办，是以抵制洋货、挽回利权为号召，明显体现了“设厂自救”的爱国性质：二是由以往的官绅倡导转为职商独立办厂，标志着民族近代企业走上独立发展的道路。

庚子之年义和团反帝爱国运动的惨遭镇压和《辛丑条约》的签订，使人们意识到由原始本能的反抗鼓动起来的民气，不能救中国于危亡，倍感启迪民智、开通风气的重要与迫切。如同史料记载的：“自义和团动乱以来，包括政府官员、知识界、绅士及商人阶级在内的人士，几乎普通地确认，向西方学习是十分必要的。”因之，清政府颁布实行“新政”，放宽了对发展民间资本主义企业的限制。由此，山东的近代企业在清末十年间得到了较快的发展，且多数集中在东部沿海地区。这些新兴的近代企业，就成了中国民主革命在山东兴起的经济基础。

---

① 《光绪朝东华录》（四），中华书局 1958 年版，总第4051页。

特别是清末的废科举、兴学堂、派游学，在山东逐步形成了一支不同于旧式文人的新型知识分子群体。他们在“清政不纲，列强环伺，国家岌岌可危”的社会处境下，积极探求救国救民、振兴中华的道路。多数人在中国同盟会纲领的广泛宣传下，认识到“不得共和民国之成立，难使列强之改观”①，并以他们自身的感受，认定“培植革命人才，须先由学校教育入手”。为此，他们除厕身官立学堂进行革命宣传外，纷纷募款设立公学（私学），以革命教育从政治上唤起群众的觉醒，从而在山东涌现出了一代富有民主共和政治理想的爱国志士。他们主张民主共和的法理依据，就是人人平等、主权在民和自由民主。正是在这一进步理论的指引下，山东的爱国志士表现出了为实现共和理想而不惜牺牲的献身精神。

三

政治、经济发展不平衡是近代中国社会的重要特征。山东自19世纪末，由于东部沿海地区交通便利，故烟台开埠后受外来势力的刺激，封建的经济基础及其上层建筑开始动摇；而“西南各属皆耕读为业”，深闭固拒，不习外务，致使“山东十府二州，风气殊异，登、莱、青三府民性近朴，沂、曹二府及济宁一州属邑，连界江、豫，人情悍塞”。可见，近代山东政治发展的不平衡，是根源于经济的不平衡。

鲁西地区社会经济环境的突出特点，就是小农业与家庭手工业相结合的封建自然经济。人“专务耕织，不事商贸”，因之“民情悍塞”，“人多愚直”，“以善导之固易于兴起，以邪诱之亦

---

① 《山东省志资料》1963年第1期，第58页。

易于鼓簧"[①]。各种宗教和民间秘密结社长期存在，教会势力相对集中。

处于同近代政治学说和科学知识"绝缘"状态下的农民，面对甲午战后中国半殖民地普遍加深、民族瓜分危机日益加剧的严重关头，对外来这一新的侵略势力，提不出新的斗争策略，只能采用当地流行的民间武术团体和多种宗教迷信相结合方式，前者成为斗争的组织形式，后者成为斗争的思想武器，"其用以惑人者，谓能避枪炮"，"其借以动人者，谓图灭洋教"。可见倡始山东的义和团的"扶清灭洋"运动，一方面表现出农民反帝斗争的巨大力量，另一方面又表现了斗争方式的落后性，表明"愚夫孺子爱国不知其术"[②]。这正是甲午战后鲁西特定的社会经济环境孕育了义和团这一运动的特定历史内容。

登、莱、青三府地处沿海，"男通渔盐之利，女有纺织之业"，"本业不足，治末有余"，加之近来屡受外界潮流之刺激，故自然经济解体较早，商品经济日趋活跃，使得人们的心态开放，易于接受新事物。随着20世纪初我国新型知识群体的形成、各地革命团体的先后出现、政治刊物的纷纷出版，特别是1905年中国同盟会在日本东京的成立和同盟纲领的广泛宣传，烟台又是北洋的枢纽、留日学生的通衢，较西七府最易接受外界潮流的影响，因而在甲午战后中国半殖民地普遍加深的处境下，鲁东地区兴起的则是新式知识分子倡导的以孙中山为旗帜的民族民主革命。

---

① 胡朴安：《中华全国风俗志》上编，河北人民出版社1986年版，第20～24页。

② 《山东近代史资料选集》，山东人民出版社1959年版，第98页。

甲午战后,近代山东人民由自发反抗帝国主义与封建主义的结合,发展为变殖民地半封建的中国为独立、民主、富强的新中国,这一斗争历程的演变,印证了梁启超说的:“唤起我国四千年之大梦,实自甲午一役始发。”

(《齐鲁文史》2004 年第 2 期)

李鸿章与中日甲午海战

洋务派是在洋务活动中首次同中国的近代化发生了联系的政治派别。筹设海防建立新式海军是洋务活动的重要内容。“洋务之兴，办理海防之任，惟李鸿章为最久，其受恩亦最深。”①

甲午中日海军在黄海之战中，双方均以新式舰炮猛烈搏击历五小时之久，这在世界海战史上还是第一次，李鸿章也称之“环球各国所罕闻”。甲午海战的过程，既是中日两国海防近代化历程强烈反差的反映，也寓有李鸿章久理海防中的是非正误。

一

中日两国的近代化几乎是同时起步的。在海防方面，李鸿章始终重视着中日两国的差距，并针对19世纪70年代以来日本对中国的“狡焉思逞”，认定了“防东洋尤甚于防西洋”的主张。②

日本的近代化开始于德川幕府末期。1854年在江户设立

① 《清末海军史料》，海洋出版社1982年版，第34页。

② 同上，第19页。

洋枪洋炮制作所，次年又在长崎设置海军传习所，从而开始了类似中国洋务运动的近代化活动。1868 年明治维新之后，日本的海防近代化在“富国强兵”、“殖产兴业”、“文明开化”等口号下取得了显著成效。就 1872 年来说，明治政府拥有军舰 14 艘、运输船 3 艘，总排水量13832吨。

与日本相较，这时中国的水师舰船多于日本，购自英、法的炮船 10 艘，自制 21 艘，“内有二号马力五百匹，配炮二十六尊，与外国大兵船相等”①。这时李鸿章认识到“日海军装备虽不敌中国，然其表现之精神与训练及编制已现代化，远较中国为上”②，所以出现上述差距，李鸿章认为：“日本盖自其君主持，而臣民一心并力，则财与才日生而不穷。中国则一二外臣主之，朝议夕迁，早作晚辍，固不敢量其所终极也。”③

1874 年，清政府总理衙门鉴于日本入侵台湾的教训，提出加强海防建设的六条措施，下发沿海沿江各地督抚讨论。经清朝中央和地方高级官员讨论后，总理衙门基本同意前江苏巡抚丁日昌关于设立北洋、东洋和南洋三支海军的建议，但以“财力未充、势难大举”为由，奏请“先就北洋创设水师一军，俟力渐充，就一化三，择要分布”④。几经筹划，清政府于 1875 年 5 月任命沈葆桢、李鸿章分别督办南、北洋海防事宜。

李鸿章基于加强中国海防，“外海水师铁甲船与守口大炮铁船皆断不可少”⑤的认识，1874 年 12 月，建议清政府分批购

---

①⑤ 《清末海军史料》，海洋出版社 1982 年版，第 107 页。

② 窦宗一：《李鸿章年（日）谱》，第4853页。

③ 《李文忠公全书·朋僚函稿》第 12 卷，第 3 页。

④ 《中国近代史资料丛刊·洋务运动（一）》，上海人民出版社 1957 年版，第146 页。

买铁甲船6艘,陆续购买或仿制守口大炮船20艘,清政府因经费"所需过巨,一时尚难筹办",1875年只向美国订购了守口大炮铁船8艘。这可视为自日军侵台之后,中国加强海防的第一步。1879年,日本吞并琉球。清政府再次命李鸿章、沈葆桢大力筹办海防。这时,李鸿章察觉到"日本恃有新购铁甲,肆意妄为……中国须亟购铁甲数船,代谋制敌",并向受托购舰的驻德使臣李凤苞询问"须购何项铁甲于中国海口相宜能制日本之船"①。遂于1880、1881年先后向德国订购了定远、镇远两艘铁甲舰,旅顺基地的建设也从1880年开始。

李鸿章之下决心加强海防,是基于对日本的侵略野心和实力有了进一步的认识。李鸿章认为:"日本狡焉思逞,更甚于西洋诸国,今之所以谋创水师不遗余力者,大半为制驭日本起见"②;又称赞"日本讲求水师二十余年,虽船只无多,西人咸称其规模粗具,操练有法",并说日本与德国一样,"皆以分年筹款逐渐添船为经世根本","中国甫经开办,极应仿照可大可久之谋"。③ 这些言论表明,李鸿章不仅介绍了日本大办海军的决心,也流露出中日两国在培养海军人才方面出现的差距。对此,李鸿章早在1879年7月就对沈葆桢说:"日本兵船之将,闻俱赴美、法学成,且由公使在西国水师部内选请好手来日教练。其武学院与练船一仿西法,大有日进益上之机。中国办法尚未臻美善。"④

① 《李文忠公全书·朋僚函稿》第18卷,第31页。

② 《清末海军史料》,海洋出版社1982年版,第24页。

③ 《译署函稿》第15卷,第31页。

④ 《李文忠公全书·朋僚函稿》第18卷,第32页。

中法战争后，清政府提出“目前自以精练海军为第一要务”①的主张。并于1885年10月成立了海军衙门，任命醇亲王奕譞为总理海军事务大臣，奕劻及李鸿章为会办，实际主持是李鸿章。由于清政府一开始就把北洋海军的创设作为重点，李鸿章乘势全力经营北洋海军。他从培养海军人才出发，继由他领衔奏请两次派遣福州船政学堂学生赴欧留学外，又于1886年奏派第三批船政学堂的学生出洋，并驳斥御史宋一新“永停出洋留学，以免沾染夷风”的奏请说：“日本蕞尔小邦，岁遣聪颖弟子数百人分赴西国学艺，近年水师整练，颇与西人抗行。中国欲求自强而自封其途，此陋儒一孔之见也。”②与此同时，李鸿章又向国外订购了靖、致、经、来两千吨级的巡洋舰，极力进行旅顺口、威海卫两大军港基地的建设，并坚持“水师为海防急务，人才为水师根本”，而人才之出，“尤必以学堂为根本”，于天津、威海卫各设水师学堂。由于李鸿章的苦心经营，至1888年北洋海军正式成军，拥有军舰22艘，以旅顺和威海卫两个军港为基地，当时实力超过了日本海军。

李鸿章以日本为假想敌，从19世纪70年代到90年代关于创建近代海防的主张和活动是无可厚非的，它客观上是适应时代的需要，符合民族利益的，为北洋海军在甲午海战中同日本海军猛烈搏击达五小时之久奠定了基础。

二

北洋舰队的正式成军，给李鸿章增添了虚骄之气。李鸿章

① 《清末海军史料》，海洋出版社1982年版，第58页。

② 《李文忠公全书·海军函稿》第1卷，第29页。

于1891年巡阅海军后，自信渤海门户“已有深固不摇之势”。然而就在这年，清政府做出了暂停南北洋军火机器购置的决定，而日本却乘中国防务停止发展的当口，加速购造船舰。到1893年，李鸿章开始觉察到问题的严重，说：“东洋蕞尔小国，犹能力节浮费，岁增一、二新式铁快各船，纵横海滨，中土能无愧憾。”[①]至1894年5月，李鸿章在校阅北洋舰队后奏称：“中国自十四年北洋海军开办以后，迄今未添一船，仅能就现有大小二十余艘勤加训练，窃虑后难为继。”[②]这时无论从质量上还是数量上看，北洋舰队都比日本舰队逊色。究其原因，李鸿章认为，一是“丁汝昌及各将领屡求添购新式快船，臣仰体时艰款绌，未敢奏咨渎请，臣当躬任其咎。倭人心计谲深，乘我力难添购之际，逐年增益”[③]；二是“朝廷不省，当轴昧于大局，且请以兴造海军之款，移修颐和园，因循坐误战事前者，七载有奇。日本乃崛起图强，乘机挑衅，练兵备舰，不遗余力，以窥中国”[④]。要探究中国北洋舰队由优势变劣势的过程，须对李鸿章的上述言论作些史实上的叙述。

（一）从19世纪70年代开始，资本主义列强加紧对中国边疆的侵略，使得清政府的财政罗掘俱穷，左支右绌。就左宗棠收复新疆说，仅三次举借外债即达1300万两。清朝统治集团此时仍骄奢淫逸，大肆挥霍。如1881年慈安治葬费共600万两；1889年光绪结婚，约500万两；至于著名的颐和园工程，“综十

---

① 《复两江制台刘岘庄》(尺牍)第25册。

② 《中国近代史资料丛刊·洋务运动(三)》，上海人民出版社1957年版，第163页。

③ 《清末海军史料》，海洋出版社1982年版，第319页。

④ 同上，第316页。

年所费……共有五千万两”。当1891年户部议停购舰两年，右翼总兵刘步蟾及时上陈：“我国海军战斗力远逊日本，添船换炮不容少缓。”并亲谒李鸿章以日本“增修武备，必为我患”，“请按年添购如定、镇者两舰，以防不虞”。既然李鸿章对户部停购船只之议不予奏驳，自然对丁汝昌等“屡求添购新式快船”的建议，就以“仰体时艰款绌”作为“未敢奏咨渎请”的理由了。可见，李鸿章的“躬任其咎”，实际上是指清朝财政给北洋海军带来的严重后果。

（二）以慈禧为代表的清朝统治者，丝毫没有日本统治者那样的近代海防观念，在外来侵略面前，而是受一次刺激，重视一阵海防，平静之后，又昏昏如故。其大国思想和虚骄观念，虽然经过两次鸦片战争打掉了许多，但在东邻日本面前，思想深处仍不时流露出“蕞尔岛国”的轻蔑观念。李鸿章原来主张成立海军衙门的重要原因之一，就是想以此解决北洋海军经费的困难问题。因总理海军衙门大臣奕劻是慈禧的亲信，他为逢迎慈禧的意志，供其享乐，连年以“挪拨”、“划拨”、“挪垫”等名义大量提取海军经费，移用于颐和园工程。对此，李鸿章为了结交慈禧和奕劻，以巩固自己的权势，“不但自己同意提款，更力劝南洋大臣曾国荃同意”。可见，在“朝廷不省、当轴昧于大局”的政治环境之下，李鸿章对北洋海军的建设，就只能是就钱吃饭，量体裁衣，“得寸则寸，得尺则尺”，在同日本军备竞赛中，不可能做出科学的决策。

（三）与清朝“当轴昧于大局”的情况相反，日本政府对发展海军下了最大决心。天皇睦仁登基不久就下达谕令：“海军为当今第一要务，务必从速建立基础。”从19世纪80年代后，日本明治政府为了适应对华战争的需要，为解决海军经费制订了海军公债条令，不遗余力地加强海军建设。进入 19 世纪 90 年代后，日本更以添置速射炮和购买新式快船为发展海军的重点。从 1890 年后，日本以国家财政收入的 60%，用来扩充海陆军。自 1893 年起，明治天皇又决定以 6 年为期，每年从宫廷经费拨出 30 万日元，再以文武百官薪金中的十分之一，补充造船费用。日本民间的海防献金也达 200 余万日元。

由于日本政府锐意扩充海军，多方筹集经费，财力充足，因而当“中国海军八年中未曾添一新船，所有近来外洋新式船炮，一概乌有”时，日本却乘机加速购造新式船炮。当时日本超过4200吨的严岛、松岛、桥立和吉野四艘主力舰只，都是在1891至1894 年间增添的，致使日本的海军力量终于超过了中国的北洋舰队。

三

在中日甲午战争中，海军的胜负是事关这次战争全局的关键。战争爆发前，因中国北洋、南洋、东洋三支海军的全部实力大于日本，北洋舰队还拥有定远、镇远两艘日本所没有的巨舰，因此，日本海军当局对其海军的胜负尚“难于预料”。

丰岛海战可说是甲午海战的序幕。这次海战，本来是“日舰必受大创”的战役，因为北洋海军提督丁汝昌原来计议“三舰启轮后，即遣大队战舰接应”，待丁汝昌向李鸿章电告行期并称“遇倭必战”，李鸿章则以“廷议恋和，不欲先开衅，复电缓行”，遂使本已生火起锚、戒然将发的接应战舰而不得行。先行启轮的济远、广乙、操江三舰驶入丰岛海面，遭到了日本海军的突然袭击。又因日方在力量上占绝对优势,致使济远、广乙受挫,操江被迫降敌。时人因之感叹:“是日如有大队策应,日舰必受大创矣。”①

在丰岛海战中,中国之所以丧失了“日舰必受大创”的战机,看起来是“廷议恋和,不欲先开衅”造成的。其实,李鸿章前于预筹备战折内奏称的“海上交锋,恐非胜算”,实质上是同“廷议恋和”一致的。不过,李鸿章是抓住中日海军在近代化中出现的明显差距立论的。李鸿章认为“海上交战,能否趋避敏活,应以舰之迟速为准。速率快者,胜则易于追逐,败亦便于引避。若迟速悬殊,则利钝立判”,进而指出造成中日舰只迟速悬殊的原因是:日本新旧快船共21艘,其中有9艘自光绪十五年后分年购造,“最快者每点钟行二十三海里,次亦二十海里上下”,而中国的船舰订造在先,由于当时西人“船机学尚未精造至此,每点钟行十五至十八海里,已为极速”,而且“自光绪十四年,我军未增一船”。李鸿章就是基于“快船不敌”的认识,明确指出“今日海军力量,以攻人则不足,以之自守尚有余”,因而提出了在他看来“以保船制敌为要”②的妙计。

李鸿章的“保船制敌”,就是不让北洋舰队驰逐大洋,与日本争夺制海权,但求保持近海防御能力,使日军不敢轻易地进犯渤海口和中国海岸线。然而,日本自决定对华作战就把消灭北洋海军、夺取制海权作为首要战略目标。

事实上,李鸿章的“保船制敌”与援朝“东征”是根本矛盾

---

① 《清末海军史料》,海洋出版社1982年版,第318页。

② 《中国近代史资料丛刊·中日战争(一)》,上海人民出版社1957年版,第69页。

的。因为“保船”，不敢用海军配合援朝，必然加速清军在朝鲜战场上的失败，而援朝就必然动用海军，要承担失船的风险。黄海海战，就是因北洋舰队奉命护送运兵船、增援平壤中国守军而发生的遭遇战。

这次海战，从数量上看，中国是以10舰对日本12舰，日本参战军舰的总吨位要比北洋舰队多20%以上；从质量上看，在速力、装甲、速射炮、舰令等方面，日本联合舰队均占优势。显看出中日双方在海军近代化方面出现的差距。从损失看，北洋舰队损失致远、经远、超勇、扬威四艘军舰，其他的一些军舰也受伤。日本旗舰松岛号中弹累累，吉野号、赤城号、比睿号、西京丸号均受重伤。两相比较，中国损失较大。但北洋舰队还有大小舰艇40余艘，其中包括铁甲舰定远、镇远号和炮舰、巡洋舰、鱼雷艇，仍有一定的战斗力。然而，李鸿章为了保存实力，故意夸大舰队损失的程度，说北洋海军“仅足守海口，实难纵令海战”①。很明显，李鸿章的用意不是“制敌”而是“保船”，于是命令北洋舰队躲藏在威海卫港内，不准出港巡海。

如果说黄海海战是“保船制敌”与援朝“东征”矛盾的突出表现，那么威海卫海战就是李鸿章“保船”与“制敌”矛盾的典型反映。因“保船”，李鸿章使日本轻易地取得了制海权。而制海权的丧失，不但不能“制敌”，反而使“我兵舰束于威海，巡弋所及，西不过登州，东不过成山，每值大队倭舰至，且坚伏不出矣”②，这就造成了北洋海军坐守待毙的局面。

李鸿章“保船制敌”的原意，是保持近海防御能力，其实是

① 《李文忠公全书·朋僚函稿》第78卷，第61页。

② 《清末海军史料》，海洋出版社1982年版，第319页。

如日方记载的:“我军在荣成登陆路,清国舰队决定据守刘公岛基地,但是清国陆海军的将领互相嫉妒不和,面对我军的进攻,完全无意协力防守,旁观自保,致招惨败。”①至此,清朝当轴者所求的只是“多赔兵费以定和局”。这如同有人揭露的:“是犹以肉喂虎,肉尽则终噬人。况一虎虽饱,众虎环视,可胜喂哉。”②

甲午海战,实际上是中日两国近代化海军力量的一次正式较量。因战前中日两国海军的近代化出现了明显的差距,因而说这次海战是“新式的占优势的日本舰队,打败了旧式而占劣势的清国舰队”是言之成理的,说其中也有李鸿章的严重误失也是论之有据的。

中日两国近代化海军发展的对比表明,在世界近代化潮流中,后进国家在早期资本主义列强的威胁和欺凌之下,被迫运用国家权力,移入近代生产方式的某些国家,其最高统治者的政治品格,在某种限度内常能在关键性问题上停滞或加速历史发展的进程。

作为这期间中国以慈禧为首的当轴者,他们所关心的是如何保持清室的政权和个人的享乐。对于创建近代海军,纯粹是消极防御的观点,更没有改变封建制度以推动中国走上近代化的任何意愿。因此,李鸿章加强海防、图谋自强的一切计议,不仅绝难超越当轴者的裁决,而且在日常活动中“同心少,异议多”,“致多阻格者有之,绌于经费,未能扩充者有之”。作为李鸿章本人,主要又是封建官僚,他迷恋权势,迎合当轴,拥兵自

① 《清末海军史料》,海洋出版社1982年版,第867页。

② 同上,第20页。

重,不权缓急。因而在海防近代化道路上,虽然中日两国几乎是同时起步的,但仍在甲午海战中被新兴帝国主义国家所战败。

(《山东师大学报》1991年第3期)

论义和团倡始鲁西的社会环境

义和团倡始鲁西，弥漫全省，盛于直隶，除同甲午战后民族瓜分危机的严峻形势密切相关，尚有其特定的社会环境。本文拟就此问题作些探求，以期有助于对义和团运动倡始地区社会环境的认识。

一

19世纪下半期，自烟台开埠以来，山东东部沿海地区因受外来侵略势力的刺激，封建的经济基础及其上层建筑开始动摇；而"西南各属皆耕读为世"，深闭固距，不习外务①，致使山东"十府二州，风气殊异。登、莱、青三府民性近朴，沂、曹二府及济宁一州属邑，连界江、豫，人情悍塞"②。西南各属男耕女织，不事商贾，家重礼教，户重仁义，士重名节，人们"聚会则相欢，守望则相助，重儒雅而轻势力，存廉耻而羞苟得"，民间子弟间习骑射，尚义勇。③ 尤曹、单地处鲁、苏、皖、豫四省交界，曾

① 《山东教案史料》，齐鲁书社1980年版，第246页。

② 《山东军兴纪略》。

③ 胡朴安：《中华全国风俗志》上编，河北人民出版社1986年版，第20～24页。

是白莲教长期活动的地区，自嘉庆十八年天理教起义失败后，清政府“查禁捕治，惩之甚严”，以后“此风渐戢”①，但继之而起的“大刀会即金钟罩邪教，由来已久，虽经地方官示禁，根株总未能绝”②。因之，清政府称曹、单一带“本系盗贼之薮”。

这时的山东，不仅有鲁西南的“盗贼之薮”，更有以冠县为中心的鲁西北的“难治之地”。冠县人多崇儒，男勤耕播，女勤纺织，“人多愚直，易于鼓惑自胜，自清末以迄今日，白莲教、青红帮、黄沙会、圣人道及各种神教名称不一，皆假借神道以聚徒结社，善男信女趋之若鹜”；冠县全境计分九区，而河北区“突出于河北清河威县之间。冠县百三十里，地势远隔，风俗攸殊，盗匪充斥，民教杂处，孤悬境外，隐然独立一小邑。控制既鞭长而莫及，治理又梗塞而不通”③。不但义和拳在直、鲁、豫交界地区有着长期活动的历史，而且鸦片战争后，白莲教、黑旗军、习文教和长枪会又都在鲁西北及其邻近地区起义。这些起义相继失败后，残余部分仍分布在鲁西北及其附近各州县继续活动，他们虽然“不敢公开啸聚，却在民间私相传习，蔓延颇广”④。

概言之，山东在上述两属地区民情习俗的突出特点就是小农业与家庭手工业牢固结合的封建自然经济，以儒学为中心的传统封建文化，民情悍塞，“以善导之，固易于兴起，以邪诱之，亦易于鼓簧”⑤。

---

① 《义和团档案史料》上册，中华书局 1959 年版，第 93 页。
② 《山东教案史料》，齐鲁书社 1980 年版，第 169 页。
③ 《冠县县志》(一)，成文出版社 1968 年版，第 103 页。
④ 《义和团档案史料》上册，中华书局 1959 年版，第 4 页。
⑤ 《冠县县志》(一)，成文出版社 1968 年版，第 150 页。

当山东进入 19 世纪末期，洋货像潮水般涌进山东内地。据统计，1886 年的棉纱进口量较 1882 年增加 5 倍，1887 年烟台海关贸易报告说，那时山东的手工纺纱业几乎“全部停歇”，这表明，上述情况不只在鲁东，在鲁西地区也同样出现。《茌平县志》称：“布为衣之源，昔时本地出产甚多，尚可外销，今因机制之淘汰，反转以贩运洋布为生。”原来盛产白粗布的陵县，“迄机器纺纱，俗呼洋布输入内地，白粗布销路顿形滞涩，渐至断绝，全县手工业无形破产，农民经济影响甚巨”。

再是洋教势力侵入到穷乡僻壤，全省分南境、北境、东境三个教区，而鲁西的南、北两个教区成了教会势力最集中的地区，平均每乡就有一个教堂或公所。在鲁西北与直隶交界的“冠县十八村”有教堂 1 处、小教堂 9 处；在鲁西南的单县东南乡李集一带，方圆不到 20 里的地区，就设立了 7 个教堂；在巨野形成了以磨盘张庄为中心的传教网，张庄有三分之二的人入了教，仅被教堂收容的修女即达 20 多人。①

上述情况表明，19 世纪末年，在山东半殖民地化普遍加深的社会情况下，鲁西南和鲁西北地区仍保持着其独特的社会环境，其地处边界，与邻省犬牙交错，而政府控制力量薄弱，教会势力相对集中，各种宗教和民间秘密结社长期存在。

二

义和团运动是中国人民长期反洋教斗争在特定历史条件下演变而成的反帝爱国运动。

在近代中国，基督教的侵入不是文化交流的结晶，而是西

---

① 《山东近代史资料》（第三分册），山东人民出版社 1961 年版，第 28 页。

方资本主义列强侵华政策的产物。其传教的目的是要“中华归主”,打破中国“原有的宗教信仰,并随之打破中国的道德、社会和政治行为规则的统治力量”,使中国失去“民族本色”。基督教的信条是“只有战争才能开放中国给基督”,因而,西方传教士进入中国后,有些人积极为列强侵华出谋划策,并大量发展教徒,“借党徒以凌士庶”。有些不法教徒以洋教为护符,强夺人妻,霸占田产,差徭不应,派累平民。而传教士更是插手官府,包揽词讼,甚至私立公堂,非法审讯中国人。凡此种种,严重地损害了中国的主权以及官民的尊严和直接利益。正是人们不甘心中国社会日趋加深的半殖民地化,因而起而反抗,掀起了广泛的波澜壮阔的反洋教侵略的斗争。

山东人民反洋教侵略的斗争,是从19世纪60年代随着教会侵略势力入侵山东开始的。这一斗争的热点,自然首先是出自教会侵略势力相对集中、民教矛盾尤为尖锐之区。1888年6月(光绪十四年五月),鲁抚张曜奏称:“近年山东济南、兖州、济宁、沂州各府属教案,屡起衅端。”“遇有卖地于彼盖造教堂,则一哄而聚,拆毁有之,近倡而远亦随,此惩而彼不戒。”①这表明中法战争后,首先在鲁西地区兴起了反洋教侵略的高潮。虽然这些斗争从总体上看还未能与“灭洋”即反帝发生直接的联系,只是反抗洋教暴行的斗争,而且这种斗争是各地彼此孤立的词讼案件,尚未摆脱官府的控制,然而这些斗争却成为自1894年甲午中日战争起义和团倡始鲁西的社会基础。

(一)在甲午战争期间,山东人民首感丧师辱国之痛、洋枪

① 《山东教案史料》,齐鲁书社1980年版,第297页。

洋炮之害。鲁西大刀会就是由于“上年海疆不靖,民间以此教可避枪炮,传习愈多,几于无处不有”①。又如史料记载:“当时耶稣教民恃势惯与平民争讼,而官吏畏之如虎,一遇词讼,对于教民无不左袒,故积而成仇;加之甲午而后,强邻肆虐,中国怯弱,人民日仇,思外洋所恃者枪炮,必有避枪炮之术乃能御之,而金钟罩神拳之说兴矣。始而一二处秘密学习,继而遍及各村庄,纷纷设场……而乡民无知,又以仇教之故,恨敌之心,皆视为得计。”②这表明,由仇教到恨敌是1896年曹、单大刀会起事的实际动因,并由此提出了“灭洋人、杀赃官”③的口号。从此,由“抵御盗贼,保卫身家”,到“以诛锄西教为本旨”、“非毁尽教堂不散”④,反洋教斗争发展至“灭洋人”的新阶段。

(二)1897年11月,大刀会袭击巨野张庄教堂,杀死两个德国传教士,德国以巨野教案“为领土扩张的借口和勒索商业利益的本钱”⑤,出兵强占胶州湾。翌年3月又胁迫清政府签订了《中德胶澳租界条约》,掀起了瓜分中国的狂潮。由此激起了山东人民的无比义愤,“内地百姓皆有心护国,比三年前与日战时更切”,而且“自德人据有胶澳,意直以山东为其所有,入其教者,以护符密迩,日益鸱张,鱼肉乡邻,无所不至”⑥。教会侵略与帝国主义攫取在华利权的明显结合,使人们认识到“德国天主教是把德人作为军事力量引进山东来的有效原因”⑦。

---

① 《山东教案史料》,齐鲁书社1980年版,第169页。
② 《山东近代史资料选集》,山东人民出版社1959年版,第100页。
③ 《近代史资料》1957年第1期。
④ 《义和团档案史料》上册,中华书局1959年版,第1页。
⑤ 汪敬虞:《中国近代工业史资料》第二辑,科学出版社1957年版,第52页。
⑥ 《义和团档案史料》上册,中华书局1959年版,第42页。
⑦ 《义和团会刊》1981年第2期,第26页。

因此,1898年11月,当德国传教士薛田资逃到日照县被愤怒的人群抓住时,人们呼喊着:"我们在这里抓住的这个人,就是侵占我们国家的人。"[①]并要同教民"就天主教的目的、意向等问题展开辩论"[②]。这说明人们对传教活动与殖民侵略的关系在认识上日益深化,开始把反洋教的斗争与反对帝国主义的侵略结合起来了。

(三)甲午而后,不但教会势力在山东得到了进一步的扩张,而且仅1895年就连续发生了12次水灾,受灾地区波及62州县,18622个村庄,而鲁西地区尤为严重。"茌平县志"载:"光绪二十四年,黄河漫溢,漂没田庐、人畜,流亡不可胜计……六月二十四日,黄河漫溢于东阿香山之南,茌平适当其冲……庐室财产漂没殆尽,人多巢居。"1899~1900年又接连发生旱灾。据史料记载,山东在1899年有平原、寿张、济宁等14县遭受旱灾,1900年又有临清、高唐、茌平、寿张等27县发生旱灾。

深受"洋教"、"洋货"、"天灾"之害和山东半殖民地化严重加深痛苦的鲁西人民,普遍产生了"救亡"、"求生"的迫切要求。因之,大刀会、义和拳等民间结社迅速发展壮大。1898年10月,在"教堂林立,民教构怨为日已深"的冠县,由赵三多、闫书勤等首次以义和拳的名义举义,号召打堂闹教,"助清灭洋","啸众数千人,蔓延十余县,声势大振,风鹤频惊"[③]。继之,1899年以朱红灯和本明和尚为首的义和拳,又在平原、恩县一带揭竿而起,提出了"先学义和拳,后学红灯照,杀了洋鬼

① 《山东教案史料》,齐鲁书社1980年版,第344页。
② 同上,第343页。
③ 《山东近代史资料》(第三分册),山东人民出版社1961年版,第324页。

子，灭了天主教”响亮的反帝口号。到1900年，“灭洋”反帝的烈火，已燃遍了整个山东大地。

（四）从甲午战争到1899年，山东的三任巡抚对大刀会、义和拳的起事虽然都采取剿抚并用的政策，但实际上却是以抚为主。这是因为他们在长期处理民教纠纷的过程中，对洋教势力的横行不法深为不满；而在甲午之后，民族瓜分危机空前严重、民族矛盾成为最主要矛盾的社会条件下，也害怕压制人民抗洋会激起“不测”，引起更大的“变端”，由此产生了“纵拳仇教”的思想。所以李秉衡任山东巡抚时，虽镇压过大刀会，但又认为，“愚民敢于为乱，不啻教民有以驱之也”①。继李秉衡为山东巡抚的张汝梅，面对大刀会滋扰，认为“教民娇横，借事欺压良善，本是实在情形，亟宜设法维持，不可徒恃兵力”②。毓贤继张汝梅任山东巡抚之后，虽诱杀了朱红灯、本明和尚，而实际执行的是“纵拳仇教”的方针。因为在毓贤看来，“东省民风素强，民俗尤厚，际此时日艰亟，当以团结民心为要图”③。所以他明确表示：“民可用，团应抚，匪必剿。”他令“义和拳民教授兵勇拳艺，在按察使街设厂”④。他出访兖州时，途遇拳民对他“持刀枪出迓，中丞赏以银两，谕善习法术，以期大用”⑤。当平原民教纠纷发生后，毓贤一再批示：“不能轻信教民一面之词，率行拿办，以致民间不服也。”⑥正因山东“自光绪二十五年夏，官吏

① 《山东教案史料》，齐鲁书社1980年版，第171页。
② 同上，第174页。
③ 同上，第176页。
④ 《拳祸记》下册，土山湾印书馆1923年版，第345页。
⑤ 同上，第346页。
⑥ 《义和团案卷》，齐鲁书社1980年版，第6页。

倡义民之说,拳匪因而鸱张,始滥觞于兖、沂、曹、济一带,继窜扰西北各属,蔓延四十余州县”。

可见,义和团运动与历史进程中的任何事件一样,首先在某地发生,除了普遍的社会原因,尚有其特定的社会环境。正因鲁西地区具有的特定社会环境,才使得该地区在甲午而后山东半殖民地普遍加深的社会情况下,成了由反洋教斗争演变为义和团运动的首义之区。

三

19 世纪末年,鲁西地区的特定社会环境不仅制约着义和团倡始的地区,也制约着义和团斗争的方式和结局。这表现为义和团倡始山东的地区,不是同商品经济较发达、帝国主义以之作为军事侵略重点的鲁东地区相联系,而是同封建经济结构较牢固的鲁西地区相联系。这是因为在鲁西地区,不仅有着利于拳民活动的地理环境和民教构怨已深的社会基础,并且多种宗教和秘密结社长期存在,这就为旧式农民进行斗争提供了最为得心应手的组织形式和思想武器。可以说,1896 年鲁西南曹、单一带大刀会的起事,是义和团运动的前奏;1898 年 10 月,冠县义和拳的举旗起义和“助清灭洋”口号的提出,是义和团倡始鲁西的标志。可见,义和团运动同甲午战后兴起的维新运动不同,它不是当时中国社会内部新兴经济的反映,而是同封建经济结构相联系的旧式农民对教会侵略势力和对帝国主义瓜分中国的直接反抗。这是因为,19 世纪末叶的鲁西地区,小农业与家庭手工业相结合的封建经济结构虽然遭到了外来侵略势力的冲击,但就整体而言,尚未完全解体。特别是反映旧经济结构的封建文化占绝对统治地位，一般人民群众还处于同新的资产阶级学说和近代科学文化知识“绝缘”的状态。

社会存在决定社会意识，处于封建经济结构方式中的农民阶级，它有着反抗封建统治阶级的长期斗争经验和一系列斗争纲领口号，而19世纪末，面对着帝国主义这一新敌人，又提不出新的、科学的斗争策略方针。因而，以农民为主体的义和团运动在斗争形式上，是民间武术团体和多种宗教迷信的结合。前者成为斗争的组织形式，后者成为斗争的思想武器。这一斗争形式，给运动带来的是双重影响。一方面是“其用以惑人者，谓能避枪炮”，“其借以动人者，谓图灭洋教”。[①] 因而，“仇教”、“恨敌”的乡民“尊之敬之，踵门拜师者，趋之若鹜”[②]，成了义和团运动迅速兴起并勇于斗争的强大精神支柱。然而，另一方面，当近代新式武器的真枪实弹戳破了神灵附体、刀枪不入的迷茫幻觉后，就使这场斗争失去了精神支柱，而斗争的结局又必然使农民败下阵来。

总之，19世纪末，倡始鲁西、蔓延全省、盛于直隶的义和团运动，一方面表现了农民反帝斗争的巨大力量，另一方面也表现了斗争方式的落后性。这种反帝斗争的正义性和斗争方式的落的性，恰如史料记载的：“愚夫孺子爱国不知其术。”[③]这正是义和团倡始地区特定社会环境的反映。

（《历史教学》1992年第11期）

---

① 《山东近代史资料》（第三分册），山东人民出版社1961年版，第234页。

② 同上，第192页。

③ 《山东近代史资料选集》，山东人民出版社1958年版，第98页。

近代中国社会的演变与义和团运动

19世纪和20世纪之交,起落于“维新”与“革命”之间以农民为主体的义和团反帝爱国运动,是近代中国社会演变过程中的特定历史现象,有着特定的历史内容,起着特定的历史作用。

一

近代中国从1840年鸦片战争以来,由于帝国主义的侵略,一方面使独立的中国向着半殖民地和殖民地演变,日益激化着中华民族与帝国主义的矛盾和人民大众与封建主义的矛盾;另一方面又使封建的中国向着半封建社会演变,产生了同帝国主义和封建主义相矛盾的民族资本主义经济。

1840年开始的第一次鸦片战争和以《江宁条约》为开端的一系列不平等条约的签订,是近代中国向半殖民地半封建社会演变的第一步,与此步同行的是以广东三元里“平英团”为代表的武装反抗英国侵略暴行的斗争。1851年继之而起的太平天国革命运动,也不再是简单地反映地主阶级与农民阶级的矛盾,而是反映了由于外国的侵入迅速激化的封建主义与城乡人民群众的矛盾,表示了对中国社会向半殖民地演变的直接反抗。

1856年开始的第二次鸦片战争及其结局,在政治上产生的严重后果,一是中外反动势力联合镇压了太平天国革命运动;二是外国传教士潮水般地涌进中国的通都大邑和穷乡僻壤。有些传教士是列强欲以"张国威"、"广土地"的工具,他们积极为列强侵华出谋划策,大量发展教徒,"借党徒以凌士庶"。更为甚者,他们以不平等条约为护符,插手官府,包揽词讼,私立公堂,非法审讯中国人民。这些都严重损害了中国的主权和官民的尊严。正是人们不甘心日趋加深的半殖民地处境,从19世纪60年代起掀起了以平民为主体,并有官绅介入的广泛、普遍的反对外国教会侵略的斗争。

经过两次鸦片战争,清政府被迫签订了一系列不平等条约,丧失了大量主权,其中与经济特别有关的是关税自主权、海关行政管理权、内河航行权、内地通商权等。资本主义列强以上特权的获取和金融、航运等强有力的经济侵略机构的建立,通商口岸的增开,外国商品输入的激增,造成的直接后果是中国的自然经济首先在沿海、沿江及其附近地区出现了较大程度的解体。因之,从19世纪70年代开始便产生了民族资本主义经济。与民族资本主义经济的出现相呼应的是要求发展近代工业、以挽回利权为内容的早期维新思想。有些人呼吁中国应速办近代工业,"凡中国所需于外国者,即可自行制造,外国所需于中国者,并可自行贩运,收回利权,扩我远图"。他们提出不仅要用机器生产价廉物美的商品进行抵制,还必须发展近代航运业进行抵制的主张。早期维新思想家,就是主张"变法御侮"的思想派别。

就中日甲午战前论,近代中国社会的演变和由此产生的政治、经济的基本矛盾，主要表现为以农民为主体的自发反抗和早期维新思想的“变法御侮”主张。中日甲午战争和由此签订的《马关条约》使得近代中国社会的演变进入了新的历史时期。一是世界列强对中国的侵略带有明显的帝国主义的时代特征。如同维新志士梁启超所说：“列国所以亡中国者，全属新法，一曰租借地方也；二曰某地不让与他国也；三曰代造铁路也。”①从此，外国列强在中国掀起了强租海港和划分势力范围等明显带有领土占有性质的瓜分狂潮，竞相向中国输出资本。并且“自马关立约后，各国洋商均可制造土货，为历来条约所不载”②，致使“洋商在中国设厂造货，人工运费种种省便，利益甚优”③。自此，帝国主义对中国的侵略，由以往的商品输出为主，代之以资本输出为主。

二是甲午战争使得清王朝的“国丑全露”，致使清朝统治集团中的“荩臣志士，益慨然于强弱利钝之故。欲尽取欧洲之新法，变易华夏之旧习”④。为此，光绪帝颁布了“蠲除积习，力行实政”、“以筹饷练兵为急务，以恤商惠工为本源”的谕令，并由总理衙门奏准于1898年颁发了《振兴工艺给奖章程》，承认民族工业的合法地位。因此，中国商民一方面“知外人得来内地设厂造货，莫不感慨奋发”，主张实业求国，要求自办铁路，开采矿业，设立工厂，以抵制“洋商洋厂”；另一方面“又深悉朝廷恤商轻税之章，其意集股图先者颇不乏人”。⑤ 因之，甲午战后

① 《饮冰室合集·文集之四》，中华书局1936年版，第46页。
② 《光绪朝东华录》（四），中华书局1958年版，总第3850页。
③ 同上，总第4051页。
④ 同上，总第3877页。
⑤ 同上，总第3949页。

三四年间出现了兴办工矿企业的浪潮，中国民族工业进入初步发展阶段。

三是“自中东战后，忧时之士，知外祸之频仍，由于内治之不整，于是政治改革之思想，流行于内外”①。就是在这一思潮的激荡下，在士大夫阵营中，涌现出一股倾向维新、同情变法颇具影响的政治势力。随着中国瓜分危机的加深和中国民族资本主义的初步发展，民族资产阶级的政治代表首先登上了政治舞台。康有为把早期资产阶级的维新思想发展成变法维新的政治运动，孙中山也开始了“驱除鞑虏，恢复中华，创立合众政府”的革命活动。就当时说，不论“维新”还是“革命”派，查其重要成员的出身，绝大多数都生长在被迫开放较早、经济相对发达的东南沿海地区。他们在“西学东渐”中较早接受了西方社会的政治学说和近代科学知识，具有近代意识，反映着中国社会内部新兴经济的要求。

然而，中国是一个土地广阔的农业大国，农民人口占全国人口的80%以上，小农业与家庭手工业相结合的自然经济，是中国社会结构的基础。近代中国社会演变到19世纪末年，中国民族资本主义的兴起还仅限于中国东部沿海和沿江地区。中国内地特别是北方广大内地农村的自然经济，虽然遭到了外国侵略势力的冲击，但自然经济结构的基础地位并未动摇。处于自然经济结构中的乡民，面对“瓜分之祸，悬于眉睫，家乡故土，已属他人”的严峻形势，长期的反洋教侵略的斗争与反帝斗争由此汇成了义和团反帝爱国运动。

---

① 《中国新报》1907年第8期。

二

义和团运动同甲午战后兴起的资产阶级的维新运动不同，这不是中国社会内部新兴经济的反映，而是倡始于自然经济牢固的鲁西地区。此类地区的突出特点，就是小农业与家庭手工业牢固结合的封建自然经济，以儒学为中心的传统封建文化、教会势力比较集中，各种宗教和民间秘密结社长期存在。民情悍塞，“以善导之，固易于兴起，以邪诱之，亦易于鼓簧”①，由此制约了义和团运动的特定历史内容不是“变法图强”，而是“扶清灭洋”。

（一）义和团的“扶清灭洋”，是旧式农民对甲午战后中国现实的认识。中国在甲午战争中的失败和战后帝国主义侵略的加深，激化了中华民族与帝国主义的矛盾。《马关条约》签订后，中国被迫割地、赔款。继之，德国强占胶州湾，英国强占威海卫、九龙，俄国强占旅顺、大连，法国强占广州湾，瓜分危机迫在眉睫。此外，帝国主义还在中国攫取矿产、争修铁路，沿途圈占民田、拆毁房屋、设站驻兵、枪杀百姓。加之中外轮船的畅通、邮电的通达，更有利于洋货深入中国内地，造成了千百万人“尽失其业，无以谋生”。甲午而后，“各省教堂，多于往昔”，并且“自洋势日张，教堂肆虐”，致使人民不堪其苦，“久已痛深骨髓”。而清朝官吏“一味庇教而抑民”，良民受害，“控诉无门”，又“加以甲午而后，强邻肆虐，中国怯弱，人民益忿，因思外洋所恃者枪炮，必有避枪炮之术乃能御之，而金钟罩神拳之说兴矣”。②

① 《冠县县志》（一），成文出版社1968年版，第150页。

② 《山东近代史资料选集》，山东人民出版社1959年版，第100页。

面对日益严重的民族灾难,广大乡民以身受其苦的直接感受,认为一切苦难都是帝国主义的侵略和压迫造成的。他们从感性认识出发,把对“洋人”、“洋教”、“洋货”笼而统之谓“灭洋”。因此,他们“最恨和约,祸国殃民”,直接提出“天不下雨地发干,全是教堂遮住天”,“不穿洋布,不用洋火,诚心用功,可以避刀剑,可以避枪炮”。他们散布传单,“神助拳,义和团,只因鬼子闹中原”。这些既说明了“灭洋”的社会原因,也反映了“灭洋”所带有的阶级特征。

“强邻肆虐”激起了乡民反帝情绪的高涨,“中国怯弱”引起了乡民对清王朝现状的不满。但是由于农民的局限性,认不清招致洋人横行中国、肆虐人民的根源是清王朝封建统治者的专制、腐败和对外投降。他们痛恨“羽翼洋人”、“肆虐同群”的赃官“竟把清朝弄坏”,他们认为兴起义和团“可喜天子不受害,官败民不败,自带口粮来,除国之大害”①。上述认识表明,在封建社会“国家”观念的影响和皇权主义束缚下的农民,在民族危机空前严重、人身生存受到严重威胁下,会很自然地产生要“扶保大清”、“保国安民”的思想和要求,从而把“扶清”与“灭洋”联系起来。于是“拳匪之变,起于清光绪庚子,树‘扶清灭洋’之帜以号召群众,不数月而弥漫全国”②。

(二)义和团的“扶清”是以“灭洋”为前提,“扶清灭洋”的主旨是“灭洋”。义和团的“灭洋”,表达了甲午战后中国人民同帝国主义的矛盾成为社会主要矛盾的历史实际,体现了当时

---

① 《中国近代史资料丛刊·义和团(二)》,上海人民出版社1957年版,第188页。

② 《山东近代史资料选集》,山东人民出版社1959年版,第97页。

中国劳动人民在民族危亡之秋“救亡”、“求生”的迫切愿望。同情义和团的清朝官员在奏议中就指出:“方今天下强邻虎视,中土已成积弱之形,人民愤激久矣。每言及中东一役,愚父老莫不怆然泣下,是以拳民倡义,先得人和,争为投钱输粟。”“所到之处,人多赢粮景从,父兄莫可拴束,妻子不能阻挽,独悻悻以杀敌致果为心。”[①]因之,义和团狂飙乍起,如暴风骤雨,迅猛异常,转眼之间就席卷华北,毫不逊于当年太平军进军东南的气势。

义和团在“扶清灭洋”的斗争中并没有背离“灭洋”而去真正扶过清朝,相反,为了争取“灭洋”的权利同清政府进行了不断的斗争。只有当清朝统治者采取顺民心而用,打出向各国列强“宣战”的幌子,在地方像毓贤那样,一度承认或默许“扶清灭洋”为合法的特定历史条件下,义和团“均称情愿报效朝廷,义形于色”[②],或“树‘毓字’黄旗”,或有些进入北京的义和团“也先至庄亲王府挂号、报到,何时战防,听候转牌调遣”[③]。上述史实说明义和团斗争高潮面前,看不出敌人策略改变的险恶用心,并不表明义和团背离了“灭洋”这一主旨。

(三)近代中国的社会演变进入19世纪末年,造成的中国政治、经济的极端不平衡,不仅制约了义和团兴起的地域,也制约着这一运动的方式和结局。“扶清灭洋”主要反映了农民革命性的一面,但也反映了落后保守的一面。“扶清”表现了对清朝政府的本质认识不清,实际上是反洋教侵略斗争中早已流

① 《义和团档案史料》上册,中华书局1959年版,第178页。

② 同上,第158页。

③ 《庚子纪要》,科学出版社1959年版,第18页。

传的反对洋人“欺主谋国”的思想延续。“灭洋”虽触及了时代救亡的主题,但对洋人、洋教和外来事务的统统排斥,又具有盲目排外的落后性。这是因为处于同新的资产阶级的政治学说和近代科学文化知识“绝缘”状态下的农民,面对帝国主义这一新敌人,提不出科学的斗争策略方针,只能采用当地流行的民间武术团体和多种宗教迷信相结合的方式。前者成为斗争的组织形式,后者成为斗争的思想武器。这一斗争方式,给运动带来的是双重影响。一方面是“其用以惑人者,谓能避枪炮”,“其借以动人者,谓图灭洋教”①。因而,“仇教、恨敌”的乡民“尊之敬之,踵门拜师者,趋之若鹜”②,成了义和团“扶清灭洋”运动迅速兴起并勇于斗争的强大精神支柱。然而,另一方面,当近代新式武器的真枪实弹戳穿了神灵附体、刀枪不入的迷茫幻觉后,这场运动便迅速败下阵来。

可见,“倡始山东,盛于直隶”的“扶清灭洋”运动一方面表现了农民反帝斗争的巨大力量,另一方面又表现了斗争方式的落后性。这种反帝斗争的正义性和斗争方式的落后性,表明了“愚夫儒子爱国不知其术”③,正是甲午战后特定的社会和地域环境,孕育了义和团运动的特定历史内容。

三

义和团运动,因起落于“维新”与“革命”之间,由此规定了义和团运动的特定历史作用,就是为资产阶级革命派的形成和

---

① 《山东近代史资料》(第三分册),山东人民出版社 1961 年版,第 234 页。
② 同上,第 192 页。
③ 《山东近代史资料选集》,山东人民出版社 1959 年版,第 98 页。

发展创造了必要的社会条件。

否认义和团运动论者的根据，主要集中在“扶清灭洋”和“笼统排外”两个方面，并且直接涉及义和团运动的结局。他们认为，一、中国的贫弱，首要的原因不是列强的侵略，阻碍中国历史前进的最反动势力，是以慈禧为首的清朝政府，而义和团“扶清灭洋”既不主张改变生产关系，也不推翻清王朝，这就违背了当时历史发展的要求；二、义和团在反帝斗争中，把斗争扩大到对一切外洋事务加以排斥，这种笼统的排外，“是历史的一种惰性力量”；三、义和团被镇压，“扶清灭洋”化为泡影，“大清”没有扶起，洋人更加猖獗。

其实，在近代中国，阻碍中国历史前进的最反动势力不只是代表封建势力的清政府，首先是帝国主义侵略者。因为近代中国向着半殖民地半封建社会演变，不是原有中国封建社会经济规律发展的结果，而在于帝国主义对中国的侵略并与中国的封建势力相结合。因此，反对帝国主义侵略，争取政治独立的斗争，始终是近代中国人谋求进步的首要课题。而义和团的反帝斗争，正是体现了近代中国的这一首要课题，成了近代中国向半殖民地半封建社会演变的巨大对抗力量，迫使帝国主义认识到要瓜分“地土广阔，民气坚劲”、“尚有无限蓬勃生气”的中国是不容易的，而不得不采取“继续扶持清政府”、“以华人治华地”的政策。

义和团的笼统排外，本质上是对列强侵略的反抗。正如时人记载说：“中国受外国欺凌，平民受教民欺压，人人衔恨，无以制之，一旦传闻义和拳烧洋楼、毁电杆之奇技，明知非正，未始不足称快，如父母受强邻之辱，人子无能役，而忽来山狗野兽将辱我父母者咬死,为人子者能不感之,旁观者亦乐称道之,岂能从其非类而深究之乎?其心向之,亦犹是耳。"①至于斗争方式的落后,会使继起的爱国志士受到必要的历史启示。

义和团运动的结局是悲惨的,但它终于把清政府成了"洋人朝廷"的真面目暴露在全国人民面前,这就增强了中国人民的民族意识,唤起了民族的觉醒。从此,农民丢掉了"扶清"反帝的幻想,改"扶清灭洋"为"扫清灭洋"。"扫清灭洋"的内容,主要是"抗洋捐"、"反赔款",由此引发而起的全国接踵联翩的抗暴风潮,成了资产阶级民主革命走上高涨的社会基础。

再是,"自庚子义和团起义……康梁领导之维新派亦舍其缓和之改良主张,而欲以武力从事勤王"②。因此,义和团运动成了唤起"中国民气"的号角。对此,孙中山在回忆 1895 年广州起义失败状况时说:"举国舆论莫不目予辈为乱臣贼子、大逆不道,咒诅谩骂之声,不绝于耳。吾人足迹所到,凡认识者,几视为毒蛇猛兽,而莫敢与吾人交游也。"但在庚子惠州起义失败后,"则鲜闻一般人之恶声相加,而有识之士,且多为吾人扼腕叹惜,恨其事之不成矣。前后相较,差若天渊。"③

20 世纪资产阶级革命成为社会思潮的主流,是同多数人们"感于庚子义和团、自立军起事,知非革命不足以救国"④相

① 《中国近代史资料丛刊·义和团(一)》,上海人民出版社 1957 年版,第 404 页。

② 《中国近代史资料丛刊·辛亥革命(一)》,上海人民出版社 1957 年版,第 367 页。

③ 《孙中山选集》,人民出版社 1956 年版,第 174 页。

④ 张难先:《湖北革命知之录》,商务印书馆 1945 年版,第 232 页。

关的。章太炎在《驳康有为论革命书》这篇名著里，就直接引述义和团“扶清灭洋”到景廷宾“扫清灭洋”的事实，认为义和团运动是通过革命方式启迪民智的第一个阶段。从此“清廷之威信已扫地无余”，“有志之士，多起救亡之思，而革命风潮自此萌芽矣”。[①] 正是“自亡清义和团之变，而革命党始兴”。恰如时人描绘的：“庚子以还，形形色色奔凑咸来，外而东西留学生，内而军学两界，其倾向革命之热情，如雨后春笋，暴发于满山之间。”[②]从此，中国人民由自发反抗帝国主义与封建主义的结合，发展成变半殖民地半封建的中国为独立、民主、富强新中国的自觉斗争。

（《山东师大学报》2000 年第 4 期）

① 《孙中山选集》，人民出版社 1956 年版，第 174～175 页。

② 张难先：《湖北革命知之录》，商务印书馆 1945 年版，第 18 页。

辛亥革命山东史略

九十年前爆发的辛亥革命,是孙中山领导的一次伟大的民族民主革命,它推翻了清王朝,结束了帝制,建立了中华民国,对中华民族的振兴和发展做出了不朽的贡献。其中,同盟会党人在山东的斗争,是辛亥革命的重要组成部分。他们的历史功勋和牺牲精神,永远值得后人纪念和发扬。

一

辛亥革命是反映民族资产阶级政治、经济要求的革命。山东在甲午战前,民族资本经济虽已出现,但数量有限。甲午战后帝国主义对中国的侵略,由以往的商品输出和掠夺原料为主,转向以资本输出为主。因之而起的山东人民收回利权运动,激发了人们兴办实业、挽回利权的爱国热情。据《东方杂志》载:1905~1907年,烟台、青岛、潍县、济南、济宁、泰安等地的民族工业有了较显著的发展。到1910年,民族资本经营的工矿企业有65家,多数集中在东三府地区,其中烟台就有7家之多。民族工业的初步发展,是同盟党人在山东兴起的经济基础。而痛外侮之纷乘,恨清廷之专制是其兴起的社会条件。

外国侵略势力直接侵入山东始于第二次鸦片战争。到19世纪末,山东成了帝国主义侵略的重要目标。先是甲午之战,日本侵占了荣成、威海;继之,1897年德国以巨野教案为借口,出兵强占胶州湾,并且迫使清政府签订《中德胶澳租界条约》,把山东变成了德国的势力范围;接着,1898年英国强租威海卫;再是1904年为争夺中国东北领土发生的日俄战争,更使山东人民受到了极大的刺激。

伴随外侮纷乘而来的是民族灾难的日益加深,山东成了德英两国的重点投资场所,洋货也潮水般地涌进山东地区,严重阻碍了山东民族资本经济的发展,也迫使广大农民和手工业者卷入世界资本主义市场的压榨之下,人们因之大声疾呼:“嗟我山东,民何恃而不穷,财何恃而不尽哉!”①

山东人民除了痛外侮纷乘,还恨清廷专制。义和团反帝斗争失败后,清政府更加重了对人民的搜刮,而清政府推行的“新政”,实是“经事者借端浮收,而事多无实,害且滋深”②。至于清末宣称的预备立宪,则是“立宪其名,专制其实”。当时山东爱国志士皆认为“清政不纲,列强环伺,岌岌可危”,在积极探求振兴中华的道路上,开始形成了民族资产阶级的政治代表。而这种情况的出现,又是同资产阶级和小资产阶级知识分子群的形成密切相关的。

清末废科举、兴学堂、派游学,目的是造就新的统治人才,但客观效果与清朝统治者的主观愿望相反。在山东先后成立的各级学堂中,不少青年得以“涉猎王阳明遗书、卢梭民约论及饮冰

① 《山东省志资料》1962年第3期,第81~82页。
② 《山东近代史资料》(第二分册),山东人民出版社1958年版,第36页。

室文集诸书"，"及读东西历史，又以华盛顿，西乡隆盛自负"①。

山东留日学生，据《东方杂志》载，1904年共40人。此后日益增多，到1906年出现了"联翩东渡"的热潮。多数留学生在探求救国救民的道路中，迅速接受了孙中山在日本东京创立中国同盟会确定的"驱除鞑虏、恢复中华、创立民国、平均地权"的政治纲领。1905～1907年先后加入中国同盟会的有38人，籍贯多半属东三府区。其中的徐镜心被孙中山委以山东主盟人，丁惟汾等助之。从此，他们陆续回省，以"扩充会员，倡导革命为己任"，并认定"培植革命人才，须先由学校教育入手"。他们除在政府办的新式学堂进行革命活动外，纷纷集款设立公学(私学)。1906～1911年先后创办的主要公学如下表：

名称	地址	主办人
东牟公学	烟台	徐镜心、谢鸿焘
山左公学	济南	刘冠三、刘金第
胶莱公学	即墨	酆文翰、李卓峰
英林公学	高密	王麟阁、唐寿先
棣州公学	惠民	王炳爃、阎容德
掖西中学	掖县	丘丕振、丘砥之
沂州公学	沂州	李小岩
曹州普通中学	曹州	王朝俊、彭占元
震旦公学	青岛	刘冠三、陈干
潍县东关公学	潍县	于东周、杜紫亭、李次元

（注：此表根据《山东近代史资料》第二分册编制）

① 《山东近代史资料》(第二分册)，山东人民出版社1958年版，第153～154页。

为广泛宣传同盟会的纲领，他们还遵照孙中山"使人效死革命，必赖于主义传播"的教导努力创办报刊。丁惟汾在日本创办了《晨钟报》。国内则有刘冠三等人创办于济南的《山东白话报》、陈命官等人创办于烟台的《渤海日报》。

正是"盖数年间，莘莘学子，得烟台东牟公学、济南山左公学、青岛震旦公学等学府，鼓吹推倒清朝、建立民国，重振华夏光荣历史，已到不可压抑的程度，一有机会，即时爆发"①。

1911年10月10日，辛亥革命在武昌爆发，各省纷纷响应。山东烟台起义先于济南一天，却是同一天宣布独立的，而两者的独立各具特色。

烟台是民族资本经济集中的地区，又是同盟会北方支部所在地。同盟会党人在这里活动最早，成效最大。武昌起义后，同盟会党人在烟台积极布置起事。因对本地海陆军早有运动，于11月13日光复了烟台。所以"山东未经独立之先，烟台首举义旗，其中大有人在也"②。

省城济南是鲁抚孙宝琦的驻地，是封建顽固派和资产阶级立宪派活动的重要基地，同盟会党人在济南的斗争较之烟台要复杂得多。11月5日，咨议局召开各界人士会议，徐镜心提出《山东独立大纲》七则，遭到顽固势力的反对是必然的，但也不为立宪派所接受。会后立宪派改为《劝告政府》八条，由鲁抚代奏。然而随着苏州、杭州、上海的相继独立，在势如燎原的革命形势下，立宪派与革命派联合、推翻为顽固派控制的咨议局，成立了由立宪派掌权，又有同盟会党人参加的全省各界代表联

① 《山东文献》（台北版）第1卷第2期，第94页。

② 《山东近代史资料》（第二分册），山东人民出版社1958年版，第112页。

合会,一度实现了山东的和平独立。

显然,烟台首义是由同盟会党人独自领导的武装起义,而省城济南的独立是以和平请愿为特征的。虽然两者都未取得政权,但原因并不一样。在烟台是因同盟会党人的幼稚,“以同盟会党人非谙军事者居多,推举了清海军管带王传炯为民军司令”;在省城济南是因同盟会党人未形成独立的政治领导,受了立宪派的制约,入会代表一律接受孙宝琦提出的“以统一事权,更易司道,会绅筹饷为要约”方案①,推举孙宝琦担任了都督之任。

二

孙宝琦是在革命洪流不可遏抑的处境下,“权宜承认”山东独立的。因而到 11 月 24 日,就顺袁世凯意志取消山东独立,由张广建任山东巡抚。面对此景,同盟会党人推举谢鸿焘、雷光宇为代表,参加南方军政府,继续谋求山东独立的斗争。徐镜心先是一日“借游湖消遣,同张彦臣、于春暄、丛燮臣及文登各县同志十余人,在古历亭密议,豫定同人均由本县起义,事成再图济南”②,继而绕道上海与陈其美、胡瑛商定“先据烟台,再取登州,以图济南,且约期会,为实力援助”③。

再是同盟会党人刘冠三,“谒总理于沪上,被委以山东重任”,回省以青岛震旦公学为据点,与来青岛的同盟会党人商定:刘溥霖、孙绍周潜济南准备起义;宋兆麟、陈献堂、隋子孚等

---

① 《中国近代史资料丛刊·辛亥革命(七)》,上海人民出版社 1957 年版,第 326 页。

② 《山东近代史资料》(第二分册),山东人民出版社 1958 年版,第 128 页。

③ 《山东近代史资料选集》,山东人民出版社 1959 年版,第 186 页。

负责即墨独立；赵象阙、邓天乙、王长庆等负责青州独立；而以“多山近海，可战可守”的诸城作为根据地①。

上述斗争原则的确定，表明山东独立取消后，同盟会党人在斗争策略上，已摆脱了立宪党人的控制。在斗争地域上，由省城济南移到在政治和经济方面有利于同盟会党人的东三府地区。从此，辛亥革命在山东以烟台为中心的黄县、文登、荣成等滨海城市和以诸城为中心的青州、高密、即墨等胶济铁路沿线城市的独立斗争，几乎同时高涨起来。

徐镜心由上海到烟台后，为谋进取，同丘丕振等人成立了共和急进会，并派孙尹平和曲世勤分赴登州、黄县组织分会。王传炯态度骑墙，暗通清廷，同盟会党人欲计诱其权柄未遂，徐镜心便偕丘丕振等人赴大连，设共和急进会总部，认定“先得登黄进取较易，登黄已下，西可直捣济南，文、荣可传檄而定”②，并为此积极谋兵购械。

1912 年元旦，以孙中山为首的南京临时政府成立。孙中山接受了同盟会党人的建议，决定举行北伐。认为“山东地势举足轻重，关系革命大局”，指示同盟会党人在山东积极活动。于是经徐镜心等人的精心策划，由大连起航，于 1 月 15 日一举光复了登州，并乘胜光复了黄县、文登、荣成、龙口等地。当黄县处于清兵反扑、“局势危急”时，孙中山允山东党人之请，命沪军都督陈其美，派沪军三千以刘基炎为司令，登陆烟台，继而成立了以胡瑛为首的山东军政府。这不仅支援了胶东滨海诸县的独立斗争，并对以诸城为中心的青州、高密、即墨等胶济铁

① 《山东近代史资料选集》，山东人民出版社 1959 年版，第 214 页。

② 同上，第 206 页。

路沿线的斗争也起了积极的推动作用。特别是登州、黄县、高密等城市的独立，与同盟会党人陈干率领的徐州北伐军遥相呼应，对袁世凯的统治构成了极大威胁。当时的直隶总督张镇芳致电袁世凯称："共和国体久延不决，危机四伏……徐州、颍州、潼关各前敌，屡以兵单力薄见告，登州、黄县、高密相继独立，影响遍于全鲁"①。

正当形势不利于袁世凯时，帝国主义出面干预，迫使孙中山停止北伐与袁世凯议和，南北双方终于达成迫使清帝退位、把临时大总统让位于袁世凯的协议。2 月 12 日，清帝退位，袁世凯窃取了辛亥革命的果实，通令全国"宣布共和，南北一家，双方军队一律停进"②。

当时同盟会会员中，也确有人认为推倒清朝，革命已经成功。如同革命志士丘丕振说的："革命的目的在推倒清廷。现在清廷已倒，再想用兵，就是造反。此后需要的是和平，不是战争。"③陈干也上书袁世凯"不据功名，交出兵权，辞去旅长之职"④，解散了三十九混成旅。当时黎元洪致电孙中山和袁世凯，主张山东军政府都督胡瑛和山东巡抚张广建均行退职，由所谓第三者统一山东政权。由此，袁世凯派周自齐任山东都督，山东军政府撤销，标志着辛亥革命在山东的失败。

---

① 《中国近代史资料丛刊·辛亥革命（八）》，上海人民出版社 1957 年版，第 181 页。

② 《山东省志资料》1961 年第 1 期，第 64 页。

③ 《山东近代史资料》（第二分册），山东人民出版社 1958 年版，第 174 页。

④ 《潍坊文史资料选辑》第 1 辑，第 86 页。

三

辛亥革命失败后,同盟会党人在山东高举孙中山的旗帜,为保卫辛亥革命的成果,进行了英勇的斗争。

袁世凯就职临时大总统时表示"永远不使君主政体再行于中国",然而他却为建立独裁统治积极活动。宋教仁把同盟会改组为国民党,宣传组织国民党责任内阁,限制袁的独裁统治,3 月 20 日于上海车站遭到枪杀。孙中山由此猛然醒悟,深感袁世凯"必有破坏共和之心",由日本回上海号召兴师讨袁。7 月,赣、皖、闽、粤、浙各省起兵讨袁,史称"二次革命"。

袁世凯为镇压各地的反袁斗争,颁布了"惩治盗匪条例",派靳云鹏任山东都督,握重兵进驻济南。同盟会党人吴大洲、薄子明、班启瑞、吕子人、隋即吾、于廷枌、邓天乙、于天鹤等先后来到青岛,闻黄兴誓师南京,陈其美举旗上海,推吴大洲南下谒黄兴"陈商举兵",派吕子人、于廷枌分往鲁西、鲁北,结民团、游勇、会党同举。刘溥霖也由济南潜往曹州,与吕秀文约曹州防营营长时建勋起兵,并约民团、游勇,"凡得数万人,俟期待发"。但因 8 月江南各省义师溃败,"山东党人蓄谋者亦皆阻而不得发"。同盟会党人赵文庆、张同普、秦明堂、刘德名、何风翙、牟师夏等谋攻寿光事泄,"俱解济南死焉"①。

二次革命是维护民主共和、反对独裁统治的武装反袁斗争。在这次斗争中,同盟会党人在山东积极响应孙中山的号召,有些人为此献出了年轻的生命。

二次革命失败后,袁世凯彻底破坏了辛亥革命建立起来的

① 《山东文献》(台北版)第 3 卷第 1 期,第 27 页。

民主制度，大肆出卖国家的主权和民族利益，在日美两国支持下，公然违背历史潮流，演出了一场帝制复辟的丑剧。于是，同盟会党人吴大洲、薄子明、邓天乙等到了大连，招众举兵讨袁，徐镜心也著文批驳鼓吹帝制的谬论，并约关东革命志士反袁，谋泄被捕，不屈被杀。

当时，孙中山到日本，至1914年7月，正式成立中华革命党，号召讨袁，并应大连吴大洲等人的电请，于1916年（民国五年）任何居正为中华革命军东北军总司令，督师山东讨袁。居正于青岛设司令部，分别任命刘廷汉、朱霁青为第一、二本队司令，薄子明、马海龙、吕子人、吴大洲、赵仲玉、尹锡五为六个支队的司令。陈中孚为预备队司令。全队分潍县攻击队、宁（济宁）兖（兖州）游击队、济南潜入队。战斗方略是：先以主力攻潍县，扼胶济铁路中心，占周村断济南左臂；游击队联结济、兖民军，分兵南袭峄县，阻张勋北上；潜入队入省城为内应。

以上战斗方略电报孙中山后，孙中山及时委人带书给以鼓励，指出“近日各地形势山东最要，亦最有希望，故期必占济南，济南一得，东北全局迎刃而解，弟当亲来”①。自此，潍县、周村之师由青岛沿胶济铁路同时出发。

居正率民军先占潍县东关和车站近侧要地。次日下令分四队攻城，合众近千人。时敌军第五师张树元部驻潍县，该敌素号强悍，颇有战斗力。是日，狂飙四起，尘霾蔽天，而民军士气殊奋。吕子人所属梯队尤为奋猛。攻击开始，队长杨新三和队员张德良、林天茂、吕兆瑞先登，却不幸阵亡，余者与敌军激战三昼夜。敌军伤亡枕藉，又闻民军已下周村、淄川、博山等

---

① 《山东文献》（台北版）第3卷第1期，第33页。

县,便派出绅商代表与民军媾和,双方同意停战,定约九条,核心是让城而听命于民军。居正知约不足恃,命吕子人部攻高密,马海龙部攻安邱、诸城,以孤立敌人。

与此同时,吴大洲、薄子明率民军分两路攻周村,激战两小时,占领市区,改称护国军,成立临时政府。在讨袁檄文中,揭露袁世凯“旦旦之信誓,轻弃而不恤,皇皇之约法,显违而不顾”,指出“不去庆父,鲁难未已”,[①]号召全鲁同胞急起直追,共杀国贼。

山东讨袁民军占潍县、周村等地后,遂欲取省城济南,民军六百余人,1916年5月15日,由胶济铁路潜入省城,25日夜,向靳云鹏府地发起攻击,战斗竟夜,靳云鹏潜逃。袁世凯急命张怀芝督理山东军务。6月4日,又有数百民军乘夜进攻济南。这时的袁世凯,面对各省义师云起,6月6日惊惧而死。

袁世凯死后,各省义师方兴未艾,山东讨袁军正节节胜利之际,孙中山以黎元洪首赞恢复约法,召开国会,电敕各省党人“罢兵自守,待国是之定而决焉”[②]。

山东讨袁之师,是护国战争中的重要武装力量,也是孙中山所组中华革命军中首先接受委任的一支队伍。

袁世凯死后,段祺瑞把持着北洋政府大权,大肆出卖民族利益,建立独裁统治,拒绝恢复临时约法和国会。

为捍卫临时约法和国会,1917年7月孙中山发表声明,号召各界护法,并率驻沪海军南下,在广州召开国会非常会议,成立护法军政府,当选为大元帅。山东的刘冠三、丁惟汾、张瑞

① 《山东近代史资料》(第二分册),山东人民出版社1958年版,第296页。
② 《山东文献》(台北版)第3卷第1期,第36页。

萱、于恩波、于洪起、邓天乙等国会议员参加了这次非常会议。孙中山以“山东能断北部咽喉”委冠三为山东招讨使。

由此,刘冠三潜入上海法租界,设招讨办事处,任命班启瑞为参谋长,隋即吾为秘书处长,赵光为财政处长。遂派人回省,分赴各县以图大举。部署略定,兵分六路,委薄子明、孙楚云、陈成功、宫锡德、丁德金为各路司令,邓天乙为前敌总指挥,山东护法之师自此始。

各路司令情况不一。独一路军代理司令庞子周成绩特著。他返回鲁南,潜在东省各地的爱国志士,闻之踊跃来归。尤以范铭新、顾德林、于铭三为精悍。仅数月,众至两万人,庞子周指出:“若据守一地以抗敌,敌将聚而图我,其势至危,不如转徙游击。”“我避朝锐而击暮怠。”①众皆善其计。因此屡败敌军,声威大振,众至五万余人,迫使段祺瑞亲自出马督师,实授张树元为山东都督,并拨飞机三架,责其全力消灭子周军。庞子周以孤军久战大敌,日望南师北来,终因饷缺援绝,遂告溃败。

山东护法之师的失败,证明孙中山领导的民族民主革命已陷入了无可解救的绝境。

四

辛亥革命为后人留下宝贵的历史遗产。同盟会党人在山东的斗争,给了人们如下的历史启示:

同盟会党人在山东的兴起和斗争实践,表明进步的知识分子是首先觉悟的社会力量。他们在极大的社会动荡和严重民族危机的促使下,积极探求救国救民的真理,从而较早地接受

① 《山东文献》(台北版)第3卷第2期,第34~38页。

了西方资产阶级的民权学说，最早成了中国民族民主革命的政治指导者。在斗争中他们通过办学校、办报刊，广泛宣传同盟会的政治纲领，努力从政治上唤起人们的觉醒。在对敌斗争中，他们勇往直前，奋不顾身，有的在敌人法庭上“慷慨陈述革命大义”，有的临刑前高呼“我为革命死，虽死犹生”，有的在危急时刻表示“即使牺牲生命，也不放弃革命”。总之，他们不愧是“击平等鼓，撞自由钟”、“拜共和神，驱专制鬼”，雄心磊落、英勇献身的一代革命先驱。问题是他们只重视城市的武装起义，很少去做“唤起民众”的工作。因而，文登、荣成、诸城独立后，城市与农村的封建顽固势力欺骗不明真相的农民向革命政权反扑过来，致使大批革命志士惨遭杀害。

辛亥革命时期，同盟会党人在山东斗争的历史作用，并非一般。因为济南地处南北要冲，烟台又是天津海上门户。武昌起义后，烟台、济南的同盟会党人虽未取得政权，但在当时向清廷宣布独立，这就加深了清朝的危机，既使驻山东、京津一带的清军不得南调，又给南下镇压武昌起义的清军造成了后顾之忧，有力地支援了南方革命形势的迅猛发展。特别是袁世凯破坏山东独立后，辛亥革命在山东不仅没有止步，反而在同盟会党人独自领导下走上高涨。尤其是登州、黄县、高密、诸城的独立和山东军政府的成立，不仅使得清廷“乃以渤海之门户已失，恐我军直捣津沽，不得不遑遽退位”①，也为南京临时政府壮大了声威，使孙中山决定六路北伐并向烟台运兵成为可能。而且与当时徐州北伐军遥相呼应，对山东的反动统治形成两面夹攻的形势。袁世凯就是处于不利形势下承认共和的。

① 《山东近代史资料选集》，山东人民出版社 1959 年版，第 181 页。

同盟会党人在山东斗争的失败，同全国一样，是同帝国主义的出面干预和以同盟会党人向袁世凯妥协为特征的南北议和联系在一起的。当山东民军再次击败来犯之敌，夺回黄县，“正拟乘胜西进，而清帝退位，共和告成，南京政府停止军事行动之命令至矣”①。与此同时，陈干、吕子人率领的徐州北伐军，在固镇、南宿战斗节节胜利，“正在准备继续前进，南北议和告成”，革命就此止步。同盟会党人在山东的斗争实践说明，辛亥革命的失败，不是军事上的失败，而是政治上的失败，这一不寻常的历史现象，是同中国资产阶级在政治上的软弱和与此相关的南北议和性质相联系的。

辛亥革命时期，同盟会党人在山东始终奉孙中山为领袖，为实现同盟会的纲领进行了英勇的斗争；辛亥革命失败后，又高举孙中山的旗帜，为捍卫辛亥革命的成果，在“二次革命”、“护国战争”、“护法战争”中，处处表现了为捍卫共和制度献身的精神。而他们斗争的实践证明：“资产阶级的共和国，外国有过的，中国不能有，因为中国是受帝国主义压迫的国家。唯一的路是经过工人阶级领导的人民共和国。”②

（《齐鲁文史》2001 年第 3 期）

① 《文史资料选辑》（第十三辑），山东人民出版社 1981 年版，第 195 页。

② 毛泽东：《论人民民主专政》，见《毛泽东选集》，人民出版社 1990 年版，第1408页。

辛亥革命在山东的历史启示

90年前爆发的辛亥革命,是孙中山领导的一次伟大的民族民主革命,它推翻了清王朝,结束了帝制,建立了民国,对中华民族的振兴和发展做出了不朽的贡献,为后人留下了宝贵的历史遗产。就辛亥革命在山东来说,给了人们如下的启示。

一、辛亥革命在山东的兴起与发展明显反映着近代山东政治、经济发展不平衡这一重要特点,致使辛亥革命在山东带有明显的地域特征。这是因为辛亥革命的兴起是以民族资本的经济发展及其政治代表的形成为条件的。

近代山东十府二州,风气殊异。登、莱、青三府,三面滨海,居民营商者多,加之"屡受外界潮流之刺激,故民智开通",而济、东、泰、武、曹、兖、沂七府,由于"僻处内地,交通不便,故民智闭塞"①。清末东三府同西七府地区在经济和政治上的差异,一是表现在民族资本发展的程度上。据《东方杂志》载,从1905～1907年,山东的民族资本经济有了较显著的发展,企业的创办多是以抵制洋货、挽回权利为号召,明显体现了"设厂自救"的爱国性质。到1910年仍在经营的近代企业,多数集中在

① 《近代史资料》1957年第4期,第13页。

东三府地区，其中资本万元以上的共66家，而烟台就有7家之多。二是表现在受外界思想潮流的影响上。清末，随着废科举、兴学堂、派留学，我国开始形成了一支不同于旧式文人的资产阶级知识分子群，他们纷纷组织革命团体，出版政治刊物，由此民主革命思想迅速传播开来。当时的上海和东京是青年知识分子和留学生最集中的地区。东三府地处沿海，烟台又是北洋的枢纽、留日学生的通衢，较西七府地区更易接受外界潮流的影响。例如据1905~1907年山东43名同盟会会员籍贯统计，除1名不知籍贯的会员外，东三府的会员就有38人，占会员总数的75%，其中潍县有8人，黄县有7人之多。再如，清末，清廷为缓和国内的革命浪潮，宣称预备立宪，而山东为此成立的咨议局共有议员103人，东三府议员文化素质较高，“居有新知识者尚居多数”；至于西七府的议员，“尚有不知咨议局为何物者”。因之，咨议局所提议案，“东三府多主张激进，西七府多主张保守”、于是“西七府的议员六十二人结为一党，以借相抵制”①，这表明西七府议员多是把持咨议局的封建保守派，东三府议员多是主张改革的资产阶级立宪派。上述诸方面的情况，使得辛亥革命在山东，东部和西部地区的斗争形式和程度是不一样的。

1911年10月10日，辛亥革命在武昌爆发，各省纷纷响应。山东烟台起事先于济南一天，却是同天宣布独立的，但两者的独立各具特色。烟台首义是革命派独立领导的武装起义，济南则是立宪派与革命派联合推翻了被“六二党”把持的咨议局，鲁抚孙宝琦在形势迫使下，“权宜承认”山东独立的。

---

① 《近代史资料》1957年第4期，第13页。

当“鲁抚孙宝琦顺项城意志取消山东独立”之时，立宪派坚持“设法向北方当道疏解”①，革命派则继续谋求山东独立的斗争。先是革命党人徐镜心绕道上海，与陈其美、胡瑛商定“先据烟台，再取登州以图济南，且约期会，为实力援助”②的斗争原则；再是刘冠三“谒总理于沪上，被委以山东重任”③，回省以青岛震旦公学为据点，集合同志以诸城为根据地谋光复胶济铁路附近重要城市的斗争。辛亥革命在山东以武装斗争的形式首先兴起又高涨于东三府滨海地区，就是因为这一地区是民族资本经济及其政治代表明显集中的地区。由此可以明白，在近代中国，经济对政治并没有失去基础的意义。

二、辛亥革命在山东的兴起与发展，明显体现了进步的知识分子是首先觉醒的社会力量。他们在极大的社会动荡和严重民族危机的促使下，积极探求救国救民的真理，从而较早地接受了西方资产阶级的民权学说，因而最早成了民族民主革命的政治指导者。

1905 年，孙中山在日本成立中国同盟会，并确定了“驱除鞑虏，恢复中华，建立民国，平均地权”的政治纲领。山东的徐镜心、丁惟汾等十多人成为第一批同盟会员。同盟会在国内设 5 个支部，北方支部设在烟台，辖北方 8 省会务。孙中山委徐镜心为同盟会山东主盟人，丁惟汾等助之。从此，他们陆续回省，以“扩充会员，倡导革命为己任”，并认定“培养革命人才，须先由学校教育入手”，为此纷纷集款设立公学（私学）。从

① 《山东省志资料》1961 年第 1 期，第 57 页。

② 《山东近代史资料选集》，山东人民出版社 1959 年版，第 186 页。

③ 《山东近代史资料》（第二分册），山东人民出版社 1958 年版，第 383 页。

1906到1911年先后创办公学三十余处，其中影响最大的是徐镜心、刘冠三、陈干先后创办的烟台东牟公学、济南山左公学、青岛震旦公学。他们还遵照孙中山“使人效死革命，必赖于主义传播”的教导，努力创办报刊。丁惟汾在日本创办了《晨钟报》，国内则有刘冠三等人在济南创办的《山东白话报》，陈命官等人在烟台创办的《渤海日报》。他们通过学校报刊广泛宣传同盟会的政治纲领，并抓住时机，领导发动群众性的爱国运动，努力从政治上唤起人们的觉醒。“盖数年间，莘莘学子，得烟台东牟公学、济南山左公学、青岛震旦公学等学府鼓吹推倒清朝，建立民国，重振华夏光荣历史，已到不可压抑的程度，一有机会，即时爆发。”①

在对敌斗争中，他们勇往直前，奋不顾身。有的在敌人法庭上“慷慨陈述革命大义”，有的临刑前高呼“我为革命死，虽死犹生”，有的在危急时刻表示“即使牺牲生命，也不放弃革命”。总之，他们不愧是“击平等鼓撞自由钟”，“驱专制鬼”、“拜共和神”，雄心磊落、英勇献身的一代革命先驱。

问题是他们重视城市的武装起义，很少去做“唤起民众”的工作，因而，文登、荣成、诸城独立后，城里与农村的封建顽固势力很快勾结起来，欺骗裹胁不明真相的农民向革命政权反扑过来，致使大批革命志士惨遭屠杀。

三、辛亥革命在山东的作用，并非一般。以往史学论者，对辛亥革命在山东的评论，局限于孙宝琦假独立上，这是不全面的。济南地处南北要冲，烟台又是天津海上门户，武昌起义后，烟台、济南的同盟会党人虽未取得政权，但在当时向清廷宣布

---

① 《山东文献》（台北版）第1卷第2期，第94页。

独立，这就加深了清王朝的危机，既使驻山东、京津一带的清军不得南调，又给南下镇压武昌起义的清军造成了后顾之忧，有力地支援了南方革命形势的迅猛发展。特别是袁世凯破坏山东独立后，辛亥革命在山东不仅没有止步，反而在同盟会独自领导下走势强劲。

1912 年元旦，以孙中山为首的南京临时政府成立。孙中山接受同盟会党人的建议决定举行北伐，认为“山东地势举足轻重，关系革命大局”，指示山东革命党人积极活动。因之，徐镜心等人精心策划，由大连起航，一举光复了登州，并乘胜光复了黄县、龙口等城镇。当黄县处于清兵反扑、“局势危急”时，孙中山允山东革命党人之请，命沪军都督陈其美，派沪军三千以刘基炎为司令，登陆烟台，继而成立了以胡瑛为首的山东军政府。这不仅鼓舞了胶东滨海诸县的独立斗争，实现了文登、荣成、牟平的光复，并且对以诸城为中心的青州、高密、即墨等胶济铁路沿线的斗争起了积极的推动作用。特别是登州、黄县、高密等城市的独立和山东军政府的成立，不仅使得清廷“乃以渤海之门户已失，恐我军直捣津沽，不得不遑遽退位”①，也为南京临时政府壮大了声威，使孙中山的六路北伐，以及向烟台运兵有了可能，而且与陈干率领的徐州北伐军遥相呼应，对袁世凯的统治造成了极大威胁。当时的直隶总督张镇芳致电袁世凯称：“共和国体久延不决，危机四伏……徐州、颍州、潼关各前敌屡以兵单力薄见告，登州、黄县、高密相继独立，影响遍于全鲁。”②袁世凯正

① 《山东近代史资料选集》，山东人民出版社 1959 年版，第 231 ~ 232 页。

② 《中国近代史资料丛刊 · 辛亥革命（八）》，上海人民出版社 1957 年版，第 181 页。

是在处于不利形势下承认共和的。

四、辛亥革命在山东的失败，同全国一样，是同帝国主义出面干预和以同盟会党人向袁世凯妥协为特征的南北议和联系在一起的。

正当形势不利于袁世凯时，帝国主义出面干预，迫使革命党人停止北伐与袁世凯议和。当山东民军再次击败来犯之敌，夺回黄县，“正拟乘胜西进，而清帝退位，共和告成，南京政府停止军事行动之命令至矣”①。与此同时，由陈干、吕子人率领的徐州北伐军，在固镇、南宿战役节节胜利，“正在准备继续前进，南北议和成功”②。这时的袁世凯就以“宣布共和，南北一家”，迫使辛亥革命就此止步。黎元洪则电告孙中山和袁世凯，主张山东军政府都督胡瑛和山东巡抚张广健均行退职，由所谓第三者统一山东政权。于是张广健在袁世凯的授意下电请辞职，袁世凯派其亲信周自齐任山东都督，胡瑛则接受了新疆青海经略使的空衔。山东军政府的撤销，标志着辛亥革命在山东的失败。从此，山东人民陷入了北洋军阀的统治之下。

史实表明，辛亥革命在山东的失败，不是军事上的失败，而是政治上的失败。这一不寻常的历史现象，是同中国资产阶级在政治上的软弱性和与此相关的南北议和的性质相联系的。

五、辛亥革命失败后，山东同盟会党人在捍卫辛亥革命成果的斗争中给人们的启示同样是深刻的。

1912 年 3 月，“宋教仁案”发生，使孙中山猛然醒悟，深感袁世凯“必有破坏共和之心”，号召立即兴师讨袁，史称“二次

---

① 《文史资料选辑》（第十二辑），山东人民出版社 1981 年版，第 195 页。

② 《山东近代史资料选集》，山东人民出版社 1959 年版，第 231～232 页。

革命”。山东革命志士积极活动,但因8月江南各省义师溃败,“山东党人蓄谋者亦皆阴而不得发”,而党人赵文庆、张同溥、秦明堂、刘德铭、何逢鳌、牟焕文因谋攻寿光事泄,献出了年轻的生命。

“二次革命”失败后,袁世凯在日美帝国主义支持下,公然违背历史潮流,演出了一场帝制复辟的丑剧。山东革命志士吴大洲、薄子明、邓天乙等人到大连,招众举兵讨袁。徐镜心著文批驳袁世凯的法律顾问有贺长雄鼓吹帝制的谬论,并约关东革命志士举兵讨袁,因谋泄被捕入狱,不屈被杀。

此时的孙中山在日本成立中华革命党,号召各省同志护国讨袁。应大连吴大洲、吕子人、赵仲玉的电请,中山先生于1916年(民国五年)任命居正为中华革命军总司令督师山东讨袁。山东讨袁之师,是孙中山所组中华革命军首先接受委任的一支队伍,是孙中山视为“最有希望”的武装力量,先是攻占潍县、周村、安邱、诸城等重要城市,进而两次夜袭济南。袁世凯面对各省义师云起,6月6日惊惧而死。

袁世凯死后,段祺瑞把持了北洋政府的大权,大肆出卖民族利益,拒绝恢复《临时约法》和国会。

为捍卫《临时约法》和国会,孙中山于1917年7月发表声明,号召各界护法,并南下广州召开国会非常会议。山东的刘冠三、丁惟汾、张瑞萱、于恩波、于洪起、邓天乙等国会议员参加了此次会议,成立了护法军政府,选孙中山为大元帅。孙中山以“山东能断北部咽喉”,委冠三为山东招讨使。

刘冠三受命潜入上海法租界,设招讨办事处,兵分六路,委薄子明、孙楚云、陈成功、宫锡德、丁德金为各路司令,邓天乙为前敌总指挥。山东护法之师,各路情况不一。独一路军代理司令庞子周战功特著。

庞子周受命返回鲁南,号召旧部,潜在山东省各地的爱国志士闻之踊跃来归,众至两万人,集兵于南阳湖畔。子周向其将佐指出:“我军新起,未经教练,若据守一地以抵敌,敌将聚而图我,其势至危。不如专涉游击,彼来则去,彼去则来,彼即不得集合,又难测我虚实,我避朝锐而击暮怠,蔑不胜矣。”①众皆善其计。由此,子周屡败敌军,声威大振,众至五万余人。兵力所及,西达观城,东到新泰,南至丰、沛,北及泰安,方数百里,皆为民军控制。段祺瑞只好实授张树元为山东都督,聚敌七万人,并拨飞机三架,责其全力消灭子周军。时子周以孤军久战大敌,日望南师北来,不幸饷绌援绝,遂告溃败。

辛亥革命在山东的全过程表明,在辛亥革命期间,山东革命党人始终奉孙中山为领袖,为实现同盟会的纲领进行了英勇的奋斗;辛亥革命失败后,又高举孙中山的旗帜,为捍卫辛亥革命的成果,在“二次革命”、“护国战争”、“护法战争”中,处处表现了为捍卫共和制度而献身的精神。而这些斗争的失败证明:“资产阶级的共和国,外国有过的,中国不能有,因为中国是受帝国主义压迫的国家,唯一的路是经过工人阶级领导的人民共和国。”②

(《山东民革》2001 年增刊)

---

① 《山东文献》(台北版)第3卷第2期,第34~38页。

② 毛泽东:《论人民民主专政》,见《毛泽东选集》,人民出版社1990年版,第1408页。

清末立宪派与辛亥革命

辛亥革命爆发前后,资产阶级君主立宪派的活动相当活跃。这股颇具社会影响的政治势力,对于辛亥革命的发展及其成败,到底曾经起过什么样的作用,以及应当如何评价立宪派在这场革命中的历史作用,一直是史学界长期存有争议的问题。这里我们只是试图说明:尽管在辛亥革命运动发展的不同阶段上,立宪派给革命事业造成了不同程度的损失和各种消极影响,但是,在全面考察立宪派社会实践活动的客观效果之后发现,立宪派在辛亥革命中所曾发生的积极作用,也是一个不可忽视的历史事实。

一

1905 年同盟会成立及其革命纲领的提出,标示着资产阶级领导的民主革命高潮的到来。作为站在时代潮流最前列的以孙中山为代表的革命党人,为了推翻清王朝的反动卖国统治,铲除几千年来的封建君主专制政体,进而建立资产阶级的民主共和制度,在政治思想上对以康、梁为代表的保皇派展开了空前激烈的大论战,同时又积极在各地接连发动了一系列武装起义。“革命风炽，而立宪之说以起。”①正是伴随着不断高涨的革命风潮和清王朝日趋崩溃的统治危机，立宪派以恳求清王朝统治者及早实行君主立宪为基本政纲，以1906年成立预备立宪公会为正式开端，纷纷筹建各种立宪团体，发动了很有声势的社会政治运动。

毋庸讳言，1911年武昌起义爆发前，立宪派一直热衷于请求清政府变法改革和实行君主立宪，不仅从来不赞成推翻清王朝和实行民主共和的革命主张，而且极力企图以君主立宪的实现，来抵制和消弭革命的发生。在这方面，预备立宪公会的创造者张謇，作为国内东南各省立宪派势力的主要代表和立宪运动的倡导人，其表现就十分突出。早在1901年，正当许多爱国志士经过戊戌变法和义和团运动的教训，已经挣脱改良派的思想藩篱，转而走上反清革命的道路之际，张謇便别树一帜，“很仔细地斟酌中国的历史习惯，参以君主立宪国可以取法的地方，主张在不流血不纷争的状态范围以内，循序改进”。他发表《变法平议》一文，与清政府推行“新政”相呼应，建议清朝当权者认真改革政治，对内政外交进行所谓“平和中正渐变的改进”。1904年时，他还特意刻成《日本宪法》十二册，以备清廷采纳施行。到1905年，面临“革命之说甚盛，事变亦屡见”的险境，张謇感到如果听任所谓“盗贼”起来革命，那么天下就会大乱而不堪收拾，革命党人和人民群众将很快把清王朝推翻。因此，他更加认为“不若立宪可以安上全下，国犹可国”②。所以，清政府派五大臣出洋考察各国宪政，他越发迫不及待，决意乘

① 《啬翁自订年谱·自序》，文海出版社1926年版，第2页。

② 《啬翁自订年谱》卷下，文海出版社1926年版，第18页。

机促请统治者早日改弦易辙,加快实行君主立宪的步伐。1906年清政府宣布"预备立宪"后,他立即"奉戴上谕立宪之旨趣",联络"江浙闽知名之士,与政界实业界之代表者",公开组成预备立宪公会,后又网罗"广东、湖北、湖南诸省之同主义者,厚植声援"①,造成了影响甚为广泛的社会运动。在这场运动中,预备立宪公会极力向清政府表白说:"流风所煽,世患方滋。故为大局计,正宜利用多数希望立宪之人心,以阴消少数革命之患气。"1907年,海外保皇派经过与革命派的论战已经败下阵来,梁启超、蒋智由等人成立了政闻社,准备在国内立宪运动中插上一脚,并申明:"政闻社所执之方法,常以秩序之行动,为正当之要求,其对于皇室,绝无干犯尊严之心;其对于国家,绝无扰紊治安之举,此今世立宪国国民所常履之迹,匪有异也。"②昔日曾自称与"康、梁是群非党,康、梁计划举动,无一毫相干者"③的张謇,如今却对他们深表同情,急忙派人参加该社工作,互通声气,促使国内外不同派系的立宪派势力联合起来,从而把立宪运动推向高潮。他们担心革命的汹涌浪涛,在把清朝帝国的皇冠卷走的同时,也把自己君主立宪的计划一起冲掉。一直到立宪运动宣告失败之后,张謇仍迟迟不肯与清廷决裂,甚至还接受清政府赐给的中央教育会会长的职位。武昌起义爆发,他于胆战心惊之中,一面乘船亲到南京,请求将军铁良和两江总督张人骏即刻派兵到武昌镇压革命,一面还是不忘呼吁

① 《中国近代史资料丛刊·辛亥革命(四)》,上海人民出版社1957年版,第164页。

② 同上,第115页。

③ 《啬翁自订年谱》卷下,文海出版社1926年版,第10页。

清廷“速颁决行宪法之谕”,又特为江苏巡抚程德全代拟了“请速布宪法,开国会”的奏折①。

显而易见,在立宪派的政治主张里,的确包含着抵制革命和反对民主共和的动机,同时这也是他们掀起立宪运动所要达到的一个重要目标。然而,必须看到,立宪派的这种政治主张,毕竟与维护君主专制的封建反动统治者有着原则的区别。因为,立宪派是要变君主专制为君主立宪。这与清政府玩弄预备立宪骗局决然不是一回事情。

清朝考察宪政大臣载泽,在《奏请宣布立宪密折》中,将“立宪之利有最重要者”归为“三端”,即是可期“皇位永固”、“外患渐轻”、“内乱可弭”②。其中,所谓“外患渐轻”一端,只不过是他们的欺人之谈,而另外二端则完全吐露了反动派搞“立宪”的肺腑之言。清政府宣布预备立宪之后,正是依照这种基本宗旨举办“立宪”事宜的,不论改革官制,还是颁布《钦定宪法大纲》,或是设立咨议局、资政院,统统离不开“皇位永固”和“内乱可弭”的主题。清政府预备立宪的用意所在,已经为当时人们所揭穿:“彼政府以民气不驯,群思革命,欲借立宪之名以消弭之,而行事正与立宪相反。”“且当此之时,国民之中,主张激烈之革命论者日益蔓延。清政府欲利用立宪说以消弭其患,其采用君主立宪之本意,尤以此为多。”③原来,清朝统治者根本不想实行什么君主立宪,而预备立宪的宣

① 《啬翁自订年谱》卷下,文海出版社 1926 年版,第 29 ~ 30 页。

② 《中国近代史资料丛刊 · 辛亥革命(四)》,上海人民出版社 1957 年版,第 27 ~ 29 页。

③ 同上,第 4 页。

布和举办,不过是他们为了挽救君主专制和消弭革命设下的骗局。

立宪派则是希望通过实行认真的政治改革,“而得良政府”,即“于政治上减杀君权之一部分而公诸民”①,建成如同欧美、日本那样的资产阶级控制的君主立宪政府,从而为资产阶级争得统治权力。梁启超说:“夫所谓改造政府,所谓反对专制,申言之,则不外求立宪政治之成立而已。”②《政闻社宣言》提出的纲领是:一、实行国会制度建设责任政府;二、厘定法律与巩固司法权之独立;三、确立地方自治与中央地方之权限;四、慎重外交,保持对等权利。③ 可见,立宪派政治主张的重点,在于要求取得资产阶级的民主权利,并以此去限制封建专制主义的君权。同时,他们真心实意企望实现立宪政治,要求用君主立宪政体取代君主专制政体,这与清政府预备立宪的反动政策显然是大相径庭的。

为了君主立宪政治的实现,立宪派掀起了具有相当规模和影响的立宪运动,并在一定范围内宣传资产阶级的民主学说,揭露、抨击封建君主专制的不合理,甚至声称要改造清政府,“消灭政府假立宪之威焰”④。这种针对封建君主专制统治的言行,虽然因其怀有反对革命的动机而显得不合时宜,但毕竟反映出先进的资产阶级与反动的封建统治阶级之间的阶级对抗。

---

① 《中国近代史资料丛刊·辛亥革命(四)》,上海人民出版社 1957 年版,第 107 页。

② 同上,第 109 页。

③ 同上,第 111 ~ 113页。

④ 《东方杂志》1911 年第 8 期。

二

清末立宪派是由地主、官僚、商人(包括买办)转化来的新兴民族资产阶级上层的政治代表。20世纪初年以后,这个阶层的经济实力有了较大的发展。但是,他们经济发展的一个重要原因,就是主要依赖于政治上、经济上的封建性联系。这个阶层中的大部分成员,或在农村中占有大量土地,或在清政府中博得一官半职,不少人是“亦官亦商”或“亦绅亦商”,兼有地主、官僚、资本家几重身份。例如,号称“东南实业领袖”的立宪派首领张謇,从1895年起,先后投资经营各类企业二十多个,资本雄厚,又是南通一带拥有三千二百多亩土地的大地主。在政治上,他曾于1894年考中状元,为清政府授职翰林院修撰。1900年义和团反帝爱国运动期间,他曾参与策划“东南互保”,因而得到清朝东南地方大吏的推崇和政府的信任。1904年初,清政府先是要他主持全国商会公司事务,不久又赏他三品衔,任命为商部头等顾问官。就是靠着他的政治资历和清朝枢臣疆吏的某些支持,他的资本主义企业因而能够较为顺利地发展。张謇创办大生纱厂,便凭借张之洞、刘坤一等人的权势,不仅获得机器设备和免税的特权,而且享有“二十年中,百里之内,不准别家设立纱厂”的垄断地位。再如各省那些控制铁路、矿务公司的资产阶级上层势力,也大都由地方士绅豪富转化而来,他们掌握的集股资金很大一部分是运用官府的力量通过按租派股、随粮加捐等方式筹集得来,因此,他们也无不与封建关系相当密切。处于这种特定的经济和政治地位,便决定了民族资产阶级上层及其政治代表立宪派,总是在变革中谋求妥协,在妥协中谋求变革,很难提出对封建制度实行根本变革和推翻清王朝的革命主张。所以,既有变革又有妥协的君主立宪方案,就成了他们最理想的政治蓝图。

但是,民族资产阶级上层及其政治代表立宪派,作为一种新的政治势力,为了进一步发展资本主义经济,他们必然要与帝国主义和封建主义反动势力发生根本性的利害冲突。特别是在20世纪初年以来,面临日益严重的民族危机和清王朝大肆拍卖民族权益的情况下,他们也不堪忍受列强肆意侵掠和清王朝的种种勒索,迫切希望能够及时改革政治,变法图强,抵御外侮。他们的这种要求和愿望,当然是有利于中国民族的独立和社会的进步的。正因如此,立宪派在其争取立宪的实践中,固然有着反对革命派推翻清政府的消极一面,但又有反对封建专制和反对外来侵略的积极的一面。因为立宪派和革命派都要求结束封建专制制度,在这一方面并非隔着一条不可逾越的鸿沟,因此立宪派的政治实践在一定历史条件下起到了有利于辛亥革命运动发展的积极作用。

武昌起义之前,以立宪派为主领导的收回利权运动,声势浩大,是一场具有广泛群众性的爱国运动。其中川、鄂、湘、粤等省的保路运动,就曾直接加速了辛亥革命的爆发。在收回利权运动中,全国各地一些声名显赫的立宪党人,都成了很有影响的领导者。尽管他们企图把运动控制在"一在防暴动,二在有秩序"的所谓"文明"圈子里①,但在客观上这场由他们以"合法"手段掀起的争利权运动,实际上变成了各阶级、各阶层人民联合反清的强大革命洪流。

① 《四川保路运动史料》,科学出版社1959年版,第185页。

在保路运动中，立宪派针对清政府“铁路干线国有”和向英、美、德、法等国举借外债的卖国政策，曾进行了大胆的揭露抨击。他们十分警惕列强劫夺中国路权的阴谋，尖锐指出：“夫列强之待中国，各以铁路政策而定其势力范围，路权所及之地，即政权所及之地，中国失一省之路，即失一省之权。”①他们大声疾呼民族的危亡，痛斥清朝统治者“务国有之虚名，坐引狼入室之实祸”②。在他们的宣传和具体组织下，各界群众的民族民主觉悟空前提高，更加看清了“洋人的朝廷”的卖国嘴脸，纷纷投入保路斗争，汇成了一股不可抗拒的力量。同时，立宪派在领导保路运动过程中，又把收回利权的斗争与实现立宪政治的斗争结合起来，积极宣传民权思想，强烈要求结束君主专制统治。他们宣称“立宪各国，慎举国债，必经国会之议决”③；对于清政府的卖国专断行径，表示“国人亦必死拒，不拒则可永不再言立宪，不再言国会，不再开咨议局、资政院”④；怒斥清朝统治者“既明明破坏宪政，厉行专制，普天臣民，靡不共愤”⑤，“名为立宪，实则专制。且专制之朝，亦未必有此”⑥。虽然在保路运动中，立宪派一再要求人民群众“谨守秩序，不可夺城池，侮官长，打教堂”⑦，但人民群众并未理会他们的这种怯懦告诫，而是从立宪派对于清朝君主专制的怒斥控诉声中，加深了认识，提高了信心，终于以武装手段展开了对封建专制清王朝的

---

① 《四川保路运动史料》，科学出版社 1959 年版，第 10 页。
② 同上，第 142 页。
③ 同上，第 147 页。
④ 同上，第 184 页。
⑤ 同上，第 247 页。
⑥ 同上，第 313 页。
⑦ 同上，第 444 页。

殊死斗争。

另外,立宪派针对清政府假立宪骗局发动的立宪请愿运动,也在一定程度上促进了革命条件的成熟。在这场要求清政府缩短预备立宪期限、速开国会组织责任内阁的运动中,他们呼吁"士农工商各界群起而请国会之速开"①,请愿队伍中虽然多是"士气激发,千百为群"的"各省绅士",但在其号召影响下的青年学生和许多爱国知识分子,也较广泛地参加进来。例如东北奉天一次就有"各界绅民一万余人,手执请开国会旗,伏泣于公署之前"。不少地方学生纷纷罢课,聚众要求,声势不小。这样,在革命党人尚未把革命力量充分组织起来之前,已经形成了一种较大的反对君主专制的离心势力,从而为革命派从事推翻帝制的活动提供了一定的群众基础。同时,在立宪运动中,立宪派大力鼓吹国民的责任,公开揭露君主专制政治的腐败,积极介绍西方资产阶级的社会、政治、伦理学说,这就扩大了资产阶级民主主义思想的阵地,打击了封建专制主义的权威,使更多的人觉悟到清王朝难以救药。反动统治者惊呼:"自立宪之说鼓吹,人人有自由观念","外间官势日缩,民权日张,每议一事,权利之间,丝毫不肯退让"②。特别是经过清政府对于请愿要求的拒绝和对于请愿群众的镇压,使得许多人终于对清廷绝望,也转而接受了革命派的宣传,走上了革命的道路。上海总商会代表沈懋昭,曾是国会请愿的积极参加者,即于请愿失败后决意革命。1911 年,他还与革命派在上海组织"中国国民总会",出任会长,并于武昌起义爆发后,大力支持革命党

---

① 《时报》1910 年 2 月 9 日。

② 《四川保路运动史料》,科学出版社 1959 年版,第 290~297 页。

人占领上海①。立宪派发起的立宪请愿运动，迫使清朝统治者陷入了空前孤立的境地，再也难以欺骗人们，这就为后来各省起义和争相宣布独立创造了有利条件。

立宪派领导的收回利权运动和立宪运动，对于辛亥革命运动的发展及胜利，提供了有利的条件，起了积极的作用，这是不可抹杀的历史事实。因此在这个意义上，我们认为范文澜同志说的“辛亥革命，是资产阶级革命派立宪派共同的行动”②，是合乎历史实际的科学结论。

三

清末立宪派对清王朝长期抱有幻想，不肯与之决裂，甚至诋毁、攻击革命派和革命共和主张，这当然是他们的历史过错。但立宪派作为新兴的民族资产阶级上层的政治代表，力图发展资本主义经济，要求挽救民族危亡和革除君主专制政体，并为促进辛亥革命的胜利发展做出了一定的贡献，这不能不说是一种积极进步的表现。不过，我们不能据此而混淆了立宪派与革命派的界限，更不能把他们在辛亥革命运动中的不同作用混为一谈。这是因为革命派和立宪派虽然都是资产阶级的政治代表，但由于两者经济地位和出身来源的不同，决定了他们在政治实践中各自坚持不同的政治路线。作为资产阶级上层政治代表的立宪派，一方面因它代表资本主义新的生产关系同封建主义的生产关系和统治秩序相对立，一方面它又主要是依赖于

---

① 《中国近代史资料丛刊·辛亥革命（七）》，上海人民出版社 1957 年版，第 87～90 页。

② 《范文澜历史论文选集》，中国社会科学出版社 1979 年版，第 139 页。

旧的生产关系、旧的统治秩序来维持自己的生存和发展。它在政治实践中,虽然不是维护封建的君主专制,但是力图以君主立宪的实现来避免革命的发生。就立宪派在武昌起义前的主要活动事实来看,它不是革命派推翻清朝政府、实现民主共和的同路人,只是在一定历史条件下产生了有利于辛亥革命的客观效果。

第一,立宪派首倡保路以及领导收回利权运动,是在革命派领导和影响下而形成的民主革命高潮中进行的。如果没有革命派从中大力开展工作,领导广大群众冲破"文明争路"的束缚,那么保路运动便很难迅速地转向革命武装起义。在四川保路运动中,立宪派曾一再强调进行合法斗争,严格规定"不得以激诡之说耸人暴动"、"不要有野蛮抗官府,打教堂的无理的暴动"等等①。但是,四川革命党人却利用保路同志会这一合法组织,采取"明同暗斗"的策略,因势利导,把保路同志会控制下的人民力量,变成了浩浩荡荡的革命大军,造成了使立宪派"骑虎难下,欲罢不能"的局面②,促使他们只好附和革命,宣布独立。岑春煊说:"川省之乱,由于路事之争持……迨横决离奇,乱民乘机而起;而主持之士绅,亦太阿倒持,虽欲操纵而不可得。当事者不原其心,遽加以叛乱之名,群情愈激,变乱遂生。"③保路运动在革命派和人民的推动下向前发展,这个运动产生了动员人民群众起来推翻清朝统治者的巨大效果,是与立宪派本来的愿望相违背的。

① 《四川保路运动史料》,科学出版社 1959 年版,第 191 页。

② 《中国近代史资料丛刊·辛亥革命(四)》,上海人民出版社 1957 年版,第 334 页。

③ 《四川保路运动史料》,科学出版社 1959 年版,第 371 ~ 372 页。

第二,武昌起义发生后,各地立宪派大都投入反清革命阵营之中,有的转化为革命派,表示赞成民主共和,许多省区的立宪党人,凭借其社会地位和政治影响,还操纵了独立各省区军政府的大权。他们的转变,对于推翻清王朝,结束帝制,加速辛亥革命在全国的胜利,起了重要的作用。不过必须看到,他们转同革命,在很大程度上是为形势所迫,同时又是他们为了与革命派争夺新政府的权力。从民族资产阶级的上层利益出发,他们虽然并不喜欢封建君主专制制度,但是他们更不喜欢把民主革命进行到底。因此,在革命派表现软弱与反动势力妥协的情况下,立宪派则更为主动地与帝国主义、封建主义相妥协,并迅速与旧势力结合起来,以防止广大人民群众给自己造成真正的威胁。以张謇为代表的一批立宪党人,竟分化离间革命势力,促请袁世凯窃夺临时大总统的职位,从而加速了革命的失败。他们对于辛亥革命在客观上起的积极促进作用很快消失,反而变成了革命的破坏者了。实践证明,立宪派在政治上具有的两面性,贯彻于辛亥革命过程的始终。不承认立宪派的政治实践在一定历史条件下产生了有利于辛亥革命的客观效果,或者看不到立宪派同革命派在政治纲领上的原则分歧和政治上的激烈争夺,都是违背历史事实的。

(《山东师大学报》1982 年第 3 期)

辛亥革命在山东特点试探

辛亥革命是奠基于中国民族资本主义经济之上,反映民族资产阶级政治、经济要求的革命。由于近代山东政治、经济发展的不平衡,使得这次革命在山东的斗争带有明显的地域特点。

一

山东在历史上为“圣人之地,秉礼之邦”,封建经济及其上层建筑比较牢固。直到19世纪末,在外国侵略的刺激下,山东半岛沿海的封建经济虽已日趋解体,民智渐开,但山东西南各属仍然是以“耕读为业”①的自然经济,绝少与外界发生往来,当地绅民“唯知读孔孟之书”,政治上崇奉儒教,深闭固距。当历史步入20世纪初,因“登、莱、青三府,三面滨海,交通便利,近来屡受外界潮流之刺激,故民智开通”,而“济、东、泰、武、曹、兖、沂七府,僻处内地,交通不便,故民智闭塞”②。同西七府比,当时的东三府是民族资本及其代表的政治力量明显集中的地区。

① 《山东教案史料》,齐鲁书社1980年版,第245页。

② 《近代史资料》1957年第4期,第13页。

山东的近代企业，在甲午战前虽已出现，但数量有限，还不可能产生直接反映这种要求的政治代表。甲午战后，一方面帝国主义对山东经济侵略重点转向了资本输出，特别是自胶澳丧失以来，山东的路权、矿权为德人攘夺几尽，与此同时，其他帝国主义国家对山东也竞相投资，开设厂矿。因之而起的清末山东人民的收回利权运动，既对帝国主义的侵略起了一定的抵制作用，也进一步激发了人们在民族危难关头“设厂自救”的爱国热情。另一方面，经过戊戌变法和义和团运动，清政府为了和缓人民对它的痛恨，继续维持反动统治，采取了一些“通商惠工”的政策，放宽了对发展资本主义的限制。因此，山东的民族资本主义工业在清末十年间得到了初步发展。据有关资料统计，从 1903 年到1910年，山东民族资本经营的工矿企业有 66 家。这些近代企业多数分布在东三府地区，其中资本有一万元以上的共有 17 家，而烟台就有 7 家之多。

又因 20 世纪初，伴随着废科举、兴学堂、派留学，我国逐渐形成了一支不同旧式文人的资产阶级、小资产阶级知识分子群，他们纷纷组织革命团体、出版政治刊物，由此民主革命的思想迅速传播开来。而当时的上海和东京是青年知识分子和留学生最为集中的地区。由于登、莱、青三府三面滨海，而烟台又是北洋的枢纽、留日学生的通衢，因而，较之西七府最易接受外界潮流的刺激，这就为这一地区资产阶级民主革命派的出现创造了有利的条件。

山东民族工业地区集中的特点，在政治上也有明显表现。当时山东新兴的政治派别就是资产阶级革命派和立宪派，而两者都带有明显的地域色彩。例如，当时山东的同盟会会员，东西两部地区就有明显的差别。具体如下表：

1905～1907年山东同盟会会员籍贯表

东三府				西七府			
籍贯	人数	籍贯	人数	籍贯	人数	籍贯	人数
莱阳	3	福山	1	滕县	1	濮州	3
招远	2	寿光	2	陵县	1	清平	1
文登	4	黄县	7	曹县	2	泰安	1
潍县	8	平度	3	日照	2		
益都	1	栖霞	2	峄县	1		
蓬莱	2	临淄	3	菏泽	2		
合计	20	合计	18	合计	9	合计	5

（注：有不明籍贯者1人未列表内，引自冯自由著《中华民国开国前革命史》续编第十二章）

表中除一名不知籍贯的会员外，其余属东三府的会员就有38人，占会员总数的75%，其中潍县有8人，黄县有7人。

再如，清朝末年，清廷为了缓和国内的革命浪潮，表示变法维新，宣称预备立宪，筹设资政院及各省咨议局是清廷预备立宪骗局的重要内容。山东咨议局于1909年9月正式成立，议员共103人，他们籍贯的所属府区如下表：

山东咨议局议员籍属表

东三府		西七府		其他	
府名	人数	府名	人数	名称	人数
登州府	11	济南府	15	济宁直隶州	3
莱州府	4	东昌府	7	临清直隶州	2

（续表）

东三府		西七府		其他	
府名	人数	府名	人数	名称	人数
青州府	9	泰安府	10	青州驻防	2
胶州直隶州	4	武定府	11	德州驻防	1
		兖州府	5		
		沂州府	12		
		曹州府	7		
合计	28	合计	67	合计	8

（注：根据《东方杂志》1909 年第 10 期《附录·各省咨议局议员姓名录》编制）

从议员人数上看，籍贯属西七府的有 67 人，东三府（包括胶州直隶州）的仅 28 人。但东三府的议员文化素质较高，“居有新知识者尚居多数”；至于西七府的议员，“尚有不知咨议局为何物者”。因之，咨议局所提议案，“东三府多主张激进，西七府多主张保守”。于是“西七府的议员六十二人结为一党，以借相抵制”，最后终因 1910 年的莱阳曲诗文抗捐一案，东三府的议员五人，对咨议局中六二党的“阿附官绅颠倒舆论”，“愤不能平，遂一体辞职”。① 事实说明，西七府的议员多是把持咨议局的封建保守派，东三府议员则多主张进行改革。

上述 20 世纪初，山东西部和东部地区政治、经济发展不平衡的诸方面的情况，无疑会制约和影响着辛亥革命在山东的历史风貌。

---

① 《近代史资料》1957 年第 4 期，第 13 页。

三

辛亥革命在山东的斗争带有明显的地域特点,主要表现在山东的东部和西部地区革命斗争的形式和程序是不一样的。

1905 年中国同盟会在日本东京成立后,山东籍的同盟会会员即以“扩充会员,倡导革命为己任”陆续回省,他们以新学界的面貌出现,通过在各地的办学活动,开展宣传工作,发展革命组织,很快把革命的种子撒遍了全省各地,并因不同地区政治、经济情况的差异形成了烟台、青岛、济南三个中心。

1911 年 10 月 10 日,辛亥革命在武昌爆发,各省纷纷响应。在山东烟台,起事先于济南一天,却都是同天宣布独立的,而两者的独立各具特色。

烟台是山东省门户,是山东民族资本主义经济最发达的地区,又是同盟会北方支部所在地,革命派在这里活动最早,成效最大。武昌起义后,烟台革命党人积极布置起事。因对于“本地海陆军早有运动”,于 11 月 13 日光复了烟台。所以“山东未经独立之先,烟台首举义旗,其中大有人在也”①。

省城济南,是清王朝在山东统治的中心,是封建顽固派和资产阶级立宪派活动的重要地盘。因此,革命派在此地的斗争较烟台要复杂得多。表现在 11 月 5 日在咨议局召开的各界人士会议上,由革命派徐镜心提出的事先草拟的《山东独立大纲》七则,在讨论时遭到咨议局顽固势力的反对是必然的,但也不为立宪派所接受,会后由立宪派改为由省抚代奏的“劝告政

① 《山东近代史资料》(第二分册),山东人民出版社 1958 年版,第 112 页。

府八条”[1]。显然,向清廷宣布独立,是出自革命派的政治原则;由独立改为劝告政府,则是立宪派的政治特征。对此,当时的巡抚孙宝琦向天津制台发出的电文说得十分明白:“昨省城各界人士聚集,本已倡然独立,幸有和平派劝解,改为劝告政府八条。”[2]然而,随着苏、杭、上海的独立,人们要求独立的呼声愈加高涨。在势如燎原的革命形势下,就是颇有统治经验的山东巡抚孙宝琦也痛感“祸在眉睫,不堪设想”,“大势所趋,不可遏抑”了。至于内心久已不满于“六二党”的立宪派,更加感到清王朝的统治已土崩瓦解,必须急谋应变之策。继而在11月17日在咨议局召开的各界代表会议上,群情激昂,发言热烈,认为“现在的咨议局非但不能与地方有益,而且勾结官府”,“遂宣布该局的种种腐败恶劣罪状”,至此群众齐声高呼“非根本推翻不可”。[3] 从而出现了立宪派与革命派联合推翻被“六二党”把持的咨议局,成立了由立宪派掌权而又吸收革命党人参加的全省各界代表联合会,一度实现了山东的和平独立。

很明显,烟台首义是由革命派独立领导的武装起义,而省城的独立斗争是以和平请愿为特征的。虽然两者都未取得政权,但原因并不一样。在烟台,是因革命党人的幼稚,“以同盟会党人非谙军事者居多”,推举了清海军管带王传炯为民军司令;在省城,是由于革命党人未能形成独立的政治力量,受了立宪派的制约,入会代表一律承认孙宝琦提出的

---

① 《山东近代史资料》(第二分册),山东人民出版社1958年版,第72页。

② 《山东省志资料》1961年第1期,第26页。

③ 同上,第37页。

“以统一事权,更易司道,会绅筹饷为要约”方案,推举孙宝琦担任了都督之任。①

当11月24日,“鲁抚孙宝琦顺项城意志取消山东独立”,对此,立宪派坚持“设法向北方当道疏解”②;革命派则接受了沉痛的教训,坚持继续谋求山东独立的斗争。先是革命党人徐镜心绕道上海,与陈其美、胡瑛商略:“先据烟台,再取登州,以图济南,且约期会,为实力援助”③,遂乘船北返。再是革命党人刘冠三,“谒总理于沪上,被委以山东重任”④,回省以青岛震旦公学为据点,集合同志以“诸城多山近海、可战可守”,以此作为根据地谋光复胶济铁路附近的重要城市⑤。遵照上述斗争原则,徐镜心回到了烟台,为谋进取成立了共和激进会,又针对王传炯态度骑墙、暗通清廷,计诱其权柄未遂,便偕丘丕振等奔赴大连募兵购械,认定“先得登、黄进取较易,登、黄已下,西可直捣济南,文、荣可传檄而定”⑥。

当袁世凯破坏了山东独立,在任命其亲信张广健统治山东的同时,又同南方革命势力玩弄南北停战议和的阴谋。然而,1912年1月1日以孙中山为首的南京临时政府的宣告成立,给了山东革命党人极大的鼓舞。孙中山认为“山东地势举足轻重,关系革命大局”⑦,指示山东革命党人积极活动。于是经徐

① 《中国近代史资料丛刊 · 辛亥革命(七)》,上海人民出版社1957年版,第326页。

② 《山东省志资料》1961年第1期,第57页。

③ 《山东近代史资料选集》,山东人民出版社1959年版,第186页。

④ 《山东近代史资料》(第二分册),山东人民出版社1958年版,第383页。

⑤ 《山东近代史资料选集》,山东人民出版社1959年版,第214页。

⑥ 同上,第206页。

⑦ 《近代史资料》1957年第4期,第16页。

镜心等人的精心策划，由大连起航，于1月15日一举光复了登州，并乘胜先后光复了黄县、文登、荣成、龙口等地。当黄县处于清兵反扑、“局势危急”时，孙中山允山东革命党人之请，令沪军都督陈其美，派沪军三千以刘基炎为司令，登陆烟台，成立了山东军政府。这不仅鼓舞了胶东滨海诸县的独立斗争，并对以诸城为中心的青州、高密、即墨等铁路沿线的城市起义也起了积极的推动作用。山东军政府的成立，标志着辛亥革命时期在山东形成了两个政权的对峙。

综合上述可以看出，无论是武昌起义后在山东烟台与济南兴起的各具特色的独立斗争，还是辛亥南北停战议和期间山东革命党人斗争原则的确定，以及由此产生的革命政权与反动政权的对峙，无不明显反映着20世纪初山东政治、经济发展不平衡的这一重要特征，致使辛亥革命在山东带上了显明的地域特点。这是因为辛亥革命是资产阶级（通过它的知识分子）为政治指导者的革命，这一革命的兴起是以民族资本主义经济的发展及其政治代表的形成为条件的。辛亥革命在山东以武装斗争的形式首先兴起又高涨于东三府的滨海地区，就是因为这一地区是当时民族资本及其政治代表——革命派明显集中的地区。由此又可明白，在近代中国，经济对政治并没有失去基础的意义，正是民族资术主义的经济状况，制约和影响着反帝反封建斗争的内容、形式、性质和结局。

（《山东师大学报》1985年第6期）

孙中山让位袁世凯之我见

1912年2月,南北议和达成协议,时任临时大总统的孙中山让位袁世凯。在后人心目中,认为南北议和的结局,是很不理想的,值此辛亥革命100周年,就此问题表述一下自己的认识。

一

南京临时政府的建立,宣告了中国君主专制制度的失败。各省纷纷宣布独立,成了不可抗拒的历史潮流。而此时的袁世凯成了外国列强、清政府、革命党人关注的焦点人物。

甲午中日战后,经袁世凯之手建立起的北洋新军,使他以"强人"身份登上了清朝末年的政治舞台。

在清政府推行新政时期,袁世凯任直隶总督兼北洋大臣,主持直隶地区的新政,除继续练兵、乘机扩充北洋势力外,还着重就实业、财政、司法、巡警、教育、吏治、地方自治等进行革新。继而与张之洞敦促清政府废科举、兴学堂、派五大臣出洋考察,筹备立宪,成了新政首屈一指的人物。

上述史实表明袁世凯是个具有鲜明半殖民地半封建性的典型人物。其半殖民地性主要表现为对外国列强的依顺。当清王朝的覆灭成为必然时，外国列强为维护在华利益，便把袁世凯视为最理想的人物。故武昌首义后，孙中山满怀信心地到伦敦，请求英国政府支持中国革命，得到的答复是：只要袁世凯赞成“共和”，所有外国列强将支持袁世凯出任总统。其半封建性，是在清末新政时期，袁世凯显示了向资产阶级转化的痕迹，因而成了革命党人争取的“亮点”人物。最早请袁世凯做“汉族的华盛顿”的就是湖北革命党人。黄兴在武汉保卫战时就致函袁世凯，劝其“出而建拿破仑、华盛顿之功”，更有不少革命党人认为袁世凯是精明练达的“治世之能臣”。

武昌起义后，袁世凯凭借北洋势力和外国列强的支持，出任清廷内阁总理，他默察人心向背，明显认识到单靠武力显然是扑灭不了已势成燎原的革命烈火，便通过英国驻华公使朱尔典进行南北停战议和的活动，以此作为实现其政治野心的权宜之计。

二

1912 年 2 月，南北议和达成协议。要义是袁世凯承认“共和”，并迫使清帝退位，孙中山将临时大总统让位袁世凯。

应该说，南北协议是顺合孙中山心意的。因为早在武昌起义后的 11 月下旬，孙中山由法国回国途中，得悉各省代表在上海开会，选黎元洪为总统，而黎则推袁世凯的传闻。对此，孙中山视为是“权势利禄之争”，致函武汉民国军政府，无论是黎元洪，还是袁世凯，只要当局承认“共和”，都“合宜且善”，“但求早巩固国基”。说明在孙中山的心目中，重心不在谁当总统，而是承认“共和”，早固国基。所以，孙中山在就任临时大总统时，还致电袁世凯表示他当总统只是“暂时承乏”，“虚位以待”袁世凯之心，“终可大白于天下”，望袁世凯“早定大计”。

在孙中山的三民主义纲领中，最能反映时代潮流的当属民权主义，就是用革命方式实现由封建君主专制向民主共和的转变。所以，当袁世凯承认“共和”，并迫使清帝退了位，孙中山欣喜地说：“共和政体已成，民族、民权二大纲领已达目的。”故孙中山认为在当时的特定历史条件下，南北议和能求得这个结局将是“一个圆满之段落”。因为这一结局标示着中国由王朝政治转变为民主共和政治，从而为中国的社会进步打开了大门。

既然孙中山认为南北协议是“一个圆满之段落”，自然对袁世凯的坚约到京“商谈国事”表示了最大的诚意。在“商谈”中向袁世凯表示：袁做总统十年，练兵百万，而自己则以在野身份修筑铁路20万里，以示“合作建设国家”。

上述史实，表明孙中山对南北协议不仅遵守，且寄予厚望。他所表现的主动“让位”和对袁世凯做出的庄严许诺，处处表现了以“天下为公”、“合作建设国家”的高尚情操。

三

不可否认，当时孙中山把临时大总统“让位”袁世凯，是后人认为南北议和结局“很不理想”的实际动因，故袁世凯上任总统后，时时有倒袁的呼声。

因为袁世凯其人，恰如上海光复军总司令李燮和在其《论和战之局宜早定》一文中指出的：“夫袁氏之不足恃，岂待今日而后知之，溯彼一生之历史，不过一反复无常之小人耳。甲午中东之役、戊戌之政变、庚子之拳乱，合之此次之事变，凡国中经一次之扰乱者，即于彼增加一绝大之势力。”这就是人们对孙中山“让位”深感忧虑的历史渊源。对此，事后孙中山着重从以下几方面，追溯了他之所以“让位”的原因。

一是革命破坏清政府以后，一般人每訾议革命党人只有破坏的能力，没有建设的经验，所以一般议论都希望官僚执政，对此，“几乎大家都说非袁不可”，而革命党自审“中华民国之权，属于国民全体，既舆论说非袁不可，只好相率下野，将政权交与官僚”。这就表明孙中山的“让位”，虽是彰显了他“还政于民”的博大胸怀，更是出于形势的无奈。

二是“不忍战争之绵延”。认为袁世凯本为汉族，“人情必恩宗国”，而“总统复非帝王之比”，“朝做总统，夕可解职”。可见孙中山是以当时西方国家的民主模式，诠释向袁世凯的“让位”。因为在西方国家权位是和责任相连的，处其位就必当尽其职，否则就必须予以罢免。然而在中国，历代王朝从来都把国家当作私人的财产，所以凡有草昧英雄崛起，一定彼此相争，争不到手，宁可各据一方，使得国家四分五裂。

三是“民国初立，旧污未殄”，因之“首行揖让，风行天下，树之楷模”。就是为了破除权势相争的“旧污”，建设近代民主国家，孙中山首先从我做起“让位”总统，以感昭天下。

总体来说，孙中山的“让位”，既是他“天下为公”、高风亮节的真切体现，也是受西方民主模式的影响和对袁世凯“俯与迁就”、“冀其自新”所致。

理当承认，孙中山的“让位”，是中国社会进步过程中出现的一幕历史情节，由此民主共和成为不可抗拒的历史潮流，而一切“复辟”、“独裁”、“专制”势力,在不可逆转的社会大发展中,成为同近代中国格格不入的“残余之物”。

历史证实,当袁世凯由承认“共和”,退而改称帝,便成了逆潮流而动的“残余之物”,其结局只能是在全国人民的声讨中,很快就跌进了自掘的坟墓。孙中山也由此认识到辛亥革命后出现的以袁世凯为开端的武人政治局面,实因这次革命“单纯破坏地面,没有掘地底尘土的缘故,地底的尘土是什么,便是前清遗毒的官僚”。孙中山“让位”的实践,及其对中国民主政治的不停追求和对辛亥革命认识的不断深化,成了他由旧三民主义发展为新三民主义的思想源泉。

(《联合日报》2011年8月27日《文史周刊》)

戊戌六君子的血没有白流

——纪念戊戌维新 110 周年

1898 年 6 月 11 日，光绪帝诏定国是，实行新政，至 9 月 20 日，仅 103 天，新政在旧势力的重重压迫下，完全失败。光绪帝做了瀛台的囚犯，谭嗣同、康广仁、刘光第、林旭、杨锐、杨深秀被处死于北京菜市口，史称“戊戌六君子”。这场由康有为、梁启超提出、通过封建王朝进行的革新运动，就是历史上著名的戊戌维新，或曰“百日维新”，屈指算来，至今整整 110 年了。回溯这一段历史，会使人们获得有益的历史启示。

一

1894 年爆发的甲午中日战争和由此签订的《马关条约》，使得清王朝的“国丑全露”，由此“各国租港湾之事相逼而来，瓜分支那之说，腾沸于全球，于是国人大哗，志士奋起，痛说变法之不可缓”①。1895 年康有为的“公车上书”，就是社会维新思潮与爱国救亡运动相结合的产物。

在清王朝濒临颠危和社会维新思潮勃然兴起的境况下，清

① 《中国近代史资料丛刊 · 戊戌变法（四）》，上海人民出版社 1957 年版，第 256 页。

政府内部分化出以光绪帝为首倾向维新的帝党官僚和以慈禧为首的后党官僚,两派之间的矛盾日趋激化。

1889年,慈禧表面上"撤帘归政",实际上阴操政局,"一切用人行政,皆出慈禧之手",故"德人占据胶州,上益愤",乃谓庆王曰:"太后若仍不给我事权,我愿退让此位,不甘作亡国之君。"①据史书记载,甲午战后,光绪帝深感时局艰难,向太后提出:"非变法不能救中国,非去守旧衰谬之大臣,而用少年英俊之士不能变法,然太后不以为然,朕屡次婉劝,太后反怒。"②

慈禧面对甲午战后"外患日急,群心激昂"的严峻形势,先是表白自己"变法乃素志,同治初,即纳曾国藩议,派子弟出洋留学,造船制械,凡以图富强也"③,进而向光绪帝明确表示"苟可致富强,儿自为之,吾不内制也",但"若师日人更衣冠,易正朔,则是得罪祖宗,断不可行"④。显然,慈禧上述表态的真正含义是变"治法",不变"成法"。

在近代中国,从1840年鸦片战争以来,由于帝国主义的侵略,一方面使独立的中国向着半殖民地和殖民地演变,日益激化着中华民族与帝国主义的矛盾和人民大众与封建主义的矛盾;另一方面又使封建的中国向着半封建社会演变,产生了同帝国主义和封建主义相矛盾的民族资本主义经济。

上述近代中国社会的演变趋势和由此产生的政治、经济

①③ 《中国近代史资料丛刊·戊戌变法(一)》,上海人民出版社1957年版,第464页。

② 同上,第351页。

④ 同上,第343页。

的基本矛盾，就使得“事贵从权”的慈禧，既要在特定历史条件下，借用西方富国强兵的“西艺”，因时变更“治法”，又要坚持祖宗“成法”，借以维持封建君主专制政体。对此，慈禧作了形象的描绘：“如琴瑟之改弦”并非“弃琴瑟而亦易之也”①。

慈禧之所以发动政变镇压了戊戌新政，在清廷内部主要有两种议论。一说慈禧“徒以利害切身，纯为家务之争”，因对光绪帝“若奉之以主张变法之名，使得公然出头，则皇上之志可由屈而得伸，久而顽固大臣，皆无能为也”②；一说康有为提出“变法尤须变人”，而“衰老之大臣精力不足以辅新政，兼之裁冗官、许言事、用新进，凡诸臣求富贵保身家之道，将尽行蔽塞之矣，安不得以死命抗争”③。

上述的议论表明，戊戌维新是一次社会的重新组合，核心是权力的再分配和利益的再调整。

因为由光绪帝颁布，有维新派参与，同变“成法”相联系的戊戌新政，在其实施过程中，不仅使慈禧的权力有丧失的可能，也深刻动摇她政治统治的社会基础，可见慈禧镇压了维新派，废除了戊戌新政，既同帝党争夺权力有关，也因维新派的变法主张触动了封建社会的统治基础，且有“保中国不保大清之说，遂有改君主为民主之计”④。无怪慈禧训政后，有些顽固守旧大臣告其亲友曰：“数月以来，寐不安，食不饱，今始有命焉，非

---

① 《清末筹备立宪档案史料》上册，中华书局1979年版，第140页。

② 《近代稗海》第1辑，四川人民出版社1985年版，第333页。

③ 《中国近代史资料丛刊·戊戌变法(一)》，上海人民出版社1957年版，第351页。

④ 《光绪朝东华录》(四)，中华书局1958年版，总第4454页。

我皇太后如何得了也。”①

二

戊戌维新的推行，须要有与之相应的社会环境。然而，中国进入19世纪末年，对于清廷的官僚集团，梁启超将其分为三类：一是“懵然不知所谓五洲者。告以外国之名，犹不相信；语以外患之危，则曰此汉奸之危言耸听”。二是知道外患可忧，“然自顾七八十之老翁矣。风烛残年，但求此一二年之无事，以后虽天翻地覆，而非吾身之所及矣”。三是即使我在任时亡了国，“而小朝廷一日尚在，则吾之富贵一日尚在。今若改革之论一倡，则吾目前已失舞弊之凭借，且自顾老朽不能任新政，必见退黜，必出死力以争之”。对此，梁启超因之哀叹道：“呜呼，全国握持政权之人，无一人能出此三种之外者，而改革党人乃欲奋螳臂而与之争，譬如孤身入重围之中，四面楚歌，所遇皆敌。”②正是由于敌我力量的悬殊，致使戊戌新政仅是在巨海里兴起一团转瞬即逝的浪花。

对戊戌维新失败的原因，梁启超主要归之为两条：一是光绪帝无权；二是守旧官僚反对。应该说这两条是历史的真实，这正表明了当时的中国没有出现一个使戊戌维新成功的整体社会环境。

慈禧之所以废除戊戌新政，镇压了维新派，并不是她本人有什么天大的本领，而是她代表了几千年来的封建地主的旧势

① 《中国近代史资料丛刊·戊戌变法(一)》，上海人民出版社1957年版，第351页。

② 《饮冰室合集·专集之一》，中华书局1936年版，第69～70页。

力。这种旧的顽固势力，如同有的史学家指出的：在欧洲被蒸汽机的动力摇撼了，被工业革命摧毁了；就是我们的邻邦日本也利用了这些新的动力，推翻了封建的幕府制度，完成了明治维新。而19世纪末年的中国，在蒸汽机推动下的生产技术，还没有取得决定作用的条件下，不可能产生促进改革成功的强大政治和经济力量。

维新派因社会根底不厚、力量弱小、皇权思想浓重，故走进了尊君权变法的死胡同。康有为向皇帝上书“条阵变法”，一次不达就再次，由再次至三次，以至于七次，直至皇帝相信他的变法为止。在上书中请皇上“凡变法之事，皆特下诏书”。自戊戌维新被镇压，继之而起的唐才常发动的自立军起义，是维新派中激进思想的产物，然而这次起义仍未超越尊君权变法的轨道，在唐才常看来，“中国有数千年的习惯，就是忠君思想，不借爱国忠君之名，不足以鼓动天下”。

然而，当时的光绪皇帝，虽然是万岁爷，是皇权的代理人，可是他在慈禧铁腕控制下，不仅国家大事取决于慈禧，连他私人的日常生活也受管制。这样，戊戌维新的惨败就成了历史的必然。

三

评价戊戌维新，不在于它的失败，而在于这次实践，对当时中国人民的思想解放和中国的社会进步起到的实际作用。

戊戌维新，是以康有为、梁启超为代表的维新派，在甲午战争后面对民族生存、国家危亡的严重时刻发动的一次爱国救亡的革新运动。维新派发出了“要救国只有维新，要维新只有学外国”的呼喊，否定了洋务派“中学为体，西学为用”、变法不知其本的老路，踏上了以“西学”改造“中学”的新路。自此“朝野乃知旧法之不足恃，于是言变法者乃纷纷”，就这方面说，戊戌维新又是文化上的启蒙运动。

值得人们重视的是，孙中山在甲午前夕，曾上书李鸿章，提出“富强之大经，治国之大本”的政治主张。因上书失败，“觉救国之策，舍革命之途径再无他法”，于1894年在檀香山联络当地华侨，成立兴中会，提出了“振兴中华”的任务，次年发动了广州起义，开始了推翻封建帝制、创立民主共和的革命活动。孙中山要在中国创立民主共和的法理依据，就是人人平等、主权在民和自由民主。当时革命力量虽还弱小，但当戊戌六君子惨遭杀害和自立军起义失败，某些热心改革的志士仁人，在他们的思想深处，就发生了由尊君权到尊民权的深刻变化，以“国是日非，决非和平手段所能匡救”，由维新走上革命。自此，民主革命变成了社会思潮的主流。历史证实，戊戌维新的遭受摧毁，正加速了旧势力的灭亡，也坚定了革命派的信心和阵营。

要求改革、与时俱进，是推动社会前进、关心国家民族命运的表征，而封建地主官僚为了自身权利的稳固，对于任何新的改革，都是深闭固拒的。故历代变法运动都受到了他们的打击和扼杀，戊戌维新自然也不例外。其不同者，其他许多王朝灭亡之后，接着是一个新王朝的出现。这一个王朝的一切与前一个王朝只是姓氏的不同，而统治的方法、政治构造并没有发生质的改变。然而，戊戌维新失败而起的辛亥革命，由王朝政治转变为民主共和政治，是中国历史上的“突变”。这表明戊戌维新给予中国的社会影响，是不可与历史上的变法运动同日而语的。就此可说，戊戌六君子的血没有白流，当年维新志士探求中国复兴之路的爱国精神，必会受到人们的无限崇敬。

（《齐鲁文史》2008年第3期）

近代中国社会主要矛盾与农民战争

农民战争问题,是史学界争论的问题之一。本文拟就近代农民战争发生的原因、斗争的内容及其历史地位,谈些粗浅的认识,以求教于方家。

一、近代中国社会是半殖民地半封建社会,由此规定了社会的主要矛盾是帝国主义与中华民族的矛盾、封建主义和人民大众的矛盾。而“帝国主义和中华民族的矛盾乃是各种矛盾中最主要的矛盾”,“这些矛盾的斗争及其尖锐化,就不能不造成日益发展的革命运动”。① 近代中国发生的以农民为主体的太平天国运动、义和团运动和“扫清灭洋”的抗暴风潮,就是不同时期社会主要矛盾的斗争及其尖锐化的表现。

太平天国运动,是第一次鸦片战争激化了国内阶级矛盾的产物。清王朝在第一次鸦片战争中的失败和以《南京条约》为开端的不平等条约的签订,造成的直接后果就是外国资本主义列强的经济、政治、文化侵略势力汹涌而至。这就不断加深了中华民族与外国侵略势力的矛盾,同时也加深了中国国内的阶级矛盾。这是因为鸦片战争后,鸦片走私更加猖獗,银贵钱贱

① 毛泽东:《中国革命和中国共产党》,《毛泽东选集》,人民出版社 1990 年版,第 594 页。

的现象更加严重，而清政府战争中的军费开支、战后赔款、外国侵略者各种名目的勒索又统统落到了劳动人民的头上，迫使广大农民反侵略反压迫的斗争很快形成广泛、普遍起义的形势。当时，白莲教、天理教的斗争起于北方各省，捻党活动于河南、安徽、山东一带，斋教散布于河南、江西、福建、浙江等省，天地会的势力更遍及长江流域和西南各地。两广是外国侵入最早的地区，广东天地会红巾军首领陈开在自述中说："自和番之后，吹烟更多，番货涌涌而来……睇到番鬼入广，官势绅势相逼，捐税又大，田租又大，小民穷苦，纷纷四散，无路可走，因而说其入伙，同打江山。"这正反映了外国的侵略激化了中国封建社会的原有矛盾。太平天国运动就是各地人民斗争汇集起来的洪流，表现出对中国社会会半殖民地化开始的顽强反抗。

义和团运动，是中国人民长期反洋教斗争在甲午战后发展而成的反帝爱国运动。近代基督教进入中国，是西方列强侵华政策的产物，目的是要"中华归主"、"打破（中国）原有的宗教信仰，并随之打破中国的道德、社会和政治行为规定的统治力量"，使中国失去民族"本色"①。通过两次鸦片战争，外国传教士潮水般地涌进中国，积极为列强侵华出谋划策。他们不仅大量发展教徒，借"党徒以凌士庶"，更插手官府，包揽词讼，甚至私立公堂，非法审讯中国人民。人们不甘心半殖民地的社会处境，于是起而反抗，掀起了广泛、普遍的反洋教侵略的斗争。据有人统计：近代中国（1844～1911）共发生教案1639起，波及二十五个行省，并次第出现了1861年、1876年、1884年、1885年四次反洋教斗争的高峰。因而甲午战后，在帝国主义瓜分中国

---

① 《山东义和团案卷》上册，第13、20、16页。

的狂潮中，人们以“仇教之故，恨敌之心”，“拳匪之变，起于清光绪庚子，树‘扶清灭洋’之帜以号召群众，不数月而弥漫全国”①，成为反抗帝国主义的巨大力量。

20世纪初“扫清灭洋”的抗暴风潮，是广大农民在新形势下，对帝国主义和中国封建统治者结成同盟共同压迫中国人民的武装反抗。《辛丑条约》的签订，标志着清政府成了“洋人的朝廷”，从此，帝国主义在“保全主义”的招牌下，实行“以华治华”的政策，而清政府又以十分刻毒的征敛和搜刮，以实行其“量中华之物力，结与国之欢心”的卖国政策，因而激起了直隶抗捐群众竖起“扫清灭洋”的旗帜，在冀南、冀中开展了声势浩大的武装起义；四川红灯教广张“灭清・剿洋・兴汉”的揭帖，掀起了全川三十多个府县联翩响应的斗争风暴。此外，类似上述分散的、局部的抗暴斗争，在其他各省和各民族地区，几乎都呈现联翩接踵、星罗棋布的局势，成了资产阶级民主革命走上高涨的社会基础。

上述史实表明，由近代中国社会主要矛盾激化而起的农民起义和农民战争，发展的基本趋势就是“帝国主义和中国封建主义相结合，把中国变为半殖民地和殖民地的过程，也就是中国人民反抗帝国主义及其走狗的过程”②。

二、中国近代社会的主要矛盾，不仅决定了近代农民反帝反封建的斗争内容，并且在斗争中呈现出两大社会矛盾彼此制约、相互交织的情景。

---

① 《山东近代史资料选集》，山东人民出版社1859年版，第97页。

② 毛泽东：《中国革命和中国共产党》，《毛泽东选集》，人民出版社1990年版，第595页。

就太平天国运动说，是农民反封建统治的斗争。然而，斗争的双方都面临着如何对待西方列强侵略的问题。当太平天国定都天京后，英、法、美三国公使先后到达天京，企图胁迫太平天国承认其在鸦片战争中取得的在华利权，结果遭到了太平天国的拒绝。在第二次鸦片战争中，清政府虽也抵抗，但当英军炮轰广州，两广总督叶名琛奏报“两获胜仗，夷匪伤亡四百余名”，对此，咸丰批示：“不胜固属国忧，亦伤国体，胜则该夷必来报复……当此中原未靖，岂可再起风波。”①当英法联军北上进攻大沽，咸丰又谕令说：“现在中原未靖……不得不思柔远之方，为羁縻之计。”②这都明白表示了清政府全力镇压农民起义、对外妥协的方针。所以，当战争结束，恭亲王奕䜣在其《通筹夷务全局》折中，认为太平军、捻军是“心腹之害”，主张“灭发捻为先，治俄次之，治英又次之”③。正是基于这样的认识，出现了中外反动势力联合镇压太平天国的局面。奕䜣等人又认为“长久之患”在西人，因而在联合镇压太平天国过程中，要清朝官员“对外洋各种利器实力求诸，以期尽窥其中之秘，有事可以御侮，无事可以示威”④。可见，清政府在“内患”、“外侮”并立，民族矛盾和阶级矛盾相互交织环境下，态度是“两害相权，取其轻”，求的是“安内攘外”之道。就是在社会两大矛盾并存的前提下，坚持民族矛盾服从于阶级矛盾，而处理阶级矛盾中，又受民族矛盾的制约，同样，太平天国斗争的矛头是指向清政府的，但在斗争中又受到了民族矛盾的制约。因而在反清

---

①② 《筹办夷务始末》(咸丰朝)。

③ 《第二次鸦片战争》(五)，上海人民出版社 1978 年版，第 341 页。

④ 《筹办夷务始末》(同治朝)。

朝封建统治的斗争中,又同反对外国资本主义的侵略联系了起来。

就义和团运动说,它的基本口号是"扶清灭洋"。甲午战后,"中国受外国凌侮,平民受教民欺压"①,所以中国乡民"要保清灭洋,杀尽洋人,以吐中朝之气"②。然而,甲午战后,随着帝国主义与清朝统治者在政治上的进一步结合,义和团把"扶清"与"灭洋"联系起来,不仅为帝国主义所不容,实际上也是同封建统治者相对立的。因此,当义和团兴起时,清政府不断命令地方官"加意弹压"。对来自清政府的弹压,义和团"列队抗拒","且不独与团相攻而已,并与官为敌"。义和团同清政府在"灭洋"问题上的矛盾和斗争,实际上是在民族斗争中出现的阶级斗争。甲午战后,清政府尚未彻底成为帝国主义的代理人。戊戌政变后,清政府为了稳定政局,特别担心德国以胶澳为基地向内地扩张。因此,先派山东登州总兵夏辛酉亲率部队,监视德军,"明为保护","暗为防范"。又一再谕示山东巡抚对德军"严密布置以防意外","不得事事忍让,无所底止"。当义和团进入京津,外国列强攻下大沽,清政府打出了向各国"宣战"的旗号,义和团在民族矛盾的驱使下,对帝国主义进行了顽强不屈的斗争,然而在这一斗争中又受到了阶级矛盾的制约,遭到了,中外反动派的联合镇压,迅归失败。

就"扫清灭洋"抗暴风潮说,《辛丑条约》签订后,近代社会主要矛盾的斗争发生了新的变化,即帝国主义和国内的封建统

① 《中国近代史资料丛刊·义和团(一)》,上海人民出版社 1957 年版,第 404 页。

② 同上,第 347 页。

治阶级站在一个极端，人民大众站在另一个极端。农民通过义和团的反帝斗争，丢掉了原来“扶清”反帝的幻想，开始把“清”当作帝国主义的走狗进行“扫除”，这正是民族矛盾寓于阶级矛盾中的认识反映。这时期农民“扫清灭洋”的内容，主要是“抗洋捐”、“反赔款”、“打教堂”、“攻衙门”、“斩贪官”。这些斗争说明帝国主义与中国人民的矛盾继续发展，而国内阶级矛盾更加尖锐起来。

上述近代中国社会主要矛盾的斗争，在不同时期出现的复杂情况，表明斗争的双方各自有其发展的过程。就帝国主义和封建主义的结合说，是封建统治者面对来自列强的侵略，由抗争——屈从——再抗争，直到屈服的过程，这就是帝国主义变中国为半殖民地的过程；就农民大众说，则是反帝反封建自发结合的过程，也就是反抗帝国主义变中国为半殖民地的过程。这说明帝国主义与中华民族的矛盾是近代中国社会最主要的矛盾。所以，“历来中国革命的失败，都是帝国主义绞杀的，无数革命的先烈，为此抱终天之怨”①。

三、农民不是先进生产方式的代表，不可能承担变革旧制度的历史使命。因此，依据农民的阶级属性，如何评价近代中国农民战争的历史作用，成了史学界争论的热题之一。而争论的实质，就是与振兴中华的关系。笔者认为，探究近代中国农民战争与振兴中华的关系，应考察历史现象的普遍联系，既不能离开近代中国社会的主要矛盾，又不可同近代中国社会产生的新的经济形态和新的阶级力量割裂甚至对立起来。

近代中国社会的农民战争，是近代中国社会主要矛盾的斗

---

① 《毛泽东选集》，人民出版社 1990 年版，第 640 页。

争及其尖锐化的表现，是近代中国半殖民地化的巨大对抗力量。其所反对帝国主义侵略、反对封建压迫的斗争，始终是近代中国人民谋求政治独立、社会进步的首要课题。但是由于农民的阶级局限性，对来自本身的民族压迫和阶级压迫不可能产生科学的认识，因而也就提不出科学的政治斗争纲领，无法指明振兴中华的正确道路。

应该承认，随着民族资本主义经济的产生和发展，成长起来的民族资产阶级就其所代表的生产关系说，是比农民更先进的阶级，因而提出了振兴中华的比较全面的纲领，开始了比较完全意义上的资产阶级民主革命。但是，又要懂得近代中国人民的反帝反封建斗争与民族资本主义经济的产生和发展是相辅相成的，并且后者是以前者为条件的，因为近代中国帝国主义与封建主义相结合，阻碍中国发展资本主义。太平天国反封建的革命风暴，沉重打击了清王朝的封建统治，从而也就掘松了产生资本主义的土壤。可以说，洋务运动在一定历史时期，对中国资本主义的产生起了一定的促进作用，而这一情况的出现，在某种意义上说，正是清王朝在太平天国农民战争的打击下不能照旧维持下去的表现。反洋货是义和团“灭洋”的重要内容，致使帝国主义为之惊呼：“计自团匪大乱以来，犹未满四月也”，而“各国货物之输入中国者，则已万分疲滞，甚至有停厂闭行者矣”①。东南实业领袖张謇办的大生纱厂，就是“适庚子拳匪肇乱，海泊不至，遂获大利”。可见，义和团的反洋货，虽是笼统排外，但沉重打击了帝国主义对华的商品倾销活动。

① 《中国近代史资料丛刊·义和团(四)》，上海人民出版社1957年版，第178页。

近代中国农民战争对资产阶级革命派思想的形成和发展，更是起了不可忽视的积极作用。伟大民主革命先行者孙中山称赞太平天国领袖洪秀全为“反清第一英雄”，并以“洪秀全第二”自居。资产阶级革命成为社会思潮的主流是同多数人们“感于庚子义和团、自立军起事，知非革命不足以救国”①相关的。章太炎在《驳康有为论革命书》这篇名著里，就直接引述义和团“扶清灭洋”到景廷宾“扫清灭洋”的事实，认为义和团运动是通过革命方式，启迪民智的第一个阶段。可以说，当时一批著名知识分子最后毅然同改良派决裂，完成了他们向革命立场的根本转变，不可忽视的因素之一，就是直接或间接地受到了义和团运动高涨形势的影响和刺激。

有的论者认为：中国的贫弱，首要的原因不是列强的侵略，阻碍中国历史前进的最反动势力，是以慈禧为首的清朝政府；义和团“扶清灭洋”既不改变生产关系，也不推翻清王朝，最后“扶清灭洋”化为泡影，“大清”没有扶起，洋人更加猖獗，故义和团是“一种历史的惰性力量”。

上述看法，就是离开了近代中国社会最主要的矛盾这一基本事实。其实，在近代中国，阻碍历史前进的反动势力，不只是代表封建势力的清政府，首先是帝国主义侵略者。因为近代中国半殖民地的形成，不是中国原有封建经济规律发展的结果，而在于帝国主义对中国的侵略与中国封建势力的结合。义和团运动的结局是悲惨的，但它终于把清政府是洋人朝廷的面目暴露无遗。这就增强了中国人民的民族意识，唤起了人们的觉醒。从此，“清廷之威信已扫地无余”，“有志之士，多起救亡之

① 张难先：《湖北革命知之录》，商务印书馆 1945 年版，第 232 页。

思，而革命风潮自此萌芽矣”。[①] 应该说，近代中国农民反帝反封建英勇不屈的斗争，是中国人民最终推翻半殖民地半封建统治的强大精神支柱。

以往某些评论，往往离开时代和阶级的局限，把农民反帝反封建斗争尽力无产阶级化、理想化；评价近代中国资产阶级谋求社会进步的政治实践，又背离了历史唯物主义的原则，只看它的妥协性，不见它的历史进步性。其实，这正是否定了近代农民战争对中国社会发展所起的实际推动作用。民族资本主义经济是近代中国社会进步、民族解放的新的经济形态，而代表这一经济的民族资产阶级，则是一种新的政治力量。农民战争之所以成为近代中国社会前进的推动力量，是因它所进行的反帝反封建斗争顺乎了历史发展的潮流，在近代中国社会条件下，促进了民族资本主义经济的产生，推动了新的阶级力量谋求社会进步的斗争。

近年来有的评论又离开了近代中国社会最主要的矛盾，不承认或认识不到“帝国主义侵略中国，反对中国独立，反对中国发展资本主义”这一客观事实，不加分析地以排斥外来先进生产方式为据，把农民反帝斗争同中国民族资本主义经济的发展对立起来，或者以资产阶级的历史进步性，否定农民反帝反封建斗争的重要性。我们承认，民族资产阶级就其代表的生产关系说，是比农民先进的阶级，但近代中国的社会性质，决定了民族资产阶级在政治上是异常软弱的。离开了农民反帝反封建的斗争，其历史的进步作用，就必然受到限制。农民战争正是在近代中国的政治（反帝反封建斗争）与经济（发展民族资本

① 《孙中山选集》上卷，人民出版社 1956 年版，第 174 ~ 175 页。

主义经济）的关系方面，体现了它的历史进步作用，而不是“一种历史的惰性力量”。所以，近代中国的农民战争，就成了中国旧民主主义革命历史阶段的重要内容和重要组成部分。

（《山东师大学报》1990年增刊）

“奉天讨胡”与“扶清灭洋”

——近代中国农民战争口号评述

太平天国和义和团是中国近代史上两次伟大的农民战争。前者以“奉天讨胡”为号召，后者以“扶清灭洋”为旗帜。本文拟对上述两个口号进行评述，以加深对近代农民战争的认识。

一

“奉天讨胡”，是鸦片战争后洪秀全接触了西方基督教，创立了拜上帝会，为动员农民推翻清王朝而发布的战争檄文。

就近代资本帝国主义列强来说，战争与传教是对外扩张侵略互为利用的两个基本手段。

1840年，英国向中国发动了鸦片战争，由此进入中国的西方教会就自然带有侵略的性质，但在当时还仅限于东南沿海通商口岸及其附近地区。教会侵略不同于赤裸裸的武力侵略，是以传播教义来掩盖其侵略政策的。因而中国人民对西方教会的认识，是同资本帝国主义对中国侵略的步步加剧而逐步深化的。

清王朝到鸦片战争前已进入末世，朝野上下危机四伏，地主与农民的矛盾日趋激化，以“反清复明”为宗旨的民间秘密结社的反清起义遍及大江南北。鸦片战争不仅使清政府的威力全堕,也更加激化了原有的社会矛盾。洪秀全正是在这样的历史条件下,接触了西方基督教,从而深感“反清复明”时至今日“反清可也,复明未知其是。吾既恢复旧河山,不可不建立新朝;今时尚复用复明之语,焉能振起人心耶。若吾人说真教,赖上帝有威力之援助,则吾辈数人,可抵敌百万”①。为此,洪秀全借助西方基督教义,创立了拜上帝会,并通过《原道救世歌》、《原道醒世训》、《原道觉世训》等重要著作的论述,使拜上帝的教义,变成了发动农民战争的思想武器。“奉天讨胡”就是基于拜上帝会的教义,代表了太平天国的精神,宣告向清王朝造反的。檄文宣称“天下者上帝之天下,非胡虏之天下也;衣食者上帝之衣食,非胡虏之衣食也;子女人民者,上帝之子女人民,非胡虏之子女人民也”,“纵贪官污吏,布满天下,使剥民脂膏”,“官以贿得,刑以钱免,富儿当权,豪杰绝望”,号召人民“同心戮力”,“上为上帝报瞒天之仇,下为中国解下首之苦,务期肃清胡氛,同享太平之乐”。② 这篇檄文所表现的精神,概括起来就是尊奉天主和反清两个方面,把神权主义与种族主义融为一体,并且是在尊天主的教义下反清。

“奉天讨胡”,把横扫“清妖”与实现“天下一家,共享太平”结合起来,较之以往“反清复明”的口号,就更加深切地鼓动了被压迫的农民群众,从而发动了一次震惊中外的农民战争。然而,“奉天讨胡”是从宗教迷信中寻找农民的革命语言和思想

① 《中华民族革命史》,北新书局1930年版,第11页。

② 《中国近代史资料丛刊·太平天国(一)》,上海人民出版社1957年版,第162~164页。

武器，虽激起了农民反封建的革命风暴，但终究克服不了在斗争中出现的危机。应该说洪仁玕《资政新篇》的提出，是对“奉天讨胡”的补救，反映了由洪秀全到洪仁玕向西方学习、寻求救国救民真理的一大进步，但由于历史的局限和未能同废除封建土地所有制联系起来，因而也就不能在农民中产生强烈的反响。至于“为中国解下首之苦”，一是太平军定都天京后，颁发了《天朝田亩制度》，采用绝对平均主义的办法，平分土地，企图在小农的经济基础上，实现“处处平均，人人饱暖”的太平世界，这只是农民小生产者不切实际的空想；二是建立了以天王为首的太平天国政权，并试图以农民的设想，给这个政权加上民主的色彩，但事实是在分散的小农经济的基础之上，只能产生封建专制主义政权。太平天国“照旧缴粮纳税”的政策和“必判尊卑”的政治制度，本身就是对“理想天国”的否定，对封建社会现实的承认。

可见，“奉天讨胡”并不是基于对内外的科学认识，而是以宗教神权主义和农民的平均思想设计的为之奋斗的“理想天国”，因之，太平天国农民战争的最后失败，就成了事理的必然。

二

第二次鸦片战争在政治上产生的严重后果，一是中外反动势力联合镇压了以“奉天讨胡”为号召的太平天国农民战争，二是外国传教士潮水般地涌进了中国的通都大邑和穷乡僻壤。随着世界资本主义过渡为帝国主义，教会侵略势力与帝国主义攫取在华利权明显结合，于是“拳匪之变，起于清光绪庚子，树

‘扶清灭洋’之帜以号召群众，不数月而弥漫全国”①。由“奉天讨胡”发展为“扶清灭洋”，是鸦片战争后近代社会主要矛盾发展到甲午而后的产物。史料记载，“当时耶稣教民恃势惯与平民争讼，而官吏畏之如虎，一遇词讼，对于教民无不左袒，故积而成仇。加以甲午而后，强邻肆虐，中国怯弱，人民日忿，因思外洋所恃者枪炮，必有避枪炮之术乃能御之，而金钟罩神拳之说兴矣。始则一二处秘密学习，继则遍及各村庄，纷纷设场……而乡民无知，又以仇教之故，恨敌之习，皆视为得计”②。可见，由仇教到恨敌是“扶清灭洋”提出的实际动因。正是“中国受外国欺侮，平民受教民欺压，人人衔恨，无以制之”，所以“乡民要保清灭洋，以吐中朝之气”。③ 这既说明了“扶清灭洋”提出的社会原因，也反映了这一口号所带有的阶级特征。

“扶清灭洋”之所以成了义和团的基本口号，就在于它比较确切地概括了甲午战后“强邻肆虐，中国怯弱”的社会现象，如实地表达了当时社会最主要矛盾的历史实际。于是“拳民倡义，先得人和，争为投钱输粟。倡始山东，盛于直隶，现传及各省”④。

“扶清灭洋”，打击的是帝国主义的侵略势力，不是清王朝的封建统治。但在甲午战后的历史条件下，把“扶清”与“灭洋”联在一起，就使当时清王朝内部不同的政治派别对这一口

① 《山东近代史资料选集》，山东人民出版社1959年版，第97页。

② 同上，第100页。

③ 《中国近代史资料丛刊·义和团（一）》，上海人民出版社1957年版，第347页。

④ 《义和团档案史料》上册，中华书局1959年版，第337页。

号持有不同的态度。与帝国主义有联系的洋务派官僚，认为义和团“徒以‘扶清灭洋’四字号召不逞之徒，乌合肇事”，①“今朝廷方与各国讲信修睦，忽创灭洋之说，是谓横挑边衅，以天下为儿戏”②。坚持排外的封建顽固派官僚则说义和团是“义民”，借义和团神力“扶保大清不坏”。清廷统治集团中不同政治派别对“扶清灭洋”口号所持的不同立场，就是以慈禧为首的清政府在不同时期，对义和团采用剿或抚两面政策的社会基础。

综上所述，“扶清灭洋”主要反映了农民革命性的一面，但也反映了落后保守的一面。“扶清”表现了对清王朝的本质认识不清，实际是人们早已流传的反对洋人“欺主谋国”的思想延续，是把封建国家当作被侵略的整体来保卫的认识反映。“灭洋”虽触及了时代救亡的主题，但对洋人、洋教和外来事务的统统排斥，又具有盲目排外的落后性。因此，在特定的历史条件下，义和团的反帝斗争被清朝统治者欺骗利用，迅归失败，于是要“扫清灭洋”。

三

在近代中国不同历史时期，“奉天讨胡”、“扶清灭洋”、“扫清灭洋”等农民战争口号的提出，表明近代中国既然有一个帝国主义与封建主义相结合的过程，中国人民就自然有一个反帝反封建两大革命任务相结合的过程。

“奉天讨胡”与“扶清灭洋”，两者都是以神权主义为斗争

① 《义和团档案史料》上册，中华书局1959年版，第165页。

② 同上，第178页。

的思想武器，并且都不能摆脱封建皇权思想的桎梏，这就表明农民不是先进生产方式的政治代表，不可能承担变革旧制度的历史使命。因此，依据农民的阶级属性，如何评价农民战争口号的历史作用，成了史学争鸣的问题之一，而争论的实质就是与振兴中华的关系。

众所周知，近代中国的社会性质是半殖民地半封建社会，由此规定了社会的主要矛盾是帝国主义和中华民族的矛盾、封建主义与人民大众的矛盾。这些矛盾的斗争及其尖锐化，就不可不造成日益发展的革命运动。“奉天讨胡”、“扶清灭洋”口号的提出，就是上述社会主要矛盾发展及其尖锐化的表现。但由于农民的阶级局限，对来自本身的阶级压迫和民族压迫，不可能产生科学的认识，因而也就提不出正确的斗争口号。因此说，“奉天讨胡”与“扶清灭洋”不能给人们指明振兴中华的正确道路，也达不到消灭封建统治、赶走侵略者的目的。而且应该承认，甲午战后，随着中国民族资本主义的发展成长起来的民族资产阶级，是比农民先进的阶级，因而提出了振兴中华的比较全面的纲领，开始了比较完全意义上的资产阶级民主革命。

但是又要懂得，近代中国人民反帝反封建的斗争与发展民族资本主义经济是相辅相成的，并且后者又是以前者为条件的。由“奉天讨胡”激起的反封建的革命风暴，沉重地打击了清王朝的封建统治，从而也就掘松了资本主义产生的土壤。如果说洋务运动在一定历史时期对中国资本主义的产生起了一定的促进作用，那么这一运动的出现在某种意义上说，正是清王朝在太平天国农民战争的打击下不能照旧维持下去的表现。

由“扶清灭洋”掀起的汹涌澎湃的反帝浪潮，不仅直接打击了帝国主义瓜分中国的企图，而且在当时资产阶级已经登上政治舞台的历史条件下，对以孙中山为首的革命活动起了不可忽视的促进作用。应该说，这种促进作用并不是通过义和团本身的某种先进思想，而是为资产阶级革命派革命思想的形成和发展创造了必要的社会条件。从此，“清廷之威信已扫地无余”，“有志之士，多起救亡之思，而革命风潮自此萌芽矣”①，“自亡清义和团之变，而革命党始兴”②。

所以，探究近代中国农民战争口号与振兴中华的关系，应该从考察历史现象的普遍联系和相互作用出发，既不能离开近代社会的主要矛盾，又不可同近代社会产生的新的经济形态和新的阶级力量割裂甚至对立起来。“奉天讨胡”、“扶清灭洋”表明农民虽提不出振兴中华的正确口号，然而近代中国先进阶级在谋求振兴中华的斗争中，却离不了农民反帝反封建的斗争。

（《山东史学集刊》1986 年第 2 期）

---

① 《孙中山选集》，人民出版社 1956 年版，第 174 ~ 175 页。

② 章炳麟：《中华民国开国前革命史序》，《章太炎政论选集》，中华书局 1977 年版，第 821 页。

兖州教案略述

19 世纪 60 ~ 90 年代，西方教会侵略势力深入山东内地，民教滋事之案屡见迭出。在诸多教案中，持续十年之久的兖州教案是件颇具特色的案例。探讨这一教案，可以得到必要的历史启示。

一、兖州教案原委

兖州教案的直接起因，是由德国传教士安治泰要在兖州府城建堂传教引起的。

19 世纪末年，西方传教士的触角已伸向了山东大部地区。唯因鲁南是“圣人之地，秉礼之邦”，且民风素强，各国教士不敢贸然涉足。1880 年德国传教士安治泰来到济南，天主教“方济各会”主教把他无力开拓的鲁南让给了德国人。1885 年，教皇良第十三委派安治泰“分理鲁南一带教务”。1890 年，德国又从法国手中夺取了对本国传教的保护权。从此，鲁南成了德国传教士的活动范围。

兖州教案（1887 ~ 1897）有三次大的风波。

1887 年（光绪十二年）7 月，安治泰由欧洲返回山东，要在他预先派人到兖州买的宅房建堂传教。因为在安治泰看来，兖州府城是道台的驻地，又是一个“圣”地，“孔子最主要的讲学活动和政治活动都是在这里进行的”，把这个城市纳入他传教的工作范围，就意味着“一次意义重大的胜利”①。

当安治泰在兖州城建堂传教消息传开，“绅士汤浩、范宝真等闻知，纠众不准其买宅建堂，并不准传教士在城居住”。绅民白昼封锁城门，查拿卖房之人，并将安治泰所买吕锡光房宅拆掘一空，买归东鲁书院当作义学；复将张宝干所卖之房的门窗拉去，其宅亦被绅民买下改为崇正书院②。与此同时，当地绅民还到处张挂仿照官版刊印的《兖民揭贴》，号召“东鲁义士驱逐洋教”，揭露天主教“弃伦灭理”，提出“斩杀汉奸，以清内乱，驱逐洋教，以靖外尤”，并且指出“天主教起自欧罗巴洲，蔓延中国……尤复好行强横，唯利是图，以夺人之国为奇功，占人之土为豪举”，“入教后，有事即以教民为兵，逼令捐输金银，充其兵饷，并驱令冲挡头阵，使我中国人自相残杀。既以此术占据印度、暹罗、缅甸、金边等国。而越南为近年之事，征兵索饷残害生灵，据其疆土，人所共见共闻”。并列举刘永福、冯子才的抗法英雄事迹，明确提出：“现在中国二十省军民，同深义愤，欲翦元凶，天之灭鬼，殆其时矣。”③

兖州教案风波迅即波及济宁、邹县。1888 年 6 月 16 日鲁抚张曜奏说：“近年山东济南、兖州、济宁、东昌、沂州各府州属教案，屡起衅端。”“近倡而远亦随，此惩而彼不戒。”④表明中法战争后山东反洋教斗争的日趋高涨。

---

① 《山东教案史料》，齐鲁书社 1980 年版，第 283 页。

② 同上，第 221 页。

③ 同上，第 221 ~ 224 页。

④ 同上，第 297 页。

安治泰于兖州被逐后，按二连三地上诉德国驻京公使。公使要清廷总署饬令地方官将绅士汤浩、范宝真等严行惩办。对所张匿名揭帖，由地方官“严行扫去净尽”，并声明：“安教士不日即将回鲁，应先由该处官吏先行设法保护，以符条约，而遵照谕旨所明言，准天主教遍传各省。”[①]对此，总署表示：“兖州系属孔圣故里，为儒教根本之地。若欲在该处建立教堂，非但本地人忿忿不平，即天下之人亦必闻而惊骇。”[②]至于鲁抚张曜，当时更是深感日趋剧烈的民教冲突对其统治的严重威胁，便上奏说：“仰恳天恩，饬下总理衙门照会法美各国公使，所有山东所属地方，除现有教堂外，勿再增添，以弭事故。”[③]然而，安治泰决不放弃“条约应得之权”，为在孔教的圣地建立一座十字形教堂，抓住案件不放，并且节外生枝，显然是有其明显的政治背景的。

1890年(光绪十六年)，安治泰到欧洲去旅行，乘机把他的传教纳入德国的保护之下。当德皇听到安治泰的窘境之后，立即下令授权给主教，继续力争在兖州城建堂传教。德国驻华公使当即(1890)派其天津领事司艮德先到兖州府去，“以舍生忘死的精神”承担安治泰所不能完成的艰巨任务[④]。司艮德要求“归还至为尊敬的主教先生正当得来的那块宅基，至少也要给一块同样大小，同样合适的地方”。对此，清朝的官员踌躇不决，“因为群众绝不会容忍外国人在这个城市里住下去”。果然，在一个晴朗的早晨，全城撒满了红色的揭帖，宣称“吾本邑

---

① 《山东教案史料》，齐鲁书社1980年版，第222页。

② 同上，第225页。

③ 同上，第298页。

④ 同上，第285页。

士民团期于十二月二十五日痛击并驱逐鬼子”。二十五日这天,“街上的人群数也数不清”,“来回穿行就像滚滚的海水震荡起伏”,他们被“分成四十八团,每团五百人”。当队伍向着官署封闭的客栈冲来时,“领事提着亮光闪闪的手枪,向县令担保,队伍如果有人胆敢冲进来,他的第一个六发子弹就让他们粉身碎骨,然后他将手持国旗,为德皇献身”。最后“韩·理加略神甫用石笔在熏黑的墙上写了这样一句话:‘我们走,但我们还回来。’”①

总署函称:“连日绅民聚议,四散流言,迭经职道督同府县出示晓谕,惟人心团结,众怒难犯,实属防不胜防。而司领事坚执己见,非得地不去,难保无意外之虞。官法已穷,保护即无把握。惟有仰恳速饬济东道函会同领事,暂行他去。”②

鲁抚张曜函载,上年冬间司领事来兖,“甫及入城,流言即起……逐队随群,几至不可遏止……见所来俱属乡民,手执尽系农器”③。上述记载表明,兖州府群众驱逐洋教的斗争,已逐步摆脱了自发性,进入了有组织的包括更多下层乡民反对洋教入侵的新阶段。

司艮德认为他的被逐,是由“儒生煽惑,百姓驱从”。为此,由德国公使巴兰德向总署提出要“将凌辱本国教士暨司领事首从各犯按律拟罪,并按条约所准,派本使署一员前往观审”④。对此,鲁抚张曜致总署函说:“兖州居近圣人,俗称质朴,耕读而外,绝少樊迁,洋人设教建堂未免骇人闻听。”至于

---

① 《山东教案史料》,齐鲁书社1980年版,第285~289页。
② 同上,第238页。
③ 同上,第242页。
④ 同上,第248页。

"若谓必有倡首之人,则众心难齐,反恐不能如此响应",实是"事出公忿"。[①] 乍看起来,司艮德来兖对教会的发展,可说毫无成果,事情仍然停留在原来的阶段上,但这只是狂风恶浪来临前的一时沉闷。

1893年(光绪十九年),安治泰由欧洲领受了德皇授予的权利来到中国,于是兖州教案风波再起。安治泰同德国驻华公使几经策划,决定由他自己再到兖州府的衙门去"试探试探"。消息传来,县属城关绅民吴春来等联名公禀:"各处聚众以为攻击之计。"又有四乡二十四社绅民黄大年等呈诉:"洋教不入,民自相安,洋教一入,民心惶惶。"[②]当1895年闰五月初二日,安治泰到兖,正在司马第庙里和道台商谈,好多穿着破烂衣衫的人冲进了前庭,高呼"要洋鬼子出来","这次他们真要打主教,为的是向主教表示民众确实不要洋人"。安治泰身处险境,急忙跳上道台的车,然后"把道台作为防御物安排到自己面前",飞快向客栈驶去。于是,聚来的民众便拿安治泰的一个仆人泄愤,"四面八方来的棍棒像雨点一样打到他的身上"[③]。这天正逢职道考课,"书院童生闻知洋人入城不肯领卷,郡民因虑官为允许(建堂),不期而集,情势汹汹"。时人认为"安教士目击情形,谅必知难而退"[④]。

其实相反,安治泰却以再次被逐为借口,联合德国公使馆"打算无情地运用它的权利"[⑤],把教案问题与攫取在华权利紧

① 《山东教案史料》,齐鲁书社1980年版,第242~243页。
② 同上,第295页。
③ 同上,第288页。
④ 同上,第263页。
⑤ 同上,第289页。

紧结合在一起。为此,德国公使强烈要求总署惩责地方官绅,派"体统官员"送安治泰进兖州暂行居住,对今后再有官员绅董煽惑百姓情事,"如果贵国未能迅速力为弹压,本国政府无奈设法自行保护"①。在德使炮舰政策威胁下,总署由以往的"大意总在不允建堂"变为德使的要求"系奉国谕,难更改"②。对此,鲁抚李秉衡认为:"盖因此民心不服,激成变端,则安治泰的生命或不可得,其开衅更大,仍为国增累。"③

1896年(光绪二十二年),正当兖州教案风波急剧升级,德国为在山东抢占军港,蓄意利用兖州事件"作为行动的借口",以及安治泰"为其教会利益热烈主张采取积极行动"时④,1897年11月,巨野教案发生。德国以此为借口,强占胶州湾,掀起了瓜分中国的第一个狂潮恶浪,并在兖州城建起一座带有皇帝保护牌的"敕建天主堂"。与此同时,山东反洋教斗争的民间秘密结社组织,面对着严重的瓜分危机迅速发展壮大,终于汇成了义和团反帝爱国运动。

二、兖州教案的特色与性质

中国近代史上的教案,从总体上说,是资本帝国主义侵略政策的产物。但具体到每个教案,情况又各不相同。兖州府区的独特的社会条件,使兖州教案较之山东其他教案,颇具如下之特色。

一是洋教与当地礼俗政教的矛盾冲突特别尖锐。"兖州居

---

① 《山东教案史料》,齐鲁书社1980年版,第268页。

②③ 同上,第281页。

④ 同上,第282页。

近圣人，俗称质朴，耕读而外绝少樊迁”，这就是兖府地区经济、政治、思想的特点。牢固的封建自然经济结构，使之绝少与外界发生往来；孔丘的乡里，使当地绅民“久已涵濡圣泽”，因之崇奉儒教。习以伦常，首重祀祖尊孔。社会存在决定人们的思想意识，兖府地区的独特社会条件，决定了当地绅民在政治思想上，深闭固距，排除“异端”。然而，外国传教士闯进山东之后，为了适应他们的宗教教义和侵略的需要，对当时社会人们的意识形态和风俗习惯，特别是祀祖尊孔、迎神赛会、求神祈雨以及男女授受不亲等等封建礼俗进行着广泛的冲击。因为在外来传教士看来，所有的中国人，只有违背他们国家的传统宗教习惯，才能成为西方教会侵略势力的奴隶。安治泰说：“中国人是他们官长的奴隶，又是他们文化的奴隶，为了争取民众，必须争取官长站到自己一边，为了在农村取得成就，就必须在城市取得威信。”①安治泰就是基于上述想法，下决心要在兖州府城建堂传教的。而兖府区的绅民，则以为天主教“弃伦灭理”，“教堂立，则洋教行，洋教行则淫祸起”。② 这样，当地的礼俗政教与洋教的矛盾就发生了尖锐的冲突。

二是士绅倡导于始终。士就是当地的儒生，是封建知识分子，大部分出身于中小地主家庭，社会经济地位不高，知书达礼，是社会上较敏感的一个阶层。绅是在当地具有身份地位的人，是地方封建宗法制的代表，又是当地阛邑的至尊。这些人是封建礼教的卫道者，又具有号召和组织的能力。他们在驱逐安治泰在兖州建堂传教的斗争中始终起了倡导的作用。表现

---

① 《山东教案史料》，齐鲁书社 1980 年版，第 284 页。

② 同上，第 315 页。

在:第一,通过刊印揭帖、贴帖告白,揭露天主教“引入暗室,不论男女,脱其衣裳,亲为洗灌”,“令教民将其祖先神牌送教堂劈坏,所有天地造等神呼为魔鬼,均不许供,但供耶稣十字架”①。特别是他们援引在中法战争中,法国利用天主教进行侵略活动的前例,要人们认识到传教的后果就是国土的沦亡,在当时是颇能激动人心的。第二,士绅之间相互串联发动民众,策划对策。例如,“士民团期于十二月二十五日痛击并驱逐洋鬼子,集合地点:司马第”,联名“公禀”、“呈诉”,“职道考课,书院童生闻知洋人入城不肯领卷”等多种形式的串联活动,这样,就使绅民在这场驱逐洋教的斗争中“并为一心,已有蹈死不悔之势”,迫使安治泰十年之久不能在兖州城立住脚跟。

三是总署、山东地方官吏始终介入其间。在这场驱逐洋教的斗争中,因为兖州是儒教根本之地,不仅士绅倡导,且上至清廷总署,下至山东地方官吏始终介入其间。他们都认为“兖州系属孔圣故里”,如果允准安治泰在此建堂传教,不仅会使孔教这一封建社会的传统精神支柱发生动摇,也害怕由此激起民变。为此,他们都力图阻止德国天主教进入兖州城。为此,德国公使既对部署“每以兖州系属孔圣故里,盖民情不愿两节,为教士不准入城的关键”②的理由表示极大的不满,又指责在被逐事件中,“教士受侮,地方官或不能为力,或不肯分神”③,“领事被围,该守仍袖手旁观”。④

① 《山东教案史料》,齐鲁书社 1980 年版,第 223 页。
② 同上,第 252 页。
③ 同上,第 245 页。
④ 同上,第 241 页。

然而,兖州教案持续十年之久,最终并未成为山东义和团反帝爱国运动的首义之区,这是因为:一、士绅倡导除指导思想上带有较浓厚的封建性,在斗争方式上也存有明显的局限性。如史料所载:“要知乡民聚众之时,若无一二儒士劝导,其间必致酿成大事。闻他处烧房杀人之事,必皆无儒士劝阻其间。”① “绅董虽不愿外教,亦不敢妄生枝节。”②可见士绅在倡导这次斗争中,始终把斗争局限在合法的斗争限度之内。因为士绅在政治上是与地方官吏既有密切的联系又有依赖的社会阶层,在斗争中就不可能不受到地方官吏对处理教案抱着“息事宁人”态度的影响和制约。二、总署、官吏的始终介入,他们在民众压力下,对安治泰要在兖州城建堂传教,虽有抗争的一面,但又都具有半殖民地封建官吏的社会属性,把群众驱逐洋教的斗争,往往通过“众绅”加以控制,不致激起衅端,“为国增累”。三、兖府地区从政治到思想无疑是清廷统治的强区之一,下层群众的秘密结社组织难以存在。所以,民众在这场斗争中无力摆脱官吏士绅的控制,冲破合法斗争的局限。

这场斗争虽存有明显的局限性,但它反对的确是以传教来掩盖帝国主义侵略政策的传教士。“德夷窥伺山东,蓄志已久,分布教士,散处各邑,名为传教,实勘形势。”兖州教案是德国在山东侵略扩张政策的产物,随着 19 世纪末民族危机的不断加深,民族矛盾由激化趋向日益尖锐而不断发展,兖府区的民众在驱逐德国传教士安治泰在兖州城建堂传教的斗争中,组成了

---

① 《山东教案史料》,齐鲁书社 1980 年版,第 245 页。

② 同上,第 250 页。

“士民团”,出现了“人群数也数不清”,“就像滚滚的海水震荡起伏”①的斗争场面,足以证明这是一场颇具规模的以人民大众为主体包括社会各阶层参加的驱教运动,是19世纪末中华民族与帝国主义的矛盾趋向尖锐化的表现。这场斗争反对的是外来的民族压迫,因此,它顺应了近代中国社会的历史潮流,反帝的正义性质应予肯定。

三、兖州教案的历史启示

联系这一教案发生和发展的过程,作一初步的探究,会使我们得到如下的历史启示。

第一,就这一教案的发生和发展的过程论,正是从中法战争到中日甲午战争结束,是中国半殖民地半封建社会形成的时期,也是帝国主义与中华民族的矛盾由激化到日趋尖锐的时期。民族压迫是最大的压迫,因此,在这场斗争中,不只士绅倡导、民众应起,且清廷总署、山东地方官吏都介入了。他们对洋教的入侵,在一定时期表示了抗争。这是因为教会侵略势力的愈加猖獗,特别是传教士的抗拒法令、僭越权柄等不法行为,激起了不少大小官吏对传教士的怨恨之心。他们认为:“是侵官吏之权,事已难恕,甚至侵国家权,情实难容。似此无礼之极,安得不犯众人之怒。”他们的感受是“犹之一国中有无数敌国而自专自主者”。②由此可见,对近代中国封建统治阶层与外国侵略者之间的关系,虽其主要方面是妥协、投降,但也不可忽视民族矛盾的因素,把两者在这一时期都说成是没有矛盾的勾结是不符合历史事实的。

---

①② 《山东教案史料》,齐鲁书社1980年版,第417页。

第二，中国近代史的教案是比较复杂的问题。就兖州教案言，洋教与中国封建的社会礼俗政教的矛盾冲突是不可忽视的问题。中国封建社会长期以来在意识形态方面占统治地位的儒家思想，以及在这种思想支配下的传统的风俗习惯，这些意识形态是封建统治者进行统治的精神支柱。而教会侵略，是以传播教义来掩盖其侵略政策，不同于赤裸裸的武力侵略。因而教义的矛盾和冲突往往是反洋教斗争兴起的重要原因之一。例如：《兖民揭帖》说天主教“其教义弃伦灭理”，“我鲁为圣人之地，秉礼之邦，家读孔孟之书”，“遇有洋人入境，立即逐出境外”。因此，在反洋教斗争的初期，地方士绅是个比较活跃的社会阶层。他们往往以摆脱“异端”、保卫“道统”为号召，成为反洋教斗争的倡导者。但反洋教斗争的性质绝不是教义之争，而是同传教士以传教为掩盖推行其侵略政策的政治斗争。例如兖州教案，突出地表现了当地礼俗政教与洋教的矛盾冲突，但兖州教案的发展过程始终是同德帝国主义在山东的侵略扩张政策密切联系在一起的。洋教士是以炮舰为后盾，以不平等条约为护符闯进中国来的，是以伪善的传教为帝国主义殖民政策服务的。

第三，就《兖民揭帖》的内容看，以1885年的中法战争为契机，兖府地区的士绅就开始认识到洋教是帝国主义进行侵略的工具。但是，由于兖府地区的独特社会条件，这场斗争仍是集中表现为不准洋教入境的斗争，斗争方式也仅仅限于合法的范围之内。山东反洋教斗争开始演变为反帝爱国运动，应该是甲午战争之后，如同史料所载：“甲午而后，强邻肆虐，中国怯弱，人民益忿，因思外洋所恃枪炮，必有避枪炮之术乃能御之，而金钟罩神拳之说兴矣。”于是乡民“又以仇教之故,恨敌之心,皆视为得计”。[①] 由仇教到恨敌,就是反洋教斗争演变为反帝爱国运动的实际内容。因而甲午而后兖府地区驱逐洋教的斗争由原先士绅倡导逐渐为下层劳动群众的民间秘密结社所代替,它反映了19世纪下半叶中国教案发展的一般规律。

(《山东师大学报》1984年第6期)

① 《山东近代史资料选集》,山东人民出版社1959年版,第100页。

近代山东的“驱教”与“灭洋”

近代山东的“驱教”与“灭洋”，是反洋教斗争既有联系又有区别的两个阶段。由“驱教”演变为“灭洋”，不仅与民族矛盾的日趋激化密切相关，并且受着当时山东政治、经济情况的制约和影响，今就这个问题谈点粗浅看法。

一

山东反洋教斗争是从19世纪60年代随着洋教势力的入侵开始的，到中法战争后趋向高涨。1888年6月（光绪十四年五月），鲁抚张曜奏称：“近年山东济南、兖州、济宁、东昌、沂州各府州属教案屡起衅端。”“遇有卖地于彼盖造教堂，则一哄而聚，拆毁有之，近倡而远亦随，此惩罚而彼不戒。”①这表明中法战争后在以鲁西南的兖州地区为中心，兴起了以反对建堂传教为内容的“驱教”斗争。

那么，“驱教”高涨的兴起为什么不开始于帝国主义军事、经济势力庞大的山东半岛沿海各地，而是在帝国主义军事、经济势力尚未渗透的鲁西南地区？这首先与教会侵略的特点及

① 《山东教案史料》，齐鲁书社1980年版，第297页。

民族矛盾的激化有关。中法战争以后,洋教势力已侵入了山东的穷乡僻壤,并集中在南境和北境地区。据《拳祸记》统计,19世纪末,天主教势力在山东分布情况是:东境,洋教士12人,华教士2人,教徒1.1万人,住堂4,公所138;北境,洋教士13人,华教士15人,教徒1.8万人,住堂7,公所417,公堂216;南境,洋教士31人,华教士11人,教徒1.6万人,住堂9,公堂21,大堂5,小堂72,分堂270。南、北境两个教区,平均每乡就有一个教堂或公所。而在鲁西北山东、直隶交界的"冠县十八村",有大教堂一处,小教堂九处;在鲁西南的单县东南乡李集一带,方圆不到二十里的范围就设立了七个教堂;在巨野形成了以磨盘张庄为中心的传教网,张庄有三分之二的人入了教,仅被教堂收容的姑娘、修女即达二十多人。① 而且在上述两个边界地区,政府的控制历来比较薄弱,各种宗教、民间秘密结社长期广泛流传,素称"盗贼之薮"、"难治之地"。近代山东"驱教"高涨于这里,与上述情况有关。

其次,与该地区的独特社会条件有关。山东虽然历史上为"圣人之地,秉礼之邦","士民笃守儒先,较各省尤为亲切"。②由于政治、经济发展的不平衡,19世纪下半期,沿海地区交通便利,烟台开埠以来,受外来侵略势力的刺激,封建经济基础和上层建筑开始动摇,而"西南各属皆耕读为业",与外国人来往不多,对外来事物"少见多怪,动辄疑惧"③,再加上占统治地位的儒家思想及其支配下的传统风俗习惯,这种封建的礼俗正教

① 《山东近代史资料》(第三分册),山东人民出版社1961年版,第28页。
② 《山东教案史料》,齐鲁书社1980年版,第245页。
③ 同上,第246页。

与教会的侵略必然发生矛盾。这往往是“驱教”斗争首先兴起的重要原因。

“驱教”斗争往往是由当地士绅倡导，百姓应从而起。士是儒生，封建知识分子，社会上较敏感的阶层；绅是地方上有身份地位的人，地方宗法势力的代表，封建礼教的卫道者。但绅士都有号召和组织能力，他们或通过刊印揭帖、贴帖告白，以激发人们对天主教的义愤，或通过联名“公禀”、“呈诉”等形式串联发动民众，使之“并为一心”驱逐洋教。例如：《兖民揭帖》号召“东鲁义士驱逐洋教”，揭露天主教“弃伦灭理”，提出“斩杀汉奸，以清内乱，驱逐洋教，以靖外尤”①。其积极作用是应肯定的。

还应承认，由士绅倡导的驱教斗争的性质主要不是教义之争，而是同洋教侵略势力的政治斗争。《兖民揭帖》中明确指出：“天主教起自欧罗巴洲，蔓延中国……尤复好行强横，唯利是图，以夺人之国为奇功，占人之土为豪举。”又说：“即以此术占据印度、暹罗、缅甸、金边等国。而越南为近年之事，征兵索饷残害生灵，据其疆土，人所共见共闻。”②说明中法战争后，绅士和人民已认识到教会是帝国主义侵略工具的本质，只是这种认识还仅是来源于法国对越南进行侵略的间接教训，还没有同当时中国民族危机的现实直接联系起来，因而在驱教斗争的实践中集中表现为不准洋教入境的斗争。

须要指出，由士绅倡导的驱教斗争，首先在指导思想上带有浓厚的封建性。如邹县《亚圣府孟氏》揭帖，便直接打出维

① 《山东教案史料》，齐鲁书社 1980 年版，第 223 ~ 224 页。

② 同上，第 223 页。

护“道统”的旗号说:“春秋战国之时,若无孔孟,则道统不存。今洋教蜂起之日,亦道统存亡之际也。”①其次在斗争方式上也存有明显的局限性。如史料所载:“要知乡民聚众之对,若无一二儒士劝导,其间必致酿成大事,曩闻他处烧房杀人之事,恐皆无儒士劝阻其间。”“绅董虽不愿外教,亦不敢妄生枝节。”可见士绅在倡导驱教的斗争中,始终把斗争局限在合法的范围之内,斗争的结局只能是“修建教堂,虽民间执意不愿,然事关条约,地方官不能不允为办理”。

与士绅倡导的“驱教”斗争不同,下层群众自发的“驱教”斗争,一不受封建思想的支配,二不受合法斗争形式的束缚。因为他们是教会侵略的直接受害者,对那些借势欺压平民百姓的教士、教民,恨入骨髓必欲驱尽而后快,“烧房杀人”之事也会发生。这是“驱教”斗争继续深入发展的根本动因。

须要明确,甲午战前无论是由士绅倡导的反对建堂传教的斗争,还是下层群众自发的反抗教士教民欺凌平民的斗争,从总体上说都还未能与“灭洋”即反帝发生直接的联系。只是表现为反抗洋教暴行的斗争,而且这种斗争是各地彼此孤立的属于词讼案件,尚未摆脱官府的控制。但是,“驱教”斗争为人们在特定历史条件下由“驱教”演变为“灭洋”奠定了思想基础。

二

1894 年的甲午战争,成了近代山东“驱教”与“灭洋”开始结合的契机。

甲午战火烧到了山东沿海,山东人民首感丧师辱国之痛,

---

① 《山东教案史料》,齐鲁书社 1980 年版,第 314 页。

洋枪洋炮之害。再是甲午而后“洋焰日炽”①,史料记载:“当时耶稣教民恃势惯与平民争讼,而官吏畏之如虎,一遇词讼,对于教民无不左袒,故积而成仇;加之甲午而后,强邻肆虐,中国怯弱,人民日忿,因思外洋所恃者枪炮,必有避枪炮之术乃能御之,而金钟罩神拳之说兴矣,始而一二处秘密学习,继而遍及各村庄,纷纷设场……而乡民无知,又以仇教之故。恨敌之心,皆视为得计。”②民教矛盾日深一日,鲁西南大刀会由此兴起。1896 年终于爆发了曹县大刀会起事,并首次提出了“灭洋人,杀赃官”③的口号,从此,由“抵御盗贼,保卫身家”缘起,到“以诛锄西教为本旨”,“非毁尽教堂不散”④的“驱教”斗争,发展到了“灭洋”、反帝的新阶段。这次起事虽遭到清统治者的镇压,但“四散逃逸”的会众反而把灭洋火种播遍到四方。

1897 年 1 月,大刀会袭击巨野张庄教堂,杀死两个德国传教士,此即“巨野教案”。德国以此为借口,出兵强占胶州湾,并把山东划为它的势力范围,列强由此掀起了瓜分中国的狂澜。“自德人据有胶澳,意直以山东为其所有。入其教者,以护符密迩,日益鸱张,鱼肉乡邻,无所不至。”⑤面对着空前严重的民族危机和洋教的日益肆虐,山东人民的反侵略反洋教的斗争更加高涨起来。大刀会、义和拳等民间结社组织迅速发展壮大,1898 ~ 1899 年间,已遍布全省各地。1898年 10 月在“教堂林立、民教构怨为日已深”的冠县,由赵三多、阎书勤等首次以

①⑤ 《义和团档案史料》上册,中华书局 1959 年版,第 42 页。

② 《山东近代史资料选集》,山东人民出版社 1959 年版,第 100 页。

③ 《近代史资料》1957 年第 1 期。

④ 《义和团档案史料》上册,中华书局 1959 年版,第 1 页。

义和拳的名义举义,号召拆堂打教,“助清灭洋”,“啸众数千人,蔓延十余县,声势大振,风鹤频惊”①。在山东的东部和南部的不少州县,也在大刀会领导下,燃起了“灭洋”的烈火。德国传教士薛田资记载说:“在山东东部的居民中间,从1898年底就开始骚乱了。大刀会把它的嫩枝移植到了那里去,这嫩枝在‘黑会’的名义下繁花怒放了。自从沂州府及其丰富的矿产和煤炭被特别多的德国工程师、商人、旅游者访问以来,人们倍加相信他们受到的威胁首先来自青岛,并试图通过这个黑会的建立阻止欧洲人向内地入侵。”1898年1月,当薛田资逃到日照时,被群众抓住游街示众,说:“我们在这里抓住的这个人,就是侵占我们国家的人。”1899年以朱红灯和本明和尚为首的义和拳在平原、恩县一带揭竿起义,提出了“先学义和拳,后学红灯照,杀了洋鬼子,灭了天主教”的反帝口号。从此,“灭洋”的反帝烈火迅速燃遍了整个山东大地。

上述情况说明,第一,从甲午战争和胶州湾事件以后,随着中国民族危机的日益加深,教会侵略与帝国主义攫取在华利权明显结合,人们对洋教侵略的本质认识深化了,如人们认识到“德国天主教是把德人作为军事力量引进山东省来的有效原因”②,激起了人们对帝国主义侵略者的义愤。第二,又因“中国怯弱”,教士教民欺压平民,官吏一味庇教抑民,民“以官府不足恃”,也激起了人们对清政府现状的不满。义和拳“助清灭洋”、“扶清灭洋”等口号的提出,就反映了我国农民对当时社会现实的认识。他们从直接感受的感性认识出发,把对“洋

① 《山东近代史资料》(第三分册),山东人民出版社1961年版,第324页。
② 《义和团会刊》1981年第2期,第26页。

人”、“洋教”、“洋货”的仇恨概括为“灭洋”。第三,大刀会、义和拳以民间武术团体为组织形式,以宗教迷信为斗争的思想武器,“其用于惑人者,谓能避枪炮”,“其借以动人者,谓图灭洋教”。[①] 因此,“仇教”、“恨敌”的乡民“尊之敬之,踵门拜师者,趋之若鹜”[②]。

史实表明,近代山东的“驱教”演变为“灭洋”,同样不是起始于帝国主义军事、经济侵略较重的山东半岛沿海各地,也不是起始于曾经出现过“驱数”高涨的鲁南“圣人之地”,而是起始于鲁西南的曹县和鲁西北的冠县边界地区,因为上述边界地区犬牙交错,“匪徒最易潜踪”,政府控制力量历来薄弱,且教会势力相对集中,民教构怨为深已久,各种宗教和民间秘密结社又长期存在,为旧式农民进行斗争提供了最为得心应手的组织形式和思想武器,因之,成了由“驱教”演变为“灭洋”的首义之区。

三

近代山东人民反洋教斗争及其演变的历史,为我们提供了如下的启示。

(一)就其演变过程论,明显地体现着“帝国主义与中国的封建势力相结合把中国变为半殖民地和殖民地的过程,也就是中国人民反抗帝国主义及其走狗的过程”[③]。从19世纪60~90年代,是世界资本主义过渡为帝国主义的时期,在这期间发

① 《山东近代史资料》(第三分册),山东人民出版社1961年版,第237页。

② 同上,第192页。

③ 毛泽东:《中国革命和中国共产党》,《毛泽东选集》,人民出版社1990年版,第595页。

生的中法战争、甲午中日战争、胶州湾事件，正是世界资本主义过渡为帝国主义对外侵略扩张政策的产物，也是帝国主义与中国封建主义相结合把中国变为半殖民地和殖民地这一过程的明显暴露。这就使得中华民族与帝国主义之间的矛盾由激化趋向尖锐。由于教会侵略的特点，在反洋教中，虽也表现了中国政教礼俗与洋教的矛盾，但最根本的还是中华民族与帝国主义之间的矛盾。应该说，近代山东人民反洋教斗争史，实质上就是由反抗教士教民欺压平民发展为反抗帝国主义压迫和侵略的反帝斗争史。

（二）近代山东人民的反洋教斗争，是受山东政治经济发展不平衡的制约和影响的，表现在“驱教”的高涨和“灭洋”的起始，不是同当时商品经济较发展的鲁东地区相联系，而是同封建经济结构较牢固的鲁西地区相联系。因此，由“驱教”发展为“灭洋”，和甲午战后兴起的维新运动不同，它不是当时中国社会内部新兴经济的反映，而是同封建经济结构相联系的旧式农民对教会侵略势力和帝国主义瓜分侵略的直接反抗，因而在斗争中就必然带有较多封建落后因素。例如在“驱教”斗争中，地方士绅往往以排斥“异端”、保卫“道统”来反对传教士的暴行；在人民“灭洋”斗争中，又是以民间结社和多种宗教迷信来组织和武装群众。这一方面表现了人民反帝斗争的巨大力量和正义性，另一方面也表现了农民的愚昧落后和缺乏斗争的方向。

（三）尽管“驱教”、“灭洋”的斗争带有浓厚的落后色彩，但它体现着近代中国人民反对帝国主义侵略、争取民族独立这一首要历史课题。洋教士是以炮舰为后盾，以不平等条约为护符闯进中国来的,是以伪善的传教为帝国主义殖民政策服务的,“驱教”斗争实质上是反对帝国主义殖民侵略的政治斗争;“灭洋”虽也包含着笼统的排外,但其主旨是反帝,表达了当时中国广大劳动人民在民族危亡之秋“救亡”、“求生”的迫切要求,其反帝爱国的正义性质是十分鲜明的。以后以农民为主体的义和团反帝爱国运动,就是在反洋教的基础上,在“灭洋”旗帜下发展起来的。应该承认,近代中国人民的反洋教斗争,是中国旧民主主义革命的重要内容和重要组成部分。

(《东岳论丛》1986年第1期)

试论反洋教斗争中的官、绅、民

近代中国的反洋教斗争，是中国人民以反对教士和外国教会为表现形式的反侵略斗争。参加的成员来自社会各个阶层，发生的教案不下数百起。本文仅以具有代表性的教案，探求一下官、绅、民在反洋教斗争中的态度和作用，以期有助于对贯彻这一斗争始终的主要矛盾的认识。

一、随着第二次鸦片战争和一系列不平等条约的订立，在贵州、湖南、江西等省迅即兴起了焚毁教堂、驱逐洋教士斗争的高涨。对此，外国侵略者叫嚷："所有和约并不通行各省，即或通行到省，而督抚又不能转行所属，并将天主教益加禁革，比未立约之先，更残且酷，实出情理之外。"然而，江西巡抚沈葆桢认为："教堂一案，事虽起于仓卒，而积衅非伊朝夕，自庚申八月之变，普天同愤。士民含酸茹痛，以迄如今。"①说明反洋教的高涨是西方列强对中国发动第二次鸦片战争，民族矛盾开始激化的反映。

1861 年，贵州天主教主教胡缚理借《北京条约》订立，以征服者的态度，要贵州抚署承认天主教在条约中取得的特权。贵

① 《反洋教书文揭帖选》，齐鲁书社 1984 年版，第 40 页。

州巡抚何冠英、提督田兴恕置《北京条约》于不顾，要各地方官对洋教士“以外来匪人目之”，“借故处之以法”。[①] 于是发生了焚毁贵阳青岩教会学堂、处决教民四人的贵阳教案。

当贵州驱教斗争高涨时，湖南豪绅公议驱逐天主教，并发布全省公檄。因之，湖南湘潭、衡阳、清泉，江西南昌焚毁洋教堂的风潮同时兴起。

对上述教案的发生，法国公使宣称，贵阳之事“皆系地方官有意激成”；衡阳民众毁堂，“地方官不行阻拦，更于中极力挑唆”[②]；南昌民众敢与教士为难，“均由大吏巨绅袒护致然”。[③]而湖南巡抚毛鸿宾函称：“士民之举动，非地方官所能勉强，苟非心之所愿，虽驱之而亦不肯为……纵能唆使一二人，亦岂能唆使千万人。”

然而，反洋教是同清政府实行的“中外和好”的方针相冲突的。因而上述教案发生后，清政府在法国公使逼迫下于同治元年颁布上谕，向地方官反复解释：“天主教原属异端，无如在咸丰八年以前早已弛禁。况此时既与法国换约，而上海等处复借其兵力以制逆匪，不得不暂行羁縻……各地方官仰体朝廷不得已之苦衷，妥为驾驭，弗令滋生事端。”[④]

对此，沈葆桢奏称，“他当即督同司道，邀集公正士绅”传旨，而“各官绅深明事理”，“并无异议”。但是反洋教的“匿名揭帖，愈贴愈多，此处揭去，他处复贴”，访查原因，街谈巷议“咸谓官借外国，威逼小民”。[⑤]

---

① 《反洋教书文揭帖选》，齐鲁书社1984年版，第28页。

② 《教务教案档》第一辑（一），第1057页。

③ 同上，第929页。

④ 同上，第943页。

⑤ 同上，第944页。

面对民众驱教高涨的威力，先是沈葆桢具折请旨“严议”。他认为这样，“在外人见疆吏已得重咎，可以平其气而无事他求，在百姓见官长且难姑宽，可以慑其心而不敢复逞”。①

再是，湖南巡抚毛鸿宾将湘潭、清泉、衡阳三县令奏参摘顶，明知“如此办理，未必尽调众口”，但他深感“受国厚恩”，“何敢自博爱民之虚名，而置国家于不顾。所幸此间绅士尚多识大体者”。② 可是，当他刊刻告示、剀切晓谕时，迎来的则是“人言啧啧，至有议为袒护彼教者”③。

至于原先倡导反洋教的贵州提督田兴恕，终于在清廷上谕的“训导之下”，表示“深知悔恨”，“痛哭流涕”。自此之后，一般士绅“畏教如虎，外教势力日益抬头，渐至肆其权威、干涉行政，地方官为求息事计，每求必应”。

不论是官的“深知悔恨”，或是绅的“通识大体”，都表明在朝廷的谕旨下，官绅在反洋教斗争关键时刻的退却。因而民众为之愤慨地说：官府士绅总是依赖洋人，“我们如今都不要管他，我们只做我们的事”④。

可以说，在反洋教斗争中发生的民同官绅的矛盾，实际上就是在反抗外来民族压迫中人民大众与清王朝封建统治者的矛盾。

二、外国传教士为建立教堂和住宅，首先要掠夺房地产。因此，反对外国传教士掠夺房地产建堂传教，是反洋教斗争的重要内容。

---

① 《教务教案档》第一辑(一)，第927页。

② 同上，第1067页。

③ 同上，第1106页。

④ 《反洋教书文揭帖选》，齐鲁书社1984年版，第117页。

同治四年(1865),法使照会清廷总署:查明江宁府城“旧有天主堂基坟地,按约给还”一案。这时的江苏巡抚李鸿章认为“断不能听一面之词”。然时隔不久,在总署“法国公使所请,系按条约办理”①的逼促下,李则退而认为“该总领事执定条约,不能不归还旧基”,经交涉“始允另换一处作抵,但必须在城内”②,对此,江宁知府涂宗瀛以“在城内建堂,有拂众情,难以官势相强”③表示抗议。因之,当法国教士雷通骏为此往来商讨时,“舆论沸腾,有不可遏之势”。

涂知府见“众情如一,恐滋事端”,紧抓绅士不放,提出此事办理“非与绅士聚商,难臻妥洽”。在“众情如一”的威力下,该教士也当面表示“建堂传教既不阻挠,城内城外均无不可”。但时隔两月,又“顿改前言,不愿在城外”④,坚持在城内建堂。民间闻之,各路纷纷聚议,有说“如绅士许其入城,则毁为首之绅士居室者”⑤。

面对民众的不平之气,士绅深感无能为力,因而禀告知府:“欲强民所不欲,则于义未安,欲变计以两全,则熟筹无策。”⑥为寻求既同意在城内建堂,又要消除为此引起的民众的疑虑,官绅勾通,与教士雷通骏会议二次,但该教士旋允旋翻,得寸思尺。知府为之气愤地说:“卑府自奉办以来,劝导绅民,准于城内择地建立教堂,乃至舌敝唇焦,幸有端倪,乃得堂基,复冀公所……诈伪百端,实属令人难测。”⑦

---

① 《教务教案档》第一辑(一),第841页。

② 同上,第858页。

③ 同上,第869页。

④ 同上,第870页。

⑤⑥ 同上,第868页。

⑦ 同上,第880页。

该教士为实现其得寸思尺的欲望，终于通过公使胁迫清政府，逼迫地方官绅除指定江宁城内建立教堂，还要满足该教士“另索公寓”。该教案集中体现官绅在教会侵略面前，由抗争、妥协到屈从的全过程。

光绪五年(1879)十二月，发生了福建延平美国薛教士被殴案。美驻福州领事向闽督指出：“现滋事端实系联甲及绅士所为，惟思地方官已亦明知纵行。”提出要查拿首犯，惩办士绅。但在闽督看来，此案的发生，显是薛教士不听地方官劝谕，违约传教引起的。而美领事竟以条约规定自由传教，地方官要切实保护为理由，死咬着“严惩士绅”不放。在列强的压力和清廷的逼促下，闽督终“允已饬延郡地方官，着拿挑唆起事并殴打薛教士首要各犯解省质讯”。自此，延平地方官绅的态度为之一变。但当省宪派委员来延郡办案时，众民闻知，立即在官衙之处，贴告白二纸。谴责“大朝官竟帮了洋人”，指责“木偶乡绅，平日常与地方官说话，不知大义，一味巴结”，揭露洋鬼子“谋我土地，殚我民财，隐居要关，显招爪牙，无非欺我冲主，谋我中国”。在列强的胁迫下，清廷总署同闽抚院大臣商定以不认为该教士有詈骂放枪之事，小水门讲书堂仍交该教士为讲经堂。于是官遵朝令，绅随官转，就此结案。然而，延平的百姓并未因此止步，而是要同官绅算账，说“房屋总属我百姓公业”，“官可擅自做人情卖得的”。① 该教案的发展过程，就是民同官绅由一致转而矛盾到最后分离的过程。

三、教会侵略不同于赤裸裸的武力侵略，它是以传播教义来掩盖其侵略政策的。因此，探究官、绅、民在反洋教斗争中的

---

① 《反洋教书文揭帖选》，齐鲁书社1984年版，第249页。

态度,不承认洋教与中国封建礼俗政教的冲突,就不是实事求是的态度。光绪十二年(1886)六月,因德国传教士安治泰要在兖州府城强行建堂传教,发生的历时十二年之久的兖州教案,就是一个典型。

兖州驱逐洋教的斗争,不仅士绅倡导,百姓应从,在斗争中组成了“士民团”,出现了“人群数也数不清”,“就像滚滚的海水震荡起伏”的斗争场面①,而且上至清廷总署,下至地方官吏,始终介入其间,“每以兖州系属孔圣故里,盖民情不愿”作为不准教士入城的理由。②

兖州教案,具有鲜明的洋教与中国封建礼俗政教冲突的特点,但把兖州教案的起因,仅仅归结为此,也有悖于历史的本来面目。因为《兖民揭帖》虽突出了排斥“异端”、保卫“圣道”的内容,但也揭露了列强利用宗教“夺人国”、“占人土”的罪行。③可见,兖州教案与近代中国发生的大量教案,在性质上都是传教士以不平等条约为护符侵略和压迫人民的。正因如此,民众揭露传教士的传教活动“名为行善,实则行恶”,声明他们反洋教“不在民之仇教,而是教堂之勒罚,及教民之索诈也”。④

应当指出的是,兖州教案的发展过程,始终是同德国在山东的侵略扩张政策联系在一起的。“德夷窥伺山东,蓄志已久,分布教士,散处各邑,名为传教,实勘形势。”⑤因此,1897 年德国以巨野教案为借口,把教案问题与攫取在华利权结合起来,

---

① 《山东教案史料》,齐鲁书社 1980 年版,第 221 ~ 224 页。
② 同上,第 417 页。
③ 同上,第 252 页。
④ 《反洋教书文揭帖选》,齐鲁书社 1984 年版,第 67 ~ 69 页。
⑤ 《义和团档案史料》上册,中华书局 1959 年版,第 27 页。

出兵强占胶州湾,掀起了瓜分中国的狂潮。在德国的胁迫下,兖州驱逐洋教斗争的结局只能是"修建教堂,虽民间执意不愿,然事关条约,地方官不能不允为办理"①。官绅由抗争转为屈从。

四、就上述所举教案的全过程分析,官、绅、民在反洋教斗争中的态度,可以说是官、绅由抗争进而妥协、最后屈从的过程,也就是民同官、绅由一致,进而矛盾最后分离的过程。在近代中国,帝国主义侵略中国的过程,从政治上说,就是与中国封建势力相结合,把中国变为半殖民地的过程。这就必然激化着中华民族与帝国主义的矛盾和人民大众与封建主义的矛盾。

第二次鸦片战争后,随着中国社会的半殖民地化,教会侵略势力的猖獗,中国社会官、绅、民的地位开始发生着剧烈的变化。这些变化概括起来说:

一是清朝官吏独占统治权的开始丧失。这是因为《天津条约》和《北京条约》订立后,洋教士"挟朝廷以令官府",要地方官兑现条约中规定的教会侵略特权,致使"传教之人日多,抗官之势必重"②。传教士及其信徒成为凌驾于清朝官府之上的权威,他们自立门户,僭越权柄,包揽词讼,招纳逋逃。因而"乡族有教民,则一乡一族不安,城市有教民,则通城通市不安,官无如之何,民更无如之何"③。而作为清朝的地方官,最大的威胁莫过于他们独占统治权的丧失。

再是地方士绅特权身份地位的开始动摇。士就是当地的

① 《山东教案史料》,齐鲁书社1980年版,第340页。
② 同上,第321页。
③ 同上,第50~51页。

儒生,是封建知识分子;绅主要是由士构成的地方特权阶层,虽未居身于官,但多具有功名,享有一定的封建特权,又是合邑至尊,“地方历来风俗粮租公事,均系绅董经理”①。而洋教士借“发还旧址”,或“会馆、公所、庵堂为合境绅民最尊重者,皆任情需索,抵作教堂”,②这对中国长期以来在意识形态方面占统治地位的儒家思想及其在这种思想支配下的传统风俗习惯有着广泛的冲击。这些都动摇着士绅这一阶层所具有的特权身份。

至于平民百姓,则是教会侵略势力的直接受害者。随着列强军事侵略而来的洋教士,不仅本身享有种种侵略特权,而且大量发展教徒,“借党徒以凌士庶”,他们以洋教为护符,强夺婚姻、霸占田产、明骗人钱、横欺良儒种种不情无理之事,致使平民身家难保,积怨日深。

上述官、绅、民社会地位的变化,正是第二次鸦片战争后,中国社会半殖民地化在他们身上的体现。由于不甘心半殖民地的社会处境,他们于是起而抗争。诸如“士绅倡导,百姓驱从”,地方官“有意激成”、“极力挑唆”等等记载,虽是出于侵略者之口,但也可看出官绅的态度和作用。又如“纷纷并至,众以万计”、“不期而聚”、“逐队成群”等等记载,更足以证明民是斗争的主力。

反洋教斗争遭到了帝国主义和清王朝的干涉。清王朝在帝国主义迫使下,颁布了一系列关于庇教抑民的谕旨。作为清王朝的地方官,要保官就得遵旨。因绅在政治上与官既有密切

---

① 《反洋教书文揭帖选》,齐鲁书社 1984 年版,第 237 页。

② 同上,第 386 页。

的联系，又互为依赖，于是绅随官转，官绅勾通。先是妥协，对条约所有者，“虽民间执意不愿，然事关条约，地方官不能不允为办理”，最后对条约所无者也只能屈从。这对清王朝来说，就是“每逢一宗教案起，丧权辱国输到底”①。

至于民的态度，同官绅相反，“尔等唯命，我却不从”②。

上述史实表明，近代中国反洋教斗争中贯彻始终的主要矛盾是中华民族与帝国主义的矛盾和人民大众与封建主义的矛盾。这两大社会矛盾决定了官、绅、民在反洋教斗争中的态度，既有一致的一面，又有矛盾的一面。正是前一矛盾规定了参加反洋教斗争的不仅是广大民众，而且也有清朝的地方官吏和当地的士绅。但如果否认后一矛盾，也就无法解释为什么开始由以官绅倡导而起的反洋教斗争，后又为民间秘密结社所代替。

（《山东师大学报》1989 年第 2 期）

① 《反洋教书文揭帖选》，齐鲁书社 1984 年版，第 329 页。
② 同上，第 109 页。

略论清末资政院的性质和作用

清末成立的资政院是“预备立宪”的重要内容，也是立宪派活动的重要基地。因此，关于资政院的性质和作用，是应该重视研究的课题。

一

预备立宪并非建立在民主思想基础之上，而是基于“社会愤激情绪和革命浪潮的冲击”，为拉拢立宪派、和缓国内革命浪潮做出的让步。而让步是有限度的，预备立宪谕旨中规定：“大权统于朝廷，庶政公诸舆论。”

为使清廷的预备立宪不“托诸空言”，首由两广总督岑春煊提出，中央设资政院，为“舆论总汇之地”，以示“庶政公诸舆论”，但为确保“大权统于朝廷”，限定该机构“只有建言之权，而无强政府施行之力”，备政府咨询，故名之曰资政院①。

至于资政院人员组成，岑春煊为使其有别于旧有的政务院，故主张由钦选、会推、保荐三类人员组成。由钦选、会推者，

① 《清末筹备立宪档案史料》上册，中华书局1979年版，第497～499页。

“既略取上议院之意”;由保荐者,“又隐然合通国人民以行选举之法”,故资政院为“参合上下两院而成”①。

岑春煊提出的既使资政院多少带有西方国家议会的新意,又不使其具有西方国家议会职权的主张,得到了清廷权贵的采纳。故由特旨任命的总裁主持,逐次拟出资政院章 10 章 63 条。其总纲规定:“资政院钦遵谕旨,以取决公论,预立上下议院基础为宗旨。”其中有关资政院的性质和作用,着重体现在以下两个方面:

(一)关于资政院议员的构成和产生方法。在表示立上议院基础的同时,又兼有下议院的性质,做到既要竭力使旧的势力进入资政院,又要表示向立宪派开放。因而规定钦选与民选议员各半。所谓钦选,或由互选,或由保送,奏请简命,并非绝对钦定。所谓民选,是由各省咨议员互选,最后由督抚核定,故亦非纯粹民选。在上述原则下,清政府颁布的钦选议员,“半皆纨袴,一事不知”或“反对立宪之代表”②。至于民选议员,大多是有功名的官绅,但这些人已不是旧式官绅,而是资产阶级的上层代表或与之有联系的立宪派分子。

(二)二关于资政院职任权限的规定。为表明“庶政公诸舆论”,显示资政院预立议院基础,故对西方国家议会具有的检查岁用、弹劾政府、监督官吏的职权有所体现;为确保“大权统于朝廷”,使资政院与西方国家议会严格区别开来,故规定资政院无议决宪法之权,资政院议决事件,须会同军机大

① 《清末筹备立宪档案史料》下册,中华书局 1979 年版,第 620 页。

② 《社说》,《东方杂志》1910 年第 4 期。

臣奏请裁夺，资政院的总裁、副总裁均由皇帝从王公大臣中"特旨简充"①。通篇《院章》没有责任之政府和削减君权的立宪真意。

可见，在"大权统于朝廷、庶政公诸舆论"仿行宪政的思想指导下，拟定的资政院章具有调和新旧、名为预备实不立宪的显著特点。因而，诸如议员视资政院为"非马非驴之议会"、"似是而非之议会"、"其制亦略似国会"等等议论的根源，实源于此。故对资政院章立宪派议员与清廷权责各自坚持为己所用。前者以"庶政公诸舆论"，借院章规定的权限，视资政院为"代表舆论"、"监督政府"、推进立宪政治的合法阵地；后者则以"大权统于朝廷"，视资政院为"以平政党，而慰舆情"的御用工具。为此，真假立宪的斗争，成了资政院活动中斗争的核心。

二

资政院于1910年9月开议至辛亥武昌起义后消亡。真假立宪的斗争，突出表现在如下活动中。

（一）监督政府财政、议决国家预决算，是立宪政治的重要内容之一。因之，自资政院开议以来，立宪派议员的眼光"无不注视此点"。但在清廷权贵看来，要政府交出年度预算并接受议员们的逐项审核，实际上就是分享他们独揽在手的财政大权。在财政支出问题上，朝廷注重国防，人民注重实业，而独揽财政和坚持专制政体是一致的；清廷鉴于日本两届议会，都因预算案使上下议院大起冲突，甚至发生因解散议会而内阁倒台

---

① 《清末筹备立宪档案史料》下册，中华书局1979年版，第628～636页。

之事，故“日以预算案交出后之结果为忧”。为此，清廷权贵通过军机处动员各部尚书，“令多交小议案几种，以延缓其时间，待会期过其大半再行交出，亦不至大有变动”①。

然而，在立宪派议员支持下，议长力持“资政院第一次会议，舍预算案实无可议之事”。与此同时，各省咨议局第二届会议都围绕宣统三年预算案展开了积极的斗争。在形势迫使下，度支部交议了编定的宣统三年预算，并发生了“为预算案协商事，已停会七日”的纷争。最后终于经资政院核减议决了前古所无的宣统三年预算案②。

（二）在立宪派议员看来，要不要国会，是真假立宪的试金石。因为国会议员由人民选举组成，能够代表人民，是国家的最高立法机关。有了它才能监督政府，使政府负起责任。为此，立宪派议员在会议期间始终把速开国会当作议题的中心。坚持“在会场时无论何种议题皆根本于国会”，“舍国会无可议之事”。③并在全蜀馆召开了80余人参加的议员研究会，准备了速开国会的议章，待资政院开议，“照院章议决后即行上奏”。与此同时，“与各部皆有联系”的钦选议员也发起了秘密会，以为“对速开国会的准备”④。

资政院第七次会议开议，正值各省咨议局发起速开国会的请愿进入高潮。立宪派议员借此东风，抢先登场，以“外患日迫，内政腐败”，据实论证“国会万无不可速开之理”，明确提出

①③ 《民呼、民吁、民生报选辑》（一），河南人民出版社1982年版，第403页。

② 《中国大事记》，《东方杂志》1911年第8卷第1号。

④ 《民呼、民吁、民生报选辑》（一），河南人民出版社1982年版，第412页。

"何人反对,请登台说明反对之理由",否则就是全体赞成。并当场挫败了"议长援照议事细则,重要事件宜用投票表决",以此为"反对者留步"的用心,因而发生了"议决速开国会,众皆三呼万岁","合王众士庶于一堂,而其一致,此中国数千年所未见"①的非常之举。自此,立宪派议员与清廷权贵之间的斗争日益激化。

先是政府连日密聚会议,各军机以朗毓"长于词令",公推他到会向议员演说,微示宣统五年召集国会,"如得全体赞成,则将来明诏一颁,自然欢声雷动"。然,议员不待其词毕,群起质问,致使"朗将不得下台"。自此,"军机中央再无敢入资政院席者矣"②。

继之,各军机秘密会议,遂颁布了明年设内阁,宣统五年开国会的谕旨。然,立宪派议员表示:"本院上奏案决定明年,今王大臣定为宣统五年,则效力全失。所谓立宪之基础,养议院之精神何在?"要议长请王大臣到院,"质问其何以迟至宣统五年之理由"③。凡此,都是与清廷权贵设资政院的本意相冲突的。

(三)建立责任内阁,实行责任内阁制,政府负责任,君主无责任,是君主立宪政治的一项重要原则。为此,资政院立宪派议员抓住清廷庇护湖南巡抚杨文鼎不经咨议局讨论,擅自决定发行本省公债这一违法案件,历数军机种种"违法蔑理"的事实,公决弹劾"军机失职,不足弼帝事"④,以此作为"促成内

---

① 《中国大事记》,《东方杂志》1910年第11期。

② 《民呼、民吁、民生报选辑》(一),河南人民出版社1982年版,第455页。

③ 同上,第478~479页。

④ 同上,第608页。

阁的手段”。明确提出弹劾的目的“实不在军机，而在内阁”，因“攻击军机之机会既多，内阁成立之机会亦多”，故“现在多攻击之”①。

军机大臣为抵制资政院的弹劾，先以“全体呈奏辞职”相威胁，随之经监国摄政王颁布了“设立责任内阁，朝廷自有权衡，非资政院所得朱预”的朱谕②。于是立宪派议员发现“真立宪假立宪两种现象”，表示本院所主张者即保持立宪之精神，而解决之办法，“非再弹劾军机不可”③。

资政院弹劾军机，是为了号召人民争取权力，扩张民权，破专制政府，立立宪责任政府。这些又是同清政府设资政院“借舆论以巩固政府”的目的相悖道的。

（四）宪法规定国家的性质和人民的权利。要实现立宪政治，必须力争制宪权。在资政院会议上，就有“民选议员中之素有声誉者”提出将院章规定的“宪法不在此限”一语删去，使“资政院议员有参与宪法之资格”④。

对此，清廷采取“必先新设内阁，及确定海陆军进行政策”，在抢先成立“皇族内阁”、实现皇族集权的同时，又紧抓制宪权，急忙修订钦定宪法，“俾内外臣民有所遵循，而召集国会亦本此宪法，为不易之准则”⑤。

但当武昌起义发生，清廷急召资政院临时会议，筹议妥策之际，资政院乘机提出取消亲贵内阁、宪法须由人民代表协赞、

---

①③ 《中国大事记》，《东方杂志》1910年第12期。

② 《清末筹备立宪档案史料》上册，中华书局1979年版，第547页。

④ 《民呼、民吁、民生报选辑》（一），河南人民出版社1982年版，第534页。

⑤ 同上，第467页。

赦免国事犯、即开国会四条上奏案。在此形势下,资政院奉旨拟定宪法,按立宪派的政治要求,制定了与钦定宪法迥异的宪法十九信条:采责任内阁制,宪法起草议决之权属资政院,且外交、财政等大权不为君主所专有,须经国会议决,颇似英国议会政治规范。只是国会对于总理大臣有弹劾而无不信任之权,有违各国责任内阁的惯例。但大体言之,十九信条尚合时代之潮流。清廷接受这些信条是形势所迫,并非本心所愿。

三

宪法、国会、责任内阁是君主立宪政治的三个主要标志。这是资政院开议以来活动的实际内容,为此,清廷权贵对资政院的活动极端仇视。

速开国会案的议决具奏,使清廷深感"人心激昂,实是危险",就拟用"摧残之手段对待该院"①,并颇怪议长"不能压服议员,常诘其故"②。

弹劾军机案发生,枢府大臣更是恨之入骨,叫苦"议员专喜与我们为难,我们总要有法子驾驭他们才好"③。主张"以该院场规不整为词",要议长"切实整顿"④。监国摄政王也面谕军机,对资政院"亟宜随时监督以免有逾越范围之外"⑤。京师大学堂总监刘廷琛更严参资政院"妄改国制、请赦逆党、事事把持,必使政府俯首听命,其处心积虑,无非夺君上之权,解王

① 《民呼、民吁、民生报选辑》(一),河南人民出版社 1982 年版,第 446 页。
②③ 同上,第 507 页。
④ 同上,第 509 页。
⑤ 同上,第 542 页。

纲之纽，阳美以万世一系，阴实使鼎祚潜移，司马昭之心，路人皆知”①。

上述态度和言论，表明资政院的活动与清廷成立资政院的意图发生了尖锐的冲突。如何处置资政院成了清廷权贵议论的主题。

从“大权不可轻易，民气勿任嚣张”考虑，解散资政院自然是他们的主观愿望。然，“力主解散”又“恐激起大变”。因1910年是革命风暴高涨的一年，清朝统治遇到了深刻的危机，想以立宪的招牌稳住自己的统治，故对资政院采取“置之不论不议”的对策②。这不止考虑到当时的客观形势，也涉及资政院的性质。因资政院不同于清政府的衙门，如同议长傅伦反驳权贵大臣说的：“以资政院为衙门，吾辈乃堂官，堂官应有镇压之责任，此种眼光极为荒谬。”③因而，对资政院只能是以假立宪对付真立宪，争取时间，加紧实现皇族集权。这就是资政院的活动与清廷权贵发生了尖锐的对立，而又未被强行解散的原因。

需要说明的是，民选与钦选议员参半，并在清王朝严密监督下的资政院，之所以成了立宪派议员推进立宪政治的合法阵地，主要是因为：

（一）资政院议员虽是新旧参半，但政治素质迥异。钦选议员多是庸碌无能不知立宪为何事者。资政院开议后，“查阅数次资政院议案，所有钦选各议员，多有始终未发一言、未建一

---

① 章开沅、林增平主编：《辛亥革命史》中册，人民出版社1980年版，第439页。

② 《民呼、民吁、民生报选辑》（一），河南人民出版社1982年版，第518页。

③ 同上，第507页。

议者”①。而民选议员是具有新知识、主张改革的立宪派。他们是资政院活动的核心,很想让资政院做出点议会的样子。举凡议案及对政府官吏的弹劾,都是这些人提出来的。

(二)资政院开议之期,正是民主革命运动勃兴、立宪潮流高涨之际。致使反对立宪者“亦阳表同情,只暗中阻挠”②,或“在议场时满口国民话,背后再捣鬼”③。议事中虽也出现过替清王朝说话的个别议员,但当场即“被众辱骂下去”④。可见,资政院是以立宪派议员在舆论上占优势的机构,其议决案明显反映了立宪政治的要求。

以往,有的史学论者以清王朝对资政院的诸多限制和资政院活动的实际效果,断定资政院“完全是点缀门面的装饰品,不折不扣的清谈馆”的观点是值得商榷的。从上举资政院活动的实际内容和清朝权贵大臣对资政院活动的态度、言论考察,资政院的活动恰是逾越了清王朝对其规定的诸多限制,同清朝统治者在政治上发生了尖锐的对立。

诚然,如果就资政院议案所产生的实际效果来看资政院的社会作用,那自然是很有限的。因为,议案的执行与否,权不在资政院而在政府。因此不宜据此作为判断资政院社会作用的主要依据。事实上,资政院活动所产生的实际作用,还是在于政治方面。这主要是立宪派议员通过资政院这一合法阵地,决定了某些推进立宪政治的议案,配合了各省咨议局掀起的广泛群众性的速开国会请愿的运动。从政治上思想上动摇了封建

① 《民呼、民吁、民生报选辑》(一),河南人民出版社1982年版,第407页。
② 同上,第437页。
③ 同上,第635页。
④ 同上,第462页。

专制制度,揭穿了清王朝预备立宪的虚伪性,这对提高人民群众的政治觉悟,促使立宪派政治上的转变起了不容忽视的积极作用。并且资政院的活动,是模仿西方资产阶级议会制度进行的,这实际上就是对君主专制政体的否定,是对资产阶级和广大群众的民主教育和训练。

清末资政院是在中国近代社会前进运动中出现的,是我国议会史的先声。在当时的特定历史条件下,对它在推动社会进步中所起的积极作用,应予肯定。当然,资政院的活动也是把推进立宪政治和坚持封建皇统联为一起的。因之,当武昌起义的革命浪潮将清王朝淹没之日,也就是资政院消亡之时。

(《历史教学》1989 年第 12 期)

慈禧太后与晚清新政

慈禧太后是中国近代史上的重要人物。她自1861年政变上台至1908年死去,握有清廷最高权力达半个世纪。在此期间,清朝政府推行过三次新政,即洋务新政、戊戌新政、清末新政,统称晚清新政。探究慈禧与晚清新政,有助于认识晚清政权的性质和对慈禧其人的政治评论。

一

慈禧是个通权达变的统治者,坚持不变君主专制政体,因时改变治法,是维护其长期统治的一条基本原则。

1861年,慈禧联合恭亲王奕䜣发动辛酉政变,在其宣布"垂帘听政"的谕旨中称:"虽我朝向无太后垂帘之仪,事贵从权,岂能拘守帝例。"①据此登上了垂帘听政的宝座,铲除了以肃顺为首的上层反对势力,封奕䜣为议政王,出任军机揆首,实行两人联合执政,而实权在奕䜣手中。

慈禧上台之际,正是第二次鸦片战争刚刚结束,清王朝和太平军之间的大搏斗尚处胜负难分的紧张阶段。作为"事贵从

① 《晚清宫廷生活见闻》,文史资料出版社1982年版,第75页。

权”，身处“内患外侮”并立处境下的慈禧，既要对大清江山的前途着想，更要为自己的权势寻求保障。因而她上台伊始重用和依靠的对象，无论是满族贵族中的奕䜣、文祥、桂良，还是汉族地方督抚曾国藩、李鸿章、左宗棠等人，都是主张对外以“和好”为权宜、以“借法自强”为根本，对内以“镇压发捻为先”的洋务官僚。

慈禧之所以同洋务官僚的政治主张保持一致，是因她同样感受到传统的统治方法已经失灵，改变治法，摆脱危机，已成为一个主政者无法回避的首要课题。因此，她上台的当月，就借“和议即成”，英、法诸国皆“愿为中国助剿发逆”①，命曾国藩统辖江苏、安徽、江西、浙江四省军务，继而公开下达了“借师助剿”的谕旨。在中外联合镇压太平天国的过程中，清朝中央以奕䜣为首的洋务官僚，以总理衙门为权舆，以地方督抚曾国藩、李鸿章、左宗棠为柱石推行了以“借法自强”为内容的活动，史称洋务新政，从而出现了当时为统治阶级称道的“同治中兴”。

“同治中兴”，巩固了辛酉政变的成果，却提高了奕䜣的声威，在诸亲藩眼中，视恭亲王有“匡服社稷之功”。由此形成了慈禧志在独揽大权，奕䜣则欲挟天子以令诸侯的两雄并立之势。在慈禧看来，能否继续“垂帘听政”，在皇室贵族中，只有奕䜣对她构成威胁。因而在镇压了太平天国之后，1865 年慈禧借御史蔡寿祺弹劾奕䜣骄盈揽权，削去了奕䜣“议政王”的封号。后又经过多次较量，到 1884 年中法战争期间，奕䜣被罢黜闲居，慈禧终于实现了独揽朝政的夙愿。

洋务新政，是慈禧上台后，在其所处半殖民地处境下，坚持

① 《筹办夷务始末》(同治朝)。

"事贵从权",走上半封建统治的第一步。

二

1894年甲午中日战争的炮火,炸毁了洋务新政的强国蓝图。正是"自咸丰同治以来,中国叠经外患三次劫盟,当事者渐知西人之长技,思所以效法而自强,创行新政不一而足","然变法不知其本,故行已数十年,于国势之孱弱,仍莫克振救,及甲午败于日本,各国租港湾之事相逼而来,瓜分支那之说,腾沸于全球。于是国人大哗,志士奋起,痛论变法之不可缓"。[①] 1895年的"公车上书",就是社会维新思潮与爱国救亡运动相结合的产物。

中国瓜分危机的加深和中国民族资本经济的初步发展及其政治代表的形成,使得甲午战争对中华民族发生的惊醒作用,不同于以往反对外来侵略的战争,而是赋予了新的历史内容。"自中东战后,忧时之士,知外祸之频仍,由于内治之不整,于是政治改革之思想,流行于内外。"[②]因之,康有为把业已兴起的维新思潮发展成变法维新的政治运动,孙中山也开始了"驱除鞑虏,恢复中华,创立合众政府"的革命活动。

在清王朝濒临颠危和社会维新思潮勃然兴起下,清政府内部分化出以光绪帝为首倾向维新的帝党官僚以及以慈禧为首的后党官僚,两派的矛盾日趋激化。

1889年,慈禧表面上"撤帘归政",实际上阴操政局,"一切

---

① 《中国近代史资料丛刊·戊戌变法(四)》,上海人民出版社1957年版,第256页。

② 《中国新报》1907年第8期。

用人行政皆出慈禧之手”,故“德人占据胶州,上益忧愤”,乃谓庆王曰:“太后若仍不给我事权,我愿退让此位,不甘作亡国之君。”①

慈禧面对甲午战后“外患日急,群心激昂”的形势,多次表白“变法乃素志,同治初,即纳曾国藩议,派子弟出洋留学,造船制械,凡以图富强也”②。慈禧对光绪帝明说:“苟可致富强也,儿自为之,吾不内制也。”“若师日人更衣冠,易正朔,则是得罪祖宗,断不可行。”③据载,“朕惟时局艰难,非变法不能救中国,非去守旧衰谬之大臣而用少年英俊之士不能变法,然太后不以为然,朕屡次婉劝,太后反怒”。④

在维新派呼唤下,光绪帝于 1898 年 6 月 11 日颁布“定国是诏”,提出“以圣贤义理之学植其根本,又须博采西学之切于时务者实力讲求”⑤,而为此颁布了一系列新政法令,并没有采纳康有为“变成法”、“设议院”的主张。而且光绪帝所颁新政,“莫不先赴太后前禀白,而后宣示,虽假事权,并未敢自专也”⑥。

慈禧之所以发动戊戌政变,清廷内部主要有两种议论:一说慈禧“徒以利害切身”,“纯为家务之争”,因为“若奉之以主张变法之名,使得公然出头,则皇上之志可由屈而得伸,久而顽固大臣,皆无能也”⑦。二说康有为提出“变法尤须变人”,而

---

①② 《中国近代史资料丛刊·戊戌变法(一)》,上海人民出版社 1957 年版,第 464 页。

③④ 同上,第 343 页。

⑤ 《光绪朝东华录》(四),中华书局 1958 年版,总第 4094 页。

⑥ 《中国近代史资料丛刊·戊戌变法(一)》,上海人民出版社 1957 年版,第 342 页。

⑦ 《近代稗海》第 1 辑,四川人民出版社1985年版,第 333 页。

"衰老大臣精力不足以辅新政,兼之裁冗官、许言事、用新进,凡诸臣求富贵保身家之道,将尽行蔽塞之矣,安不得以死命抗争",所以训政后,此辈曾告其亲友曰:"数月以来,寝不安,食不饱,今始有命焉,非我皇太后如何得了也。"①

史实表明,在光绪帝主持、有维新派参与并同整顿内治相联系的戊戌新政,在其发展过程中,不仅使得慈禧的权力有丧失的可能,也会深刻动摇她政治统治的社会基础。可见,慈禧镇压了维新派,废除了戊戌新政,既同帝党争夺权力有关,也因康有为的变法主张触动了封建社会的统治基础,且有"保中国不保大清之说,遂有改君主为民主之计"②。慈禧在废除新政不久,又谕令"所有一切自强新政,胥关国计民生,不特已行者,亟应实力举行,即尚未兴办者,亦当次第推广"③,就是把"新政"这面旗子夺到自己手中,借以维护她的权势,这正是慈禧"事贵从权"的又一表现。

三

庚子之年,孙中山发动了惠州起义,促进了中国的民族意识和民主思想的高涨。由此社会思潮的主流,由维新趋向革命。如同时人描绘的:"庚子以还,形形色色奔凑咸来,外而东西留学生,内而军学两界,其倾向革命之热情,如雨后春笋,暴发于满山之间。"④

---

① 《中国近代史资料丛刊·戊戌变法(一)》,上海人民出版社 1957 年版,第 351 页。

② 《光绪朝东华录》(四),中华书局 1958 年版,总第4454页。

③ 《戊戌变法档案史料》,中华书局1958年版,第 103 页。

④ 张难先:《湖北革命知之录》,商务印书馆1945版,第 18 页。

与此同时，清王朝经八国联军的沉重打击，“实如亡国无异”。面对国势衰败如此和民主革命的高涨形势，清廷内部有些通达时务的满汉大臣，相继奏请实行新政，慈禧也稍稍觉悟于国家致弱的原因，乃由于行政不力。她先于1901年1月15日“量中华之物力，结与国之欢心”，批准辛丑条约《议和大纲》，换得帝国主义列强对清王朝的“保全”。继之29日以朝廷名义宣布上谕称：“世有万祀不易之常经，无一成不变之治法”，提出“现正议和，一切政事，尤须切实整顿”，要“参酌中西政事”，对“朝章国政”整顿变革，要求内外臣工就如何国势兴、人才盛、度支裕、武备精献计献策①。其中，两江总督刘坤一、湖广总督张之洞上奏《江楚变法三折》，提出了“整顿中法以行西法”的主张，得到了慈禧的首肯。以此为蓝本，颁布了一系列新政措施，史称“清末新政”。这样，对外如慈禧给列强信中所说：“敝国现议行新政，正期图报各大国之惠于后日。”②对内可使“天下士民知朝廷有改弦更张之心，则顽固者以化其谬，望治者效其忠，而犯上作乱之邪说可以不作”③。可以认为，慈禧批准辛丑条约《议和大纲》，表明清王朝成了“洋人的朝廷”，标志着半殖民地政治统治的形成；而新政上谕的颁布，表明要“整顿中法以行西法”，标志着半封建政治统治的形成。

正是以《辛丑条约》为背景，以新事务维护旧统治为目的，以苛取民财为手段的清末新政，在实行中不仅未能使清政府起到振衰起危的作用，反而加深了它的统治危机。从1903年起，

① 《光绪朝东华录》(四)，中华书局1958年版，总第4601～4602页。

② 同上，总第4616页。

③ 同上，总第4769页。

资产阶级及其知识分子倡导的拒俄运动、抵制美货运动、收回利权运动相继兴起，影响全国。而农民的抗捐、抗税、抗暴斗争，也在全国呈现联翩接踵、星罗棋布的局势。

1905年中国同盟会的成立及其政治纲领的提出，标志着资产阶级民主革命高潮的到来。而日俄战后，民族资产阶级上层代表，以立宪的日本战胜专制的俄国为理由，呼吁朝廷立宪的声浪也高涨起来。在革命和立宪两大潮流的冲击下，慈禧统治集团中的一些显赫人物，相继奏请“变更政体，实行立宪”，主张“宜俯从多数希望立宪之人心”。慈禧晚年宣布的预备立宪，实际上是预备而不立宪。这时的慈禧“锐气尽消，专以敷衍为事，甚且仅求目前之安，期于己身无变而已”①。

四

纵观慈禧与晚清新政，既受她特定政治品格的影响，更受近代中国社会基本矛盾的制约。

慈禧终年闭居深宫，既无近代科学知识，也无近代思想意识，她“但知权利”，“绝无政见”，“其为人也极善狡谋权变”。在她身边生活过两年的德龄郡主说：“太后是最善于策划各种密谋的领袖，她的密谋的重心，第一自然是集中在策划怎样维持她自己权势的一点上。”她为人处事的基本原则，就是“事贵从权”。她贪立幼君，并为此玩弄的“听政”、“归政”、“训政”，都是为了控制皇权，而且至死“根本没有作立长君的打算”②。

---

① 《近代稗海》第1辑，四川人民出版社1985年版，第103页。

② 《晚清宫廷生活见闻》，文史资料出版社1982年版，第64页。

慈禧作为清王朝的最高统治者,其广泛的社会基础是地主阶级,植根于自然经济之中。但是近代中国自1840年鸦片战争以来,由于帝国主义的侵略,一方面使独立的中国向着半殖民地和殖民地演变,日益激化着中华民族与帝国主义的矛盾和人民大众与封建主义的矛盾,另一方面又使封建的中国向着半封建社会演变。随着中国社会经济基础的变动,从19世纪70年代起,产生了同帝国主义和封建主义相矛盾的民族资产阶级。

近代中国的演变趋势和由此产生的政治、经济的基本矛盾,就使得“事贵从权”的慈禧,既要在特定历史条件下,借用资本主义列强有利于富国强兵的西艺西政,因时改变治法,又要坚持君主专制政体,借以维护她的封建独裁统治。对帝国主义的入侵既有抗争,极力避免完全殖民地化,又要同帝国主义结合,维护半殖民地的政治统治。对人民群众的反帝反封建斗争,既要镇压,也要有限度地反映新兴资产阶级的要求,实行半封建的政治统治。在晚清王朝的统治成员中,慈禧既需要因时改变治法的新政派,更离不开封建保守的顽固派。而洋务新政——戊戌新政——清末新政,正是体现着晚清政权向半殖民地半封建演变的全过程。与此同时,由近代中国社会政治、经济基本矛盾激化而起的太平天国——戊戌变法——义和团——辛亥革命,则是体现着中国人民由自发反抗帝国主义与封建主义的结合,发展为变半殖民地半封建的中国为独立、民主、富强新中国自觉斗争的全过程。

长期以来,对慈禧的政治评论,史学界把她看作是近代中国顽固派的总代表,近些年来又有人称其为洋务派的代表。笔者认为上述看法都难以自圆其说。作为握有清廷最高权力的慈禧,不会是统治集团中哪一派的代表,而是半殖民地半封建政权的最高统治者。

(《齐鲁文史》2002 年第 1 期)

陈干先烈与齐鲁文化

近些年来,人们对辛亥革命先烈——陈干的历史评论,多着重在他早年奔走革命的贡献、磊落的政治人格,研究取得了显著的进展。本文试以《陈干先烈与齐鲁文化》为题,谈点看法,以求教于方家。

山东是齐鲁之邦、孔孟之乡,齐鲁文化早已融入人民的血液,沉潜在人们的生命中。

陈干,字明侯,生于山东昌邑白塔村,在他垂髫之年即吸吮着儒学的精神。他家滨处海隅,"往昔先人多奋志典籍,研究经术,重廉耻、崇品节,尚信义、敦礼让,是以家族成风,邻里受化,迄今五百四十余年"①。

陈干认为:"治国之道,以齐家为本。齐家之要,以崇向先人懿行为先。"②显然陈干说的"先人懿行"就是家风谨严、邻里受化的齐鲁文化。

齐鲁文化是中国两千多年来传统文化的优秀代表,从总体上说,齐文化重经济,重革新,尊贤才,重功利;鲁文化重伦理,崇仁义,遵传统,重和谐。而上述以陈氏家庭为代表的齐鲁文

---

①② 陈隽、佟立容:《陈干集》,香港天马图书有限公司2001年版,第67页。

化，是在继承齐文化的同时，也吸取崇仁义、重伦理的鲁文化内涵。

陈干引用管子的话说："礼、义、廉、耻，国之四维，四维不张，国乃灭亡。"①针对20世纪初中国的社会现实，陈干提出了"四事"、"三耻"作为齐家治国平天下的行为准则。

"四事"是"书不能读，吾之耻也；亲不能养，吾之辱也；生不能有济于物，吾之羞也；国家不振，外夷凌辱，吾之痛也"②。

"三耻"是"祖国不振，外夷凌迟，乾纲隳弛，冠履颠倒，此一大耻也；父母年迈，不能少奉菽水之欢，俾八十老亲得安枕席，此二大耻也；兄弟三人，毫无学术以兼善天下，救生灵于涂炭，慰祖魂于九京，保桑梓之地，以卫父老，此三大耻也"③。"四事"和"三耻"，集中体现陈干要张"四维"挽国家于垂危、救民族于水火的雄心壮志。

陈干视读书为"四事"之首，不只是受儒学"诗书继世"传统观念的影响，更重要的是他投身社会深悟到"人生在世，不患无事，而患无学，学之不讲，欲求有为于世，不亦妄乎"④。他预感到"中国崩裂之事，不出此十年内"，而读书求知乃是生存竞争发展的先决条件。因之他在戎马倥偬间，总是手不释卷。他说："予自束发在外于今十六年，山川跋涉，风雨劳苦，辰夕余暇辄亲读书。"⑤

为了激励人们"立身建业"，陈干费尽苦心，做了两件事。

---

① 陈隽、佟立容：《陈明侯将军》，中国文史出版社1997年版，第117页。

② 同上，第6页。

③ 同上，第8页。

④⑤ 同上，第94页。

一是苦心选自秦汉至民国各朝代的名人名篇 333 篇，编为《经国文钞》一书，“俾髫令之童，读其文而想见其人，若能稍步万一，大之能创造国家，次之能树立名节”①。二是在青岛建立藏书楼，储书万余卷。在其藏书目录自序中写道：“韩昌黎曰学贵致用，但初学入门时，无不先穷其博，而后再返其约，犹之漫游世界，多到一处即多得一处之益……有借阅者必倒屣以迎。”一时人为此赞曰“思之至周，虑之至善”，而“以前各省图书馆之设，非不汇集宏昌，足资观摩，然立法未善，只许往读，不准借阅……其经史巨编，仅能馆蠹虫之腹而已”。上述都表现了陈干在传承中华民族优秀文化遗产方面的创新精神。

孝亲是鲁文化的核心，对此，陈干明确指出：“盖古今中外，圣贤英杰，莫不以孝为先，凡人不孝其亲者，鲜有齿于君子之群者也。”②因为惟有孝爱之心才能孝悌，推己及人，仁民爱物，由此由小爱化为大爱，进而为民族尽忠。为此，他要诸弟细读《论语》及诸子书问孝各节，以古圣先贤为鉴，学习古人大孝尊亲的思想并付诸行动，且深有体会地说：“故世之通儒，教人以《孝经》为首，盖确乎有得者矣。”③

人生要“有济于世”，实是齐鲁文化所倡导的勤政爱民。一个人的所作所为要有济于人、事、物。陈干 16 岁浪迹在外，颠沛流离，备尝艰难困苦，“论服务国家，效力地方，辗转跋涉，亦有微劳”。辛亥前，“山东保矿，山东移垦”；辛亥后，“烟台解兵，周潍善后”；避居青岛时，“反对济南水利借款，反对郑州商务借款，反对中央铁道借款”④；至于“民国缔造，陈君明侯有众

① 陈隽、佟立容：《陈明侯将军》，中国文史出版社 1997 年版，第 223 页。

②③ 同上，第 5 页。

④ 同上，第 208～209 页。

一旅，转战江淮以北千余里，迨和议成，自请解兵，为全国倡”[1]，并常以“山东看家”自喻，“对山东的种种利权问题，誓死力争，不少退让”。特别在《鲁案》交涉中，他统察各国趋势，提出“内保主权，外敦友谊”的外交原则，既同媚外求荣的奴性外交斗，又同那些不考虑中国所处的弱国地位、“乱起哄”、“横挑恶感”、“多方树敌”、名为爱国爱乡实则害国祸乡之辈争，致使谈判中对方视为无懈可击，迫使日方交还了青岛，并为以后收回威海打下了基础。

大凡爱国者必爱其乡。陈干在家居住时，见家乡父老常年饮用天然坑内的污水，严重影响健康，号召乡亲集资挖掘一条二十里路长河，以畅水流，人食其利，康有为题名为“新开河”，举凡昌邑“有大兴革，大疑难事，辄一身兼之，或一言定之，一邑实利赖焉”[2]。

“爱人者，人恒爱之”，1924 年，昌邑 130 余绅士为陈干立了《陈明侯中将善行纪念碑》，以表扬他的功绩。

“国家不振，外夷凌辱”，既是陈干的切肤之痛，也是他深深感到的“一大耻”。他先是 1902 年去北京参加了毅军，公开声称他参加没有别的意思，就是“等待我中国一朝有事，我就把这父母的遗体，报效给国家，铁心热血，生死如一”[3]。陈干撰文说人民是军队的衣食父母，保护好百姓是军人的天职，保全国家的土地是军人的义务。继之，受革命思潮的影响，读了章太炎的《訄书》，“遂决志非根本改造，不足以存汉土”，于 1905 年东渡日本参加了中国同盟会，为推翻清朝专制政府，建立中

---

①② 陈隽、佟立容：《陈明侯将军》，中国文史出版社 1997 年版，第 464 页。
③ 同上，第 438 页。

华民国，九死一生，不遗余力。

先贤评价陈干是最高度的爱国男儿，是大忠大孝大智大勇之士，而这正是齐鲁文化的精义。

陈干在继承和发扬齐鲁文化方面，无论读书、交友、做事，“盖以不自欺三字为主”，并特意解释“不自欺”，即圣人言之一“诚”字，天下事皆从“诚”字做出。读书“务求通篇尽达”，交友忠实诚信，做事恪尽职守，为国忠心以报。他为此“两脚踏实地，一步不放松”，并以古之圣贤仁人志士、名宰硕辅自幼砥节砺行、躬自振拔的事迹激励自己，尤其推崇宋明死节之士，“凡士册所载气节之士，择其优者尊崇之”。因之，陈干一生为人做事，面对权贵“不肯小屈，从不随多数跳舞”，并在这方面深有感触地说：“要知大丈夫生世，须有一定主旨，主旨者何，即良心是也。兄生乎别无微长，无论至何时，绝不稍昧良知，随人俯仰，任天翻地覆，我有我在。”①陈干在这里说的“良心”或“良知”，即人们常说的为人做事要对得起“天地良心”，也就是对得起自己的祖宗、国人和国家。

纵观陈干一生的为人做事，都离不开忠、孝、仁、义、礼、智、信等道德规范，而这些道德规范，正是齐鲁文化的基本内容。

一定的文化，是一定社会的政治和经济在观念形态上的反映。齐鲁文化源远流长，在中国文化史上具有划时代意义的战国诸子百家争鸣，实滥觞于鲁，发扬光大于齐之稷下。齐鲁文化经过与其他地域文化的交流、吸纳，以儒学为主要载体，由地域文化发展为两千年来中华民族的主流文化。陈干所崇尚的先人懿行，既继承了齐文化重经济、重革新、尊贤才、重功利的

① 陈隽、佟立容：《陈明侯将军》，中国文史出版社 1997 年版，第 211 页。

传统,又吸纳了鲁文化重伦理、崇仁义的精华,并在实践中继承齐学因时而变的特点,扬弃儒学因循守成的一面,发扬其崇尚仁义的学说内涵。面对20世纪初清政不纲、列强环伺的社会现实,赋予以时代精神,熔成了以忠孝为骨架、以节义为旨归、以礼义廉耻为特色的齐鲁文化,从而成为陈干先烈挽救民族危亡、推动社会进步的精神力量。

(《齐鲁文史》2003年第1期)

陈干将军性格探源

——兼议齐鲁文化要义

辛亥革命先烈——陈干将军,字明侯,山东昌邑白塔村人。此人有其显明的性格特征,探究其性格的源流、成因,对深化陈干将军的历史评价和加深对祖国传统文化的认识有着十分重要的意义。

一

陈干家滨处海隅,属于古齐文化区,“往昔先人多奋志典籍,研究经术,重廉耻、崇品节、尚信义、敦礼让,是以家族成风,邻里受化,迄今五百四十余年”①。一个人的性格是长期积累起来的一种较为稳固的文化事象,而且总是或多或少地融入他所隶属的群体、地区的国民性。陈干认为:“治国之道,以齐家为本。齐家之要,以奉行先人懿行为先。”②陈干在这里说的“先人懿行”,就其内容说,显然是以儒学为主要载体的齐鲁文化。

齐鲁文化属地域文化,但集中了全中国的精华,体现着优

①② 陈隽、佟立容:《陈干集》,香港天马图书有限公司2001年版,第67页。

秀的民族精神。因古代齐国和鲁国地理资源、经济条件、治国方略的各异，一般说来，鲁文化重礼义、讲道德，而齐文化重革新、讲功利。而陈氏家族的“先人懿行”，实际上是齐、鲁两个文化经过长期交融、吸纳演变而来的齐鲁文化群体。

正是在齐鲁文化潜移默化的滋润下，陈干幼尊母嘱，“咬牙立志，赌气成人”，把奉行“先人懿行”作为齐家、治国、平天下的行为准则。

当然，陈干将军的性格，不仅源于其所生长的文化环境，而且也形成于其所处的社会政治大背景。

中国自19世纪末以来，先是中日甲午之战和《马关条约》的签订，帝国主义列强由此在中国掀起了强租海港和划分势力范围的狂潮，而山东首当其冲地成了帝国主义列强瓜分侵略的重要目标。继之，庚子之变、《辛丑条约》的签订，使得中国“实与亡国无异”。面对“瓜分之祸，悬于目睫，家乡故土已属他人”的险恶处境，陈干深感“书不能读，吾之耻也；亲不能养，吾之辱也；生不能有济于物，吾之羞也；国家不振，外夷凌辱，吾之痛也”①。在这种国难深重的社会大环境之下，陈干时时寄于胸中的耻、辱、羞、痛“四事”，也即他所生活的时代背景在其个人心灵上的投影。

再是“自中东战后，忧时之士，知外祸之频仍，由于内治之不整，于是政治改革之思想，流行于内外”②，如康有为正是在这一思潮的激荡下，把早期资产阶级的维新思想，发展成变法

① 陈隽、佟立容：《陈干集》，香港天马图书有限公司2001年版，第4页。
② 《中国新报》1907年第8期。

图强的政治运动。孙中山在甲午战后,也“觉救国之策,舍革命之途径,再无他法”①,于1894年在檀香山联络华侨成立兴中会,开始了“驱除鞑虏,恢复中华,创立合众政府”的革命活动。至庚子之年,中国的民主革命成了社会思潮的主流。

正是在“国是日非”社会政治背景的驱动下,陈干赴东北,亲睹中日战迹,恨清廷丧权辱国,“遂定复仇报国之心”;值庚子乱,愤清廷腐败,油然有反清之志;游辽东,目击日俄战争蹂躏国土,“益感国势衰微”,奋而投笔从戎,公开声称参加毅军,就是“等待中国一朝有事,我就把这父母的遗体,报效给国家,铁心热血,生死如一”②;继读章太炎《訄书》,“遂决志非根本改造,不足以存汉土”,于1905年东渡日本,结识了章太炎,领悟到“非打破势力关,不必谈人格;不打破生死关,不必谈革命”③,毅然参加了中国同盟会,为推翻清朝专制政府、建立中华民国奋斗不息。

二

陈干的性格,是孕育于齐鲁文化、成因于中华民族灾难日趋严重和民主革命高涨的社会大潮之中,由此铸就了陈干“立功建业”的整体性格特征,并使这一性格特征与“振兴中华”的时代主题融为一起,体现了齐人“求功”、鲁人“求德”的文化传统。“建业”是陈干人生的最高理想,而理想的实现,就必须从“立身”做起。所谓“立身”就是强化自身的道德修养和思想建

① 张难先:《湖北革命知之录》,商务书馆1945年版,第232页。
② 陈隽、佟立容:《陈干集》香港天马图书有限公司2001年版,第438页。
③ 同上,第94页。

设。陈干说:“邵康节幼时以圣人自期,后果成大儒;范文正为秀才,即以天下为己任,后果成一代名臣,由是以观,古人之言殆非欺我也。”①陈干正是以效法先贤作为自己“立身建业”的典范。为此,他苦心选自秦汉至民国各朝代“立身建业”的名人名篇三百余篇,编成《经国文钞》一书,以激励自己和启发后人“立身建业”。

一个人的整体性格特征,又是由诸多性格特征的总和构成的。“立身建业”是陈干性格的总体风貌,由此派生而出的诸多个别特征,着重表现在如下几方面:

(一)以“诚”为本。陈干说他平生无论读书、交友、做事,以“不自欺”三字为主,并特意解释“不自欺”即圣人言之一“诚”字。陈干是以“不自欺”为道德准绳,其内涵就是守诚执信,即为人要诚实,做事讲信用。他说:“推之于事亲,推之于交人,推之于言事,无不以不自欺为主,拳拳服膺,而松柏不能耐寒者,吾不信也。”这正是陈干善于汲取儒学营养的强烈表现。因为儒学十分重视“诚”,认为“诚”是人类的本性,而不“诚”是背离本性、人性流失的表现。只有“诚”才是获得真正智慧、获得亲友长上信任、获得事业成功、达到道德完善以及人格最高精神境界的基础和条件。

(二)崇尚古圣先贤广交游、尊贤才、善礼士的传统。在东北,陈干与蒋卫平、商震等在反清活动中结为生死交,号称“关东三杰”。在日本,结识了孙中山、黄兴、宋教仁、张继、徐镜心、丁惟汾等革命志士,坚定了为中国的民族民主革命献身建业的意志。陈干又“念古人贤豪,成功立大业者,率从学

① 陈隽、佟立容:《陈干集》,香港天马图书有限公司2001版,第4页。

问砥砺中来”[①]。为此，他除在戎马倥偬间手不释卷，博览群籍，还在青岛建立藏书楼，储书万余卷，首创借书阅读的制度。时人称赞他“思之至周，虑之至善”。在其居所，他亲笔写了“布衣天下士，入读古人书”门联，作为自己的人生座右铭。

（三）崇尚品节，尤其推崇宋明死节之士。孟子的“仁者不畏难，勇者不怕死”被他视为格言。陈干性格耿直，面对权贵，他“不肯小屈”。诚如他讲的做事总期“无负于国，无负于民”。另一方面，陈干又柔肠似水，细致入微。爱亲友“不以贫富存痕迹”；重道义，“见有关国家休戚或亲友急难，则毅然为之”。

（四）敦礼让，学吃亏。在这方面，陈干的师友彭翼仲先生评论说：“明侯深入藏情者，受恩必报，不记嫌怨，遇事以天良为冲，从不作一负心语，功皆让人，平生志愿以学吃亏三字为依据。”“其成功极多，从未发一告捷之电报。”至于“民国缔造，陈君明侯有众一族，转战江淮千余里，迨和议成，自请解兵，为全国倡”[②]。

（五）爱整洁，讲气质。陈干幼年读书，衣服砚间，俱要整洁。三日一浴体，十日一除发，饭后漱齿，尤为重要。他说：“凡人衣服几砚无尘土，胸襟潇洒，写字格外清秀，读书颖悟异常。”故陈干平日衣服简洁，气象宽大，举止厚重，容貌端肃。平时“讷于言而勇于行”，“凡事将心拿定”，“虽霹雳在前不改颜色”[③]。尤其效法历史上苻坚率师百万，而谢安围棋读书自若的神态，从而做到一旦遇事便从容不迫。

① 陈隽、佟立容：《陈干集》香港天马图书有限公司2001年版，第467页。
② 同上，第464页。
③ 同上，第7页。

上述陈干诸方面个别性格特征，既是从各自方面体现了陈干所奉行的“先人懿行”的内涵，又是构成陈干整体性格特征的源泉。

对陈干将军的性格特征，有两位同盟会元老作过精辟的概括，一是吴敬恒先生的评说：“明侯先生建国伟人，能将十万雄师。顾其状貌于英伟之中，有高洁气，若山林隐逸之士，其心胸寥远，抱世界最新之人道主义，而于旧道德则肫然纯孝。友爱其昆季，似理学名儒之所为，实振古之奇人。”①二是章太炎先生赠给他的十六个字：“柔亦不茹，刚亦不吐，不侮鳏寡，不畏强御。”②

三

陈干性格的形成正是中华民族优秀文化薪火相传的结果。因为他所奉行的“先人懿行”既继承了齐文化重经济、讲革新、尊贤才、重功利的传统，又吸纳了鲁文化重伦理、讲仁义的内涵，并在实践中坚持了齐学与时变、随势化的特点，扬弃了儒学因循守成的一面，从而形成了推动社会前进的独具特色的齐鲁文化。

齐鲁文化是中华民族优秀传统文化的重要组成部分，是构成中华民族一体文化的主流，故发掘、弘扬齐鲁文化，对推动我国的三个文明建设，具有极为重要的意义。近些年来，随着我国社会主义文明建设的发展，对齐鲁文化具有永恒价值方面的具体内容，做了多方面的发掘和阐述，并且取得了显著的成就，

---

① 陈隽、佟立容：《陈干集》，香港天马图书有限公司2001年版，第3页。

② 同上，第588页。

但是并没有涉及齐鲁文化的要义。笔者认为，陈干整体性格特征中所显示的“立身建业”，就是齐鲁文化的要义。因为陈干在“立身”方面，所奉行的是仁、义、礼、智、信等道德规范，而这些道德规范，正是儒学文化的基本内容；在“建业”方面，既是建国伟人，又是振古奇人，体现了齐学重革新、讲功利的文化传统。陈干正是在“立身建业”这一整体性格的驱动下，做出了为民族立德、为祖国立功、为国人立言的不朽业绩。而“立身建业”既是齐鲁文化的要义，自然就具有贯通古今的永恒价值，就是说，不论古代先贤，还是当今伟人及一切干事创业者，都离不开道德修养和思想建设。如同《大学》一书中说的：“自天子以至庶人，一是皆以修身为本。”

（《齐鲁文史》2005 年第 2 期）

山东近代爱国外交家陈干

陈干，字明侯，山东昌邑白塔村人。1905 年东渡日本，加入中国同盟会。辛亥之际，他倾心革命，战功卓著，被誉为“建国伟人”。后来为收回青岛、威海，他坚持民族立场，在对日对英交涉中，树立了真诚爱国的近代外交家形象。

近代西方就有人提出“人是环境的产物”。这话固然有些绝对，但道出了环境对于人生的重大影响。环境不仅包括自然地理，同时也包括社会人文环境。陈干生于齐鲁之邦、孔孟之乡，出身贫寒农民家庭。他家滨处海隅，“往昔先人多奋志典籍，研究经术，重廉耻、崇品节，尚信义、敦礼让，是以家族成风，邻里受化”。他认为：“治国之道，以齐家为本；齐家之要，以崇尚先人懿行为先。”显然，陈干所说的先人懿行，就是以儒学为主要载体的齐鲁文化。

外国侵略势力直接侵入山东始于第二次鸦片战争，到 19 世纪末，山东成了帝国主义侵略的重要目标。先是甲午之战，日本侵占了荣成、威海，继之 1897 年德国以巨野教案为借口，出兵强占胶州湾，并迫使清政府签订《中德胶澳租界条约》，把山东变成了德国的势力范围；接着 1898 年英国强租威海卫；再是庚子之变、《辛丑条约》的签订，使得中国“实与亡国无异”。

“国家不振，外夷凌辱”，既是陈干的切肤之痛，也是他深深感到的“一大可耻”。因而挽国家于垂危，救民族于水火，成了陈干一生的行为准则。

陈干自称“予生不辰，遭世多故”。他16岁家贫失学去东北，浪迹辽沈，睹中日战迹，恨清廷腐败，痛外夷凌辱，萌生救国之志。时作诗曰：“孺子降生日，中原多难时，老亲曾一嘱，恢复属男儿。”值庚子乱，见国势日衰，遂投笔从戎，撰《大呼我陆军同胞》，大意为：“我们吃的饷，都是老百姓的血汗，国家养兵为的是保卫老百姓……国家的土地就是我祖宗的土地，吃了老百姓的血汗，不能替我祖宗保全土地，就是对不起自己的祖宗。”

正是家世先人的懿行、祖国优秀的传统文化和国家不振、外夷凌辱的社会现实，使得陈干具有亲家乡、爱祖国、重气节的政治品格，因之“对山东之种种权利问题，誓死力争，不少退让”。

1922年夏，中日两国根据华盛顿九国会议达成的《解决山东悬案大纲》，谈判胶州湾及山东利权交还方案，陈干任第一部委员，参加谈判和接收青岛的实际工作。由此，他认真吸取以往中国外交的教训，认为近代中国的外交多败于奴性外交，即“中国外交官多为外人作辩护，否则为外人造作种种声势，借以吓诈”。纠正的办法只有提倡主性外交。陈干所说的主性外交，就是“国可亡，种可灭，而人不可奴”。为此，陈干对鲁案交涉抱的宗旨是“主张要坚强，态度要温和”，解决的办法是“争主权，不争浮利；争土地，不争房子；争永远，不争暂时。宁受其强权一时压迫，绝不能由我辈认可半个字”。

陈干深知，从事外变要知己知彼。他强调指出日本交还青岛的居心所在：一是将青岛空名交还，而借以开放内地；二是将胶济铁路空名交还归两国合办，而借以发展高徐、顺济。日本的根本用意不仅由此“占据青岛，实欲进吞山东；不仅假胶济路吞并山东，实欲由胶济路开拓高徐、顺济，借以窥取中原而割据江北全部”。

针对日本的上述侵略企图，陈干明确指出：“鲁案交涉的精神所在，即在‘收回’二字，无论何事须本此二字做出，倘名为收回，事实竟成反比例，则断乎不可。即以青岛而论，应用地点归其私有，房子归其保留，侵吞不已，其奢望再涉及内地，可谓入我堂奥而夺我之室。”

在收回青岛问题上，陈干与正式谈判代表王正廷存在严重分歧，陈主张立即将青岛从日本手中真正收回，王则主张暂归日本管辖。陈干认为王的主张越出了“交回”二字的精神范围。为此，陈干在青岛市政厅集会，慷慨激昂发表演讲，并夜以继日地印发传单，以唤起各界人士共同力争，同时向王正廷致函表示：“凡在范围以内者，干一定服从，凡不在范围以内者，干一定不服从，即将干免职亦绝不含糊。”

陈干在鲁案交涉中，正是坚持“无负于国，无负于民”的民族立场，既同日本侵略者斗，又同奴性外交之流争，且尝以“山东看家”自喻。如同他致函内人所说：“终日与一般宵小怄气，此次交涉由我保全者甚多，并非丑表功，均有事实可证。”因为“我既生于中国，作为中国人，幼受家庭之训，长承师友之教，敢不奋厉以图”。

陈干在奉命调查威海卫接受事宜中，他认为解决威案有三利：一是土地收回；二是外交不至孤立；三是进而惠及旅大及广州湾事宜。不解决有三害：一是土地放弃，英人在威海可以从容经营，将来结果契约有效，与青岛案受同等之害；二是外交孤立，所有各种应收回之事恐说不着；三是此关一破，恐各国协以谋我，虽欲呼冤，不知向何国呼起。为此，陈干主张从根本利益出发，从速解决。

陈干从近代中国外交的历史和现实中，深刻认识到外交实是国家间的实力较量。一个国家的外交不能不统察各国的趋势。他鉴于中国近代外交的历史教训，考虑到外交工作的特殊性，从当时中国在世界列强中所处弱国地位的实际出发，郑重提出中国在近代外交活动中，必须清醒地认识和处理好以下几方面的问题：

一、"弱国外交，无便宜，两害相比，权其所轻，只要不吃大亏，即是万幸"。因此，从事外交须平心静气，审查利害，"似非起哄之所能了，尤不宜横挑恶感，致使对方起反响"。如果不考虑近代中国的实情，"起哄者有人，负责者无人，徒使地方牺牲，将祖宗庐墓断送，名为爱国，其实害国。名为保乡，其实祸乡"。

二、"交涉之事与内政不同，内政错误，尚可修改，外交一有失着，即不易挽救"。所以"外交事不可负气，不可投机，犹之用兵，差一着即满盘皆输"。为了不失时机，陈干对威案的交涉，提出"总期内保主权，外敦友谊，国势衰颓，不宜多树强敌"的交涉原则。

三、"外交之事无道德，有便宜则抓"。因而，"外交之事，范围越小越好，宁大题小做，勿小题大做"。在鲁案交涉中，如果将"收回"与"开放"联系起来，就会因收一青岛而去一山东。因为"中国收回青岛为一件事，开放青岛又一件事，两者不可相混，收回者与日本交涉之谓也，开放者我中国自主之谓也”。

概括上述，可知陈干在鲁案和威案的交涉中坚持的基本原则，就是“内保主权，外敦友谊”，并为此提出了一系列的具体要求。在执行上述原则的过程中，陈干对外，面对列强“誓死力争，绝不少让”；对内，面对权势“不肯小屈”，“从不随多数跳舞”，既要同媚外求荣的奴性外交斗，又要同不顾条约规定，不考虑中国所处的弱国地位，“乱起哄”、“横挑恶感”、“多方树敌”之辈争。在这方面，陈干深有感触地说：“要知大丈夫生世，须有一定主旨，主旨者何，即良心是也。兄生平别无微长，无论至何时，绝不稍昧良知，随人俯仰，任天翻地覆，我有我在。”陈干这里说的“良心”或“良知”，就是他平日经常说的做事要对得起自己的祖宗，对得起自己的国家。

正是陈干坚持并维护了“内保主权，外敦友谊”的外交原则，在鲁案交涉中，才使日方代表认为无懈可击，迫使日方交还了青岛，并为后来收回威海打下基础，创造了条件。

可以说，陈干在上述外交活动中，不仅从道义上，尤其在实践中，为中国近代外交树立了一位真诚爱国者的光辉形象，由此获得了康有为亲笔题写的“鲁案砥柱”的美誉。

（《春秋》2008 年第 1 期）

陈干“解甲归田”原因探析

陈干，字明侯，1881年生于山东昌邑白塔村。自幼志高好学，16岁因家贫失学去东北谋生，适目睹中日战起，恨清廷腐败，痛外侮纷乘，1906年乞食东渡，加入中国同盟会。辛亥之际，他倾心革命，奔走国事，战功卓著，被誉为“开国奇男”。在后来的对日对英交涉中，他坚持民族立场，为收回青岛、威海功不可没。他在为振兴中华、献身民族民主革命的一生中，曾两次“解甲归田”。就此问题，予以原因探析，不仅有助于对陈干其人的政治评价，而且会使人们获得有益的历史启示。

一

辛亥武昌起义爆发后，短暂的山东独立，使陈干认识到必须用武力攻取济南，然后夺取全省，为此，他赶往浦口同柏文蔚等同盟会党人接洽，陈述革命见解，并组织南下山东革命志士编为民军，与柏文蔚的淮军联合，组建成淮泗讨虏军，被南京临时政府陆军总长黄兴任命为山东民军统领。

上海军事会议后，孙中山接受同盟会党人的建议，决定六路北伐。陈干所部被编为自浦口北上的第三军中。各路北伐军沿津浦路北上，连克固镇、宿州，直捣盘踞徐淮的张勋部清兵。陈干率部作为第三军的左翼，先后攻下濉溪、萧县，进而收复徐州，势力大增，与胶东民军遥相呼应，对山东的反动统治形成两面夹攻的形势。当时山东巡抚张广建致电袁世凯告急："窃以东省地据冲要，现在大局未定，民军违约，南逼固镇，东占登黄，两方军事同时吃紧。"①

正是形势不利于袁世凯时，帝国主义出面干预迫使革命党人停止北伐，与袁世凯议和。正当陈干所部拟向山东挺进时，南北议和告成。袁世凯窃取临时大总统后，把淮泗讨虏军改编为第三十九混成旅。陈干遂于1913年上书大总统"不据功名，交出兵权，辞去旅长之职"，②解散了三十九混成旅，解甲归田，闭门读书。笔者认为，此次陈干"解甲归田"有主、客观两方面的原因。

就主观原因说，陈干认为，清王朝被推翻，清帝退位，袁世凯承认共和，革命已经成功，"目的达到矣"，"平生志愿，美满酬偿。嗣后，无论政体如何，再不与闻破坏事"。③ 这样的认识当时是有其代表性的。如山东革命志士丘丕振说的："现在清廷已倒，再想用兵，就是造反，此后需要的是和平，不是战争。"④而"不据功名"是陈干甘心解除旅长之职的思想根源。陈干是贫寒农家子弟，参加革命不是为了追求"权势"，而是痛"国家不振，外夷凌辱"。他尝言："非打破势力关，不必谈人格；非打破生死关，不必谈革命。"⑤上述乃是陈干"解甲归田"

---

① 《山东近代史资料》(第二分册)，山东人民出版社1958年版，第275页。
② 《潍坊文史资料选辑》第1辑，第86页。
③ 《维新志士、爱国报人彭翼仲》，大连出版社1996年版，第176页。
④ 《山东近代史资料》第二分册，山东人民出版社1958年版，第174页。
⑤ 《潍坊文史资料选辑》第1辑，第94页。

的认识原因和思想根源。

就客观原因说，袁世凯窃取了临时大总统的职位后，便通电全国“宣布共和，南北一家，双方军队一律停进”，并明确表示：“共和未宣布以前，则满汉竞争，言光复可也；共和既宣布以后，则全国一家，言光复未可也。”[①]随之，陆军部奉总统令，“以北军既以赞同共和，断无自相攻击之理，有人执迷反抗者，视为南北之公敌，当同心戮力，大张挞伐”，继而陆军部通电各省“以现在战时告终，民政应设专员，军队应筹统一，军政分府，多属无用……酌量裁撤。又以各省兵卒皆仓促招募，兵格既属参差，服饰饷械亦多缺乏，亦应就各省情形，酌留若干，余皆设法遣散”。[②] 由此，袁世凯借黄兴的威望，大力裁减革命军队，削弱革命力量，又对革命军队采取不发军饷的办法，使其自行瓦解，并离间革命领导人，使革命阵营内部严重分化。这就是陈干“解甲归田”的客观原因。

正是基于上述两方面的原因，陈干在交出兵权、辞去旅长的同时，作有《告诫将士书》云：“去岁从事革命，转战两淮。师抵徐州，共和告成。专司训练，以迄于今。我军虽无甚劳绩，但全体将士维持秩序，不失民国精神，力顾大局，此副心肝，天日可表。迩来财政困难，练兵之费，仰仗外人，受彼牵制。触目时艰，怒焉如捣，故电请解甲。各尽本分，尚望始终一贯，保全本旅名誉，表白男儿心迹。勿交匪类，勿作殆谋，穷达有命，尽其在我，人生有死而已，不可稍为苟且事矣。临别拳拳，欲言不尽。”[③]此书概述

① 《山东省志资料》1961 年第 1 期，第 64 页。
② 《中国大事记》，《东方杂志》1912 年第 8 卷第 10 号。
③ 《潍坊文史资料选辑》第 1 辑，第 87 页。

全旅创造共和的劳绩,表达了保全本旅名誉的心愿,交待了解散三十九混成旅的社会原因。

二

1925年陈干第二次“解甲归田”,是在他1913年再次出任奔波的十二年里,痛感北洋军阀的黑暗统治和他坚持革命情操、不与群魔共舞的结果。

在这十二年的时间里,陈干先是奉命去山东解散烟台驻军,解决芝罘哗变,后又去河南协助戡白郎“匪”乱,为袁世凯的统治卖力。随后又同被袁世凯软禁在北京的章太炎接触,“两人经常在一起密谋讨袁之事,饮酒作诗,辱袁泄愤”①。

1917年袁世凯死后,陈干被调济南,任山东政务厅长。这时的革命党内部发生了分裂,许多革命党人极力扩充势力范围,变成了军阀。陈干目睹山东的派系斗争,陷入了苦闷之中,遂于1918年辞去政务厅长职务,避居青岛。夜间经常外出,组织群众反对北洋政府的卖国活动。尤其在山东的归还问题上,陈干终日奔走,各方调查。为此,山东绅商公推他出面交涉。1922年,黎元洪任命他为“鲁案中日联合委员会第一部委员”。在收回青岛的对日谈判中,他“持正义与之折冲”,令“日人慑服”,终于迫使日方交还了青岛。随后为收回威海又参加同英人的谈判,“持正不挠如是”。② 在办理鲁案中,他痛感当权者昏庸无能、卖国求荣,地方上的大小军阀,又是在帝国主义操纵下,各成派系,混战不已。而张宗昌在山东的军阀统治,更使他

---

① 《潍坊文史资料选辑》第1辑,第88页。

② 转引自《同盟会在山东》,人民出版社1991年版,第253~254页。

目不忍睹，深恶痛绝。

陈干生性耿直、倔强，“公卿大臣不肯小屈，从不随多数跳舞”①。他刻有一方印章——“大事不糊涂”。为保持革命情操，不与群魔共舞，于是第二次“解甲归田”，专心著述，有《倥偬集》、《鲁案》、《青岛案》、《欧战拾遗》、《旅大问题汇纂》、《诗集》等传世，多有史料价值。

其实，陈干的第二次“解甲归田”，并没有放弃为振兴中华的追求。他说：“书不能读，吾之耻也；亲不能养，吾之辱也；生不能有济于物，吾之羞也；国家不振，外夷凌辱，吾之痛也。”②并将四事时时寄于胸中。当1926年国民北伐军北上，一路所向披靡，陈干受到了鼓舞，年底离家去南昌参加了国民革命军，任第二支队司令。次年他再度率军由津浦路北上，在声讨军阀的战斗中，他身先士卒，指挥部队一路攻下韩庄、枣庄、兖州，进逼泰山。因内部派系纠葛，他“多触世忌”，忽然被召回南京，逮捕下狱。陈干每日要求评理辩论，但终未如愿。后遭桂系军阀枪杀，年仅46岁，葬于山东昌邑。

三

陈干“解甲归田”，既是辛亥革命由胜利走上失败的印证，又表现了他“大事不糊涂”，始终保持革命情操的可贵品质。

陈干“不据功名，交出兵权”，虽是表现了他光明磊落、不恋权势的道德品质，但也表明他不懂得革命的根本问题是政权问题，而政权的核心是军队。同当时山东革命志士丘丕振喊的“要来革命，不要来做官”一样，都反映了当时革命民主派在政

①② 《潍坊文史资料选辑》第1辑，第94页。

治上的幼稚和理论上的贫乏。对此,毛泽东同志在抗日战争时期曾明确指出:"共产党人不争个人的兵权(决不能争,再也不要学张国焘),但要争党的兵权,要争人民的兵权。现在民族战争,还要争民族的兵权。在兵权问题上患幼稚病,必定得不到一点东西。"①对此问题,不仅当时革命民主派的一般成员认识不清,就是作为革命民主派的领袖——孙中山也显得有些幼稚。在帝国主义干预下,南北议和告成,孙中山把临时大总统让位于袁世凯,同陈干"不据功名,交出兵权",其性质是一样的,是辛亥革命由胜利走上失败的印证。

陈干"不据功名,交出兵权",从其本人认识说,是认为推倒清朝政府,就是革命成功。这表明当时的革命民主派对民主革命反帝反封建的两大任务并没有认识清楚。他们对同盟会"驱除鞑虏,恢复中华,创立民国,平均地权"政治纲领的认识,多是偏重于"驱除鞑虏"。这一纲领也没有明确提到反帝的问题。而当时革命民主派所谓反封建,实际上就是驱逐清廷的皇帝及其所属的官员。以辛亥革命在山东来说,一个县城的光复,就是革命党人组织武装,冲进县城,把知县驱逐出城,或者把知县软禁起来,迫使交出知县大印,重组新的政府,就是光复胜利,而并没有触动封建统治阶级的社会基础。就全国论,实际上是赶走了原来的旧皇帝,推出了一个打着民国招牌的新皇帝。当时的革命民主派,不仅对反封建认识肤浅,尤其对反帝反封建两者内在联系认识不清。事实是陈干"交出兵权,辞去旅长之职",是同帝国主义干预下的南北议和联系在一起的。辛亥革命的历史证明:"资产阶级共和国,因为中国是受帝国主

---

① 《毛泽东选集》,人民出版社1990年版,第511页。

义压迫的国家,唯一的路是经过工人阶级领导的人民共和国。”①

陈干坚持真理,不怕孤立,面对权贵“不肯小屈”的性格,不仅是促使他“解甲归田”原因的一个方面,而且“多触世忌”,被人罗织伪证,以“莫须有”的罪名,予以杀害。然而,历史是公正的。古今中外篡改历史、颠倒是非、制造冤案之徒,到头来是搬起石头砸自己的脚。“七七事变”前,商震先生为陈干立墓碑写的“浩气长存”、“英风宛在”,就是最好的例证。历史表明,陈干虽是短暂的一生,却是光明磊落、为振兴中华奋斗的一生。他曾说:“余一生颠沛流离,艰难困苦,备尝之矣。”②正因如此,中国人民对这位忠诚的爱国志士,是永远不会忘记的,因为他跟随中国民主革命的先行者——孙中山先生进行的旧民主主义革命,不仅是新民主主义革命的准备,而且为它的胜利提供了借鉴。

(《昌邑文史资料》第10辑)

① 《毛泽东选集》,人民出版社1990年版,第1408页。
② 《潍坊文史资料选辑》第1辑,第94页。

后 记

本人于新中国成立前参加革命工作，1954 年作为调干生考入山东大学历史系，学习历史学。1958 年毕业后，长期在高校从事中国近代通史和中国近代经济史的教学工作。1990 年底离休。2001 年 2 月由山东省人民政府聘为山东文史研究馆馆员，着重进行了辛亥革命在山东的历史研究。

社会历史的评论来自史料，本人在多年摸索相关史料的基础上，撰写了《辛亥革命在山东》和《近代中国社会的演变》，结集多年来散见于各杂志的文章，合称为《中国近代史论》。

因个人水平所限，论著中的错误和不足之处在所难免，只因个人已入耄耋之年，为尽到一个文史馆员的责任，权当抛砖引玉之作。

杜耀云

2013 年 12 月

图书在版编目（CIP）数据

中国近代史论／杜耀云著．—济南：齐鲁书社，2014.5

ISBN 978-7-5333-3156-6

Ⅰ.①中…　Ⅱ.①杜…　Ⅲ.①中国历史—近代史　Ⅳ.①K25

中国版本图书馆 CIP 数据核字(2014)第 081791 号

中国近代史论

杜耀云　著

主管单位　山东出版传媒股份有限公司
出版发行　齊魯書社
社　　址　济南市英雄山路 189 号
邮　　编　250002
网　　址　www.qlss.com.cn
电子邮箱　qilupress@126.com
营销中心　(0531)82098521　82098519
印　　刷　山东人民印刷厂
开　　本　880mm×1230mm　1/32
印　　张　16.25
插　　页　2
字　　数　351 千
版　　次　2014 年 5 月第 1 版
印　　次　2014 年 5 月第 1 次印刷
标准书号　ISBN 978-7-5333-3156-6
定　　价　**59.00 元**